中国跨文化传播研究年刊 第1辑

姜 飞 主编

中国社会科学出版社

图书在版编目(CIP)数据

中国跨文化传播研究年刊. 第1辑／姜飞主编. —北京：中国社会科学出版社，2016.3
ISBN 978 – 7 – 5161 – 6760 – 1

Ⅰ.①中… Ⅱ.①姜… Ⅲ.①文化传播—中国—年刊 Ⅳ.①G12 – 54

中国版本图书馆CIP数据核字（2015）第182373号

出 版 人	赵剑英
选题策划	刘 艳
责任编辑	刘 艳
责任校对	陈 晨
责任印制	戴 宽

出 版	中国社会科学出版社
社 址	北京鼓楼西大街甲158号
邮 编	100720
网 址	http://www.csspw.cn
发 行 部	010 – 84083685
门 市 部	010 – 84029450
经 销	新华书店及其他书店

印刷装订	三河市君旺印务有限公司
版 次	2016年3月第1版
印 次	2016年3月第1次印刷

开 本	710×1000 1/16
印 张	23.5
插 页	2
字 数	421千字
定 价	89.00元

凡购买中国社会科学出版社图书，如有质量问题请与本社营销中心联系调换
电话：010 – 84083683
版权所有 侵权必究

《中国跨文化传播研究年刊》
创刊号(总)第 1 期(2015)

主办机构
中国社会科学院新闻与传播研究所"中国跨文化传播研究与实践基地"

创始成员：
中国社会科学院新闻与传播研究所"世界传媒研究中心"
华南理工大学"公共外交与跨文化传播研究基地"
上海外国语大学"跨文化研究中心"
首都师范大学科德学院

编辑顾问委员会(按姓氏拼音排列)

安　然	华南理工大学
白　贵	河北大学
陈昌凤	清华大学
陈国明	Rhode Island University, USA
陈韬文	香港中文大学
陈卫星	中国传媒大学
程曼丽	北京大学
戴晓东	上海师范大学
杜俊飞	南京大学
冯建三	台湾国立政治大学
冯应谦	香港中文大学
冯宪光	四川大学
郭　琴	Macquarie University, Australia

郭镇之	清华大学
郝晓鸣	Nanyang Technological University, Singapore
韩　强	新疆大学
何道宽	深圳大学
胡正荣	中国传媒大学
胡智锋	中国传媒大学
洪浚浩	The State University of New York at Buffalo, USA
金兼斌	清华大学
金元浦	中国人民大学
蒋晓丽	四川大学
荆学民	中国传媒大学
李金铨	香港城市大学
李臻怡	Royal Roads University, Canada
刘卫东	天津师范大学
罗文辉	香港中文大学
欧阳友权	中南大学
孟　建	复旦大学
潘忠党	University of Wisconsin-Madison, USA
单　波	武汉大学
邵培仁	浙江大学
史安斌	清华大学
唐绪军	中国社会科学院新闻与传播研究所
唐润华	新华社新闻研究所
王万良	首都师范大学
王岳川	北京大学
王一川	北京师范大学
汪　琪	台湾国立政治大学
魏　然	University of South Carolina, USA
吴　飞	浙江大学
吴予敏	深圳大学
肖小穗	香港浸会大学
杨立川	西北大学

于运全　中国外文局对外传播研究中心
臧国仁　台湾国立政治大学
张　坤　华中科技大学
张隆溪　香港城市大学
钟　布　Penn State University, USA
赵月枝　Simon Fraser University, Canada
Giuseppe Richeri Vivaldi Pasqua　Lugano University, Switzerland
Monroe E. Price　University of Pennsylvania, USA
Daya Thussu　University of Westminster, UK
Wendy Leeds-Hurwitz　University of Wisconsin-Parkside, USA
Liisa Salo-Lee　University of Jyväskylä, Finland
Darla K. Deardorff　Duke University, USA
Tristan Mattelart　Université Paris 8, France
Herman Wasserman　University of Cape Town, South Africa
Naren Chitty A. M　Macquarie University, Australia
Todd L. Sandel　University of Macau

主编：
姜　飞（中国社会科学院新闻与传播研究所）

编辑
安　然（华南理工大学公共外交与跨文化传播研究基地）
Steve Kluch（顾力行，上海外国语大学跨文化研究中心）
Peter Praxmarer（Università della Svizzera italiana, Switzerland）
Stephen M. Croucher（University of Jyväskylä, Finland）
Vivien Marsh（University of Westminster, UK）
张　丹（中国社会科学院新闻与传播研究所）
黄　廓（中国国际广播电台）
麻争旗（中国传媒大学）

编辑助理
谢　明（中国社会科学院新闻与传播研究所）

张　楠（首都师范大学科德学院）
孙彦然（中国社会科学院新闻与传播研究所）
陶　丽（中国社会科学院新闻与传播研究所）

投稿信箱

editor_cica@163.com

出版社

中国社会科学出版社
西城区鼓楼西大街甲 158 号 北京

目 录

序言　《中国跨文化传播研究》创刊 …………………… 汪　琪（1）
导论　走进中国跨文化传播研究的密林 ………………… 姜　飞（1）
往里去，向外走：开拓学术对话的国际空间 …………… 肖小穗（28）
跨文化传播学的文化人类学根源：探寻过去以理解
　　现在 ………………………………… 温迪·利兹-赫尔维茨（54）
文化塑造过程模型的构建与Gudykunst跨文化交际理论的
　　延伸 ……………………………………… 顾力行　翁立平（70）
信息国际流通之利弊 ……………………… 特里斯坦·马特拉尔（88）
跨文化传播如何可能？ …………………………………… 单　波（102）
全球传播的重构和"中印一体"的
　　崛起 ……………………………………… 达雅·屠苏　史安斌（121）
产业与主权：中国影视跨文化传播的双重
　　逻辑 ……………………………………… 姬德强　胡正荣（141）
欧洲视角下的跨文化传播：挑战与
　　新路径 …………………………………… 丽莎·萨罗·李（164）
跨文化传播在新加坡的发展趋势研究 …… 陈雪华　曹媛媛（197）
俄罗斯跨文化交际研究及在我国的借鉴
　　状况 …………………………… 杨秀杰　张惠芹　张冬梅（212）
跨文化交际能力：概述与框架
　　………………………………………………… 达拉·迪尔道夫（230）
传播个体、跨文化与新媒体：传播能力研究的
　　新动向 ……………………………………… 安　然　魏先鹏（245）

近代新疆汉人主体研究建构 …………………………… 周　泓（264）
通过经由介导的社会互动走向自我心理功能：维果斯基
　　文化发展理论之于旅华美国人文化适应的应用研究 …… 刘　杨（301）
符号的活用：美国总统奥巴马印度尼西亚大学
　　演讲的修辞策略分析 ………………… 吴　玫　朱文博（319）
影视剧翻译中的文化问题 ………………… 麻争旗　刘晓宇（331）
文化语境与媒介话语的意义生成及传播 ……………… 张　力（347）
旅游与跨文化传播新探 …………………… 马诗远　程　华（358）

序言 《中国跨文化传播研究》创刊

汪 琪

华人从事跨文化传播研究三十余年来，传播的大环境丕变；跟随变化而来的，是在全球化趋势下各个国家愈加密切的关系，以及生活在不同文化中的人们在经贸、艺文、教育与学术各个层面愈加密切的交流。换言之，我们比以往更需要了解其他文化，以及跨越文化的交流与传播活动。在此前提之下，新学刊的出版无疑是华人学界一个重要的里程碑。

但是新学刊要达成的任务是否仅仅在于秉持过去的方向，刊载更多研究论文？近年来值得我们特别注意的一个发展趋势，是大环境改变之余，研究者对于"跨文化传播"意义的诠释以及研究的方向旨趣也都有了改变。不可否认的是，跨文化传播研究虽然面对多元文化的现实，它的源起却在欧西，因此承袭了西方的辩证思考典范与观察角度。随着非西方学者加入跨文化传播研究的行列，这种西方文化对于研究本身所带来的影响与限制也开始受到批评；许多学者认为，"觉醒"的意义在发展亚洲的甚至本土的典范、观点与研究旨趣。本学刊以"中国"标志"跨文化传播研究"显然有着上述的意涵。

事实上，华人学者所面对的挑战，还不只是区辨出跨文化传播理论中所蕴含的西方观点，坚守"本土"。因为将一切事事物物机械式地对立起来，正是传统上西方观察世界的方法。如果由易经来看华人的思维方式，那么所有的差异未必都是对立或是一成不变的，而是万事万物在无所不"变"的世界中，不断展现分合异同的态势。换言之，我们未必能够截然区分文化在人身上所反映出来的特质并勾勒出这些特质的影响。在阴阳的典范下，我们要做的不是证明不同文化族群在特定议题上相同或不相同，而是要剖析他们在变动中展现出来的特殊型态，以及经由不断交流之后，如何呈现雷同与迥异之处交缠的情形。此时要问的，不是"是否"

(whether) 同或不同或"有何"(what) 同与不同，而是"如何"（how）同与不同，以及这同与不同彼此间如何相生相长、相冲相荡。

学刊的编辑与出版是学界中人俱知的艰巨任务，但是学刊对于学术发展的影响却也是无可否认的。"中国跨文化传播"学刊因此不会也不应该只是又一个发表园地。已故香港学者张佩瑶曾经说过，"中国性"（Chineseness）是需要不断被定义的。而如何鼓励华人学者重拾主体性、适切地诠释"中国性"，并且在跨文化传播的论述中充分展现出来，正是我对这本学刊的期待。

作者简介

汪琪，台湾政治大学传播学院终身荣誉讲座教授。早年在媒体工作，取得美国南伊利诺伊大学博士学位后，在美国东西文化中心传播研究所担任研究员。1982年回到台湾，先后担任政治大学新闻系教授、系主任，中正大学电讯传播研究所教授、所长、社会科学院院长，交通大学传播研究所讲座教授，香港浸会大学传理学院讲座教授、院长，以及新加坡南洋理工大学黄金辉传播与讯息学院黄金辉讲座客座教授。

除了新传播科技的影响与政策，汪教授的研究兴趣主要在文化与传播的关连，包括早期的跨文化传播以及晚近的媒介全球化现象；近年对于传播研究与理论本土化的关注，也可以视为是上述兴趣的延伸。汪教授曾获得台湾"国科会""杰出研究奖"，与2011年度由Asian Media and Information Centre（AMIC）颁发的"亚洲传播奖"（Asian Communication Award）。

导论　走进中国跨文化传播研究的密林

姜　飞

承学术的逻辑，应实践的发展，汇学界的智慧，聚同仁的努力，感朋友的关怀，谢出版社的慷慨，《中国跨文化传播研究年刊》（CICA, *China Intercultural Communication Annual*）（以下简称"年刊"）终于创刊了，万千的欣喜自无法言喻。

"年刊"致力于打造汉语学术界从事跨文化传播研究群体的一个思想园地。用国际化的视野，人文的关怀，文化自觉的意识，学理性的探讨，分析世界范围内不同国家、地区、民族、种族、个体之间的文化关系，研究包括语言、媒体、国际关系等不同领域围绕文化边界跨越的理论和现实问题，探索不同文化主体之间共存共荣的逻辑。

究竟什么是跨文化传播？为什么要在中国、此时推出"年刊"？为什么是在传播学领域？进而，又为什么是我们来承担此艰巨任务？请允许我借创刊号的时机，尝试回答这样几个问题以飨读者的关切。

一　什么是跨文化传播

要回答什么是跨文化传播，首先需要理解什么是文化。

有关文化的界定非常多，其诞生和演变与"文明"不离左右。历史上对二者不乏极具韵味的描述。17世纪，弥尔顿将"文化"喻为"大自然的热能"，18世纪，赫尔德又将站立在"文化对面"的现代新兴工业文明譬喻为"机械的"、"无人情味"的。19世纪斯宾格勒更是将工业文明视为文化发展的"木乃伊"阶段。目前引用最广但也最不具个性的是泰勒的定义，在他那里，文化是一种综合体概念。"所谓文化和文明乃是包括知识、信仰、艺术、道德、法律、习俗以及包括作为社会成员的个人而获得的其他任何能力、习惯在内的一种综合体。"①

每个界定好比不同研究者的思想之花，其香味还需要历史、发展、辩证地来分析和研究，或可以恰切理解。2011 年我在《传播与文化》中曾经做了初步梳理，概括了一个有关"文化"概念诞生以及与"文明"关系的历史发展脉络，并提出了文化和文明的逻辑函数关系，试图将二者繁复的关系和多元的界定相对清晰化。

我们看到，自从德国思想家在 18 世纪将特指农作物培养的词根 cultura 升级为"文化"（culture）并以"文化 vs 文明"与英法所界定的"文明 vs 野蛮"二元对立世界话语相抗衡以来（姜飞，2013a），文化就成了一个隶属"人类"使用的特定成果与话语，而"文明"也通过工业革命的成功从农业文明阶段演化到工业文明，并随着工业文明的内部不断突破构造着与其相匹配的"文化"的升级。

在这个过程中，文化和文明的内涵界定逐步清晰化。"文明"指人类在处理人与自然、人与社会、人与他人、人与自我的过程中形成的物质性成果；"文化"是在这样的物质性成果基础上建构起来的精神性产品，包括意识形态和价值观（姜飞，2014）。二者存在一种逻辑函数关系：文明是自变量，文化是因变量，文明演进是文化变迁的根基。"一定的文化，就是一定的主体，在一定的空间和时间要素作用于一定的文明要素基础上的结果"（姜飞，2011，p. 130）。影响文化变迁的系数主要有三个：主体（subject）、时间（time）、空间（space），还有一个特别系数，即大众传播媒体（Mass Media）和数字媒介（Digital Medium）为代表的一般媒介（medium），它们既是文明的基本要素，又作为重大系数共同作用于文明（Civilization），构建文化的内涵（姜飞，2011，p. 96）。

一旦"文化"有一个相对清晰的工作定义，并将其与文明的关系通过逻辑函数关系基本确立下来，那么，跨文化传播研究的实践和逻辑就逐层展开了。

1955 年，美国人类学家爱德华·霍尔在《无声的语言》（*The Silent of Language*）中，从文化的分析入手，首次将 intercultural 和 communication 并提，从思想上开创了 intercultural communication（跨文化传播）研究领域以后，跨文化传播实践不断深入细化，逐渐扩展到多个领域涉及更多的

---

① 转引自胡文仲《跨文化交际学概论》，外语教学与研究出版社 2005 年版，第 35 页。

话题。

但是，对于中文"跨文化传播"的表述，在英语语境下，除了intercultural communication之外，还有cross-cultural, intra-cultural, trans-cultural communication等。1972年，作为跨文化传播研究领域的第一部著作，跨文化传播研究者萨姆瓦和波特合编的《跨文化传播读本》第一章开篇即谈这些术语表述的区别，并断然将intercultural作为通用语，认为可以涵盖其他所有的细微差别。他说："近些年来，'intercultural communication'（跨文化传播）这个词被用来描绘来自不同文化的说者和听者的互动行为。尽管intercultural communication使用时是和cross-cultural communication, trans-cultural communication, trans-racial communication（跨种族传播）和 interracial communication（种族间传播）同义的，但我们相信，intercultural communication应该是最适合表达这个意义的词，因为它几乎涵盖了来自不同文化的两个或多个传播者的所有状况。"（Samovar Larry A. and Proter Richard E., 1972. p.1）。

1974年成立于美国的"跨文化教育训练与研究学会"（SIETAR, Society for Intercultural Education, Training and Research）援用 Intercultural Communication。当今几个重要的跨文化研究和培训机构中，荷兰的跨文化合作研究所（Institute for Research on Intercultural Cooperation）、加拿大不列颠哥伦比亚大学的跨文化中心（CIC – UBC）、美国俄勒冈州波特兰跨文化研究院（the Intercultural Communication Institute in Portland, Oregon）使用的都是 Intercultural。其他国家的学者，比如德国学者马勒茨克，在其著作《跨文化交流：不同文化的人与人之间的交往》用的也是 Intercultural（马勒茨克，2001）。

除了萨姆瓦和波特"决断性"地将 intercultural 作为跨文化传播研究的代表术语外，有的研究者既没有模糊处理，也没有武断处理，而是直接将 cross-cultural communication 和 intercultural communication 放到一起，明确点明二者的不同，同时提出如何明确二者的关系问题。比如，1976年，Sharon Ruthly 在"The Major Triad Revisted: A Potential Guide for Intercultural Research"（Sharon, 1976）一文开始提出跨文化（intercultural）研究领域的两个工作：一个是需要建立一套相关的理论概念，另一个是需要定位跨文化（cross-cultural studies）和跨文化传播的关系（intercultural communication）。在他的描述中，有一个细节，即提到跨文化（cross-cultural studies) 时，他特意加了一个括号，特别点明跨文化 (cross-cultural studies) 研究是一种比较研究 (comparative)。

到了 20 世纪 80 年代，跨文化传播研究的理论化趋势明显。已逝美国著名跨文化传播学者古迪孔斯特 (Gudykunst) 在 1987 年第一次就跨文化传播这个领域研究的几大方向予以明确：(1) intercultural communication (when individuals from different cultures interact), (2) cross-cultural communication (comparisons of interaction norms in different cultures), (3) international communication (when countries officially interact, otherwise known as international relations), (4) comparative mass communication (comparisons of the use of mass media in different countries) (Gudykunst, 1987)。

1989 年，阿森特和古迪孔斯特再次对二者的区别进行确认，"在传播研究领域，对跨文化传播研究的持续强调也伴生了一系列类似但不同种的术语标签（比如用 intercultural 来替代 cross-cultural）。对二者一般接受的区分是，cross-cultural 是对多种文化下的比较研究，而 intercultural 则研究那些来自不同文化背景的文化个体的相互影响、相互作用"[①]。

即使是在这样日趋精细的界定下，学者还是根据自己的理解和偏好从事着各有特色的研究，使得跨文化传播研究领域呈现出一种百花齐放的局面。比如，著名美国跨文化传播学者 Stella Ting-Toomy 1999 年在她的专著《跨文化传播》(*Communicating Across Cultures*) 的作者自我介绍中，并未将 cross-cultural 和 intercultural 区别使用 (Ting-Toomy, 1999)[②]。另外一位跨文化传播学者在其有关美国跨文化传播研究历史的文章中认为，"这就是当前的一些方向……值得点明的是，原初的术语依然保留其原初的用法：来自不同文化背景的个体的相互作用 (intercultural interaction) 依然像其原初一样，是本领域（"跨文化传播研究"。作者注）公认的核心，这个领域的研究依然以此为中心" (Leeds-Hurwitz, 1993)。

多年以来，包括中国在内的学者基本上认可并使用 intercultural communication 作为传播学的一个分支领域，翻译成汉语约定俗成地将 "跨文

---

① 转引自 Richard L. Wiseman, and Jolene Koester, ed. (1993), Intercultural Communication Competence. International and intercultural communication annual. Publisher: SAGE. Speech Communication Association. v. 17.

② Ting-Toomy, Stella. (1999), Communicating Across Cultures, New York: The Guilford Press. preface.

化传播"和 intercultural communication 并列在一起。从学理层面来看，在 Gudykunst 的概念体系中，intercultural communication 的概念范畴要比 cross-cultural communication 大，两者具有包含和被包含的关系（威廉·B·古迪孔斯特，2005）。那么，早期将 intercultural 作为公认术语，也还是有共识的。但随着跨国传媒的出现，跨文化传播日趋复杂，将跨文化传播的研究进行细分，愈加呈现出必要性。尤其有意思的是，二位作者持续更新《跨文化传播研究读本》；到了 2007 年，在第六版的跨文化传播教材中，萨姆瓦和波特将书名设定为 communication between cultures（L. A. Samovar, Proter & Mcdaniel, 2007）。依然是跨文化传播的研究，为什么不继续使用 intercultural communication，或者是 cross-cultural, trans-cultural, international, intra-cultural communication 了呢？

研究者发现，"跨文化传播"在英文中逐渐演变出"两类四种"表达方式或研究领域：第一类是 intra-前缀，第二类则包括 cross-, inter-, trans- 三种前缀，加在一起是四种表达方式：Intra-cultural communication, Cross-cultural communication, Inter-cultural communication, Trans-cultural communication。

通过对跨文化传播学科史的梳理，研究者发现，汉语中统称为"跨文化传播"的研究领域，英语中对应的研究范畴是有比较大的差异的。intra-cultural communication 特指均质文化背景下跨文化的传播；而 cross-, inter-, trans- 兼顾均质、异质文化背景，彼此的区别，可以尝试归纳入以下表格，作为一个象征性概括（姜飞，黄廓，2009），便于理解彼此的差异。

	Cross-Cultural Communication	Intercultural Communication	Trans-Cultural Communication
动作	跨骑（Across-）	介入（In-）	超越（Trans-）
重心	物理疆界（Physical border）	文化边界（Cultural Boundary）	哲学存在（Philosophy of Human Being）
突破	刻板印象（stereotype）	文化深层结构（Deep structure of culture）	文化原型（Cultural archetype）
关系	我/他人（I/other）	文化我者/文化他者（I/Other）	所有人都在天下（All-under-heaven）

续表

	Cross-Cultural Communication	Intercultural Communication	Trans-Cultural Communication
表现	日常生活（Daily life）	文化传播（Cultural communication）	传播哲学（Communication philosophy）
方向	单向（Mono-directional）	双向（Two-dimensional）	超越方向（Hyper-directional）
范式	比较（comparison）	介入（Intervention）	超越（transcendence）

通过对三种表述的细绎，研究者发现，其中似乎隐含着跨文化传播的三个层次递进的境界。即，跨文化传播从文化跨骑和文化比较，到关注不同文化内部的深层结构，到尝试打破不同文化所构筑的意识边界，以"天下"的视野观天下的事业，以贯通的哲学来看待、思考和指导跨文化传播实践和理论。由这三种不同的角度出发，也内置了跨文化传播研究的不同方法和研究的旨趣。

诚如学者所言，"意识形态介入符号和文本生产的方式有：指引作者建构新的能指，以改变旧的符号结构。……一些传统故事的当代版本（符合当代人意识形态需要的版本），通过引入新能指（例如新角色）来改变传统故事的架构，从而改变故事的含意"（肖小穗，2002，p. 5）。跨文化传播的研究已经在逐步超越时间层面的工具理性，朝向意识形态和价值观的人文属性努力，在这样的过程中，跨文化传播的工作定义愈加清晰化呈现：跨文化传播是以文化他者（Cultural Other）为研究对象，以文化和传播为双焦点，探讨文化对传播的影响——文化在跨越国家/地区和个体边界的传播过程和规律，传播对文化的影响——不同类型传播媒介对文化传播过程和规律的基础性和调节性作用，综合传播学、心理学、人类学、社会学等多学科知识形成的一门新兴交叉学科，看待不同文化之间关系的研究视角，朝向不同文化之间的理解、合作、共存、共荣进行新知识生产的过程。[1]

由此我们似乎可以提炼出跨文化传播研究的三大属性：其一，她是一

---

[1] 研究者曾经在 2007 年对跨文化传播的研究对象做过一个探索，这里是对既往研究的延伸。姜飞：《从学术前沿回到学理基础——跨文化传播研究对象初探》，《新闻与传播研究》2007 年第 3 期，第 35 页。

个新兴学科或者领域；其二，她是一种看待和处置文化之间关系的独特视角；其三，她是一个跨文化传播的实践，是一个基于各自知识储备进行人际层面交际、组织层面交流、国际层面传播过程中新知识的生产过程（姜飞，2010年2月2日）。

根据古迪孔斯特的界定，跨文化传播也可以划分为四个大的分支领域：其一，跨文化交际研究。关注来自不同文化背景的文化个体之间的交际研究，一般集中在语言学和心理学领域，人类学也有很多研究，对应的英译是 intercultural communication。其二，比较文化传播研究。在不同文化之间就文化生产、传播、互动等形式进行比较研究，如比较文学、比较文化研究、公司管理跨文化比较等领域，对应的英译是 cross-cultural communication。其三，国际传播研究。来自不同国家和地区的交流，同时包含作为组织性主体、符号性主体，借助公开或官方渠道所进行的交流，比如国际关系、公共外交等领域，对应的英译是 international communication，在我们国家特有的"外宣"、"对外传播"即属此领域。其四，比较大众传播研究。这是指从文化人类学视角出发，针对不同国家和地区主体对于大众传播媒介使用的比较，比如中西新闻比较、比较大众传播学等研究和实践领域，对应的英译是 comparative mass communication，虽然没有 cross-、inter，或者 trans-等"跨"的前缀，但本身是跨文化传播研究领域的重要分支。

古迪孔斯特的界定体现出"国际传播"（international communication）与"跨文化传播"的关系，我在这里着重提出来的原因之一是，在当下中国大陆的学术界，对于国际传播和跨文化传播的关系并没有一个明确的区分，二者混杂使用的程度不亚于文化和文明。另外，国际传播和跨文化传播之间的罅隙从实践和学术两个层面也较早为中国学者所关注。汪琪先生认为二者区别在于各自的侧重点不同。国际传播的重点"通常是放在国际间消息与资讯流通的情形。通讯社的作业，新闻媒介对国外消息的处理和卫星传播的意义都属于这一个范畴"。而文化间传播被认为是国际传播的"另一面"，"研究的着眼点放在文化背景与传播行为之间的关系。换言之，'文化间传播'所关心的，是人与人之间沟通的问题"（汪琪，1982, p. 3）。

另外需要特别指出的是，作为跨文化传播研究对象的"文化他者"特指的是大写的 Other，不是小写的 other。小写的 cultural other 一般指的是同种文化背景（种族）中的另外一个人；而大写的 cultural Other 特指来自其他文化背景（种族）中的作为该种文化代表的主体，也可能是一个人——比如在中国大学课堂中的来自非洲的黑人学生，他/她在看待其他中国学生的时候以及中国学生看待他/她的时候，都是在一种跨文化视角和文化总体概念下互相看待；也可能是一个组织——比如跨国公司，也可能是一个国家/地区——比如不同国家的外交家。

二 为什么在这个时候推出"年刊"

"年刊"作为一个跨文化传播研究学者群体的思想园地在这个时候推出，是诸多因素共同作用的结果，概括起来包括来自思想史层面、学理层面、学科历史层面、形势分析层面四个层面的判断。

首先，从思想史层面来看，人类知识生产根基和范式正处于一个巨大的转型期，急需跨文化交流以消除误会。不同国家和地区考察跨文化传播理论和观点的引入，视角不同，但似有一共性，即误会的消除，尤其是跨越文化边界的主体和个体之间误会的消除需求。在台湾，汪琪先生1982年在《文化与传播》序中说，"近几年来，由于'美援'与'日援'效果不彰，国际间因误会而引起的纠纷不息，究竟怎样才能与文化背景不同的人沟通，逐渐成为一个学术上的问题。所谓的'文化间传播'也因此诞生"（汪琪，1982，自序）。跨文化传播此一学科之诞生一般缘起是"误会"——或者国际，或者人际；落脚在如何与不同文化背景的人"沟通"，实施路径之一乃是将"文化间传播"作为一个学术问题深入探讨。

对于国际间的"误会"，来自不同文化背景的主体自是有不同的理解。汪先生关注的是"美援"与"日援"效果不彰问题，美国学者萨姆瓦等关注的是战争——"在千里之外的越南，一场旷日持久、代价惨重的冲突，是我们试图与一个其战争观和胜利观与我们截然不同的敌人之间的较量……学会理解别人行为的意义，无论是在联合国内还是在其外，不仅是美国政府所关注的事，而且也为许多其他社会和宗教组织所关注；同样还为不计其数力求理解这个显得越来越复杂的世界的个人所关注"（拉里·A. 萨姆瓦，理查德·E. 波特 & 雷米·C. 简恩，1988，p. 3）。在"战争"这一主题下，关注主题甚至更具体化为核战争的威胁，"必须强调指出的是，促使跨文化沟通势在必行的另一个更为迫切的原因，是越来越多的国家正在取得核威慑的能力。众所周知,低效率的交往和沟通,或缺乏相互的理解,可能意味着世界末日的降临。这些关于人类末日的预言,比起一般的学说,无疑更能令人猛醒顿悟"(拉里·A. 萨姆瓦,理查德·E. 波特 & 雷米·C. 简恩,1988,p. 5)。无独有偶,这样的恐惧更清晰地体现在编写了7册《人类文明编年纪事》的德国维尔纳·施泰因教授的话语中,"在20世纪,许多希望破灭了,代之以恐惧和忧虑,是否可以这样说,人类具有渊博的知识和巨大的能力,但是,能否驾驭这些知识,人类并没有把握,甚至是会因滥用这些知识而走向灭亡"(维尔纳·施泰因,1992,序言)。

信息量的增加与驾驭能力的提升似乎并没有同步。甚至进一步看,对误会的考察和沟通的迫切,从信息的流动来看,似乎是信息传播技术(ICTs)的进步促进了信息的流动,物理性的障碍日少,但人文性的壁垒渐多。汪先生也提到,"由于大众传播科技的发达,使我们日日接触到外国所发生的事情,受到外来文化的影响。如果我们完全没有注意到文化在传播过程中扮演的角色,传播科技对人类的和平共处可能有反效果,而非积极的贡献。换言之,人与人的距离可能缩小了,但是'大同世界'却离我们更远"(汪琪,1982,p. 3),以至于让人重新思考早年传播学者追问的传播是否可能的问题:"现代传媒究竟促进还是阻碍了交流?"爱德华·萨皮尔(Edward Sapir)提出:"多维叠加的传播渠道阻碍甚至减少了人与人的交流","有关传播的这些灰色前景的判断在20世纪30年代屡屡提及,标示着曾经被称为'进步时期'繁荣希望的决定性终结"[①](Peters & Simonson,2004,p. 20)。由此视角去阅读本专辑中,法国传播学者特里斯坦·马特拉尔撰写的"信息国际流通之利弊"和单波教授撰写的"跨文化传播如何可能",或可更好理解作者深沉的追问。

具体到当下的中国,跨文化传播的历史使命,也存在消解多层次误会的旨意。本刊中,达雅·屠苏(Daya Thussu)教授和史安斌教授在"全球传播的重构和'中印一体'的崛起"一文中为我们呈现了全球传播秩序重构的图景;随着中国国际传播范围扩大和能力建设,借由国际传播,

---

① 英文原文参考如下:the multiplication of communication channels, he said, only added to the obstacles and lack of communication between people. Such gloomy conclusions about the prospects of communication, heard with increasing frequency since the 1930s, signaled the decisive end of the most cherished hopes of the progressive era.

不同文化背景下的个体也面临"重构"。这样的重构发生在两种跨文化语境下，一种是均质文化背景下不同族裔之间的文化重构，比如本刊周泓教授撰写的"近代新疆汉人主体研究建构——新疆汉人社会研究之一"；另外一种是异质文化背景下的主体重构。又包含两个维度，一种是来华外国人的文化适应，另外一种是中国人个体性的特点在不同场合和语境下在跨越国家和地区边界后，被放大为一个族群特征的同时，被抽象重构而成的中国族群特征也被不同场合援用于具体的中国个体，误会的产生由此呈现出一个滚动效应。本刊中，马诗远、程华在"旅游与跨文化传播新探"中揭示了这样的问题。

这样的滚动效应在大众传媒介入，尤其是新兴媒介语境下再次呈现出一种加速、乘数效应。本刊中，张力博士"文化语境与媒介话语的意义生成及传播"一文帮助我们更深入地理解媒介话语跨文化传播中的文化差异问题，也有助于我们提高媒介话语跨文化传播运用水平，更好地进行媒介话语跨文化传播的实践。换言之，在大众传媒主导、政治和利益集团介入下的"国际传播"体制诞生以后，借由新兴媒介，任何来自不同文化背景的文化个体的交往都已经变得异常复杂，使得对来自不同文化背景之间个体的交往和误会的理论研究愈加需要同时注意到国际传播和跨文化传播的一体两面。

其次，从研究形势分析来看，出现国际传播实践和政策关注度不断升温与跨文化传播理论研究相对滞后冷清的尴尬局面。从国家层面来看，中国政府从 2000 年提出文化走出去战略，从政策制定到资金投入都加大力度，2004 年再次提出中国传媒走出去战略；此后贯穿至今的对国家形象、软实力传播、传播体系建设、国际传播能力建设等在不同文件中的提法以及不同类型和层次课题经费的大量投入，2008 年"国际传播"专门人才培养体系的建立，2008—2019 年国际传播规划的制定和实施，2009 年文化产业振兴规划纲要，2012 年有关传播体系和传播能力建设进入中国共产党十八大报告文件，2013 年十八届三中全会再次提到加强国际传播能力和对外话语体系建设，推动中华文化走向世界，等等，综上我们看到，政治传播和国际传播研究已经在发挥着一种引领和重构中国传播研究版图，并且上达国家政策的积极作用。从现实传媒实践来看，2012 年中央电视台在肯尼亚建设分台，中国国际广播电台迄今已经在 100 多个国家和地区用 44 种语言滚动播出，孔子学院在全球的蓬勃发展，等等。本刊中姬德强博士和胡正荣教授合作撰写的"产业与主权：中国影视跨文化传播的双重逻辑"聚焦于中国影视文化传播的国际层面，通过对"产业"和"主权"双重逻辑的分析，揭示了市场和国家在形塑中国跨文化传播实践中的互动作用。提出，需要区分中国跨文化传播实践中的不同主体及其利益和意识形态诉求，而不是自然地使用"中国"这一概念。

当我们将目光投向欧洲，来自芬兰的跨文化传播学者丽莎·萨罗·李（Liisa Salo-Lee）为本刊撰文"欧洲视角下的跨文化传播：挑战与新路径"，提出，跨文化传播的具体范式正处于变化的过程中，有时也在跨文化传播领域称之为"理论动荡"时期，我们需要多种声音和跨文化的对话。在实践应用领域，我们要具备在复杂的文化情形下，理解具有文化复杂性的人们，并与之生活与工作一定的能力，这样，我们就需要跨文化的对话。此外，为了让跨文化传播成为对现实及实践有着影响的真正的学科，跨文化学者自身要从交叉对话中转向对话，从两极化转向相互学习。此文对早期的有关职业化交流的跨文化传播研究和理论框架进行批判性的讨论，重点是给我们贡献了欧洲，尤其是北欧的研究和视角。本刊中杨秀杰、张惠芹、张冬梅三位合著的"俄罗斯跨文化交际研究及在我国的借鉴状况"一文向我们介绍了俄罗斯跨文化交际研究的状况以及对我们的启示，来自新加坡的陈雪华博士等撰文"跨文化传播在新加坡的发展趋势研究"，选取了五十篇有关新加坡跨文化传播问题的文章分析发现，对于亚洲语境下的跨文化传播研究，当务之急仍是在于发展适用于亚洲文化的理论框架与分析工具。同理，中国的国际传播形势比历史上任何时期都迫切地需要从跨文化传播学理层面上予以设计和指导。

从现实跨文化冲突问题来看，随着经济全球化，中外企业管理中的跨文化冲突所带来的跨文化管理问题、中国人跨境旅游引发的国际范围内的文化冲突问题、更多外国人尤其是非洲和亚洲国家移民中国带来的文化融入问题、民族问题国际化带来的国内民族之间跨文化融合问题、中国传媒走出去带来的文化和价值观调整问题，甚至具体化体现在本刊麻争旗、刘晓宇合作撰写的"影视剧翻译中的文化问题"，都已经不是单纯的国际传播视野能够覆盖化解的问题。

再从跨文化传播研究平台建设的现实需要来看。目前，中国高校的新闻学或传播学专业中很少有单独的跨文化传播专业①，具有全国统一刊号的新闻传播学学术期刊有几十种，但迄今为止国内尚无有关跨文化传播研究的纯理论性的专业期刊，由中国外文局"对外传播研究中心"主办的《对外传播》（2007年前名称为《对外大传播》）算是大陆目前仅有的一个与"跨文化传播"、"国际传播"有关的期刊，是针对对外宣传实践的业务期刊，但其学理性关怀尚有较大的空间；2014年中国传媒大学胡正荣教授创办《国际传播蓝皮书》，也是以年刊的方式反映中国国际传媒实践层面的形势与分析，几未涉足跨文化传播核心理论；2013年11月，由中国社会科学院新闻与传播研究所"世界传媒研究中心"联合首都师范大学科德学院创立"中国跨文化传播研究与实践基地"，并联合华南理工大学公共外交与跨文化传播研究基地、上海外国语大学"跨文化交流研究中心"创办了这个"年刊"（《中国跨文化传播研究年刊》），招收跨文化传播研究方向的博士生，由此开始举办中国跨文化传播研究圆桌论坛和青年学者跨文化传播研修班，或可呼应中国跨文化传播研究新阶段的需求和作出一定的贡献。

第三，从学理层面来看，亟须从理论和实践两个层面平衡国际传播和跨文化传播。中国国际传播实践目前面临的关键理论难题是国际传播能力建设。所谓国际传播能力，是国家实力基础上战略想象的产物，是一个国家综合运用各种渠道、手段向"文化他者"有效传播国家政治制度、价值观以及文化，构造国内和国际文化认同的能力。这个术语对应的学术研究领域和理论视野是跨文化能力，英文是 intercultural competence 研究。而国际传播和跨文化传播理论上的分野也由此展开。本刊中，来自美国杜克大学的达拉·迪尔道夫（Darla K. Deardorff）教授撰写的"跨文化传播能力：概述与框架"，与来自中国华南理工大学安然教授、魏先鹏博士合著的"传播个体、跨文化与新媒体：传播能力研究的新动向从不同侧面探讨了国际传播能力议题。

从前面已经提及，"国际传播"（international communication）是跨文化传播理论领域的一个分支，从实施主体来看是国家或者地区，跨越的是国家和地区的边界，朝向的是国家或国家利益集团在国际范围内的特定利

---

① 目前北京大学、武汉大学、厦门大学等少数几所高校开设了相关研究课程，其余寥寥无几。

益目标。跨文化传播（intercultural communication）不仅仅包括国家或者地区等组织性主体，还包括背负不同文化积累的个体，跨越的是文化的边界——人作为文化的代表和结晶，借助的不仅仅是大众媒体，还有诸多的日常媒介，朝向的是一个个鲜活的文化个体，实现的目标中也包含"国家或国家利益集团在国际范围内的特定利益目标"，但其影响的深远程度和综合效应更大[①]。

中国国际传播能力建设工程类似二战以后美国政府主导的提升美国国家影响力的国际传播（international communication）项目。但是，何时政府或者传播主体将这样的思路提升到跨文化传播（intercultural communication），将主体内涵拓展，包容民间以及非政府机构的层面，不仅跨越国家和地区边界，还要思考跨越文化边界进行有效的国际传播，则是国际传播能力建设第二期工程思考的关键问题，也是跨文化研究借助传播进入学理层面的思考，从比较层面深入到 intercultural communication，运用人类学的范式考察不同文化之间的深层结构，并在此基础上，朝向跨文化传播哲学 trans-cultural communication 方面的学理建构打开通道的过程。

第四，从学科史层面来看，有文化自觉意识下新知识生产的需求、有理论自觉推动跨文化传播理论走向深入的需求、有学科自觉建设跨文化传播研究学科领域的需求。

从历史性来看，言语传播和修辞传播是美国跨文化传播研究早年核心议题，本刊中吴玫和朱文博两位作者撰写的"符号的活用：美国总统奥巴马印度尼西亚大学演讲的修辞策略分析"是这种学术传统的现代版本。美国《国际传播/跨文化传播年刊》即于 1974 年 12 月，诞生于美国言语传播学会（Speech Communication Association），英文名称即 *The International and Intercultural Communication Annual*，成为记载和反映跨文化传播历史，有关国际/跨文化传播研究的经典文献，到 2008 年由年刊转为季刊。

综合分析 34 年的年刊，研究者看到，从美国跨文化传播研究对象国和主体来看，34 年来的变迁反映的是美国不同时期政治、经济和文化战略对象国的变迁，突出显示了美国跨文化传播研究的实践性；另外，呈现出美

---

① 姜飞：《如何加快实现中国从国际传播向跨文化传播思路的转型》，见白志刚主编《外国问题研究论丛》，知识产权出版社 2013 年版，第 197—204 页。

国跨文化传播研究的不断理论化、学科化，以及为其他国家的跨文化传播设置研究议程的路径。最值得注意的是，年刊贯穿始终的对于美国曾经的"老大哥"——欧洲的态度，是在学习欧洲和批判欧洲中心主义的过程中，美国意识、美国中心主义逐层建构的过程，集中体现在2008年季刊开刊第一期主编寄语中。"美国的传播学研究有一个长期的欧洲学术渊源，我们从那里面学到很多，还有很多我们可以继续学习的。但从另外一方面来看，我们更应该看到人类社会的复杂性和世界多样的存在行为方式。要想质疑欧洲式的思维方式很难，但这样的质疑是必需的和无止境的。""我不是在呼吁变乱（理论的，对欧洲思想传统。作者注），相反，我呼吁国际/跨文化传播学者挑战我们既往的思维，包括我们是如何理解、研究和确信的传播及其和文化的复杂关系。"实际上是在对"欧洲中心主义"进行批判基础上，针对世界范围内来自第三世界对"西方中心主义"的批判现实，借助批判、利用批判来建构某种"美国文化"主体。

这是美国跨文化传播实践和研究历经30多年之后的大的变迁。这个变迁兼具理论、政策和思想史意义。这样的变迁还体现在20世纪90年代美国对"软实力"的重视。中国深度介入、创新全球化的进程综合体现在两个层面：工业文明与本土文明在物质层面的借鉴融合，多元文化话语在精神层面的对话博弈。这一进程从学理层面折射出"权力"（power）概念及其结构的全球性、多维度、深层次变迁（赵月枝，2011），以及围绕权力变迁在信息传播、知识生产、话语建构、政治实践的激荡。"软实力或软权力"（soft power）作为源自西方、产于上述进程且服务于斯的思想，值得中国跨文化传播学者重视（姜飞，2014；冯宪光，2014；张毓强，2014）。

以史为鉴，可以知兴退。美国跨文化传播学界曾经面临的问题是中国问题的投射，欧洲、俄罗斯乃至新加坡的跨文化探索为中国跨文化传播探索提供了参考。随着中国经济上的崛起，中国政府和中国文化表现出某种国际性的抱负，更多的目光转向国际和跨文化传播领域。从跨文化传播视角来看，中国当下面临的国际传播处境比当年美国更为复杂。

二战结束初期的美国，也在国际化野心支撑下进行了大规模的国际传播，但从跨文化传播研究奠基人爱德华·霍尔（Edward T Hall）的专著《无声的语言》（爱德华·霍尔，1995）中我们可以读出味道：美国当时向世界大量派出外交官、商人、士兵、媒体等等，但收获不少骂声和怀疑；也正是从1945年到1955年近十年并不太成功的国际传播让美国人意识到，无论你有多大的"好意"和多少的"金钱"，单纯地通过国家机构和国家背景的组织跨越国界的"国际传播"效果不仅不好，而且很糟糕；此时，霍尔等人类学家的跨文化研究开始进入视野，关注文化，关注作为文化结晶的个体，即马克思所说的作为社会关系总和的"人"，开始出现FSI（Foreign Institute）等组织跨文化培训的机构，开始从国际传播（International Communication）向跨文化传播（Intercultural Communication）思路的战略转型（姜飞，2013b）。

中国当前以政府为主导进行的国际传播活动俯拾皆是，无论是新华社外派机构，还是中央电视台的驻外记者站的设立，还是其他出版机构、地方媒体机构在西方的拓展，都呈现着当年美国"国际传播"的身影（姜飞、陈俊侠，2015），一定阶段后甚至当下，其中蕴含的问题集中暴露出来——一如当年美国的转型，中国有值得借鉴的经验，但作为后来发展的国家，是否应多一些参考和自省，超越别人的教训，走出一条我们的平衡持续发展道路？这是值得政府关注和学界密切研究的问题。

中国有两个成语，"瓜熟蒂落"、"水到渠成"。"年刊"就是这样的水之"渠"和瓜之"蒂"。中国跨文化传播研究群体逐步壮大汇聚而成的研究气氛，逐渐冷凝成水，研究成果在指导政策制定和实践指导层面开始涌现，那么，承载这些研究的平台建设就进入了逻辑日程。但是，囿于研究群体视角和理论上的不足以及"国际传播"领域的一家独大，期刊或者季刊综合来看尚不足以综合全面反映和承载这样一个领域的现状，《中国跨文化传播研究年刊》（China Intercultural Communication Annual）是这样的特定时期的特定需求的产物，或许随着中国跨文化传播研究的深入，在未来5年或者10年，理论的土壤或有利于由期刊转向季刊。

但本刊对于以中国大陆的国际/跨文化传播现象为研究对象的群体来说，其特殊意义在于，她是在中国逐步以大国的姿态和实力登上国际舞台，并以中华文明复兴为目标进行的国际/跨文化传播背景下，逐步在以新闻学、传播学为核心，以语言学、人类学、哲学、社会学等为中心的学科领域范围内，汇聚多学科智慧关注跨文化传播议题的首家同仁性思想和学术园地。

在中国/中华视角下，从跨文化传播理论和实践出发，或许是时候思考世界文化发展历程中的欧洲中心主义、美国中心主义之后的世界文化格局和发展思路；或许是时候思考作为当前以及今后一段时间内发挥传播推动力的国家、政府、机构等的文化角色；或许是时候思考作为文化载体的个体在宏大文化话语叙事下的真实处境和未来；或许是时候思考日新月异的信息传播技术（ICTs）对人类生存和发展生态的改变；或许是时候思考除了思考之外，还需要借助学者的研究、视角和洞见，推动整个社会对于诸如生态平衡、生存安全、人性完善、民主政治等的社会实践向前发展；或许是时候反思有关国际/跨文化传播研究的理论概念和框架问题；或许是时候从第二代本土化视角（汪琪，2014）开启中国的传播学和跨文化传播研究的未来。

三　为什么是在传播学领域

　　跨文化的研究，通过引入文化他者视角将本土文化陌生化，进而很好地了解自己群体和个体的文化特征，并在此基础上很好发展自我；而且是一个把握不同文化主体一般特征，从而推动更好地交流和相处的视角。当前，在哲学、人类学、社会学、语言学，乃至体育、音乐、艺术等各个不同领域，都存在着从跨文化的视角看待本领域的学术和实践问题的研究。在国家政策制定和执行层面，也存在着诸如国际关系、文化外交、公共外交、国际舆论等方面的关注以及相关的部门来指导和协调跨越国家和文化边界的交往。

　　跨文化传播的研究在中国呈现出"三岔口"特征，也是进入中国跨文化传播研究领域的三个节点（node）：语言学、国际关系和传播学[①]。这三个领域因为各自研究出发点和侧重点不同，各自使用 Intercultural Communication 的不同汉译，在中国通过其用语可以简单辨别学者和成果分属的领域。

　　语言学领域使用"跨文化交际"，侧重人际关系层面；国际关系领域使用"跨文化交流"，侧重国家/地区对话层面；新闻传播领域使用"跨文化传播"，同时包含人际、国家/地区和组织层面，但侧重媒体和信息传播实践和视角。语言学领域最早的跨文化交际研究文献可以上溯到1982年（胡文仲，1999，2005），研究群体包括语言学教师——向中国学

[①] 限于篇幅，我这里无法列举各个领域的成果，只好有限提及一些代表性文献供读者参考，便于了解基本情况。

生讲授英语等外语的中国教师，以及向外国人用英语教授汉语的中国教师（在中国他们有另外一个名称——"对外汉语教师"）。这个群体是中国较早介入 Intercultural Communication 领域的，其研究大多集中在语言教学领域出现的语词文化内涵比较、翻译等问题，对于异文化习俗的介绍，非语言跨文化交际等方面。

其次是国际关系等其他学科国际关系学的"跨文化交流"（关世杰，1996）、文艺学的"比较文学"、"跨文明研究"（曹顺庆，1988，2003）和"比较文化"（乐黛云，2004）、"跨文化对话"[①] 研究，其他还有来自多个领域的跨文化传播研究成果，比如文艺学（朱耀伟，2006）、医学（区结成，2005）等。

目前中国跨文化传播研究主要集中在新闻学与传播学领域。从传播研究简史来看，跨文化传播（Intercultural Communication）研究，20 世纪 50 年代诞生于美国人类学，60 年代进入传播学课堂，70 年代开始兴盛（专著、学会、人群、年刊等）（姜飞，2012b），与传播学总体气质相吻合的是，从 70 年代开始，均同时转身，朝向文化研究语境和视角的关注。中国的跨文化传播研究开启的国际背景就是这样——在文化研究语境下，传播学领域提供的理论假设和思想资源下（尤其是传统媒体条件下的传播理论），美国主导的传播学和跨文化传播研究范式下——进入中国的。

围绕跨文化视角不同领域的学术交汇中，为什么跨文化传播最终花落传播学领域？

肖小穗教授在本刊撰文"往里去，向外走：开拓学术对话的国际空间"，提出，在目前中西学术力量悬殊的格局里，华人传播学者能否争取相对平等的学术对话？这一问题不可避免地牵涉到另一个问题：华人学者能否建构起自己的传播理论？肖教授认为，解决这两个问题的关键在于认识到华人社会有着极其丰富的文化和历史资源，华人学者可以发掘和利用这些资源来建构有本土特色的传播理论，然后通过分享各自的研究和理论，与西方学术展开相互尊重的协商和对话。这个对话的压力相信会渐次传导到整个学界不同研究者，并推动对于传播学自身和未来认识的连锁反应。

---

① 乐黛云、[法]李比雄主编：《跨文化对话》，执行主编钱林森系列专辑，上海文化出版社。

一般认为，传播学（Communication Research）是研究信息传播规律的科学。她和信息工程学的区别在于，工程学的信息传播规律研究，是研究信息在不同物理端点（手机、电脑等其他物质）之间无障碍传播的科学；但传播学的端点不是物理端点，而是人，是研究信息在不同人和人群之间有效传播规律的科学。这样的传播规律探索体现在不同的维度上，我在2014年2月于莫桑比克举办的"中国媒体在非洲的声音"国际学术研讨会上，提交的论文和做的学术报告即从中国在非洲的投资从早期的铁路，到后来的电讯，到现在中国大众媒体在非洲设立分支，分析了理解传播（communication）的三个拓展概念或维度，即交通、电讯与传播。无独有偶，香港城市大学的李金铨教授则将传播具体化为三个关键词——沟通、交通和传播（李金铨，2014）。传播的交通属性、大众传播属性和沟通属性奠定了这个研究领域的基础地位，并且因为对于信息传播规律的研究是每个学科共同关注的焦点，所以早年的传播学奠基人施拉姆将传播学称之为其他学科领域的基础。而其前沿性又体现在，随着传播技术的推广以及新兴信息传播技术的涌现，传播学本身发生着重大的理论和实践方面的转变的同时，也顺便推动着其他涉及信息交流的人文和社会学科的研究观念和生态的发展；这本身又体现出基于传播技术的更新带来传播理念、传播理论的更新，进而带来人文社会科学领域发生变革的前沿引领作用。

随着信息传播技术的深入影响，传播学已经事实性地从边缘运动到社会中心。美国南加州大学传播与新闻学院院长欧内斯特·威尔逊（Ernst Wilson III）2011年10月11日在中国社会科学院新闻与传播研究所"世界传媒研究中心"举办的第34次"午餐学术沙龙"上进一步提出"传播中心论"，他说："在当今技术、经济和社会巨变的环境之下，我们需要一个强有力的新框架来理解传播体系并以其行事。为克服研究局限，我提出一种理解以及研究多样化、多面化、速变化的媒体体系的新路径。"这种新路径即传播@中心（Communication at the Center, C@C）[1]，"它作用于宏观，中观和微观三个层面。首先，传播的角色已经由全球和国家社会的外围转移成为经济、政治和文化的中心地位。其次，媒体和传播的功能已经由组织机构的边缘、低端位置转移到中心，包括总裁层面。第三，传

---

[1] 讲座内容参考"世界传媒研究网"：www.cassgmrc.com。

播已日渐成为青少年认知和精神生活的中心,因为他们每天在以新技术、新设备为代表的传播媒介前度过七八个小时。'传播为中心'方法也为革新者提供实践指导,以塑造和引导传播在现代社会的流通,并据此实现他们的目标。"

传播学的重要性也解释了当年跨文化传播花落美国的原因(姜飞,2007年8月29日),也正解释着跨文化传播研究在中国传播学领域发展的现实。

当代中国的传播研究历经三次浪潮,萌芽于20世纪50年代,开启于70年代末,繁荣兴盛于90年代末到现在(姜飞,2012a)。当中国新闻学者在来自苏联的新闻学和战时宣传学框架下发现美国传播学(1978年)并构筑了迄今被称为传播学的领域的时候,跨文化的视角一直就贯穿着这个研究人群的研究视野、知识储备乃至神经——无论是对西方理论的介绍、评析、验证还是批判、重构,都验证着一个明显的事实:传播学引入中国,本身就是一个跨文化传播过程乃至跨文化传播研究的对象。

从时间上来看,新闻传播学领域引进跨文化传播概念与语言学领域几乎同时。台湾是1982年(汪琪,1982,自序);大陆是1988年(段连城,1988)。1990—2000年,是跨文化传播文献集中翻译的时期,跨文化传播的译介呈现出三个层次。第一,核心理论。包括:(一)学科基础理论,比如爱德华·霍尔的《无声的语言》(爱德华·霍尔,1991)和《超越文化》(爱德华·T.霍尔,1988)的出版、鲁斯·本尼迪克特著《菊与刀》(鲁斯·本尼迪克特,1990,2005)等等。(二)教材系列,此系列有两个层面,一个是大学通用教材层面,一个是社会培训材料。比如跨文化传播领域的领袖人物,美国圣地亚哥大学传播学院教授拉里·A.萨姆瓦等著《跨文化传通》(拉里·A.萨姆瓦等,1988)和《文化模式与传播方式——跨文化交流文集》(*Intercultural Communication: A Reader*)(拉里·A.萨姆瓦等,2003),以及第五版《跨文化交流》。译介方面的代表著作还有《跨越文化障碍——交流的挑战》(霍尔编著,2003)以及文化人类学的代表作、埃德蒙·利奇著《文化与交流》(埃德蒙·利奇,1991),德国学者马勒茨克著《跨文化交流:不同文化的人与人之间的交往》(马勒茨克,2001),2009年出版的《跨文化培训指南》(第三版)(丹·兰迪斯,珍妮特·M.贝内特,米尔顿·J.贝内特,2009)。第三个层面是文章层面,需要慧眼选取不同时期的经典文章,比如威廉·B.古迪孔斯特的《美国跨文化传播理论综述》（威廉·B. 古迪孔斯特，2005）。

　　2000 年以来，中国跨文化传播研究呈现出这样一些特征：1. 理论综述增多①。2. 理论研究的现实关切增强（吴予敏，2000 年第 1 期）。开始关注：传播全球化和世界一体化进程中跨文化传播的产生机制（陈卫星，2001 年第 2 期）；如何理解西方文化哲学，探讨中国语境出发点（李金铨，2004；姜飞，2004 年第 1 期）；有关沃勒斯坦世界体系理论的批判性思考（纪莉，2007）；跨文化传播研究的基本问题（孙英春，2007 年第 3 期）。3. 系统阐释和建构跨文化传播研究体系的努力（刘双，于文秀，2000）。2003 年《国际传播与跨文化传播》（蔡帼芬，徐琴媛主编，2003）出版。2006 年出版《跨文化研究读本》（余卫华主编，2006），这是中国学者自发编辑的第一个跨文化研究的读本。类似还有 2007 年出版的《国际跨文化传播精华文选》（J. Z. 爱门森编译，2007）。4. 关注网络新媒体条件下的跨文化传播。代表作有：网络新媒体所缔造的所谓 E 时代的研究，《跨文化交际：E - 时代的范式与能力构建》（胡超，2005）出版和《网络与跨文化传播问题初探》（彭兰，2005）（李展，1999）文章的发表；有文章从网络社会的提出对跨文化传播的意义角度进行阐发（但海剑，石义彬，2008）。5. 一些对于跨文化关键概念的深入研究开始出现。比如对于语境控制理论的跨文化传播意义的解读（刘坚，程力，2007），对于"文化休克"（Cultural Shock）（胡凌霞，文智勇，2006）、"文化抗体"（Cultural Antibody）（李书文，2008）等关键概念的分析。6. 一些本土化现实问题研究和理论建构开始出现，比如对跨文化传播研究对象的界定"文化他者"（姜飞，2007a；刘阳，2009），关注国际社区以及国内社区的跨文化建构（姜飞，黄廓，2014）等。

　　借用 1972 年萨姆瓦和波特在第一本跨文化传播读本上所说的话，要对跨文化传播研究做一个界定和描述，是一件野心而又武断的事情；尽管我在《华人传播想象》中已经对跨文化传播研究的中外学科、学术史做了多达 4 万多字的极具抱负（野心）的"介绍"（姜飞，2012b），在这

---

① 罗以澄、司景新：《中国大陆跨文化传播研究的回顾与展望》（2004 年亚洲传媒论坛会议论文）。关世杰：《中国跨文化传播研究十年回顾与反思》（《对外大传播》2006 年第 12 期）。刘阳：《试论跨文化传播研究的理论建构——以 2000—2008 年中国跨文化传播研究为背景》（《国际新闻界》2009 年第 5 期）。

里，我可能提供的还仅仅是一条进入中国跨文化传播研究的阿里阿德涅彩线，迷宫里更多的内容，还要由读者自己去探索和发现了。好在"年刊"的创立将与感兴趣的读者一起在跨文化传播领域探险。

四 为什么是我们

如张隆溪先生所说，"在我们的生活经验当中，有理论无法概括把握的东西，有公式和原则无法解释的东西，而这就可以为我们的批判思考提供一个基础，一个真正理论性立场的根基"（张隆溪，2004，p. 26）。不同的学科和研究领域都思想性地从各自基础、根基出发，站在历史、哲学的高度探索、描绘着我们所处的这个时代河流，进而通过这样的过程，理论化、现实性地界定该学科领域所在的码头，进而现实性地为研究者个体从哪里上船或下水提供参考，帮助我们超越个体有限经验，去把握和解释一些东西。

"年刊"的价值和意义即体现在这个过程：以一群资深研究者的工作，穿越历史和观点，拨开当下社会现象和学术发声的双重迷雾，汇聚智慧和思想，以通透逻辑、简易行文、严谨注释来介入知识生产，奉献社会，使得知识回归民众。在这个过程中，知识分子的角色很重要。赵毅衡先生曾说，"文化可以变迁，万象或能更新，批判的锋利却是永在的，甚至可以说批判本身即目的。这是知识分子区别于传统中国的读书士子，或宗教社会学家的根本特征"（张隆溪，2004，p. 67）。知识分子的批判并不简单地等同于批评，批评可能是刀刃，但批判则更多的时候是无形的刀锋。深度的批判可能不具备具象化的刀刃，但依然削铁如泥。批判性地看待历史和现实，文化我者和文化他者，自觉融入中外跨文化传播学术对话，将是"年刊"不懈的精神追求。

正如我们在"年刊"征稿函中所说，当前，中国跨文化传播学的研究正处于一个中外学术对话性质的本土化理论涵养过程中。它秉承了多学科对话气质和开放性思维，以传播学为基础，融汇包括社会学、心理学、人类学、语言学、政治学、哲学、文学、国际关系学等认识资源，面向不同层面的跨文化问题，进行着学科学理的建树和实践问题的探索性回答。近年来中华范围内跨文化传播方面的研究取得了长足的进步，但无论是从研究群体和研究成果数量，还是从研究方法、成果水平等方面尚有很大的发展空间。跨文化传播研究要想取得突破，必须以人类共同知识财富为基础，以当前国内外丰富的跨文化传播实践为对象，积极参与国际学界共同的"知识整合"过程，从而为构建中国跨文化传播研究的学术自主地位，为当下中国日益丰富的国际交往实践提供成熟的理论支撑。

"嘤其鸣矣，求其友声。"为服务于大中华（大陆、港澳台以及海外华人）范围内有关国际/跨文化传播研究学术群体，建设本领域的学术发表园地，综合反映国际/跨文化传播研究前沿话题和最新研究成果，于2013年成立的中国社会科学院新闻与传播研究所创新工程项目组"全球化时代的跨文化传播：理论研究与成果应用"综合多方意见，决定创办本"年刊"，计划专题发表有关国际/跨文化传播研究的学术成果，实践对策，以及书评、文评等。期待学者在全球化情境中，探讨中国国际、跨文化传播的种种议题，汇聚思想、交流经验、促进共识、涵养理论，从而进一步推动大中华圈的国际/跨文化传播研究和实践的发展，并对世界范围内的国际/跨文化传播研究做出有关知识生产方面的有益探索或贡献。

中国社科院新闻与传播研究所是中国大陆最早将传播学理论介绍进中国的主体之一，在深入研究传播学理论，并加强国际学术对话方面一直走在前列。中国社科院新闻研究所（1997年更名为"新闻与传播研究所"）"世界新闻研究室"是今天"传播学研究室"的前身，主导了1982年全国第一次传播学座谈会，1997年开始逐步发展成每两年一次全国传播学者聚会的"全国传播学研讨会"，在此基础上，在学界的支持下，2005年传播学研究室主任明安香研究员牵头成立"中国传播学会"（全称"中国新闻文化促进会传播学分会"），并在2006年开始每两年举办一次"中国传播学大会"，到2014年已经举办12届；传播学研究室还在1983年出版中国第一本传播学著作《传播学（简介）》（中国社科院新闻所世界新闻研究室，1983）。2014年，根据中国社科院创新工程总体设计，依托传播学研究室的历史，在唐绪军所长和所学术委员会的大力支持下，"全球化时代的跨文化传播：理论研究与成果应用"项目组[①]成立，重点开垦跨文化传播领域的理论、思想和实践；近三年来，项目组广泛联系世界多个国家和地区的学者，参加学术会议、担任客座教授、举办品道午餐学术沙龙

[①] 项目组人员构成：首席专家：姜飞博士，研究员；执行研究员：张丹，副研究员；研究助理：谢明博士，助理研究员。

等，扎实推进跨文化传播领域的研究。如今，"年刊"作为我们项目组的一个初步成果，贡献在读者面前。项目组将继续本着深耕跨文化传播学领域的精神，热切盼望更多跨文化传播研究领域学者的加盟，汇聚严谨、批判、建构、务实的精神，汇聚家国情怀、世界胸襟、问题意识、理论涵养、战略对策的质化和量化学术研究，有效传承、积极打破既往研究和实践的框架，打破新闻学和传播学研究领域自身以及其他学科的阈限，将传播如何促进人的充分发展作为研究的出发点和落脚点，探讨任何国际传播和跨文化传播相关议题，并以负责的精神面对当下和未来的读者和历史。

感谢诸位顾问和编委会成员分阶段、以各种方式介入本刊各项工作，无论如何感谢都不过分的是，诸位外籍编委在极短的时间内，毫无怨言地贡献你们的时间和智慧，认真编辑和打磨英文版，做了很多远远超出编委会成员职责的工作，正是你们的奉献精神和高度专业的学术追求，使得中英文版本同时问世，推动这样一个富有意义的学术平台得以成形！

我们感到荣幸的是，来自华南理工大学公共外交与跨文化传播研究基地、国际教育学院的安然院长和上海外国语大学"跨文化交流研究中心"常务副主任顾力行与我们一起共同见证了"年刊"的创办。正是安然教授在跨文化交际研究领域多年的积累和在孔子学院教学管理的深刻体会，使得我和她在相遇谈及"年刊"想法的时候得到了热烈、坚定的回应；同理，正是顾力行教授对跨文化交际研究理论的深厚素养和推进中国跨文化传播研究近乎痴情的使命感，使得我们在很多方面达成共识，不断走近以至最终并肩站立。事实上，也正是有这样的同行的关注和支持，才能有"年刊"的诞生。

当然，值得深入感谢的还有诸位作者。感谢你们的专业精神，确保了"年刊"创刊号的品质；感谢你们的信任，在近两年的创办过程中始终与我们站在一起，让"年刊"从一个想法变成了现实。虽然"年刊"还存在诸多的问题甚至遗憾，但我们有理由相信，作为一个美好的开始，我们会倍加珍惜，更会倍加努力，在第二辑和以后的系列中，将工作做得更加细致，将标准更加国际化，推动跨文化传播研究学理和思想走向深入和繁荣。

感谢唐绪军所长、赵天晓书记以及中国社会科学院新闻与传播研究所整个领导班子的远见卓识，推动"年刊"的成功创刊！感谢中国社会科学出版社领导的胸襟,尤其是冯斌主任和刘艳编辑以及我的同事,传播学研究室副主任张丹老师的耐心、细致,为"年刊"的顺利按时出版保驾护航!最后,感谢所有在本刊创立和编辑过程中给予很大帮助、建议的同事、同仁和朋友,虽然无法一一列举名字,但一切尽在记忆中,一切尽在不言中!

参考文献

Gudykunst, W. B. (1987), Cross-Cultural Comparisons. In C. R. B. a. S. H. Chaffee (Ed.), *Handbook of Communication Science* (pp. 847 – 889). Newbury Park, CA: Sage.

[美] J. Z. 爱门森编译:《国际跨文化传播精华文选》,浙江大学出版社2007年版。

Leeds-Hurwitz, W. (1993), Research trends in intercultural communication: In the United States. In L. Sfez (Ed.), *Critical dictionary of communication* (Vol. 1, pp. 500 – 501), Paris: Presses Universitaires de France.

Peters, J. D., & Simonson, P. (2004), *Mass communication and American Social Thought: Key Texts*, 1919 – 1968: Rowman & Littlefield Publishers, Inc.

Samovar, L., A., & Porter, R., E. (Eds.). (1972), *Intercultural Communication: A Reader*. Belmont, California: Wadsworth Publishing Company, Inc.

Samovar, L. A., Proter, R. E., & Mcdaniel, E. R. (2007), *Communication Between Cultures*: Thomson Wadsworth.

Sharon, R. (1976), The Major Triad Revisted: A Potential Guide for Intercultural Research. In *the International and Intercultural Communicational Annual* (Vol. 3).

Ting-Toomy, S. (1999), *Communicating Across Cultures*, New York: The Guilford Press.

朱耀伟:《当代西方批评论述的中国图像》,中国人民大学出版社2006年版。

但海剑、石义彬:《网络社会理论视角下的跨文化传播思考》,《学习与探索》2008年第4期。

余卫华主编:《跨文化研究读本》,武汉大学出版社2006年版。

李金铨:《超越西方霸权——传媒与文化中国的现代性》,牛津大学出版社2004年版。

李金铨:《传播研究的典范与认同》,《书城》2014年第2期,第51—63页。

李展:《因特网上的跨文化传播》,《厦门大学学报》1999年第1期,第71—76页。

李书文:《跨文化传播中的文化抗体研究——以故宫星巴克咖啡传媒事件为个

案》,《新闻与传播研究》2008年第5期。

汪琪:《文化与传播》,台北:三民书局股份有限公司1982年版。

汪琪:《迈向第二代本土研究:社会科学本土化的转机与危机》,台北:台湾商务出版社2014年版。

肖小穗:《传媒批评——揭开公开中立的面纱》,黑龙江人民出版社2002年版。

[美]拉里·A.萨姆瓦,理查德·E.波特,雷米·C.简恩:《跨文化传通》,陈南等译,生活·读书·新知三联书店1988年版。

[美]拉里·A.萨姆瓦等:《跨文化传通》,陈南等译,生活·读书·新知三联书店出版1988年版。

[美]拉里·A.萨姆瓦等:《文化模式与传播方式——跨文化交流文集(Intercultural Communication: A Reader)》,麻争旗等译,北京广播学院出版社2003年版。

姜飞:《跨文化传播的后殖民语境》,《新闻与传播研究》2004年第1期。

姜飞:《从学术前沿回到学理基础——跨文化传播研究对象初探》,《新闻与传播研究》2007a第3期,第31—37页。

姜飞:《跨文化传播研究的学科渊源》,《中国社科院院报》2007年8月29日。

姜飞:《中国视角下的新知识生产》,《中国社会科学报》2010年2月2日。

姜飞:《传播与文化》,中国传媒大学出版社2011年版。

姜飞:《中国传播研究的三次浪潮——纪念施拉姆访华三十周年暨后施拉姆时代中国的传播研究》,《新闻与传播研究》2012a第4期。

姜飞:《18世纪以降文化与文明话语的博弈》,《华中师范大学学报》2013a第6期,第143—153页。

姜飞:《"软—软实力":理解和践行"软实力"的中国视角》,《山西大学学报》(哲学社会科学版)2014年第9期,第1—10页。

姜飞、陈俊侠:《中国驻外记者参与公共外交互动调查报告》,载赵启正、雷蔚真编《中国公共外交蓝皮书(2015)》,社会科学文献出版社2015年版。

姜飞、黄廓:《"传播灰色地带"与传播研究人文思考路径的探寻》,《南京社会科学》2014年第4期,第122—130页。

姜飞、黄廓:《对跨文化传播理论两类、四种理论分野的廓清尝试》,《新闻与传播研究》2009年第6期。

[美]威廉·B.古迪孔斯特:《美国跨文化传播理论综述》,赵晶晶,孙楠楠译,《中国传媒报告》2005年第4期。

段连城:《对外传播学初探》(汉英合编),中国建设出版社1988年版。

胡文仲:《跨文化交际学概论》,外语教学与研究出版社1999,2005年版。

胡凌霞、文智勇:《论跨文化传播中的"文化休克"现象》,《东南传播》2006年第3期。

胡超：《跨文化交际：E-时代的范式与能力构建》，中国社会科学出版社 2005 年版。

［英］埃德蒙·利奇：《文化与交流》，卢德平译，华夏出版社 1991 年版。

曹顺庆：《中西比较诗学》，北京出版社 1988 年版。

曹顺庆：《跨文明比较文学研究——比较文学学科理论的转折与建构》，《中国比较文学》2003 年第 1 期。

彭兰．（2005）．网络与跨文化传播问题初探［Electronic Version］．Retrieved 紫金网 http：//www.zijin.net/blog/userl/118/archives/2005/266.shtml．

蔡帼芬、徐琴媛主编：《国际传播与跨文化传播》，北京广播学院出版社 2003 年版。

乐黛云：《比较文学与比较文化十讲》，复旦大学出版社 2004 年版。

关世杰：《跨文化交流学：提高涉外交流能力的学问》，北京大学出版社 1996 年版。

冯宪光：《"文化软实力"释义》，《山西大学学报》（哲学社会科学版）2014 年第 5 期，第 10—14 页。

刘双、于文秀：《跨文化传播：拆解文化的围墙》，黑龙江人民出版社 2000 年版。

刘坚、程力：《语境控制理论的跨文化传播意义》，《东北师大学报》（哲学社会科学版）2007 年第 4 期。

刘阳：《试论跨文化传播研究的理论建构——以 2000—2008 年中国跨文化传播研究为背景》，《国际新闻界》2009 年第 5 期。

区结成：《当中医遇上西医：历史与省思》，生活·读书·新知三联书店 2005 年版。

吴予敏：《跨文化传播的研究领域与现实关切》，《深圳大学学报》（人文社科版）2000 年第 1 期。

孙英春：《全球社会中的社会关系与社会交往——跨文化传播研究的"问题视阈"》，《国际关系学院学报》2007 年第 3 期。

张隆溪：《走出文化的封闭圈》，生活·读书·新知三联书店 2004 年版。

张毓强：《中国国家软实力：路径现实及其问题性》，《山西大学学报》（哲学社会科学版）2014 年第 5 期，第 15—19 页。

［美］爱德华·T.霍尔：《超越文化》，居延安等译，上海文化出版社 1988 年版。

［美］爱德华·霍尔：《无声的语言（the Silent Language）》，刘建荣译，上海人民出版社 1991 年版。

［美］爱德华·霍尔：《无声的语言》，侯勇译，中国对外翻译出版公司 1995 年版。

纪莉：《资本全球化视域中的文化同一性探究——沃勒斯坦"世界体系"理论的

跨文化传播及其启示》,《国外社会科学》2007年第5期。

[德] 维尔纳·施泰因:《人类文明编年纪事·科学和技术分册》,龚荷花等译,中国对外翻译出版公司1992年版。

[美] 丹·兰迪斯、[美] 珍妮特·M. 贝内特、[美] 米尔顿·J. 贝内特编:《跨文化培训指南》,关世杰、何明智、陈征、巩向飞译,北京大学出版社2009年版。

赵月枝:《传播与社会:政治经济与文化分析》,中国传媒大学出版社2011年版。

陈卫星:《跨文化传播的全球化背景》,《国际新闻界》2001年第2期。

[德] 马勒茨克:《跨文化交流:不同文化的人与人之间的交往》,潘亚玲译,北京大学出版社2001年版。

[美] 鲁斯·本尼迪克特:《菊与刀》,吕万和等译,商务印书馆1990、2005年版。

作者简介

姜飞,博士,研究员,博士生导师。其主要研究方向为跨文化传播和国际传播。现任中国社会科学院新闻与传播研究所传播学研究室主任,世界传媒研究中心主任。中国社科院新闻与传播研究所"全球化时代跨文化传播(理论研究与成果应用)"创新工程项目首席专家,中国传播学会秘书长,"中国跨文化传播研究与实践基地"主任。中国外文局对外传播研究中心特约研究员,中国新闻社"华文媒体中心"学术顾问,多家大学的兼职硕士生导师。他先后主持多项国家社科基金和中国社会科学院、所重大课题;作为子课题负责人参与多项教育部和国家社科规划办重大招标课题。他的专著《跨文化传播的后殖民语境》(2005,中国人民大学出版社)获第四届吴玉章奖(2007年)和第五届胡绳青年学术奖(2009年)。最新专著《传播与文化》(2011,中国传媒大学出版社)。发表专业学术论文60多篇。他注重国际学术交流,曾连续5年任美国费尔雷·狄更斯大学的"GVF"(Global Virtue Faculty for Fairleigh Dickinson University of U.S.A,2004—2008),曾先后赴获瑞典、加拿大、丹麦、美国、中国香港、中国台湾、芬兰、挪威、澳大利亚、英国、瑞士、意大利等国家和地区访问学习。在国际传播学会(ICA)以及IAMCR等国际会议、英文传播学专业期刊登发表英文论文多篇。

往里去,向外走:开拓学术对话的国际空间

肖小穗

摘　要　在目前中西学术力量悬殊的格局里,华人传播学者能否争取相对平等的学术对话?这一问题不可避免地牵涉到另一个同样不被看好的问题:华人学者能否建构起自己的传播理论?本文认为,解决这两个问题的关键在于认识到华人社会有着极其丰富的文化和历史资源,华人学者可以发掘和利用这些资源来建构有本土特色的传播理论,然后通过分享各自的研究和理论,与西方学术展开相互尊重的协商和对话。

关键词　理论本土化　学术国际化　全球化　中华传播理论

我第一次参与本土化、国际化、全球化、西方化等议题的讨论。对许多在香港工作的学者来说,本土化和国际化不仅是一个需要深究的学术议题,它还是我们每天处理的实务,可以说,它就是我们日常学术生活的主要内容。由于香港的特殊位置,不少学者要用英文写作和发表,这意味着我们和许多海外华人学者一样,必须慎重经营本土化与国际化的关系。这一后殖民主义的潜规则也让我们能更多地从学术的角度上来摸索"超越西方霸权"的途径。

我这篇文章特别关注本土化和国际化的关系,之所以没有拉上"全球化",是因为至少在目前来说,学术的全球化还是一个由西方主导的运动。而我这里说的国际化,主要指华人学者的一种学术取向,它与本土化相对应,一个往里去,一个向外走。在向外走的过程中,自然也要和西方过来的学术全球化交手。比较目前的本土化和国际化论述,本土化一方似乎凝聚了更多更强的声音。仔细聆听这方面的声音,感觉愤懑不平的情感呼吁和像"自强自立"、"不当西化附庸"、"中体西用"、"建设有中国特色的传播学"那样的口号式语言渐渐少了,学者已经转向比较理性的论

述，可惜这时候的论述还只是局限于建构本土化研究的理论框架。其实这部分的本土化论述已经到了较高的哲学层次，涉及的范围包括本土心理学（杨国枢，1993；杨中芳，1993；黄光国，1994）、诠释现象学（余德慧，1996）、哲学人类学（叶启政，2001）、生态哲学（邵培仁，2001，2008；崔保国，2003），等等。说实在话，我是挺佩服的，我得感谢引进这些理论视角的学者，让日后的本土化研究可以有更多的方法论选择和有更周密的布局。但也有一些大论述起点过高，让人高山仰止，我暂时还看不到这些论述有实际操作的可能性。

如果把"本土化"理解为对学术主体性的追求的话，我算是"本土化"的向往者。我的"本土化倾向"主要来自三个方面。它首先来自本能的情感驱动，我们生于斯、长于斯，对本土都有一种难以割舍的情感。其次来自我的主体意识，一个人、群体或民族在追求和捍卫自己的自主权利时，是不应该受到责难的。最后它也来自我对一个理想的学术环境的憧憬，我希望看到的学术世界是多元、多姿多彩、繁花似锦的，我相信学术研究的本土化可以把我们带入这个多元和开放的世界。但同时我也不认为我们应该闭门造车，所以我赞成李金铨所说，"做中国研究，要放眼全世界；主体性还是中国，眼光包含全世界"（李金铨，2011：1）。

如果说目前的本土化论述还有什么让我遗憾的话，那就是感觉少了一个具体和历史的视角，我指的是这样一种视角，它让我们进入学术生产的情境和过程中去，考察本土和国际之间的对话是如何具体实施的。对我来说，本土化和国际化不是一个理论的问题，而是一个具体实践的问题，我们在摸索怎么个往里去和向外走，理想的走法当然是里外一块儿来，既走进来又走出去。为此我们必须严格遵循学术的经营之道，学术研究来不得半点虚假，也容不得丝毫的浮躁，即使是不满意某些西方学者的傲慢与偏见，我们也只能把情绪化解为更多更细密的论述，用实实在在的道理和证据来表明我们的观点和立场。

这篇文章主要回应一个问题，在目前中西学术力量悬殊的格局里，我们是否可以争取相对平等的学术对话？我想这是所有关注本土化、国际化、全球化、西方化、去西方化的学者都关注的中心问题。现在流行的看法是，西方学术和本地学术之间不可能有对等的对话。传播学科本来就是西方学者创立起来的洋学问，学科里的西方霸权和西方中心主义只会越来越严重，目前本地学者能做的似乎都只是在为这一西方学问作注解、补充说明，充其量是局部修订。我承认不平等是事实，现在一些本土化做法不见得就能有效地改变这一现状。但是我认为平等是可以据理力争的，平等不是他人的施予，而要我们自己去争取。我们固然可以喊口号、抗议、抵制、封锁、经济制裁、另立门户、分庭对抗，我们当然也可以显摆我们四千多年的文明，再炫耀中国今天的政治经济实力，但这样做换来的不可能是我们要的学术平等。在学言学，对学者来说，赢取尊重和权益的适当做法莫过于拿出站得住脚、让西方学者刮目相看的研究和理论来。西方人不是也说在学术面前（意思包括了在真理面前、在事实面前、在科学面前）人人平等吗？那就让我们坐下来，用有力和充分的理据说服他们。我们很多学者已经这样做了，我们将越做越好。我相信通过策略的论争和有效的说服，目前不平等的状况是可以逐步改变的。

下面将进一步阐述我的这一看法。但这样做之前，我建议把本土化和国际化看作是两个修辞建构的过程，这一修辞的观点有助于理解我将要说到的"策略论争和有效说服"。

一　建构我们的本土化和国际化

何谓学术的本土化和国际化？这说起来可以很高深、很复杂，而我这篇文章则只需要有一个比较一般的理解。简单地说，学术的本土化和国际化代表了两条学术路径，前者关注研究的本土特色，后者则关注国际学者的研究兴趣；前者要解决本地的实际问题，后者则要参与国际的学术讨论；前者依据本土的学术标准来衡量研究的价值，后者则参考西方的标准来掂量研究的意义；前者不要求国际发表，后者则要求国际发表。

除此之外，我倒希望把两者视作两个看似方向相反的修辞建构过程，它们的目的是建构起一项研究的本土性（或本土价值）和国际性（或国际价值）。本土性和国际性是需要特别打造的，没有现成的本土性和国际性，不是因为我是华人，研究中国，就本土了；也不是因为我写英文，就国际了。要国际化，谈何容易，就算我依照国际学术（其实是西方学术）的规范和惯例去做了，也不代表我的研究能在国际学刊上发表，我们还必须做得比国际同行更好，这意味着我们要跟他们拼点子、拼构思、拼推理、拼证据、拼英文，同时还要拼上国际说服和"营销"的策略，那就是尽一切可能吸引国际读者的注意力、诱发他们的阅读兴趣、刺激他们的想象、加深他们的印象、争取他们的同情——这样做像是为我们的本土经验做广告宣传。总之，我们要说服他们相信我们的研究有他山之石的效用，值得国际学者借鉴。说到本土化，好像事情好办了，我们应该知道如何呈现我们自己的"特色"，其实不然。首先什么是本土，什么是中国特色，这问题就不容易说清楚，对此就是土生土长的中国人也不见得就一清二楚。理论上说，在此时此地发生和流行的现象都是本土现象，生于斯、长于斯的经验都属于本土经验；但实际上总有一些本土现象/经验更加具有典型的意义，所以人们还是可以分辨出哪些本土现象/经验更有本土的色彩，哪些更受外来的影响。显然人们的心目中还有另外一把衡量本土和外来的尺子，那是怎样一把尺子，恐怕也不是三言两语能够说明白的。现在本土化派学者反复强调的几样东西，譬如本土现象、本土问题、本土概念、本土方法等，都不是自明的，而是要说明的。世界在变，我们的经验、问题、概念和方法也在与时俱进。我如何确定你说的"本土现象"就真的展示了当时当地社会和文化的特征？你说的"本土问题"就真的说出了本地人的心声？你说的"本土概念"就真的表达了本地民众的经验？你说的"本土方法"就真的切合本地的实践？这些问题都不只是些本体论、认知论、方法论的问题，它们还是一个非常现实的修辞性问题，因为所有这些问题最后都要落实到一个有效的说服，那就是说服人们去接受我们说的那个"本土特色"。为了说服国际学者，我们恐怕还需要在本地的历史脉络和社会背景上多刨刨根问问底。

如果说本土化和国际化都是修辞建构的成果，那么两者的结合就更是如此。国际化并不必然地走进本土，我们有一些研究拿到国外发表了，却因为没有本土应用的价值而"报国无门"，所以不能套用邓小平的话不管什么文章，能在国际上发表的就是好文章。反过来说，本土化也不必然地走向国际。"越是民族的就越是世界的"这句话，只有在辩证的解读下才是合理的。可惜现在一些学者不加分析地引用这句话，作为不必关注国际研究动向的理由或借口。过去中国是有不少学说逐步走向了世界，但不要忘记它们的"国际梦"是在积极的互动和交流中实现的。没有中西双方的通力合作、协商和翻译，孔子的《论语》又如何可以走出国门，被西方所知晓？

我们每天在香港做的就是这样一个工作：从事一项本土的研究，然后把它输送出去。不同的是，我们不能等本土研究完成之后才开始考虑它的国际化。尽管一些学者可以只是满足于一种取向，或者是本土化，或者是国际化，我们却要双管齐下。这意味着我们建构一项研究的本土意义时，必须同时建构它的国际意义，如果看不到它所提供的本土经验有被国际借鉴的可能性，我们也许一开始就不会启动这项研究。在这个过程中，我们还要时刻照顾好两者的关系，避免一种取向冲击了另一种取向。这种研究就像是在本土化和国际化之间展开一场对话，我们不能等到研究完成后送交国际学刊评审时才开通这样的对话，早在我们决定是否开展一项研究时，对话就应该开始了。让我借用陈韬文教授的例子来说明这样一种对话。陈韬文曾回忆说他20世纪80年代中期在美国念博士，想研究香港的传媒发展，但导师是美国人，从未踏足亚洲，对香港、台湾和大陆认识不多，陈韬文于是说服他支持这项研究（陈韬文，2012）。我无从知道当时的对话是怎样的，但想象得出，陈韬文会如此展开他和导师的对话：

> 陈韬文会首先强调他所关注的"香港媒体发展"正遭遇一次重大的社会和历史变革：香港即将回归、中英谈判……
> 然后指向这一社会变革的一个结果：权力更替。
> 然后列举几个西方人熟悉的权力更替的范例：例如，法国大革命、明治维新、1949年中国共产党建国、1978年邓小平上台，等等。
> 然后指出这一香港变革的一个重要特色：和平移交、渐进式的权力过渡……
> 然后推出自己的研究问题：在这样一个政治过渡期，权力结构与传媒将如何互动？
> 然后讨论这一个案研究的意义，包括本土意义和国际意义。
> ……

我之所以敢想象这样一个对话，也相信陈韬文本人这样做了（不排除实际的对话要丰富多彩得多），是因为我相信这样的对话可以迅速启动西方学者的理解程式，也能够直接切入问题的梗结。由此我相信一个值得西方关注的香港个案初步建立起来了，它以一个特殊的姿态进入某项国际研究（权力结构与传媒互动研究）的关注范围，并且在此找到了自己的位置。在这个合理想象的对话中，陈韬文一方面在"本土化"这一香港个案，另一方面也在"国际化"它；看得出本土化和国际化在对话中是交替进行的,好比是香港学生和西方导师之间一来一回的对话。

不管真实的对话进展如何,导师同意了陈韬文的研究计划。但那只是拉开了一系列马拉松式的专题对话的序幕,陈韬文的本土化和国际化任务还远远没有完成。在以后的对话中,陈韬文不仅要回答导师的问题,还要回应来自本土化派学者的质疑。在后续的本土化进程中陈韬文会遭遇两个重要的问题,这两个问题其实是上面那段对话遗留下来的,因为是我设计了这段对话,所以让我来回应这两个问题。

第一个问题针对以上对话的正当性。因为寻求本土与国际的对话,我们通常会特别关注那些有可能与某项重要的国际议题接轨的本土特色,而轻易地跳过那些没有接轨之潜在可能的特色。相信那段时间影响香港传媒发展的不是只有那些围绕着权力过渡展开的政治事件,与过渡中的权力结构互动也只是那时期香港传媒日常工作的一部分。于是问题来了,我们岂不是要牺牲我们的许多本土特色来迎合西方学者的兴趣?这难道就是我们要的国际对话?我是这样看的,在陈韬文的个案中,问题不在于陈韬文只是关注了个别本土特色而忽略了其他,研究总是要抓重点,不能眉毛胡子一把抓。问题也不在于接轨,我想不出还可以有其他什么方法来搭建一个有意义的国际对话的平台。问题在于陈韬文所关注的那部分特色是否也是同时代香港媒体从业人所共同关注的焦点,陈韬文的研究问题是源自他对同时代人的问题意识的深切理解呢,还是只是一个简单移植的假问题?陈韬文有义务说明这一点,所以说他的本土化任务还没有完成,他还需要回到香港社会发展的历史脉络中去深入阐释他的这一研究问题的本土依据。

第二个问题针对的是对话所使用的语言。我设计以上对话时,使用了"权力"、"渐进"等现代语言和概念来叙述香港的经验,这样做也可能招致非议。一些人会批评说我的本土叙述已经掺入了外来的影响,使用"权力"、"渐进"等抽象的现代概念将无法真实展现香港个案的特色。这一潜在的批评提醒我们在叙述本土经验时要小心使用语言和概念。但我认为阐述现代的本土经验不等于说我们就不能使用现代流行的语言和概念。不错,目前的本土化论述特别强调使用本土的概念,我不觉得这是个问题。我的问题是:什么才算得上是本土概念,难道只有像"道"、"阴阳"、"气"、"风骨"这样一些西方人难以把握的概念才算是本土概念,才能用来阐述本土经验?答案不应该是这样的。我认为本土化不等于就要一味追求所谓原汁原味、土香土色的概念(无人能够说清楚那是些什么东西），而是要贴近当地人当下的日常用语。如果我们尊重历史的话，就会发现近代以来那些本土改革运动的中坚分子，从洋务运动的曾国藩、李鸿章、郑观应，维新运动的康有为、梁启超、谭嗣同，到五四新文化运动的陈独秀、胡适等人，大量借用西方的概念来唤醒国民的改革意识。他们成功地把不少西方的概念，包括"权力"、"渐进"、"革命"、"自由"、"科学"、"民主"等，揉进了本土的话语，并且运用这些概念来唤起新的问题意识。所以我们今天的本土政治论述也拥有像"革命与改良"、"激进与渐进"等概念，我们不一定要参照法国大革命、明治维新，才能理解这些概念，我们也可以参照戊戌变法、辛亥革命、新民主主义革命等等。感谢近代以来此起彼伏的中西交流运动，让我们今天与西方学术对话时有了一套语汇，即叶启政所说的"潜在地具全球性意义"的概念（叶启政，2001：192），使用这套概念并不意味着我们要背弃自己的本土经验来获取西方的理解。当然，仅仅使用这套概念是不够的，我们还需要进入这些概念的错综复杂的意义网络中去，只有对这些概念的具体意义进行一番细致入微的梳栉之后，我们才有可能展现本土经验那鲜活和纷彩的一面。所以，问题不是我们应不应该使用这些概念，而是我们有没有展示出它们与本土实践千丝万缕的联系。这也再次说明了陈韬文的本土化任务尚未完成，他还需要在研究中为我们梳理这部分的本土概念。

二 移植、修正、创新

陈韬文（陈韬文，2012：59—60）曾论述传播理论的"本土化"过程，它分三个阶段进行：最初是"移植式"的本土化，"把外来的理论直接应用在本土社会"；然后是"修订式"的本土化，"对外来理论作出补充、修订或否定"；最后是"创新式"的本土化，那就是依据本土社会的特殊性或普遍性，"引发新的理论建构"。陈韬文在此说的是西方理论的本土化，与我这里说的起步于本土研究的"本土化"不同。从西方理论的角度说，理论的本土化等同于全球化；我们虽然是本土学者，却都不同程度地参与了西方理论的本土化（或全球化），所以对陈韬文的论述感同身受，虽然"创新"还谈不上，但的确是在"移植"和"修订"西方理论的过程中一步步走过来的。

从陈韬文的论述看出，我们要走到第三个阶段，才有可能谋求平等的对话，前面两个阶段还不可能有平等的学术对话。不过这种暂时性的不平等是可以理解的，我们必须经历这种不平等，才可能有后面的平等。在此，我建议把"移植"、"修订"和"创新"看作是本土学者参与国际对话的三个阶段的策略原则。首先是学习和"移植"西方理论，想当年是我们自己找上门去，要求学习西方的传播学理论；西方的传播思想也的确有值得我们学习的地方，西方的传媒制度也的确有可取之处。既然要当一回学生，就得虚心学习，不耻下问，没有虚心的态度，又如何学得好？在学习的初期，自然要应用甚至套用西方的理论和方法，这在所难免，我们的孔圣人不也教导我们要学以致用吗？如果说这时候还不可能有平等的对话——学生和老师对话，又怎么会是平等的呢，那么这种不平等是值得的。

我觉得我们今天不能简单地批评和否定所有"移植西方理论和方法"的做法。当年出去求学，对什么是好和不好、什么适用和不适用，我们已有一定的鉴别和判断能力，所以和小学生囫囵吞枣、赵人邯郸学步不能同日而语；就是移植，我们也不是不加选择，全盘搬用。我始终认为，某个时期的学术动向是学者对时局的一种回应。如果我们历史地看待当初的留学热潮和后来的理论移植现象的话，会发现这两种现象背后的原因并不简单。就是21世纪初在大陆再度涌现的大举翻译和介绍西方传播学著述的热浪，也可以看作是一种积极的回应。事实上，相当一部分"移植西方理论和方法"的传播学研究有过积极的作用。譬如引入西方的批判话语分析，可以帮助我们深入分析本地的媒体话语和社会话语。还有一些"移植西方"的研究，目的是借比较中西两种传媒体制，引发本地学者和业界的自省，其动机值得欣赏。本土化不等于完全拒绝西方的东西，把好的有用的拿过来，用健康开放的西方思想来充实丰富自己，有什么问题？近代洋务运动、维新运动和五四新文化运动的领军人物就经常干这样的事，以西方之长，攻自己之短，由此激发改革的动机。我们拒绝的不是外来的东西，而是不加分析的盲目移植。

有思想碰撞的学术对话是到第二阶段才开始的，这时候本土经验对上了西方理论，两者发生了冲突。在学以致用的过程中，我们积攒了可以与西方学术展开认真讨论和商榷的本钱，讨论的焦点是如何修订西方的理论。事实上，没有这样的学术对话，西方理论不可能完成第二阶段的修订式本土化。这时候的对话还不是平等的，因为本土学者还只是在帮助西方的理论更好地落地生根。本土学者没有放弃西方的理论，只是要求有限度地修订，在自己还没能拿出像样的替代理论时，修订不失为一种适宜的对话策略原则。陈韬文曾用两个例子说明为什么要修订西方的理论，一个例子是传媒专业主义，它原来有维护资本主义权力结构的作用，被视为"保守"的力量，但来到社会主义国家之后，却发现还有促进权力多元化的"解放"作用。第二个例子是传媒议题，它在资本主义社会中有设定民众议题的作用，但在社会主义的环境下是否还存在这种作用，学者不能确定，于是要测试；如果发现没有同等的作用，原来的理论就需要修补（陈韬文，2012：59）。从这两个例子看出，修订西方的理论是为了更好地配合西方学术的全球化。

如此看来，我们只要把原来没有的本土经验一一补充进去，西方理论全球化的问题就解决了。这就有一个问题：我们还需要一个创新式的本土化吗？从西方利益最大化的角度上来考虑，西方学术留在第二阶段就可以了，单凭不断的补充和修订，西方学术也有希望进入全球化的佳境，它无须再往前去。陈韬文本人也没有说得很肯定，对他来说，创新式的本土化只是"学者梦寐以求的理想"，是否可以实现，陈韬文不置可否，但是留下了一个问题："有否'华人社会传播理论'？"这个问题多少表达了他的不确定（陈韬文，2012：56—60）。这就让人纳闷了，为什么在创新式本土化的问题上，陈韬文显得不确定了呢？我猜想是这样的，创新意味着超越西方霸权，这对本土学者来说无疑是一个潜在的诱惑，陈韬文很可能在这点上犹豫了：本土学者能做得到吗？但在我看来，创新的问题不在于本土学者有没有能力超越西方学术，而在于他们有没有心去做，因此它是一个意愿的问题，而不是能力的问题；是一个价值论的问题，而不是方法论的问题。事实上，不少本土学者已经意识到理论创新的必要了。

让我们回到陈韬文的两个例子上去，我们看到，研究者把西方的理论拿过来，在社会主义国家中进行信度测试，然后作出补充和修正。这样做可能只是解决了一个表面的信度问题，同时掩盖了一个更深层次的信度问题。香港城市大学的祝建华教授长期从事内地受众及传媒效果研究，让我们听听他是怎样剖析这个"信度问题"的。他指出不少西方的受众理论和效果理论都"注重个体作用而忽视社会宏观影响，强调局部细节而忘却整体大局"（祝建华，2001）。就拿议程设定理论来说吧，这理论预设了这样一个社会，它是开放和多元的，无人可以控制舆论，各种利益集团可以通过传媒间接影响民意以至于左右公共政策。但是,"在封闭、单元和垄断的社会中,最大(往往又是唯一)的利益集团(即官方)之议程就是公共政策议程,议程设定理论并没有告诉我们任何新的东西。其他理论,从知沟论(knowledge gap)到涵化论(cultivation)、从沉默螺旋(spiral of silence)到第三人效果(third-person effects),均有类似问题,即实证研究或许都能验证这些现象在大陆的存在,但却又无助于我们对大陆受众行为和传媒效果之本质及规律的认识"(祝建华,2001)。这么说来,议程设定理论和其他类似的效果理论一开始就不是那么适用的。

一开始的误判必然导致后来的解释偏差。修订式的本土化扩展了原来的西方概念和理论,譬如"媒体专业主义"概念,现在可以涵盖有中国特色的"媒体专业主义"表现。好的是,我们有了一个更包容、更开放的传媒专业主义概念;不好的是,它把各地丰富多彩的传媒实践套入"媒体专业主义"的框架中去。中国大陆原本没有"媒体专业主义"一说,大陆的传媒工作者也从未经历过专业主义的教育——专业训练与专业主义教育不是一回事,研究者于是要参照西方的框架来收集和分析资料,并且按照西方的经验来判断今天在大陆传媒改革的进程中哪些是重要的,哪些是不重要的。祝建华说的问题来了,经过修正和扩展的"专业主义"解释框架或许可以解释"专业主义"在大陆的存在,但这种解释有助于我们对大陆传媒实践之本质及规律的认识吗?

随着本土化研究深入发展,本土学者终究会发现那些带有西方偏见或偏向的理论不是单凭修订就可以了事的,这样一来,新一波后发制人的本土化运动,也就是由本土学者担纲、以创新为目的的学术本土化便势在必行。对于陈韬文的问题,"有否'华人社会传播理论'",我的回答是肯定的,我的肯定还来自我对其他一些学术走势的研判。学术推崇创新,学者不能老是跟在别人后面做补充、修订的工作。再说,学术正走向多元,在这一走势下,我们与其要配合西方去建构一个可以在全球推行的囊括性的解释框架,不如更多地去关注那些更有本土解释力的理论。我还相信新情况会不断发生,就是那些经过修订的理论,也总是赶不上实际的变化,当新情况发生时,我们只有走进本土去寻求新的解释。也许我和那些不认为有"华人社会传播理论"的同行的根本分别在于如何解释华人社会的传播现象:我们应该特别关注这些现象的内部原因还是外部原因呢?我们应该从"局内人"还是"局外人"的角度来观察这些现象?我们应该着眼于这些现象的"主观意义"还是"客观意义"？在此我借用了 Max Weber 的术语，Weber 曾区分社会行动的主观意义和客观意义，主观意义是某项行动相对于行动者而言的意义，客观意义是这项行动相对于观察者而言的意义。Weber 本人认为社会学者应特别关注社会行动的主观意义，所谓社会行动，"就是采取行动的个人……将主观意义赋予行动，同时考虑他人的行为，并由此确定行动的方向……"（Weber, 1968, p. 4）。我们的分别说到底是"内部取向"（internal or emic approach）和"外部取向"（external or etic approach）的分别。"内部取向"原本只是心理学（Wundt, 1888）、人类学（Malinowski, 1922）、语言学（Pike, 1967）等社会科学的一种研究取向，近年来成了本土学者对付国际（或全球化）学术的有力武器（例如，Dissanayake, 1988; Jia, 2000; Miike, 2006; 陈国明, 2004）。难得的是现在一些西方的有识之士也出来为本土学术争取话语权（例如，Cohen, 1984; Kincaid, 1987; Curran & Park, 2000; Starosta, 2006）。最近的一个例子是当代文化研究大师 Lawrence Grossberg 被邀请参加 2010 年《传播与社会》学刊组织的一次学术对谈，当学刊编辑请教"怎样才能在亚洲从事文化研究"时，Grossberg 却认为亚洲学者应该选择最适合自己的做法：

> 盲目学习西方文化研究不是亚洲文化研究要做的事。你想做的是，吸取经验并且书写这些知性、理论性、实证和脉络化实践，可能还有你在其他地方找到的东西，把他们融入到你的周遭，并创造出一套你自己的文化研究，是从你的脉络说话，也向你的脉络说话的。……你不用变得西化才能做文化研究……事实上，要是你硬要变成西化的话，大概你做的文化研究也不是做得太好（高士柏, 2010: 8—9）。

这时期我们也不要忘记随着本土学者的队伍日益壮大，他们寻求本土学术身份的意愿也与日俱增，而建立本土身份的重要标志就是建构自己的理论。学术不只是一种纯智识的活动，更何况华人学者向来有为华夏文化立德、立言、立功的责任，他们不会满足于只是充当为西方理论著书立说的角色。在 2013 年中华传播学会的年会上，香港中文大学和上海交通大学的代表倡议"建立全球华人传播学界之交流平台"，这是一个信号，估计下一步就是倡议建立华人传播的理论平台，否则建立交流平台的意义不大。

新的学术走势赋予了本土学者从未有过的新角色。创新式本土化是国际学术的新课题，它的本土化力度更大，破坏性也更强，而对此国际学术除了还保留其学术仲裁的权力之外，将失去评定本土理论之本土特色的最终权威。在未来的国际学术舞台上，"理论本土化"这场戏如果还要唱下去的话，便注定要由本土学者来唱主角。我们也不要有这样的错觉，以为西方学术会轻易让出这一舞台，本土学者还得凭借自己的学术功力，通过策略的论争和有效的说服来争取自己的话语权。这预告了一场更高层次的国际对话，本土学者将采取更积极主动的对话策略，我们期待这会是平等的学术对话，本土学者将以本土学术专家的身份走进这一对话。这还是理论与理论、地方与地方之间的对话；其实早在本土学者对西方理论进行补充修正的时候，就已经自觉或不自觉地把它们看作是其原产地的本土理论，它们不过是因为"西方"的关系才捷足先登到国际学术的舞台上来。我们当然也必须承认，西方在全球各地扩张其影响，给了这些理论在全球登陆和接受测试的"合法"理由。

三　发挥本土学者的优势

理论的本土化越是向纵深发展，本土学者就越是拥有不容忽视的优势。本土学者比西方学者更接近本土的现实，他们掌握了本土研究的第一手资料，因此"具有掌握此时此地性的能力"，也因此拥有更实在的话语权（叶启政，2001：122）。其实从一开始，本土学者把握本地形势，确定要研究的问题时，就已经显示出自己的天时地利人和。而这一优势恰恰是西方学术所不能不承认的，美国主流的实证科学本来就注重事实，视直接经验为第一性，理论为第二性，这就决定了"局内人"比"局外人"有更多说话的权利。所以就本土化研究而言，"本土学者"是一块金字招牌。而那边厢，作为本土研究的"局外人"本身就是西方学者的致命伤，后者不得不展开对话来获得对本土的了解，也不得不借助于本土学者的力量来完成他们理论的本土化。除此之外，本土学者的优势还表现在他可以提供本土的"认证"。一个理论能否成为国际性的理论，不是由原产国单方面说了算的，其他民族不欣赏、不认同，更没有想到要挪用，又如何成为国际性理论？所以西方学者还必须说服本土学者去接受和使用他们的理论，否则这个"国际性"便只是一个没有经过本土学术认证、自吹自擂的"山寨版"。

但遗憾的是，我们作为本土学者，还未能充分发挥自己的优势，平等对话暂时还只能是我们"梦寐以求的理想"，所以陈韬文的疑虑不是没有道理的。让人扼腕不已的是，我们在最能发挥自己作用的地方没有发挥作用，尤其是下面两个地方：

1. 我们目前所呈现的文化还很单薄。问题可能出在我们现在很多跨文化比较研究所采用的实证方法上。以本土学者所熟悉的 Geert Hofstede (1980) 的跨文化研究为例，Hofstede 先确立了划分国家文化的四个主要标准，分别是"权力差距"（power distance）、"回避不确定性"（uncertainty avoidance）、"个人主义—集体主义"（individualism-collectivism）、和"男性化—女性化"（masculinity-femininity），然后拿到世界上去测试，我们有不少学者参与类似这样的全球性测试和跨文化比较研究。这种研究有很多问题，在各国的受访者中发现的差异，就真的代表了国家之间的文化差异？知道了中国在有限的四个维度中的相对位置又怎么样，就能说明在中国发展起来的理论可以大致地适用于那些在 Hofstede 所绘制的世界文化地图中距离相近的其他国家了吗？这种测试其实不能透露很多关于文化"特色"的讯息，所有国家都用同样的方法进行测试，我们看到的只是某个国家在某些维度上可能强一些，在其他维度上可能弱一点而已；它虽然也可以显示不同的数据分布，但不能告诉我们为什么会有这些不同。我想说的是，本土学者在这类研究中完全发挥不了自己的优势，他们只是在帮助完成西方理论的全球化或本土化。本土学者如果想要超越西方学术的话，他们的位置不应该在这里，他们应该引导我们深入去感受和欣赏文化的丰富内涵。文化是一种"深度的描述"（格尔茨，1999/1973：17—18），我们只有走进去，才可以感悟它的魅力所在，它的千姿百态和丝丝入扣是在我们往里去的路上逐步展示出来的，仅仅到一个本土文化去进行简单的心理和行为测试的西方学者不可能有这种感悟。让文化人类学者 Clifford Geertz 告诉我们成为一个文化人意味着什么，意味着他是"一个有能力按照非常繁杂的礼仪系统行动的'正常'的成年人，具备有关音乐、舞蹈、戏剧和纺织品图案的精妙的美感，能对居于每个人的内在意识中的神灵的微妙提示做出应答"（格尔茨，1999/1973：66）。譬如在

Geertz 从事田野考察的爪哇岛上，"作为一个'爪哇'人并不仅仅是呼吸，还要学会用类似瑜珈的方法控制呼吸，在一吸一呼中听到神呼唤自己的名字的声音：'hu Allah'；不仅仅是说话，而是要在适当的社交场合，用适当的语调和适当的含蓄间接的方式说出适当的词语；不仅仅是吃，而是要提供以特定的方法烹调的特定的食品，按照严格的饭桌上的规矩来吃掉食物。甚至不仅仅是感受，而是要感受特定的非常独特的爪哇人的（基本上是不能传译的）情绪——'耐心'、'超脱'、'顺从'、'尊敬'"（1999/1973：66）。我引述 Geertz 的这段描写，不过是想让我们稍微领略一下文化讯息的厚重。我们的本土化研究不能传达这种厚重感，又如何说服西方学者相信我们是特别的呢？

2. 我们目前所展示的历史还很破碎。许多华人学者不重视自己的历史，他们只是不痛不痒地介绍一下研究的背景，并没有真正进入历史。不少跨文化比较研究（例如，Hofstede 的研究）只关注本土文化中一些看似持续稳定的特征，它们不在乎这些特征在时间上经历的变化。一些学者要不就无视历史，要不就一步退回到两千多年前，探讨先秦的儒道思想对华人传播方式的影响，中间的传承和发展则不了了之。不仅在我们的研究报告中看不到历史，就是我们的本土学者自己也没有什么历史的代入感。他们的研究可能只是要回应某个西方学术本土化或全球化的需求，或者只是要赶某个研究潮流，或者追某个新闻热点，这种研究只会助长浮躁、跟风、炒作的不良学术风气。这种现象在我们年轻学者的身上表现得更加严重，他们不愿意花时间去了解自己的历史，他们更在乎当下西方流行的时髦理论。没有自己的历史感，也就没有了方向感，自然就要跟在西方学术的后面亦步亦趋。历史感的缺失也表现在他们把近现代发生的很多事情简单地归因于外来（主要是西方）的影响。西方人总愿意去相信西方影响是近代以来中国历史发展的主线。但如果我们也这样想的话，那么我们的本土化研究将永远走不出西方学术的思想框架。这样的本土学术也不会有什么出息，我们不过是协助对方完成撰写一部西方影响的历史罢了。

其实，我们有自己的历史。如果我们仔细去聆听的话，可以听出中国人对于生命存有一种持续和深切的关怀，我们的问题意识最终来自这样一种关怀。过去的中国文化精英们一直围绕着这个存在问题展开各种争论，寻求各种出路。中国人的经验和智慧表现在他们发展了一套感知、理解和解决问题的方式。即使是西方打将进来，中国人也仍然依靠这套方式来解读和回应西方带来的新问题。我们得熟悉这个"中国问题"发展变化的历史，才能明白当代中国人的实际处境，才能设身处地地感受他们的问题所在。华人传播学者有义务帮助重建自己的历史。我们的历史是有个性的，只要我们深入进去，就能发现过去的事件无不具有绚丽多彩的特色，我们完全可以按照这些特色来重建属于我们自己的历史，也只有在这里我们才可以找到本土学者无以替代的学术地位。没有厚重的历史感的学术是不会得到尊重的，没有历史感的本土研究不会是严肃和系统的研究。对本土学者来说，忽略或放弃自己的历史是极不明智的事情，这意味着让出自己的地方，让西方来解释这里发生的一切。我们放弃的不只是历史，我们还放弃了一个可以争取我们话语权的平台。

我们不能充分认识和利用自己的优势，又如何能够实现理论的创新？问题不在西方，而在我们自己，我们的文化观是单薄的，我们的历史感是脆弱的，在这两者的基础上，又如何可以建构起厚重的本土理论来和西方对话？这怪谁，怪西方霸权吗？

四　挑战西方的本土化研究

从研究的问题入手挑战研究的价值，这一招式过去华人学者用得不多，但现在越来越发现这是对付那些有严重西方偏见或偏向的"本土化"研究的有效方法。Grossberg 引述牙买加人类学家 David Scott（2004）的话说，"不同的形势提出不同的问题，要是你问错问题，你的研究无论如何都不会带来什么意义，因为你是在回答错的问题"（高士柏，2010：4）。这段话说出了研究问题的重要性，另外也表达了一个明显的"内部取向"，它偏向了本土学者，因为只有他们可以耳濡目染地感受什么样的本土形势提出什么样的问题。与此同时，这段话也展示了西方学术的一个实用原则，西方学术一向强调研究的实用价值，要求研究从一个实际问题出发，而且解决这一实际问题。这就给了本土学者一个举足轻重的地位，凭借对本土形势的深刻理解，他们可以来质疑和挑战那些简单移植和应用西方理论的研究的意义，他们只需要审视这些研究的问题是否问对了。

问题是，目前很多这类研究可能真的问错了问题。问题不对，可能是提问的时机不对。中国在"现代化"这条路上起步比西方晚一两百年，加上文化传统和思考方式等原因，所考虑的问题自然和西方不完全一样。

但西方总是自觉或不自觉地以先行者自居，为其他民族设想问题，这就容易出错。有时候正好相反，西方学者的问题不是超前，而是落后了。当今华人世界变化了，向学者提出了新问题，但一些西方学者还在思考旧的问题，他们的老眼光还滞留在80年代改革开放前的中国印象上，说起大陆现行的政治体制，他们还是习惯性地认为那就是一个墨守成规、不思变通的体制；说起大陆的传媒，他们仍然认为那就是一个死硬、僵化的共产党传声筒。这也符合不少西方人的观点，认为中国体制的内部无法产生改革的动力，因此需要由外部（主要是西方）施加压力。

但更多时候西方学者的问题是提问的角度不对，譬如问了一个西方人的问题，而不是当地人的问题；或者是问了一个全球化的问题，而不是本土的问题。李金铨提到一个例子，说的是《传统社会的消逝》(The passing of a traditional society)的作者Daniel Lerner，他跑去问土耳其的农民：如果你是乡长的话，你会做什么？如果是省长的话，会做什么？如果是总统的话，会做什么？美国的中产阶级相信人人有机会当总统，所以李金铨认为Lerner问这样的问题，"不啻是美国中产阶级世界观的国际投射"（李金铨，2011：5—6）。这么说来，Lerner问了土耳其人一个美国中产阶级的问题。早期西方的汉学家像John King Fairbank (Teng & Fairbank, 1954) 和 Joseph R. Levenson (1964) 等倾向于把中国近代以来的历史说成是一个西方搭救中国的故事。后来的汉学家直到近几十年才发现中国历史有自己的"剧情主线"。"随着越来越多的学者寻求中国史自身的'剧情主线'(story line)，他们奇妙地发现确实存在着这条主线，而且在1800年或1840年，这条主线完全没有中断，也没有被西方所抢占或代替，它仍然是贯穿十九乃至二十世纪的一条最重要的中心线索"（柯文，1984/1989：136）。

对Grossberg来说，西方学者的"角度"问题是难以避免的，他们身为"局外人"，只会问自己熟悉和愿意知道的问题，他们并不真正了解本地人是怎样思考自己的过去、现在和未来的，因此无法真切地把握本地社会和历史发展的剧情主线。西方学者研究中国问题，大多依靠过去的文本，做文本分析是他们的强项，他们擅长在文字中找寻意义的联系。他们欠缺的是"知性"，他们可以书写一部中国历史，却无法述说一个贴近本地生活实情的故事。这就是让Grossberg尴尬的地方，他连在中国研究些什么都没搞清楚，又如何指导中国的同行从事文化研究？尽管这样，在对方一再追问下，Grossberg 也曾尝试推测目前中国的具体情势会向一位文化研究学者提出什么具体的问题：

> 或者我随意推测一下，我们大概可以说，中国提出的是一个或者一套独特的问题，其空前高速的经济现代化与其独裁和集权的政治和文化条件并存着，而两者又同时受到几乎无法控制的新传播科技牵制。在我看来，也许那现代性与现代化的矛盾所造成的形势中存在着独特的问题，但我的想法可能是非常肤浅的。那对现代性和现代化的理解是从西方的角度出发，然而这套理解对于在中国所发生的事情却未必适用（高士柏，2010：5）。

从"随意推测一下"（speculate without any grounding）、"大概可以说"（one might start by saying that）、"在我看来"（from my perspective）、"可能是非常肤浅"（but it's extraordinary naïve）等用语中，我们看出 Grossberg 是多么小心翼翼和勉为其难地出来为目前的中国把脉断症，但他的谨慎说法毕竟展示了西方学者探索一个不熟悉的非西方社会的问题时的思维方法，他们首先会从该社会的特色中找出几个大的"问题根源"。"高速的经济现代化"、"独裁和集权"、"无法控制的新传播科技"，这几个特色在西方学者的眼中本来就是问题或是问题的潜在来源：高速的经济增长会带来一系列社会问题，独裁和集权会引发民众不满，而新传播科技的应用又可能导致某种"失控"。这三方面的问题交缠在一起，便构成了 Grossberg 所"随意推测"的目前中国的问题空间或问题区域。这恐怕不是什么问题，问题在后面，那就是 Grossberg 依照他所熟悉的西方学者的一般做法，把这些问题纳入一个统一的"现代性或现代化"的解释框架中去，把它们通通看作是现代化进程中遇到的问题。"现代化"是西方学者为非西方国家或地区设想的一个理想的发展模式，每个非西方国家或地区都或多或少地朝着这个方向去，在这个进程中又因为其特殊的社会、文化和历史背景而遭遇某些难题。西方学者一般会依据他们心目中的现代化标准来评估其他社会在发展中可能出现的问题，Grossberg 也不例外。难能可贵的是他十分清楚地意识到这个"现代性或现代化"解释框架的潜在的西方偏向，所以他强调"对现代性和现代化的理解是从西方的角度出发，然而这套理解对于在中国所发生的事情却未必适用"。Grossberg 最后的忠告是:"你得先找出你要讲这个形势的故事要解答的是什么问题,才能找出该做什么样的理论、方法论和实证研究,以至找出文化研究在这里会是什么样子"(2010:5)。

找出本地情势所提出的问题是一回事,引起国际学术的关注是另一回事。在此,我又要对"越是民族的就越是世界的"这句话唱点反调了,我们看中的国粹不一定就是人家眼中的精华,所以并非越是民族的议题就越会受到国际的关注,大部分本土议题的国际化都需要特别打造,起码来说我们要为它们打造一个亮眼的有普遍意义的题目。可以放心的是,不但本地学者需要参与国际性的学术讨论,国际学术也需要本土学者的参与,一个学术议题如果没有非西方国家的学者参与讨论,能称得上是国际议题吗?同样的道理,没有非西方国家学者参与的学术讨论,能称得上国际性的学术讨论吗?所以我们总是可以在本土的国际化和西方的全球化之间寻求某个平衡点。

让我们再次设想那天陈韬文去找导师,征询导师对他的香港传媒研究计划的意见。假设那天导师关注的是西方理论的全球化,而陈韬文关注的是香港经验的国际化,于是两人都在自己的世界里寻找香港个案与西方理论的相交点,陈韬文想到的那一点不一定就是导师想到的那一点,不要紧,经过一番沟通和协商之后,两人的想法逐步协调到同一个频率上。在此,请恕我不再揣测两人是如何协调的,此刻只需要知道在大多数学生的个案研究里,学生和老师的这一协调是可能的,也是必要的。当然也有例外,李金铨说他当年在美国攻读博士,一开始想研究密执安州的选举,但导师说台湾人研究美国选举没有特色,李金铨于是开拓自己的研究兴趣,写出了《媒介帝国主义再思考》(*Media imperialism reconsidered*,1980)。"我的导师自言对此一窍不通,却极力纵容我、扶持我"(2011:6)。李金铨的情况不多见,导师一定是非常相信学生的治学能力,才如此"放纵"。但在这一例子里,导师能够这样纵容一位东方学生,关键还在于李金铨选的这个课题——"媒介帝国主义",本身已横跨了国际和本土两个领域,这让一位来自台湾的学生和学者有了说上话的资格,也让他的"再思考"有了参考的价值。不管怎么说,我们还得欣赏这位导师能有如此开放、宽容的国际胸襟,可以容纳一个来自东方的批评视角。

李金铨的例子告诉我们,某些议题由于见证了某个全球化过程——譬如帝国主义、殖民主义、恐怖主义、国际贸易、人道援助、科技传播、流行文化、互联网，等等——而被双方所关注。西方的强势介入，给其他地区的政治、经济和文化发展制造了许多新的问题，像媒介帝国主义，既是国际议题，又是地方问题。除此之外，大部分由本地形势提出的问题则需要协调或特别打造才可能吸引其他地方的学者。在此不得不说一下目前一些本土研究，它们的视野比较局狭，譬如 2013 年中华传播学会年会上发表的一些论文，作者只关注一个非常具体的问题，譬如台湾中天电视节目《康熙来了》中的人妻形象、香港《苹果》《东方》《明报》等报纸新闻的可信度和使用量、大陆学生对 SARS 的认知，等等，作者没有想去连接某个重要的学术议题。这些论文原来就不是写给西方人看的，所以不应该是问题。但如果有朝一日作者想拿去国际学刊发表，就得好好思考一下为什么这些个案对西方学者来说是重要的，须知西方学者并不对所有境外发生的事情都感兴趣。

我们聚焦于本地的现实生活时，自然也要照顾到影响当地生活的更大范围的政治、经济和文化发展趋势。在今天，这些发展趋势都或多或少地连接上全球化的趋势。我相信我们只要把研究的视界放高一点，就总是可以找到一些共同关注的点。近代以来东方民族都有过一些共同的经历，譬如都不同程度地经历过殖民主义和后殖民主义。我们还可以把视点放得再高一点，就说"西方冲击"吧，这一说法可以引发各种不同的理解和想象，也正因为这样，它凝聚了各方学者的兴趣。在东方，哪个国家或地区没有在物质和精神上经历过"西方的冲击"？如何回应这一"冲击"，是东方世界的共同关注。虽然深入地研究进去，我们会发现中国也好、日本也好、印度也好，"西方冲击"只是影响这些民族近现代发展的一个外部因素，而不是像许多西方学者所想象的"根本动力"。西方学者当然也关注这一课题，尽管关注的角度会有所不同。西方学者会特别关注"西方冲击"的全球性影响，华人学者会特别关注"西方冲击"对本地社会和历史发展的影响，但在"西方冲击"这一点上，无论是"冲击"的一方还是"被冲击"的一方都不会否认它的重要性。我们也可以"一个议题，各自表述"，在一个国际研讨会上，我们经常看到各自表述的现象，这不妨碍我们坐在一起，就同一个学术议题互相发问。我们也可以像李金铨那样，针对西方的表述提出我们的"再思考"。如果西方学者都具有李金铨的导师或 Grossberg 那样包容、豁达的国际胸襟，学术对话会容易很多。我们只需要坐下来，畅谈各自的文化经验或地方经验；我们不需要争论哪个经验更正确、更普世，我们只需要分享和比较自己的研究成果。

我们出去参加国际学术研讨会，或者把西方学者请进来，是把本土研究推上国际学术舞台的积极做法。在本地召开的国际研讨会上，我们甚至可以设定自己的议题，请西方学者参与我们的讨论。可喜的是，现在华人主办的国际研讨会多起来了。而让人遗憾的是，不少这样的研讨会并没有能够发挥它们应有的主场优势，这些研讨会只是限于讨论和回应西方的问题，主办方只是把西方热议的主题和课题简单地接过来，再请来几位能说上话的国际大师，我们只是提供一个本地的会议场所。这种"国际学术讨论"其实是在配合西方的学术全球化，而不是要促进我们的国际化；说得难听一点，只是满足了一个召开国际学术会议的门面需求罢了。

五 打造有本土特色的华人社会传播理论

最后让我回应一下汪琪、沈清松、罗文辉在2002年发表的一篇文章：《华人传播理论：从头打造或逐步融合》。三位学者也在思考如何打造有本土特色的华人传播理论，但结论却不太乐观。问题在哪里？我想作者们的思路可能卡在了两个地方，一是他们的理论概念，二是他们的文化观点。他们对理论的要求可能太高了，而对文化的看法又可能过于宽松，以至于"面临文化属性难以掌握的问题"，可能是这两个问题阻碍了他们进一步思考打造有本土特色的华人传播理论的可能性。估计陈韬文和其他一些华人学者也遭遇了类似的问题，这是两个必须解决的问题，下面谈谈我的看法。

在"理论的本质"一节里，我读到这样一段话：

> 一般而言，除了可验证性、逻辑关系、解释与预测力之外，通则化也是无可避免的一个环节；即使理论所暗示的不是绝对的通则性，至少也是可以通则化的（generalizable）。在此情况下，如果一个理论的有效性或相关性只限制在某一群人或某一种社会情境之下，则根据定义来看，它就称不上是一个理论；最多只能算是在一个有限领域内

的假设。换言之，在任何理论前面加上"华人"——或任何地区、族裔的形容词，都会因为不具备通则性而与理论的本质产生矛盾与冲突……（汪琪，沈清松，罗文辉，2002：4—5）

　　问题就在这里。我同意说"通则性是理论的必要条件"，但为什么不可以在"通则性"的前面加上一定的限制呢？在我看来，"通则性"永远只是相对于某时某地某社群而言的，由此产生的解释力和预测力也只是相对于此时此地此社群而言的。从来就没有跨文化、跨时空的通则性，所谓放之四海而皆准，只是存在于我们的研究假设中，或是我们的美好愿望里，或是我们的宣传和广告语言之中，这些假设或想象的通则性经过一番科学的检验之后，大都打回了原形，变回只有部分的适用性。其实我们修订一个理论，就是要依据时空条件的变化重新确定该理论的适用范围，修订不表示要否定该理论过去在某时某地的适用性。从这个角度上说，所有理论都是本土理论，都只有暂时和局部的适用性。譬如议程设定理论，尽管用于全球各地的媒体研究，但正如祝建华所说，其适用范围只限于一个"开放、多元和竞争的社会"。而祝建华另辟蹊径，综合其近十年研究经验发展起来的"整合理论"也只是适合于目前大陆的社会（2001）。接受这个暂时和局部的"通则性"事实，其实不会减损理论的存在价值。反而追求超文化、超时空的通则性，在尊重自主性和多元化的今天，既不合时宜，也没有太大意义。目前有两种开发全球通则性的做法：一种是无限扩大理论概念的内涵和外延，使之可以全球通用。另一种是过去一些全球化研究（全球性应用试验）的做法，那就是排除文化和地区的"干扰"，找出最本质、最一般的"因果联系"。我不知道这两种做法对我们认识当地社会和文化会有多大的帮助。从文化人类学的角度看，第二种做法所剔除的部分——文化和地区的影响——恰好就是最真实、最生动的部分。Geertz曾深刻地批评这种做法："在这一类的研究中，无论怎样刻意地规范和有力地辩护，生动的细节被窒息在死板的框架中：我们在寻求一个形而上的实体，一个大写的'人'，……我们牺牲了实际遇到的经验实体，一个小写的'人'。"（格尔茨，1999/1973：65）

　　在下面一段话中，三位学者解释文化属性为什么难以掌握：

在范围方面，它（文化）可以广泛到包括所有非属大自然的事物；在本质方面它有静态、延续性的部分，却也有动态、变动的部分；形貌方面它有我们看得见、外在具体呈现的部分，也有我们看不见、蕴含在内心的部分；它可以影响我们与外在环境，我们与外在环境也可以影响它，甚至经由人类互动，新的文化可以产生，同样地，经由人类互动，既有文化也可能败亡。面对这样一个几乎无所不包、又时时变动的想象客体，要掌握明确属于它的特质，其困难不言而喻（汪琪，沈清松，罗文辉，2002：5）。

这段话说得非常好，它说明了我前面的一个观点：鲜明的文化特色是需要修辞来建构的。把那个尚未"明确"的"文化属性"鲜明地呈现出来，不就是我们需要修辞的地方吗？但是接下来，三位学者指出"这些问题让我们不得不怀疑我们是否可以在任何一个理论里面找到明确专属于某一文化的特质，或任何只适用于某一社群或文化的理论"（汪琪，沈清松，罗文辉，2002：6），我的问题也就出现了。我承认"无所不包"是当代许多文化的特色，但这不等于说我们不能感受、体认文化的一些基本特色和导向，譬如我们可以轻易地辨认出日本的食物、日本的服饰和日本人的一些行为方式。三位学者提到"资讯社会理论"这个例子，日本人声称"资讯社会"的概念是他们最先提出来的，我们当然不能单凭这个说辞就相信资讯社会理论是他们日本的产品。但我相信如果能够深入去分析这个理论形成的社会历史背景，它要解决的基本问题，它阐述这一问题的方式和它提供的解决方法的话，我们还是可以判断出这一理论有多么的日本化。

我所说的文化不限于一种别致的制作方式（譬如日本食物的制作方式），或是一个别致的行为模式（譬如日本人表达礼貌的方式），或是一套别致的习俗和惯例（譬如日本资讯社会的习俗和惯例）。我说的文化是让所有这些制作方式、行为模式、习俗、惯例产生意义（尤其是对当地人来说）的表意系统或编码系统，用 Geertz 的话说，"文化模式是历史地创立的有意义的系统，据此我们将形式、秩序、意义、方向赋予我们的生活。此处所指的文化模式不是普遍的，而是特殊的"（格尔茨，1999/1973：65）。所以如果要探讨日本资讯社会的文化特色的话，我们要特别关注的不是日本人如何广泛和熟练地使用资讯科技，而是这一使用背后的一组历史性形成的文化价值理念,它关系到什么是有用的资讯、如何健康地使用资讯、什么资讯可以公开、什么不能公开、谁可以监控资讯的流通,等等。

我同意我们不应该到两千年前的文化传统中去发展理论,我们已多少走出了那段历史,前面也说过,我们没有必要再用我们老祖宗的概念来表述今天的文化走向。但与此同时,我也不认为我们需要用全球化理论来解释今天中国的发展。西方学者倾向于把近代以来其他地方的历史看作是西方影响的结果,以此作为开展全球化研究的依据,这就容易夸大西方冲击的作用。我倒觉得我们可以到本土发展的脉络中去发展自己的理论,尽管目前而言我们还做得不怎么样。如果理论如 Mario Bunge 所说是"一个容许我们建构有效论辩的假设系统"(Bunge,1996:114),或如三位学者所说是这样一串命题或陈述,它们"可以被检验,彼此之间有逻辑关系,并且具有解释力和预测力"(汪琪,沈清松,罗文辉,2002:4),那么我看不出建构这样一个理论有多么遥远,我们也可以有关于华人或华人社会传播现象的"假设系统"或"命题系统"。事实上,适合发展这种理论的环境和条件无处不在,它就在任何一个别具特色的行为模式出现的地方;对一个重要概念(如专业主义)的任何一种不同的文化理解都可能预示了某个"理论的解释",甚至任何一种新的提法和说法都有发展成理论的潜在可能性。如果文化如 Geertz 所说是一种深度描述的话,那么华人或华人社会传播理论的"矿源"就等在我们脚下的某个深处。

三位学者在文章的最后提出了一个"逐步融合"的建议。"融合"的意思是"在现有的(国际学术或西方学术)的大架构下求发展",在这个大架构下"与西方建立有意义的对谈"(汪琪,沈清松,罗文辉,2002:8)。坦白地说,这是一个比较保守的发展策略。事实上我们已经这样做了,我们积极参与西方学术的本土化,尤其是第二阶段的修订式本土化,目的就是要在现有的大架构下求发展。可惜这种发展的出路有限,如前所述,它去不到我们要的平等,为了换取架构内的栖身之地,我们不得不牺牲我们的许多本土特色。我们完全可以这样:在自己的文化架构内发展有特色的学术——意思是有解释和预测本土现象之能力的理论,同时谋求与西方架构的对话。我们迟早要走这一步,也许我们今天还必须学会怎样在西方的学术架构下生存,但我们最终要超越这一架构,平等的对话只能在两个架构之间进行。如果我们不把全球化理解为西方化、殖民化和帝国主义化,而是像 Anthony Giddens 那样,理解为国际间的"相互依赖",那么开辟文化架构之间平等对话的平台将是在所难免的(吉登斯,2008:12)。

我意识到两者之间还存在着文化传统与思考方式的差异,我不认为我们可以完全超越各自的文化传统和思考方式,正因为这样,我们需要更多的包容。我相信建立一个相互理解、彼此尊重的平台是可能和必要的,寻求平等的对话是大势所趋,环顾世界各地的政治、经济、文化和宗教体系,无不谋求平等的沟通,它们可以,学术为什么不行?我们不是传播学者吗,那么请拿出自己的看家本领来。

参考文献

陈国明:"中华传播学研究简介",陈国明主编:《中华传播理论与原则》,台北:五南图书出版公司,第 3—25 页。

陈韬文:《理论化是华人社会传播研究的出路:兼论中国内地传播研究的困局》,见冯应谦、黄懿慧编《华人传播想象》,香港:香港中文大学香港亚太研究所 2012 年版,第 55—74 页。

崔保国:《媒介是条鱼——理解媒介生态学》,见《中国传媒报告》2003 年第 2 期,第 17—26 页。

高士柏:《与高士柏对谈(第二部分):文化研究之落地生根》,《传播与社会学刊》2010 年第 11 期,第 1—27 页。

[美]克利福德·格尔茨:《文化的解释》,韩莉译,译林出版社 1999 年版。

黄光国:《互动论与社会交易:社会心理学本土化的方法论问题》,《本土心理学研究》1994 年第 2 期,第 94—142 页。

[英]吉登斯:《吉登斯和"全球化"一词:对安东尼吉登斯的访谈》,《传播与社会学刊》2008 年第 5 期,第 1—33 页。

[美]柯文:《在中国发现历史——中国中心观在美国的兴起》,林同奇译,中华书局 1989 年版。

李金铨:《三十年河东与河西:国际传播研究再出发》,《传播与社会学刊》2011 年第 16 期,第 1—14 页。

邵培仁:《传播生态规律与媒介生存策略》,《新闻界》2001 年第 5 期,第 1—6 页。

邵培仁:《媒介生态学:媒介作为绿色生态的研究》,中国传媒大学出版社 2008 年版。

汪琪、沈清松、罗文辉:《华人传播理论:从头打造或逐步融合?》,《新闻学研究》2002 年第 70 期，第 1—15 页。

杨国枢：《我们为甚么要建立中国人的本土心理学?》，《本土心理学研究》1993 年第 1 期，第 6—88 页。

杨中芳：《试论如何深化本土心理学研究：兼评现阶段之研究成果》，《本土心理学研究》1993 年第 1 期，第 122—183 页。

叶启政：《社会学和本土化》，台北：巨流出版社 2001 年版。

余德慧：《文化心理学的现代处境》，《本土心理学研究》1996 年第 6 期，第 146—202 页。

祝建华：《中文传播研究之理论化与本土化：以受众及媒介效果的整合理论为例》，《新闻学研究》2001 年第 68 期，第 1—21 页。

Bunge, M. (1996), *Finding philosophy in social science*, New Haven: Yale University Press.

Curran, J., & Park, M. J. (Eds.) (2000), *De-Westernizing media studies*, London: Routledge.

Dissanayake, W. (Ed.) (1988), *Communication theory: The Asian perspective*. Singapore: Asian Mass Communication Research and Information Centre.

Hofstede, G. (1980), Motivation, leadership and organization: Do American theories apply abroad? *Organizational Dynamics*, 9, 42 – 63.

Jia, W. (2000), Chinese communication scholarship as an expansion of the communication and culture paradigm. In D. R. Heisey (Ed.), *Chinese perspectives in rhetoric and communication* (pp. 139 – 161), Stanford, CT: Ablex Publishing.

Kincaid, D. L. (Ed.) (1987), *Communication theory: Eastern and Western perspectives*. San Diego, CA: Academic Press.

Lee, C. C. (1980), *Media imperialism reconsidered*. Beverly Hills: Sage.

Levenson, J. R. (1964), *Confucian China and its modern fate*. Berkeley: University of California Press.

Malinowski, B. (1922), Argonauts of *the western Pacific*. London: Routledge.

Miike, Y. (2006), Non-Western theory in Western research? An Asiacentric agenda for Asian communication studies. *The Review of Communication*, 6 (1 – 2), 4 – 31.

Pike, K. L. (ed.) (1967), *Language in relation to a unified theory of structure of human behavior* (2nd ed.), The Hague, Netherlands: Mouton.

Scott, D. (2004), *Conscripts of modernity*, Durham & London: Duke University Press.

Starosta, W. (2006), Rhetoric and culture: An integrative view. *China Media Research*, 2 (4), 65 – 74.

Teng, S. , & Fairbank, J. K. (1954). *China's response to the West: A documentary survey*, 1839 – 1923. Cambridge: Harvard University Press.

Weber, Max (1968), *Economy and society: An outline of interpretive sociology*. New York: Bedminster Press.

Wundt, W. 1888, *Uber Ziele und Wege der Volkerpsychologie. Philosphische Studien*, 4, 1 – 27.

作者简介

肖小穗，香港浸会大学传播学系教授，《传播与社会学刊》编辑。曾任浸会大学传理学院研究生课程委员会主任和媒体与传播研究中心副主任。1992年获俄亥俄州州立大学传播与修辞学博士学位，1995年当选国际修辞史协会（International Society for the History of Rhetoric）首位亚裔理士。在海外访学期间，曾于1996年和2007年两度担任哈佛大学费正清研究中心客座研究员，另于1999年担任夏威夷东西方研究中心研究员。肖小穗的研究领域包括修辞学、文化批评和中国传播学。曾单独发表、与他人合著和合编共四部学术著作和三本学刊专辑，另发表中英文学术论文四十余篇。

跨文化传播学的文化人类学根源：
探寻过去以理解现在

温迪·利兹-赫尔维茨

季芳芳 译

摘　要　本文意图梳理文化人类学学科历史上对跨文化传播研究的发展起到重要作用的三个时刻。每一个时刻都和一位重要的学者、机构或者研究课题有关：1）20世纪40年代，玛格丽特·米德和跨文化研究院（the Institute for Intercultural Studies）；2）20世纪40年代末和50年代初，爱德华·霍尔和海外服务中心（the Foreign Service Institute）；3）20世纪50年代末和60年代初，雷·博威斯特和《访谈的自然历史取向》项目（*The Natural History of an Interview*）。这三个时刻都对当前的跨文化传播研究实践有重要的影响，无论当代的研究者意识到与否。

关键词　玛格丽特·米德　跨文化研究院　爱德华·霍尔海外服务中心　雷·博威斯特　访谈的自然历史取向

文化人类学研究世界各地人们的行为差异，每次研究一个文化群体。跨文化传播学研究来自不同文化群体的社会成员之间的互动行为。虽然这两个学科的学科训练不同，共同组织的会议和合作出版的出版物也不多，但是这两个学科在研究取向上有很大程度的交叉。本文意图梳理文化人类学学科历史上对跨文化传播研究的发展起到重要作用的三个时刻。每一个时刻都和一位重要的学者、机构或者研究课题有关：1）20世纪40年代，玛格丽特·米德和跨文化研究院（the Institute for Intercultural Studies）；2）20世纪40年代末和50年代初，爱德华·霍尔和海外服务中心（the Foreign Service Institute）；3）20世纪50年代末和60年代初，雷·博威斯特（Ray Birdwhistell）和《访谈的自然历史取向》项目（*the Natural His-*

tory of an Interview)。这三个时刻都面向特定的现实问题（二战时期了解异文化的需要；二战期间训练外交人员以提高其工作效能的需求；提升精神科医生与其病人交流能力的需要），所以跨文化传播研究一开始就有为现实服务的导向。这三个时刻涉及的人物和研究问题之间也有交叉之处。同样，无论当代的研究者意识到与否，这三个时刻对当前的跨文化传播研究实践都有重要的影响。研究过去对理解我们今天甚至明天的研究方式方法而言意义深远。

一 第一个时刻：玛格丽特·米德和跨文化研究院

第二次世界大战爆发的时候，人类学作为一门独立学科已获得学界认可，成为大学核心课程的一部分。弗朗茨·博厄斯（Franz Boas）带领下的纽约哥伦比亚大学人类学系是主要阵地（Darnell，2001；Leeds-Hurwitz，2004a；Murray，1994）。人类学家主要采用的方法是民族志，他们周游世界，将各种类型的文化记录下来（Leeds-Hurwitz，2010b）。然而在战争时期，人类学家无法前往美国以外的地方从事传统意义上的田野调查，因此他们必须开发新的方法来研究文化（Cassidy，1982）。在那个时期，美国300名人类学家中"有半打涉及战争研究的某些方面"（Mead，1968，p.90）。玛格丽特·米德是这群人中最为知名和最具影响力的。正如她自己所说的，"我有时会作为国际事务研究中最早应用人类学的先驱被介绍给观众"（1968，p.89）。这个时期文化人类学和今天的跨文化传播研究所关切的问题显然非常相似，虽然今天跨文化传播学在讲述学科源流时没有明确指出这一点。

除了米德以外，露丝·本尼迪克特（Ruth Benedict）、格雷戈里·贝特森（Gregory Bateson）、杰弗里·格勒（Geoffrey Gorer）、道格拉斯·哈林（Douglas Haring）、克莱德·克拉克洪（Clyde Kluckhohn）、大卫·曼德尔鲍姆（David Mendelbawm）和罗达·梅特罗（Rhoda Metraux）等一批人类学家在战争年代参与了一系列相互交叉的组织、委员会、机构和会议，这些平台使他们能够把时间花在他们认为重要的项目上。这些平台不仅吸引了人类学家和心理学家，也吸引了社会学家和哲学家等等。艾略特·查普尔（Eliot Chapple）曾提及，米德的强处在于"建立网络、圈子和系统"（quoted in Howard，1984，p.231），她用这种能力来确保学者不仅可以以某种方式加盟战事研究，也确保这些学者在战争结束后，能够继续已经开始的研究。

这些人类学家的目标从来就不是建立一个可以永久持续的机构，而是把各种组织当作可以进行特定研究的短期工具。基于国家安全的原因，许多研究项目缺乏公开的资料，也没有正式的出版物。由于这些原因，我们很难完全搞清楚这群学者建立的机构之间的关系图，下文试图勾勒出大概。

这些研究最为核心的三个理论概念是："文化与人格"、"国民性"、"远方文化"研究。"文化和人格"研究在20世纪20年代发展，由爱德华·萨丕尔（Edward Sapir, 2002）领衔，结合了人类学和心理学两个学科的洞察力，为后来"心理人类学"这个领域的诞生奠定了基础（Bock, 1980）。"国民性"研究基于战时需要，将个人的文化背景与其人格联系起来进行研究。米德解释过："传统上，'国民性'研究相当松散地指那些试图理解一个国家国民特点的文献，该国家因为其历史、文学、艺术或者哲学而具有独特性"（Grorer, 1961, p. 15; also Gorer, 1950）。国民性研究则催生了"远方文化"项目。在这些研究中，研究人员由于受战争的影响，不得不与海外田野地点保持距离。他们借助于访问移民以及通过分析文化和媒体产品等方式进行研究。

1940年，在美国人类学学会会后的一次非正式聚餐上，米德和罗达·梅特罗，连同其他几个人，创办了跨文化关系理事会（Howard, 1984, p. 224）；它正式成立于1941年，成员包括弗兰克、贝特森、本尼迪克特、格勒、埃德温·恩布里（Edwin Embree）、阿尔弗雷·德梅特罗（Alfred Metraux）、菲利普·莫斯利（Philip Moseley），还有另外一些人（Mead, 1959, p. 351; Howard, 1984, p. 225）。理事会"逐渐成为了战时联系各个机构的一个独立的实体"，管理着多个学术集群（Howard, 1984, p. 225）。它后来以跨文化研究院（Mead, 1953b, p. 97）的名义正式注册成立。该研究院的目标是"将政策取向的研究与国民性研究相结合"（Lipset, 1982, p. 170）。学者们试图"发展出一系列对当代文化的系统认识，以便每个文化的特殊价值可以在战后的世界得到维系和加强"（Mead, 1959, p. 562）。他们利用新移民、难民、战争俘虏、文学、电影、报纸、旅行记录以及政府宣传作为"远方文化"研究的资源。这些研究以跨文化研究院的名义出版，广为流传，先是以油印的形式，然后在不同的出版社中作为出版物出版。

　　这些研究记录了某一文化的典型互动惯例和价值观。这是有道理的，因为在20世纪40年代，国家被认为与其文化有共同的边界。"国民性"研究影响了后来的跨文化传播研究，后者认为记录某一文化成员的标准行为以及其预设是研究跨文化互动的首要（有时甚至是唯一）目标。偶尔这些研究还会研究实际的跨文化相遇，也就是研究来自不同文化背景的人接触彼此时表现出的行为。本尼迪克特说："我相信，通过认真研究后天习得的文化行为，我们可以对其他国家有着更好的理解，并在国际交流中少犯错误"（quoted in Modell, p. 298）。该研究院之后提出过一个研究目标，即"在文化差异间找到可以达成求同存异的地方"（Mead, 1948, p. 210），预示该研究院对跨文化相遇这个主题会进行更多研究。

　　米德（1948）对美军士兵和英国平民之间的互动进行的研究是一个典型的案例。她的这项研究在跨文化传播研究作为一个领域刚开始发展的时候，就被作为该领域面向实际应用可以仿效的一个案例介绍给学生。我这里根据米德的记录，简单介绍一下这项研究，因为这个案例可以很好地展示国民性研究在跨文化研究方面可以做出的贡献。米德首先描述了：

　　　　在战时英国，美国士兵和英国女孩之间存在关系问题，当时大多数的英国男性在海外。由于英国和美国青少年在如何处理性挑逗方面接受的教育不同，因此产生巨大的误解和相互恶感。在美国，一个男孩被允许主动进攻，而女孩被训练成在他请求时有能力对其说不，因此他能相信她对异性有足够的抵制力。在英国，女孩有一种保护性的害羞，有屈从于异性进攻的心理，而男孩则会以合适的方式约束自己的性冲动。在战时英国，一群习惯于试图获得比实际可能得到的机会多得多的美国年轻男性，和一群更习惯于说"是"的英国女孩在一起，并不一定会比也有部队驻扎的地方产出更多的非婚生子女，但它使得英国人和美国人之间发生了很大的摩擦（Mead, 1951, p. 83; Mead 完整地讲述过这个故事，1944）。

　　今天的跨文化传播学者也有可能会研究这种类型的冲突。

　　跨文化研究院的重要性在于其持续时间最长，但它只是一系列研究跨文化传播问题的机构之一。其他机构包括：跨文化教育局（Bureau for Intercultural Education，BIE），他们志在通过人类学的洞见帮助新移民以较少的代价，融进美国主流文化；国家士气委员会（the Committee for National Morale，CNM），其目的在于想方设法使得成员们能够"以跨文化的方式使用科学和洞见的专业技能，而非间谍技能"（Gregory Bateson，引自 Howard，1984，p. 223）；以民主之名——科学、哲学与宗教会议（the Conference on Science, Philosophy and Religion in their Relation to the Democratic Way of Life，CSPR），该机构"强调以跨学科的方法处理伦理问题"（Mead，1959，p. 558）；战时新闻局（the Office of War Information，OWI）和战略服务局（the Office of Strategic Services，OSS，是 CIA 前身），在战事中运用了人类学家的知识；饮食习惯研究委员会（Committee for the Study of Food Habits，CFH），主要研究美国不同种族和族裔群体各自习惯的食物是什么，并且在战时出现严重的粮食短缺时，为如何处理上述情况提供解决框架；当代文化研究（Research in Contemporary Cultures，RCC），指的是露丝·本尼迪克特于 1947 在哥伦比亚大学开创的远方文化研究项目，是战争研究的产物（Cassidy，1982，p. 45）。这项研究引发了几项相关的研究：苏联文化研究（Studies in Soviet Culture，SSC）和当代文化研究（Studies in Contemporary Culture，SCC）。

那么，这些服务于战争需要的应用人类学家与跨文化传播研究的关系是什么？米德（Mead，1951）指出，这些应用导向的人类学研究是基于"解决国家之间或者群体之间因为区域、阶级或意识形态冲突而分裂的紧急需求"（Mead，1953a，p. 76）产生的。20 世纪 30 年代为实现这一目标被采用的研究方法仍然为今天跨文化传播学者所沿用：知情人物访谈；生命史；小说与电影研究；口述历史研究；互动模式分析，包括性别角色及亲子互动等（Mead and Metraux，1953）。除了研究方法，今天的跨文化传播研究者的研究假设与那些人类学家相似或相同。具体而言，他们都会假定：

> 所有的文化行为是以人为媒介传递的，人类不仅仅会听和说以及通过文字交流，同时也以成体系的方式使用所有的感官，进行观看以及以某种具体形式将他们所看到的表达出来，比如通过设计、服装和建筑等形式，并通过视觉图像进行交流；人们同样也会使用味觉和嗅觉，以及将味觉和嗅觉经验组织起来，由此一个民族的传统美食，也

可以是一种独特的、成体系的"语言"（Mead，1953a，p.16）。

今天的跨文化传播研究学者与那批人类学家同样也会假定"每个人以个人的形式体现了其生活于其中的文化"（Mead，1951，p.73）。除了共享研究假设，这两批学者还共享相同的理论概念，如"文化"。米德（Mead，1953a）把文化定义为"为一个社会或社会中某一个群体所共享、可以被习得的所有行为"（Mead，1953a，p.22），这个定义对于今天大多数跨文化传播学者而言也不陌生。不少跨文化传播中的核心概念，比如"民族中心主义"（ethnocentrism）也来自人类学，尽管这个概念不是"远方文化研究"的核心概念，因为它并不处理来自不同文化的人之间的互动问题。此外，有些议题也是这两代人所共同关注的，特别是"分析个人或团体之间的互动模式"（Mead，1951，p.79）。之前提及的米德对美国士兵和英国平民的研究就是最好的例子，尽管她经常会以贝特森的研究为例，认为他对这个话题最感兴趣。

总之，我认为对跨文化传播作为一个领域得以确立而言很有必要的一些先驱性研究是20世纪30年代和40年代一些人类学家所进行的，而这些人类学家与玛格丽特·米德以及跨文化研究院相关。就二者而言，有些研究假设是相同的，一些特定的理论术语、研究方法和研究议题也是相同的。其中最为关键的是，将人类学的概念应用于研究不同文化群体接触时遭遇的现实问题，而"文化"这个概念本身就是最为基础的概念。

二　第二个时刻：爱德华·霍尔和海外服务中心

跨文化研究院及其他相关组织确实影响了跨文化传播学一些基本的研究假设，海外服务中心与跨文化传播作为一个研究领域被确认下来却彼此直接相关（Leeds-Hurwitz，1990，2010a）。海外服务中心不仅明确了培训是该领域的工作目标之一，非言语传播在跨文化传播中的理论地位也与海外服务中心密不可分。

在1946年，美国国务院成立海外服务中心以满足外服人员的具体培训需求。二战结束后，第一次出现了美国外交官需要流利掌握驻扎国语言的需求，为提供这种培训，海外服务中心成立了语言学校，由著名的语言学家亨利·李·史密斯二世（Henry Lee Smith，Jr.）担任主任。他以前执导过陆军语言学校，担任主任之后，他带来了俗称"军队法"的语言教学模型（Jester & Smith，1946；Smith，1946）。这种教学方法不仅使用了语言学家编写的教材，也会邀请讲母语的人进入课堂。比起正规的语法知识，这种方法强调口语流利程度。这种方法有一定的新意，也颇有成效。

在20世纪40年代末和50年代初，被海外服务中心聘请实施培训计划的专家包括多位语言学家（George L. Trager，John M. Echols，Charles A. Ferguson，Carleton T. Hodge，and Henry Hoenigswald）和一位人类学家（Edward A. Kennard）。除了学习某一门特定的语言，学生也要参加语言学和人类学（Kennard，1948）的研讨会。人类学家爱德华·T. 霍尔也参与了外交人员的培养，他当时正式任职于国务院（技术合作局）。第三位人类学家雷·博威斯特（Ray L. Birdwhistell），也曾在很短的一段时间内参与了培训（包括其他几位语言学家）。当霍尔知道参加他研讨会的学生认为有些理论概念过于空泛，对解决他们的迫切需要无益，比如文化这个概念，霍尔便开始转而关注他所谓的微观文化分析（microcultural analysis）：语音、手势、时间和空间关系。这些较小的文化单位，对来自不同文化群体的人们有明显和直接的影响，也更易于被他的学生所接受。

霍尔延展了已有人类学对文化的理解，并将传播包含在内。在这个过程中，他基本上创立了跨文化传播研究领域。其著作《无声的语言》（1959）被公认为是该领域第一份实质性的研究，虽然他的观点也受到其他人的影响，并且在此之前也有人表达过相关的想法。除了霍尔的空间关系研究（proxemics）和他关于时间使用的相关研究（chronemics；see Hall，1959，1966，1968），非言语传播其他两个主要的早期研究也和海外服务中心有关，即特拉格的副语言研究（1958）和博威斯特的体态学研究（1952）。所有这些研究都影响了后来的跨文化传播研究。

海外服务中心这支研究团队的工作从两个方面来讲意义深远。首先，这个团队回应了学生的批评，即不再像传统的人类学那样，专注于研究单一文化（米德的研究并非常见），而是强调研究来自不同文化群体的社会成员之间的互动问题。其次，他们没有笼统地研究文化（即宏观分析），而是研究更小的文化单元（即微观分析）。跨文化传播研究承继了这些研究思路，而这些研究思路大大地发展了跨文化传播研究领域。海外服务中心的学者并没有掌握在联邦官僚机构生存所需要的政治花招，因此这个研究小组在20世纪50年代中期被解散，但在那时他们已经完成了在跨文化传播这个研究领域创立过程中的使命。

三 第三个时刻：雷·博威斯特和《访谈的自然历史取向》

1955年到1956年之间，斯坦福大学行为科学高级研究中心（CASBS）的一群学者开始了一项跨学科课题，即后来被称为《访谈的自然历史取向》（The Natural History of an Interview，NHI）的研究课题。这个研究项目对我们今天理解互动，包括跨文化互动，至关重要。这项工作的最初目标是对精神疾病诊疗访谈建立一个目标和相应的详尽分析。

虽然许多人会把NHI作为一个统一的研究项目，我们还是可以把它分成四个不同的研究部分。其中两个是研讨会，参与人员主要是CASBS的研究员，时间是1955年到1956年之间。第一次研讨会的成果是诺曼·麦奎恩（Norman A. McQuown）对用磁带录制的精神诊疗访谈的简要分析，该研究成果在研讨会后很快被发表了。这个小组最初的成员包括两名精神科医生（Frieda Fromm-Reichmann and Henry W. Brosin）、两名语言学家（Charles F. Hockett and Norman A. McQuown）和两名文化人类学家（Alfred L. Kroeber, David M. Schneider）。在这一年时间里，他们都在CASBS工作。弗洛姆-赖克曼（Fromm-Reichmann）擅长分析精神分裂症病人。她参与研讨会的目的是找到切实的证据来支持她的直觉，以便更好地将她的技能教给其他人。她希望语言学或是人类学可以提供找到证据的方法，因为对精神诊疗访谈进行的非言语互动的系统分析中可以越来越清楚地看到这种方法正在被发掘。第一次研讨会的结果证明，副语言现象的研究对研究传播行为而言不可或缺，但总体而言，这也只是对一个新领域初步的探索。

第二次研讨会延续了最初的探索，但更专注于一个特定的问题，即对摄录下来的互动行为进行微观分析。研讨会邀请了博威斯特，因为他之前在海外服务中心研究过体态语，还邀请了在附近工作的贝特森，因为他当时在探索受精神问题困扰的家庭其内部成员之间的互动，也能提供可供分析的视频（以走访视频里的家庭、拜访母亲的治疗师以及只为研讨会成员准备的视频为辅助材料）。整个研究过程涉及转录和对语言、副语言以及体态语言的解读，还加入了精神分析。长期参与成员包括弗洛姆·赖克曼、布罗辛（Brosin）、麦奎恩、霍凯特（Hockett）、博威斯特和贝特森，时间是1956年的春季和夏季。

随着各位研究员在该中心的聘任到期，对这个课题进行团体作战研究的利好条件也消失了。1961年，该研究再次通过一系列简短却富有成效的会议得以延续，参加这些会议的除了原创团队的部分成员，还加上了一些其他有专长的成员。弗洛姆·赖克曼在1957年去世了，所以只参加了第一次会议。这些定期会议构成了第三阶段，研究人员对之前的材料进行了最后的分析，同时也向学术社群做了大量的报告。霍凯特、史密斯、乔治·特拉格（George L. Trager）和贝特森在第三阶段结束之后就全部退出了。

最后一个阶段的研究工作基于布罗辛和博威斯特所在的机构，相关人员于1968年完成对相关文件的最后分析。亨利·李·史密斯二世和特拉格担任顾问，特别参与了语言和副语言分析。为了使得更多人可以知晓这个项目，从而使其产生更大的影响，需要有人将分析以文字的形式整理出来，而这个写作任务主要是由博威斯特、布罗辛、麦奎恩以及他们的同事（尤其是Starkey Duncan, Jr., William S. Condon, Adam Kendon, and Albert Scheflen）承担的。即使如此，NHI依旧是一份很难处理的报告，不仅是文本长度的问题，占据报告主体的转录材料也十分复杂（最终文件是5卷，转录部分占用3卷）。1971年，麦奎恩将相关材料提交给芝加哥大学，后者将这些材料列入其缩微系列，使得这些材料至少在某种程度上可以被课题研究者以外的人所使用。

对于NHI的课题成员而言，这个项目并非终点而是一个开端。这是一个探索性研究，旨在探索通过微观分析以期对传播研究有所发现。课题组逐渐认识到，传播的范畴远远大于文字，而且正如贝特森（1971）所提出的，他们希望"看到人际传播中构成信息流的每一个语言、发声和身体运动等细节"（Bateson, p. 9）。在今天，这被称为多模式传播（multimodal）。该课题组认为在分析互动之前，必须先对之前提及的互动元素进行详细描述。这种主张和民族志的研究方法不谋而合，民族志方法由人类学家发展出来而后被传播学者所采用。

那么，这些人类学工作和跨文化传播有什么关系？NHI课题组成员认为，传播是模式化行为，因此是可分析的（Leeds-Hurwitz, 1989b），而互动模式被认为是"人类文化的组成部分"（Hockett, 1971, p. 4），因而不同群体有不同的互动方式。因此，每一个文化群体都被认为具有特有的规则，这些规则规范了非言语传播行为的各个方面，所以当任何人参与跨文化互动时，必须假定来自不同文化背景的人的非语言行为很有可能遵循不同的规则和模式。只有少数研究人员将不断花时间和精力学习如何对互动进行微观分析，但大量的人通过理解非言语行为在跨文化互动中的作用而获益。这也是为什么在跨文化训练中经常要求被培训者对传播中的非言语因素有一个基本的了解，特别是副语言、体态学和空间关系学。

四 结论

就像文化人类学和跨文化传播学都包含了一个"文化"，这两个学科的研究对象有重合的地方，尽管今天在学科建制方面两者几乎没有任何交叉。

本文所总结的历史上的三个时刻大大影响了跨文化传播当前的研究现状。在20世纪40年代初，米德和跨文化研究院（以及相关组织）同行的研究是对当时的重大危机，即世界大战的回应，他们希望通过专业技能有所作为，而在这个过程中奠定了跨文化传播的基础。在20世纪40年代末和50年代初，霍尔以及其他语言学家和人类学家，在外事服务中心帮助外交官应付战争所带来的后果。美国政府会训练外事人员去了解驻扎国的政治和经济背景，但不是文化，即不希望自己派出去的代表被"本土化"——太明白所谓的本土观点是什么。而美国从二战中也认识到对其外交官提供更多培训的需要。这个研究小组专注于研究跨文化互动，并且强调微观文化分析，引入了空间关系学、体态学和副语言等概念。在50年代末和60年代初，博威斯特、贝特森以及他们的同事，在围绕《访谈的自然历史取向》这个课题进行工作时同样是基于解决现实问题的考量，他们的目标是帮助弗洛姆·赖克曼更好地教导学生，使他们成为称职的精神科医生。在项目结束时，体态学和副语言已经被深度发展，而新一代的研究人员也接受了微观文化分析方法的培训。虽然大多数学者没有继续从事跨文化传播研究，但每一种文化中非言语传播并不相同的观念已经被永久留存在这些研究人员的脑海中。历史的这些（以及其他）线索影响了当前的研究方式，包括被今天的研究者视作是理所当然的研究假设。

我们需要澄清我们的研究假设是什么，我们也需要研究这些研究假设如何随着时间推移而发展变化，这样做有助于我们理解当前的研究假设。让我们暂时回到跨文化研究院时期。在 1953 年，格勒指出了国民性研究中若干被视作是理所当然的研究假设。虽然格勒的观点年代久远，但他所指出的这些假设和当前跨文化传播的研究假设非常类似。其中最为重叠的是这些：

1. 人的行为是可以理解的；
2. 人的行为主要是习得的；
3. "在所有社会中，相同年龄、性别或地位的个体行为，在类似的情境中会相对一致"；
4. "所有社会都有一个理想的成人性格特点"；
5. "在个体生命早期建立的习惯影响其所有后续习得行为"（Gorer, 1953, pp. 77 – 78）。

直到最近，这些假设在跨文化传播研究工作之中还非常普遍。然而，尽管这些假设依然存在，其他假设却发生了很大变化。具体而言，国民性研究中对文化和国家界限相同的假设对今天的研究者而言价值有限，后者已经认识到每个国家的异质性。是国家变得更加异质，还是我们只是在现在更有可能去认识到这种一直存在的异质性？我认为，这两个想法都有道理：是的，世界正变得更加多样化（因为旅游等因素），但也有可能早期的学者们没有去思考异质性，所以即便他们观察到异质性，也没有对其进行记录。不管是哪种情况，将文化和民族之间进行简单配对，已经过时（Ono, 1998）。

类似地，从来没有人指出，"远方文化研究"（Culture at a distance）是跨文化传播研究的先驱，但研究者无须实际进入某实地接触其社会成员就可以充分了解该文化的做法，在很长一段时间里竟被认为是理所当然的——没被质疑，也不容置疑。但人类学家至少还是改变了研究方式，不再从事"远方文化研究"式的研究，而是采用了在现场、本人亲自进行的民族志方法，而他们对"远方文化研究"的承认也只是基于这类研究受战时研究条件所限。正如 20 世纪 40 年代的人类学家使用新移民和游客作为一种资源，20 世纪 60 年代（持续到更晚）的跨文化传播研究者认为外国留学生和外籍人士是了解另一种文化充分和足够的资源。一旦研究者的行程不受到战争的制约，这样的二手来源就会变得不那么合理，但这种方法还是被认为是采集数据的一种简单和可接受的方法，几十年不被质疑。在我看来，这种做法不加质疑被接受的一个原因在于前文所述的"远方文化研究"。

如果过去的研究实践确实影响了我们当前的研究现状，我们最好还是花费一点时间研究我们已有的研究假设是怎么来的，以及它们如何随着时间变化。若干个研究传统对我们今天该研究什么以及如何对其进行研究发挥着影响；即便我们已经遗忘一些，甚至是大多数，这也不是我们可以继续忽略历史的理由。当代学者从研究过去中受益，因为这将有助于揭示我们为什么会从事已有研究以及我们为什么会采用现有方法的原因。了解我们自己的历史帮助我们思考是否有一些假设应该被修正，是否这些假设仍然有效。如果当代的研究人员继续以我们前辈的方式进行工作，至少这也应该是他们深思熟虑以后选择的结果。

参考文献

Bateson, G. (1971), Chapter 1: Communication. In N. A. McQuown, (Ed.), *The Natural History of an Interview* (pp. 1–40), Microfilm Collection of Manuscripts on Cultural Anthropology, Fifteenth Series. Chicago: University of Chicago, Joseph Regenstein Library, Department of Photoduplication.

Birdwhistell, R. L. (1952), *Introduction to kinesics*. Washington, D. C.: Foreign Service Institute.

Bock, P. K. (1980), *Continuities in psychological anthropology: A historical introduction*. San Francisco, CA: W. H. Freeman.

Cassidy, R. (1982), *Margaret Mead: A voice for the century*, New York: Universe Books.

Darnell, R. (2001), *Invisible genealogies: A history of Americanist anthropology*, Lincoln: University of Nebraska Press.

Gorer, G. (1950), The concept of national character, *Science News*, 18, pp. 105–122.

Gorer, G. (1953), National character: Theory and practice, In M. Mead & R. Metraux (Eds.), *The study of culture at a distance* (pp. 57–82), Chicago: University of Chicago Press.

Hall, E. T., Jr. (1959), *The silent language*, Garden City: Doubleday and Company.

Hall, E. T., Jr. (1966), *The hidden dimension*, Garden City: Doubleday and Company.

Hall, E. T., Jr. (1968), Proxemics, *Current Anthropology*, 9 (2–3), 83–108.

Hall, E. T., Jr. (1993), *An anthropology of everyday life: An autobiography*, New York: Doubleday.

Hockett, C. F. , Jr. (1971), Vocal activity, In N. A. McQuown, (Ed.), *The Natural History of an Interview* (pp. 1 – 7), Microfilm Collection of Manuscripts on Cultural Anthropology, Fifteenth Series. Chicago: University of Chicago, Joseph Regenstein Library, Department of Photoduplication.

Howard, J. (1984), *Margaret Mead: A life*. New York: Simon and Schuster.

Jester, P. , & Smith, H. L. , Jr. (1946), Language training for the Foreign Service and the Department of State. *American Foreign Service Journal*, 23 (9), 34 – 35, 64, 67 – 68, 70 – 72.

Kennard, E. A. (1948), Cultural anthropology and the Foreign Service. *American Foreign Service Journal*, 25 (11), 18 – 19, 42, 44.

Leeds-Hurwitz, W. (1987), The social history of The Natural History of an Interview: A multidisciplinary investigation of social communication, *Research on Language and Social Interaction*, 20, 1 – 51.

Leeds-Hurwitz, W. (1989a), Frieda Fromm-Reichmann and the Natural History of an Interview. In A. -L. S. Silver (Ed.), *Psychoanalysis and psychosis* (pp. 95 – 127), New York: International Universities Press.

Leeds-Hurwitz, W. (1989b), *Communication in everyday life: A social interpretation*. Norwood, NJ: Ablex.

Leeds-Hurwitz, W. (1990), Notes in the history of intercultural communication: The Foreign Service Institute and the mandate for intercultural training. *Quarterly Journal of Speech*, 76, 262 – 281.

Leeds-Hurwitz, W. (1993), Foreign Service Institute. In Lucien Sfez (Ed.), *Dictionnaire critique de la communication*, Tome 2 [*Critical Dictionary of Communication*, Volume 2], (p. 1706), Paris, France: Presses Universitaires de France.

Leeds-Hurwitz, W. (November 20 – 23, 1998), Writing the intellectual history of intercultural communication. Paper presented to the National Communication Association, New York.

Leeds-Hurwitz, W. (2004a), *Rolling in ditches with shamans: Jaime de Angulo and the professionalization of American anthropology*. Lincoln: University of Nebraska Press.

Leeds-Hurwitz, W. (2004b), Ethnography. In K. Fitch & R. Sanders (Eds.), *Handbook of language and social interaction* (pp. 327 – 353), Mahwah, NJ: Lawrence Erlbaum.

Leeds-Hurwitz, W. (2010a), Writing the intellectual history of intercultural communication. In R. T. Halualani & T. K. Nakayama (Eds.), *Blackwell handbook of critical intercultural communication* (pp. 21 – 33), Oxford: Blackwell.

Leeds-Hurwitz, W. (2010b), The emergence of language and social interaction research as a specialty. In W. Leeds-Hurwitz (Ed.), *The social history of language and social interaction research: People, places, ideas* (pp. 3 – 60), Cresskill, NJ: Hampton Press.

Lipset, D. (1982), *Gregory Bateson: The legacy of a scientist*, Boston, MA: Beacon Press.

Mead, M. (1944), *The American troops and the British community*, London, England: Hutchinson and Company.

Mead, M. (1948), A case history in cross-national communications, In L. Bryson (Ed.), *The Communication of Ideas* (pp. 209 – 229), New York: Institute for Religious and Social Studies.

Mead, M. (1951), The study of national character, In D. Lerner & H. D. Lasswell (Eds.), *The policy sciences: Recent developments in scope and method* (pp. 70 – 85), Stanford, CA: Stanford University Press.

Mead, M. (1953a), The study of culture at a distance, In M. Mead & R. Metraux (Eds.) *The study of culture at a distance*, (pp. 3 – 53), Chicago: University of Chicago Press.

Mead, M. (1953b), The organization of group research. In M. Mead & R. Metraux (Eds.) *The study of culture at a distance*, (pp. 85 – 101), Chicago: University of Chicago Press.

Mead, M. (Ed.), (1959), *An anthropologist at work: Writings of Ruth Benedict*, New York: Avon Books.

Mead, M. (1961), National character and the science of anthropology, In S. M. Lipset & L. Lowenthal (Eds.), *Culture and social character: The work of David Riesman reviewed* (pp. 15 – 26), Glencoe, IL: Free Press.

Mead, M. (1968), The importance of national cultures, In A. S. Hoffman (Ed.), *International communication and the new diplomacy* (pp. 89 – 105), Bloomington, IN: Indiana University Press.

Mead, M., & Metraux, R. (Eds.). (1953), *The study of culture at a distance*. Chicago: University of Chicago Press.

Modell, J. (1983), *Ruth Benedict: Patterns of life*. Philadelphia: University of Pennsylvania Press.

Murray, S. O. (1994), *Theory groups and the study of language in North America: A social history*, Amsterdam: John Benjamins.

Ono, K. A. (1998), Problematizing "nation" in intercultural communication research. In D. Tanno & A. Gonzalez (Eds.), *Communication and identity across cultures* (pp. 34 – 55), Thousand Oaks, CA: Sage.

Sapir, Edward. (2002), *The psychology of culture: A course of lectures*, Reconstructed and edited by Judith T. Irvine. Berlin: Mouton de Gruyter.

Smith, H. L., Jr. (1946), Language training for the Foreign Service and the Department of State, *American Foreign Service Journal*, 23 (10), 11 – 13, 43 – 44, 47.

Trager, G. L. (1958), Paralanguage: A first approximation, *Studies in Linguistics*, 13, 1 – 12.

作者简介

温迪·利兹-赫尔维茨，是美国华盛顿特区传播协会理事会跨文化对话中心的主任，美国威斯康星-帕克塞德大学（University of Wisconsin - Parkside）荣誉退休教授，她在该校执教 28 年。她担任过维拉诺瓦大学（Villanova University）哈伦家族讲席教授、里昂高等师范学校特邀研究员、里昂高等研究员资深研究员、葡萄牙理工学院福尔布莱特高级专家等职务。曾担任联合国教科文组织跨文化传播领域的专家，在阿塞拜疆举行的"跨文化对话世界论坛"上发表论文，并在土耳其伊斯坦布尔和中国澳门等地组织有关跨文化对话的会议。

利兹-赫尔维茨的研究兴趣是：人们如何通过互动为自己和他人构建意义，文化身份是如何被建构和维系的以及相互矛盾的身份或者意义是如何同时被传递的。她也研究学科史，以探寻学者为何会以某种方式研究某类课题，她也常常思考某个特定的研究方法或者理论，对于研究问题也采取一种跨学科的研究方法。她出版的书包括：《欧文·戈夫曼：媒体和传播理论导论》（2013 年）（*Erving Goffman: A Critical Introduction to Media and Communication Theory*, 2013）；《学习很重要：美国高等教育的转型》（2012 年）（*Learning Matters: The Transformation of US Higher Education*, 2012）；《语言和社会互动的社会史》（2010 年）（*The Social History of Language and Social Interaction*, 2010）；《社会建构传播》（2009 年）（*Socially Constructing Communication*, 2009）；《代代相传：维系文化身份》（2005 年）（*From Generation to Generation: Maintaining Cultural Identity over Time*, 2005）；《婚礼作为文本：通过仪式传播文化身份》（2002）（*Wedding as Text: Communicating Cultural Identities through Ritual*, 2002）；《符号学和传播：符号、准则、文化》（1993 年）（*Semiotics and Communication: Signs, Codes, Cultures*, 1993）。利兹-赫尔维茨在宾夕法尼亚大学获得硕士和博

士学位。

译者简介

季芳芳，中国社科院新闻与传播研究所助理研究员。2013 年在北京大学获得传播学博士学位。就读博士期间曾赴澳大利亚、意大利等国家访问。目前的研究兴趣包括网络公共性和全球南方国家之间的传播合作等议题。2014 年，发表《商业与政治之间：中国 Web 2.0 的自我审查》等论文，《移动互联网时代的对外传播：基于央视中文国际频道的思考》等论文已被接受，即将发表。

文化塑造过程模型的构建与 Gudykunst 跨文化交际理论的延伸

顾力行　翁立平

摘　要　Gudykunst 主编的《跨文化交际理论建构》因学术水平高、理论性强而享誉学界。然而,受研究范式、研究旨趣等因素的影响,许多重要理论并未收录在该著作之中。为了对跨文化交际理论有一个整体的把握,本文提出"文化塑造过程模型",用两个参照点、三个过程和八大核心议题来梳理现有的主要的跨文化交际理论,并考量 Gudykunst 收录理论的侧重点以及忽略的地方。该模型的提出,有助于我们用更广阔的视角来审视跨文化交际理论,更好地了解跨文化理论建构的发展方向。

关键词　Gudykunst　跨文化交际理论　文化塑造过程模型　研究范式

一　引言

William B. Gudykunst (1947—2005) 是跨文化交际和传播领域最具影响力和最多产的学者之一。他汇集交际领域权威学者的研究,于 2005 年出版了著作《跨文化交际理论建构》。这一著作代表了 Gudykunst 的最高学术成就,也是他在跨文化交际核心理论建构方面做出的最大贡献。迄今为止,至少还未曾有相关的英文著作可以与之媲美。

胡文仲、关世杰、陈国明等知名跨文化学者都曾指出,中国学者应当更有效地将研究建立在国际理论基础之上,并努力发展与本土文化相契合的理论。但是,要迈出这一步,首先需要中国学者充分研读并消化这些国际理论。我们欣喜地看到,这一过程业已开始。林大津与谢朝群(2004)最早将 Gudykunst 论著中的主要理论介绍给了中国读者。之后,戴晓东

(2011)用更广阔的视野来检视跨文化交际理论,力图推动中国跨文化交际理论的研究创新。2014 年,Gudykunst 的《跨文化交际理论建构》(顾力行、翁立平等导读)由国内的上海外语教育出版社再版,对这一过程无疑起到了推波助澜的作用。

需要指出的是,受研究范式和学术旨趣等因素的影响,Gudykunst 不可能收录学界所有重要的理论。然而,在跨文化交际研究蓬勃发展的今天,我们不仅需要熟悉 Gudykunst 推崇的理论,也需要了解被他排除在外的理论,使我们对跨文化交际理论有一个更加全面的把握。为此,有必要建构一个宏观的理论框架,用来梳理和归纳所有这些理论,并找出理论建构向前发展的方向。我们在此提出"文化塑造过程模型",以试图应对这些问题和挑战。

二 理论研究方法的多样性和 Gudykunst 的个人偏好

理论的多样性是不言而喻的。对于什么样的信息是真实的、有效的、重要的和相关的,不同的人有不同的看法,因此,研究理论的方法也是因人而异的。认识的差异和研究方法的差异往往源于 Thomas Kuhn(1962)所谓的"研究范式"的不同,因为对客观世界的解读是以本体论、认识论、价值论和具体实践为基础的。研究范式不同,"存在"或"现实"的起源就不同,因而研究方式、认知方式、获取知识的方式以及应用知识的方式也不同。

尽管理论通常被认为是对客观世界或人类社会特征的一种思辨性和推理性归纳,但因为研究范式不同,学者们在构建理论时,往往侧重点各有不同。有的侧重描述或解释我们周遭复杂的整体环境,有的则将研究对象的整体分解成部分,强调研究过程的系统性、科学性和实证性。此外,还有一些学者排斥现有文化或社会的认知、排序和构建,主张运用批判性、改造性的方法,将重构分析、实用主义以及理想主义联系起来。

作为跨文化交际领域的领军人物,Gudykunst 立足于上述第二种"范式",即从功能主义出发,用实证方法科学地评析和构建理论。他认为,理论必须包含清晰的概念,能从中提炼出合理的假设,能测试并验证,并能为文化之间的行为差异提供合理的评价(主要在国家与族群两个层面)。理论并不纯粹是描述性的(阐释被观察的事物,或用简单的分类来概括明显的差别),理论还应当能分析(可使用数据进行验证),能预测(指出事物间的内在逻辑,如将一个群体内人们的心理和他们的行为结果联系起来),能评价(在不同文化中重复测得相似的结果)。

Gudykunst 对实证主义理论的偏好与他的学科背景分不开。他从事研究的领域是以早期的人类学、语言学和文化的社会比较为基础、创立于 20 世纪 70 年代、隶属于传播学的"跨文化交际学"(Kulich,2012)。时值传播学为"真正的科学"这一名分而抗争,学者们纷纷对社会心理维度产生了兴趣,文化逐渐成了一个等同于国家的变量,这与 Hofstede (1980) 的开创性研究不无关系。Gudykunst 致力于建构和应用具有"科学性"的理论,并逐渐成为跨文化理论研究领域最多产的学者。同时,作为一位资深编辑,Gudykunst 对学界核心期刊或权威论著上的内容有权取舍,从而影响到了跨文化交际学的发展轨迹,加深了实证主义理论受欢迎的程度。Starosta 曾经私下里指出,"定量分析一直备受青睐,被认为是可以提升学科地位的研究方法……来自中国、菲律宾、斯里兰卡、印度以及中美洲的学者们都试图通过二元论和实证主义构建理论,定义学科"(Kulich & Zhang,2012,891)。那些立足于其他研究范式的学者则成了"弱势群体",他们需要额外的付出,才有可能使自己的研究获得认可。

基于一系列的元理论假设,Gudykunst 在《跨文化交际理论建构》的综述中指出,文化融入交际理论有三种模式:第一,将文化和交际合二为一的理论;第二,解释交际中文化多样性的理论;第三,解释具有不同文化背景的人之间进行交际的理论。他认为大多数理论属于第三种模式,这种模式又可分为五种类型:(1)有关有效交际的理论;(2)有关顺应和适应的理论;(3)有关身份认同管理的理论;(4)有关交际网络的理论;(5)有关针对新文化环境进行调节和适应的理论。由此,跨文化交际理论被分为七大类。经过精心筛选,Gudykunst 在《跨文化交际理论建构》中收录了 18 个理论(见附录),这与他稍早时候的观点一致:"如今,涉及跨文化交际各个层面的理论至少有十五个"(Gudykunst,2002,183)。而 Klyukanov(2005) 认为,Gudykunst 收录的 18 个理论探讨了以下七大主题:意义建构、沟通准则、文化模式、调整和适应、身份认同的形成和调整、人际交流的心理过程以及传播的组群和网络。

尽管 Gudykunst 收录的理论涉及面很广,但他却将相当一部分理论排除在外。比如，他只字未提有关价值观的理论，也未涉及有关冲突、非言语交际和符号模式交流的理论，这些理论在许多跨文化交际教材和专著中都作了重点介绍。应该承认，Gudykunst 缺乏的是一种多重范式的理论视野，如 Martin 和 Nakayama（1999）提出的四个典型范式，或 Baldwin 等学者（2006）提出的五个范式，或者说他忽略了"交际理论建构作为一种社会实践的其他表述方法"（Craig，1999，20）。

为了克服 Gudykunst 研究的局限，本文试图为跨文化交际理论构建绘制一幅更为完整的图画。我们提出一个以过程和问题为导向的概念框架——"文化塑造过程模型"，用来解答下面两个问题：（1）跨文化交际学专门要解决或澄清的问题有哪几种？（2）哪些理论集中关注这几种问题？对这两个问题的探究，有助于我们了解 Gudykunst 收录理论的侧重点，并梳理和归纳来自不同研究范式的其他跨文化交际理论。

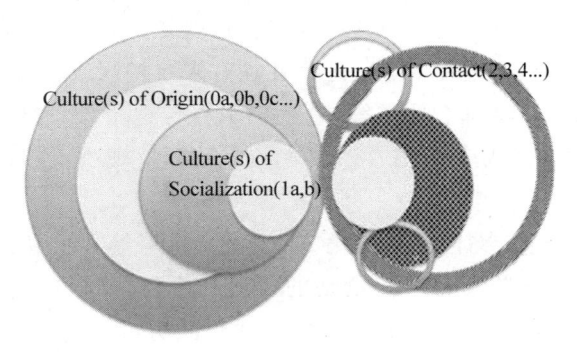

三 从过程与问题看跨文化交际的重要议题

（一）文化塑造过程模型

与来自不同文化背景的"他者"或"陌生人"相遇时，不论是个体还是群体，都需要在心理层面和社会层面经历人际互动、文化适应、冲突解决和成长发展等过程。这些过程中涉及的问题，哪些是动态的跨文化（intercultural）问题，哪些是静态的跨文化（across）问题，哪些问题是跨文化交际学应该解决和能够解决的，都需要我们在研究中加以发现和区分。如上图所示，我们认为，在当今世界，一大部分人在某种程度上有：（1）多元的原生文化（左侧较大的圆）；（2）在这些原生宏观文化语境中多元的社会化路径（左侧较小的圆）；（3）与来自其他不同文化（右侧大大小小的圆）的人们进行联系。上述三点所包含的"跨"的成分，是指我们如何处理这些圆以及如何与这些圆进行互动。

为了便于理解，我们将从五个方面对这一系列的过程进行阐述，即两个参照点（用数字 0 和 1 表示）和三个过程（用字母 P、B 和 X 表示），这"两点三过程"涵盖了个人接受文化锻造的全过程。

0——原生宏观文化语境：一个人出生时所处社会环境的基本状态，即在时间与空间上本来就存在的宏观环境，包括个人所处的时代背景与生态语境，如气候、地理、历史、政治、经济与社会状况，等等。原生文化语境往往是多元的，不仅影响最大的文化 0a，也可能有影响较强的文化 0b，等等。

1——社会化微观语境：一个人在成长过程中，原生文化不断地教导他/她在心理层面与社会层面如何感知和理解与其本人密切相关的微观与宏观文化环境，以及如何适应这些环境。这就是个人被涵化的过程，也是个人立场观点形成的过程。这一过程往往有来自相同或相似文化的人们共同参与（如家长、老师、朋友等），他们来自与这个人息息相关的微观文化 1a（如家庭），或者对这个人影响较大的微观文化 1b（如学校），等等。

P——与"他"文化（如文化 2、文化 3，等等）的接触：与不同文化进行接触、从事跨文化交流活动的机遇和途径，即与"他"文化接触的路径与方法，如教育、交流、移居。这些经历可能会带来正面的影响，也可能带来负面的影响。

B——文化障碍：制约、妨碍或阻止人们开展平等、公平和有意义的交际互动的固有条件、情境因素或社会因素，即在不完美的、固有的社会文化环境中出现的个人层面、社会层面或系统层面的问题或障碍。

当一个受本文化熏陶的人与受异文化熏陶的个人或群体进行交流时，会经历一系列社会心理过程和交际过程，这些过程就是我们提出的"X"过程，即用来处理跨文化交际或应对全新的语境的过程。

X——个人的跨文化成长过程：为应对上述过程中出现的跨文化机遇、问题或挑战，个人或群体需要培养有关适应和应对的机制，即赖以跨越文化的态度、意识和技巧，因此我们称之为"X"。面对跨文化交际带来的压力、冲击或冲突，人们需要致力于形成跨文化人格，培养感知意识、适应性心理、移情共感、社交技巧、灵活与开放的头脑和应对策略，以及形成应对日趋多样化的跨文化交流活动的积极心态。

（二）跨文化交际过程中出现的重要议题

跨文化交际发生在以下情形：一个来自 0a－1a 语境的个体与一个来自不同语境（如文化 2，或者文化 3）的个体进行交际互动，应对阻碍或挑战 B，寻求途径或干预 P，并且使其适应和交际能力 X 得到提高。这里的每一个起始位置或过程都是跨文化交际学历来所强调的，也是这个领域力图解决的问题或议题。

以下两个议题与原生宏观文化语境和社会化微观语境有关（0－1）：

（1）本文化意识和自我意识

➤ 我对自己的语境认识多少？对"在自己的语境中，我是谁"这一问题认识多少？

➤ 是什么塑造了我，使我成为现在的我，或成为我将要变成的样子？

（2）自我/他者感知和自我/他者意识

➤ 我如何感知他人身上的差异，如何应对在他人身上观察到的差异？

➤ 我如何认识"他者"（或"陌生人"）与我之间的关系？

以下两个议题与社会、心理和交际方面的成长有关（通过 P，使 X 得到成长）：

（1）涵化（acculturation）或适应（adaptation）

➤ 我如何最好地适应我所面对的语境，无论是已知的，还是未知的？

（2）能力、得体性和有效性

➤ 我如何在每一个语境中充分发挥自己的交际能力，取得良好的交际效果？

以下两个议题与障碍、边界或不公正有关（B，也可能与 P 有关）：

（1）回应冲突、对抗或矛盾

➤ 我如何建设性地应对模棱两可的事物、认知或情境上的期许偏差、个人面临的挑战、人际冲突和系统之间的对抗？

（2）容忍、积极应对和心态的调整

➤ 我如何应对交际障碍（无论是感觉到的还是真实存在的）或对这些交际障碍施加影响？如何处理那些显然不大可能改变的文化因素？

以下两个议题与自我反思有关，即与来自不同文化的"他者"进行互动后，检讨自己的得失，以便今后更好地应对类似的情况。今后遇到诸如 2 或者 3 这样的语境时，本人基于 0a – 1a 的种种文化预设需要重新调整，从而使自己的 X 得到成长：

（1）减弱民族中心主义倾向、拓宽个人成长空间

➤ 我如何避免利用个人优越感或文化优越感，来应对或试图改变异文化的逻辑？是否可以找到合适的方法，与"他者"一起，对两种不同的文化塑造过程进行反思？

（2）个人跨文化成长

➤ 我如何在找到一种令人愉快的有效交流方式的同时，在应对差异、拥抱共性的过程中，自己作为一个人能够不断地成长？

至此，我们介绍了文化塑造过程模型，并用该模型归纳了跨文化交际过程中的一些重要议题。接下来我们将以该模型为基础，围绕这八个议题，来考察 Gudykunst 在《跨文化交际理论建构》一书中收录的理论，指出这些理论着重要解决的问题，厘清这些理论与其他理论之间的关系，并指出跨文化交际学理论建构未来的发展方向。

四　对 Gudykunst 跨文化交际理论的评述和拓展

（一）有关文化背景的理论构建（"0"起点）

在《跨文化交际理论建构》一书中，Gudykunst 较少涉及有关"0"的理论，即我们的文化背景，也就是我们所处时空的基本状态。Nishida 对"文化图式"的阐述（第 17 章）是专门讨论"0"的唯一章节，尽管 Kim（金荣渊）有关族群内沟通与族群间沟通的"脉络理论"（Contextual Theory；第 14 章）对此也有所涉及。

但是，Gudykunst 没有对情景因素和社会文化变迁与发展给予足够的关注。比如，在论及中国文化时，杨国枢（1986）曾强调"用文化生态互动观看中国国民性格的起源和演变"的重要性（Yang，1986，第 162 页）。因此，作为一种分类理论，文化生态论（Berry，1975；Georgas & Berry，1995）应该在将来的研究中得到重视。此外，需要关注的还包括人们如何继承和处理"集体记忆"（collective memory），如何受集体记忆的影响，以及如何受所处地域的历史、社会、政治、经济等一系列因素的影响。

虽然萨皮尔和沃尔夫的"语言相对论假说"被认为是没有被证实的

假设,但这一假说仍然应当引起足够的重视(尽管第 3 章和第 5 章在论及文化的塑造和跨文化语境时有所涉及)。Barnlund(1975)有关公众自我与私人自我的开创性理论,和与此相关的"元话语"或"不同时期的主流话语",以及有关语言与社会互动的许多问题都是需要我们考虑的,尽管在第 3 章里略有涉及。

我们所处的环境和我们作为人的基本需求之间是如何互动的,而这种互动又是如何促进文化对我们的塑造的,这也是一个非常重要的问题。Maslow(1943)的"金字塔需求理论"以及新的相关理论[1],同样应该受到关注。我们认为,作为人,我们的需求是相似的;要认识我们共享的环境,一个重要的途径就是研究文化如何帮助其成员建构"我们"这一概念,"我们"可能是一个社区,也可能是一个语境或一个场景,往往用内在的或建构的语码来定义。个人都需要与"我们"建立联系和认同感,并从"我们"那里寻求安慰,获得安全感和归属感。总之,为了充分发挥 Hall 有关语境(context)这一学说的优势,有必要在跨文化研究中更多地关注我们自身的文化背景——我们的文化出发点,我们的"地标",我们的原生文化语境"0",使我们更好地理解文化环境不仅影响交际,而且影响交际者本身的思维模式。

(二)从原生文化宏观语境到社会化微观语境(从"0"到"1")

尽管在跨文化交际领域常常会提到"文化的塑造"这一问题,但很少有作者对原生文化语境的形成、共建、发展和编码进行仔细的研究。大部分学者只看到两座完整的"冰山"(文化)之间的互动,即跨文化中"跨"的部分,却没有去了解在我们母体文化中意义是如何生成的,有效沟通又是如何建立的。如果不深入了解这些问题,我们就无法弄清这样一个问题:当我们与来自不同文化的人们进行交往时,意义生成和有效沟通建立的方式是如何发生变化的。

我们认为,一群背景相似的人要建构共享的社会文化环境,必然要借助于众多途径,如共享的语码和语体,表达和理解意义的方式,合适的回应方式,等等。Gudykunst 为我们提供了三个非常重要的章节,可以帮助我们更好地理解这些过程:Pearce 和 Cronen 以构建主义为基础的"意义

---

[1] Lawrence & Nohria 于 2002 年提出人的四种基本需求:获取、联结、学习、防御。

协调管理理论（CMM）"（第2章）、Philipsen以民族志为基础的"言语代码理论"（第3章），以及M.-S. Kim的"会话制约理论"（第5章）。

耐人寻味的是，作为文化的"核心"内容，价值观、信念和态度并没有引起Gudykunst的重视。跨文化交际学对这些内容的研究，尤其是价值观的研究，由来已久，但我们或许可以这样理解，他之所以没有将诸如Allport、Kluckhohn & Strodtbeck、Rokeach、Hofstede、Schwartz、Inglehart等学者的理论收录进去，是因为这些理论在其他著作中早有涉及。

Gudykunst是一位实证主义者，因此，他将文化视为一个变量，而对这个变量的描述是建立在迄今为止规模最大也最为实用的实证研究基础之上的[①]。Hofstede的两个文化维度，即"个人主义/集体主义"和"高/低权力距离"，常常出现在Gudykunst的众多研究之中，尤其是在美国与日本或其他亚洲文化的比较研究之中，并展示出较强的解释力。同样，像Ting-Toomey这样的实证主义学者，也将Hofstede最初的四个价值观维度视为"实践出真知"的完美标准，常常用来衡量某些理论的效度。而Allport、Kluckhohn & Strodtbeck和Rokeach等学者创立的稍早一些的价值观框架，往往因为描述性过强或过于繁杂而少有人问津。

但问题是，现在越来越多的学者对Hofstede价值观维度的研究方法产生了质疑，认为他将"文化"局限在国家层面是一种简单化的操作，忽略了文化的内部复杂性。如今，越来越多的学者将Schwartz有关个人和文化两个层面的价值观理论以及Schwartz价值观量表融入他们的研究之中。另有学者分析Inglehart世界价值观调查（WVS）的历时数据，以便更好地了解文化从传统到现代甚至后现代的转变过程。尽管有关身份认同的研究不断升温（因为大多数人认为身份认同较价值观更具动态性），但赵志裕（C. Y. Chiu）、康莹仪（Y. Y. Hong）以及其他立足于"主体间性"（intersubjectivity）的学者认为，价值观同样可以放在动态的框架中去研究。Leung和Bond（2004）的研究表明，社会公理（我们对社会运作方式的信念）同样非常值得研究。还有许多学者关注道德、世界观、文化态度等层面。随着更动态的价值观理论和其他类似理论的不断涌现，对"核心文化"的认识过程有望逐步摆脱本质主义的辖制。

---

① 这里指的是Hofstede 1980年的研究，之后不断得到更新，到2010年共有6个文化价值观维度。

我们通常认为，人们的价值观相对稳定，同一群体内成员的价值观相对一致，因此，当来自不同文化的人们互相接触时，我们倾向于使用价值观来解释这一过程中出现的问题与现象。然而，如今全球化为我们带来了愈发多元化的世界，也带来了愈加复杂的跨文化接触。与价值观相比，身份建构或许能更好地捕捉当今跨文化交际中多元文化的交融与文化的动态变化，因此，Gudykunst 特别注重对身份认同的研究（第9、10、11、12章）。对照我们前面提出的文化塑造过程模型，这些理论关涉的主题总体位于"0"与"1"之间，关注在特定语境下个人的身份建构，如 Imahori & Cupach 在第9章里讨论的身份管理理论。然而，由于研究视角各不相同，每个理论自然会涉及文化塑造过程模型中的其他部分。举例来说，Hecht 等人的理论（第12章）和 Imahori & Cupach 的理论与模型中的"X"（跨文化能力）密切相关，重点讨论跨文化交际的有效性；Ting-Toomey 的身份协商理论（第10章）则着眼于和来自不同文化的人们进行协商，力求促进跨文化接触，因此可以与模型中的"P"（与其他文化接触的途径）结合起来理解；而 Collier（第11章）则从批判角度出发，认为跨文化身份建构与社会正义的推进密不可分，这一观点与模型中的"B"（文化障碍）不无关系。

除了身份建构，Gudykunst 还特别注重如何与陌生人或陌生环境打交道①，在群体之间或族群之间交流时如何建构"他者"，我们对"他者"有什么预期，以及我们如何来适应他们。这些章节是《跨文化交际理论建构》的精髓所在，为我们了解本文化的塑造过程，了解与来自不同文化的人们如何进行交流，提供了丰富的理论依据和实践经验。

尽管如此，有关从"0"到"1"这一过程的理论建构还有待进一步完善。比如，我们需要在文化心理层面更新发展"自我识解理论"；我们也需要在 Orbe & Spellers 的共文化理论（第8章）和 Collier 的文化认同理论（第11章）的基础上，对批判性视角进行拓展，如增加"立场理论"（Standpoint Theory）和其他有关"权力"的社会理论，使我们可以更好地回应这样一个问题：人们是如何协调和处理交流中不可避免的各种不平等状况。这种状况可能实际存在，也可能是想象的，是由性别、民族、宗

---

① 相关观点见由他本人建构的有效沟通的焦虑/不确定性管理理论（第13章）和跨文化适应焦虑/不确定性管理理论（第18章）。

教或国别造成的（这一部分将在下面的"障碍 B"部分详细说明）。需要肯定的是，Gudykunst 已经开始关注这些不平等状况对群体之间交流的态度、期望和结果产生的影响。至于这些影响究竟意味着什么，或者我们如何对意义进行协商，始终是 Gudykunst 首先关注的话题。这些话题与我们接下来要讨论的内容——帮助我们跨越文化语境的"X"态度和技能——有着必然的联系。

（三）个人的跨文化成长（跨越过程"X"）

这是跨文化交际研究最为深入的领域之一，集中关注"跨文化适应过程"和"跨文化能力"等重要话题。从适应母体文化开始，到适应区域性的文化差异，再到灵活开放地适应更大范围的文化差异，一直到培养必要的态度和技能来适应全新的文化——适应是一个人必须经历的社会化基本过程，也是不断适应新环境的过程。良好的适应过程需要一系列应对差异的能力来支撑，而这些能力的发展又贯穿于各种适应过程之中。跨文化环境中所需的能力种类繁多，但都不可或缺，如人际交流能力、本文化意识、语言能力、差异意识、对他人的敏感度、跨文化调适能力等。这些能力能够帮助我们辨识差异，发现潜在问题，从错误中吸取教训，处理或化解冲突，处理预想的或实际存在的交际障碍，解决一直困扰我们的种种问题。所有这些情况又相互作用，从而促进上述能力的进一步发展，文化智能（cultural quotient）的提高，良好的应变策略的形成，直到跨文化人格的建立。

因此，作为跨文化交际研究的首要问题，"适应"和"能力"这两个概念反复出现在 Gudykunst《跨文化交际理论建构》一书中。Gallois, Ogay & Giles 的交际顺应理论（第 6 章）以及 Burgoon & Hubbard 的互动适应理论（第 7 章），为这两个主题的研究提供了重要方法。Y. Y. Kim 和 Ruben 的"跨文化转型理论"（出现在 Gudykunst 较早的文集中）以及 Y. Y. Kim 的"交际整合理论"（第 16 章）也对"适应"和"能力"这两个问题进行了探讨。其他章节也涉及这两个问题，如第 4 章 Ting-Toomey 的面子协商理论，以及第 5 章 M. -S. Kim 的会话制约理论。

在 Gudykunst 早期的文集中，其他学者也对"适应"和"能力"这两个主题进行了探讨，如 Huber Ellingsworth 的"跨文化二元体适应理论"，Jeff Ady 的"需求差异模型"（应对挑战的能力）以及 Lawrence Kincaid 的"聚合理论"等。在跨文化交际文献中，有关涵化（acculturation）和适应（adaptation）的理论依然是重中之重，如 John Berry 的移民及文化适应框架，Colleen Ward 的心理与社会文化适应模型，Ripley Smith 与社会关系网络发展相结合的文化适应理论，等等。这些理论往往与 Leon Festiger 最先在"社会比较理论"中提到的某些概念架构有关，也在某种程度上与 Kurt Lewin"群体发展与群体动力理论"中的"群体"概念有关。结合自身的语言学习背景及多语家庭环境，Alvino Fantini 提出了"语言习得模型"来探讨二元文化的生成和发展。还有学者提出"二元认知发展理论"，其中高一虹提出的有关"生产性双语现象"的理论，为国内的外语学习和认同研究提供了新的理论视角。

有关跨文化交际能力的理论还有很多，像 Brian Spitzberg、陈国明、Michael Byram、Darla Deardorff 等学者的理论也颇具影响力。有趣的是，Gudykunst 没有提到他在明尼苏达州立大学的同学 Milton Bennett 和 Mitchell Hammer 的跨文化敏感度发展模型（DMIS）和跨文化发展测量问卷（IDI），也许是因为这些研究成果已经发表在其他重要的跨文化交际著作之中。不论是基于哪种理论、模型或者测量工具，"适应"和"能力"始终是跨文化交际研究的核心主题，这两个主题在 Gudykunst 的力作中无疑扮演了重要的角色。

（四）文化障碍和挑战（跨文化交际学必须面对的障碍"B"）

跨文化交际学理论构建的另一重要领域是现实世界中常常出现的各种障碍、矛盾和挑战。这些问题大多源于我们的"O"，即原生文化语境。原生文化教会我们如何看人，如何归因，如何对"他者"进行判断或评价。当"他者"显得与我们过于不同时，我们就很难接受他们。我们往往会对"他者"所在的群体形成刻板印象，进而产生偏见，甚至发展到种族歧视。

当然，我们的偏见并不总是那么强烈，然而就像 Burgoon & Hubbard 在第7章里谈到的，我们因受本文化的熏陶，形成了根深蒂固的文化预期，当这些预期被违背的时候，矛盾就产生了。这时，需要我们想方设法来认识、协商、处理和化解矛盾，采取正确的态度来应对失望、挫折或压力。有些现状我们可以改变，但有些则不能。需要指出的是，跨文化交际研究对英国文化批评理论的重视程度与日俱增，这些理论主要探讨媒体和社会对权力的感知和展现，如以 Raymond Williams、Stuart Hall 和 Richard Hoggart 为代表的伯明翰学派的研究，以 Max Horkheimer、Theodor W. Ardono、Herbert Marcuse、Friedrich Pollock、Jürgen Habermas、Leo Löwenthal 和 Walter Benjamin 为代表的法兰克福学派的媒体批评理论，以 Michael Foucault 的研究为基础的符号学权力分析理论，Edward Said 的东方主义，Giyatri Spivak 和 Hommi Bhabba 的后殖民主义，以及其他关注体制、社会、种族、性别和阶级各个层面不平等和不公正现象的各种批判性理论。

当文化预期被违背时，我们不仅需要培养正确的态度、手段和技巧，而且需要找到健康的处理方式。越来越多的研究开始关注跨文化交际中的情感问题、跨文化咨询、冲突的调解及其他与跨文化压力和矛盾相关的身心健康问题。与此同时，批判性跨文化研究强调赋权（empowerment）和主体性（agency），为我们深入了解个人行为、团体行为、社会行为以及文化的塑造过程提供了新的视角和方法，而 Orbe & Spellers 从边缘群体的角度探讨权力失衡的问题（第8章），就是一个很好的例子。跨文化交际中的权力如何运作，跨文化交际如何促进社会正义的实现，这些议题无疑将成为今后的研究热点。

（五）体验文化的途径（干预或交流过程"P"）

在《跨文化交际理论建构》有关理论应用和个人成长部分，学者们已经谈到如何体验他文化的问题。但该书的焦点并非在此，因为 Gudykunst 是一名教师和研究者，而不是培训师，尽管他的职业生涯始于对驻日美国海军的培训。因此，他很少探讨如何增强跨文化意识，如何增加跨文化接触或跨文化参与，他将更多的精力投放在人们与"他者"交流时必须面对的心理过程。然而，为了更全面地了解跨文化交际理论，我们需要给予文化体验以一定的关注。

与来自他文化的人们进行接触，方式多种多样，有巧合，有偶遇。这种偶然"涉险"的效果时好时坏，我们很难掌控。Gordon Allport 的"接触假设"认为，通过这种接触，我们的刻板印象、态度甚至偏见都会发生改变。在这个日益全球化的媒体时代，我们不一定能真正"接触"到其他文化的成员，我们所能接触到的往往是他们的媒体表现形式。虚拟交流和辅助交流越来越成为现实，有关通过电子等技术手段进行交流的新理论不断涌现。各种媒体如何传播信息，信息如何被解读，媒体表现形式如何被接受，这些都是今后需要研究的重要课题。

当然，我们也可以通过出境游和移民等方式与其他文化进行接触，使自己置身于不同的文化环境之中。从 Kalvero Oberg 对"文化休克"这一概念的诠释，到 Gullahorn 和 Gullahorn 用 U 形和 W 形曲线解读文化适应过程，许多跨文化交际理论对如何适应新的文化环境提供了见解。旅居者们还可以通过阅读书籍、借鉴在线资源或反复试验等多种方式为未来的跨文化经历做好准备。同时，每一次经历都能为那些灵活开放、善于观察和乐于参与的人们带来新的学习机会和更强的适应能力。此外，各种跨文化教育课程或培训项目，跨文化咨询或调解，以及其他诸如与"文化专家"交谈、进行参与性观察或撰写日志等成人学习方法（成人教育法），都为跨文化适应能力的培养提供了广阔的空间。同样，批判性视角也为主体性和行动的实施提供了多种途径，以鼓励人们从个人或社会角度对意义进行重新解读、解构或重构，并通过社会行动来实现对社会的改革。

鉴于 Gudykunst 在《跨文化交际理论建构》一书中没有涵盖有关干预、教育或培训方面的理论，我们可以通过其他途径来了解这类理论，如 Stewart 的对比文化培训、Cole 的认知方式、Kolb 的学习方式理论、Bandura 的行为修正理论、Pedersen 的三位一体培训或咨询模型、DMIS 和 IDI 发展模型、泛文化或具体文化培训法、Ruben 和 Kealey 的海外效能理论以及由 Useem 发现的"第三文化后代（TCKs）"（现在称为"全球游牧者"）现象，等等。

五 结语

本文提出的文化塑造过程模型通过两个参照点（0 和 1）和三个过程（P、B 和 X），对跨文化交际中的核心议题进行概括。用这一模型梳理和归纳跨文化交际理论，有助于我们厘清理论建构的脉络，对理论有一个整体的把握。为了体现该模型的价值，我们对 Gudykunst 的力作《跨文化交际理论建构》进行考察，将其收录的理论与跨文化交际的核心议题一一比照，找出该论著强调的议题和忽略的议题。该模型摆脱了研究范式的束缚，用更加广阔的视角来检视不同范式的理论成果，有助于我们了解今后跨文化交际理论建构的发展方向。

附录　Gudykunst《跨文化交际理论建构》目录

章节	内　容	作　者
1	综述	Gudykunst, Lee, Nishida & Ogawa
2	意义协调管理理论	Pearce
3	言语代码理论	Philipsen, Coutu & Covarrubias
4	面子协商理论	Ting-Toomey
5	会话制约理论	M.-S. Kim
6	交际顺应理论	Gallois, Ogay & Giles
7	预期违背理论和互动适应理论	Burgoon & Hubbard
8	共文化理论	Orbe & Spellers
9	身份管理理论	Imahori & Cupach
10	身份协商理论	Ting-Toomey Stella
11	文化认同理论	Collier
12	交际身份认同理论	Hecht, Warren, Jung & Krieger
13	有效沟通焦虑/不确定性管理理论	Gudykunst
14	跨种族交际的情景理论	Y. Y. Kim
15	跨文化工作群体有效传播理论	Oetzel
16	交际整合理论	Y. Y. Kim
17	文化图式理论	Nishida
18	跨文化适应焦虑/不确定性管理理论	Gudykunst

参考文献

Barnlund, D. C., (1975), *Public and private self in Japan and the United States, Communicative styles of two cultures*, Tokyo, Japan: Simul Press.

Baldwin, J. R., Faulkner, S. L., Hecht, M. L., & Lindsley, S. L. (Eds.) (2006), *Redefining culture: Perspectives across the disciplines*. Mahwah, NJ: Lawrence Erlbaum.

Berry, J. W. (1975), An ecological approach to cross-cultural psychology, *Nederlands Tijdschrift voor die Psychologie en haar Gresgebieden*, 30, 51–84.

Craig, R. T. (1999), Communication theory as a field. *Communication Theory*, 9 (2), 119–161.

Georgas, J., & Berry, J. W. (1995), An ecocultural taxonomy for cross-cultural psychology, *Cross-Cultural Research*, 47 (2), 121–157.

Gudykunst, W. G. (2002), Intercultural communication theories, In W. B. Gudykunst, & B. Mody (Eds.), *Handbook of international and intercultural communication* (2nd ed., 183 - 206), Thousand Oaks, CA: Sage.

Gudykunst, W. B. (Ed.). (2005), *Theorizing about intercultural communication.* Thousand Oaks, CA: Sage Publications.

Hofstede, G. (1980), *Culture's consequences: International differences in work-related values.* Newbury Park, CA: Sage.

Klyukanov, I. E. (2005), *Principles of intercultural communication*, Boston, MA: Pearson Education/Allyn & Bacon.

Kuhn, T. S. (1962), *The structure of scientific revolutions*, Chicago, IL: University of Chicago Press.

Kulich, S. J. (2012), Reconstructing the histories and influences of 1970s intercultural leaders: Prelude to biographies, *International Journal of Intercultural Relations*, 36 (6), 744 - 759. dx. doi. org/10. 1016/j. ijintrel. 2012. 08. 004.

Kulich, S. J., & Zhang X. J. (2012), Profiling people in multiple domains: Toward a sociology of science for intercultural disciplines, *International Journal of Intercultural Relations*, 36 (6), 885 - 901. dx. doi. org/10. 1016/j. ijintrel. 2012. 08. 019.

Lawrence, P. R., & Nohria, N. (2002), *Driven: How human nature shapes our choices.* San Francisco, CA: Jossey Bass.

Martin, J. N., & Nakayama, T. K., (1999), Thinking dialectically about culture and communication. *Communication Theory*, 9, 1 - 25.

Maslow, A. H. (1943), A theory of human motivation. *Psychological Review* 50 (4), 370 - 396.

Yang, K. S. (1986), Interactionisticcultural-ecological view of the genesis and change of Chinese character, In M. H. Bond (Ed.), *The psychology of the Chinese people* (Figure, p. 162), Oxford, UK: Oxford University Press.

戴晓东:《跨文化交际理论》，上海外语教育出版社 2011 年版。

林大津、谢朝群:《跨文化交际学：理论与实践》，福建人民出版社 2005 年版。

作者简介

顾力行（Steve J. Kulich），德国洪堡大学博士，上海外国语大学杰出教授，上外跨文化研究中心（http：//sii. shisu. edu. cn）执行主任，上海外语教育出版社《跨文化研究》论丛主编，最近获批国家外专局高端外国专家项目，曾获德国学术交流组织（DAAD）、德国教育研究部

(BMBF)、国际资源交换基金会（REI）、Parker 基金会等机构的资助。上海外国语大学 211 岗位特聘教授（2010—2012）。

顾力行教授是国际跨文化研究科学院（IAIR）院士（2007—）、主席团成员（2011—2015）、杰出青年奖委员会主席。2012 年与跨文化研究中心国际学术顾问 Michael H. Prosser 教授应邀合作主编国际 SSCI 核心期刊 *International Journal of Intercultural Relations* 特刊《美国早期跨文化交际先驱》。任中国跨文化交际研究学会期刊 *Intercultural Communication Research*（ICR）编委，上海外国语大学学刊《跨文化管理》和 *Journal of Middle East and Islamic Studies*（*in Asia*）（JMEISA）编委，上海外语教育出版社国际跨文化交际学教材系列编委。学术成果发表于 *International Journal of Intercultural Relations*，*Cross-cultural Psychology Bulletin*，*Intercultural Communication Studies*，*Language and Intercultural Communication*，*The International Scope Review*，*International Management Review*，*China Media Research*，*China Media Reports Overseas* 等国际 SSCI 核心期刊和其他期刊，以及国际权威学术专著，如 Michael Bond 主编的 *Oxford Handbook of Chinese Psychology*（第二版，牛津大学出版社，2010）、Littlejohn 和 Foss 主编的 *Encyclopedia of Communication Theory*（Sage 出版社，2009），Xu Huang 和 Bond 主编的 *Handbook of Chinese Organizational Behavior*（Edgar Elgar 出版社，2012）等（其谷歌学术引用次数已超过 140）。

顾力行在亚洲地区工作 35 年，其中在上海工作 20 余年，是国内跨文化培训课程首创者之一，并创立第一个系统的跨文化交际硕士课程（2002 年）和博士课程（2010 年），是上外工商管理硕士项目学术主管，并参与组织 7 个跨文化交际国际学术会议。先后在 30 余个国际学术会议上做主旨演讲，宣读论文 50 余篇，多次在国际高端论坛上发表讲话，如 2005 年在北京召开的第三届亚洲教育论坛，2006 年在上海召开的第二届中国学世界论坛，2014 年在苏州召开的第一届联合国教科文组织语言大会，以及 2014 年在上海召开的第三届太湖世界文化论坛。

2011 年被中国跨文化交际研究学会授予"特殊贡献奖"，并被聘为"国际学术顾问"。2007 年和 2011 年荣获上海市政府颁发的白玉兰纪念奖银奖和荣誉奖金奖。2014 年被评为全国 50 位"我最喜爱的外教"之一。2014 年 5 月作为上海 50 名外国专家之一应邀参加由上海外专局组织的"外国专家论坛"，受到国家主席习近平的接见。

翁立平，跨文化交际学博士，上海外国语大学跨文化研究中心专职研究人员。主要从事有关跨文化交际和价值观的研究。研究成果见于《中国外语》、*Language and Intercultural Communication*、*Intercultural Communication Studies*、*China Media Research* 等国内外学术期刊，以及国际知名学术百科全书 *The SAGE Encyclopedia of Intercultural Competence*。

信息国际流通之利弊

特里斯坦·马特拉尔

陈俊侠译

摘　要　信息跨国流通是20世纪和21世纪前期国际关系的关键要素之一，总体而言国际信息流通被西方国家所掌控，但发展中国家目前也已开始"逆向传播"，这一问题越来越受到国际社会的重视。结合地缘政治和地缘经济，本文考察了网络时代信息在跨国传播过程中所发挥的重要作用，勾勒出隐藏在信息国际化当中的某些重要挑战。卫星技术和网络给公众提供了一个新的"信息空间"，传统媒体的国际传播越来越受到挑战，新闻信息源更加多元化，但信息传播失衡现象依然严重。

关键词　信息国际流通　传播　信息全球化　失衡

在卫星和网络时代，信息从未如此易于越过国界。人们只需轻轻一点鼠标，有关世界的文字和图像，便源源不断地通过信息渠道溢出，每天24小时从不间断。这一现象并非没有带来积极评价——很多观点认为信息全球化有其好处。对某些人而言，人类因此进入了每个人都自然而然地可以获得针对地球上事物"不同见解"的时代。

与那些积极评价不同，在这里，我们将描述一幅关于国际信息流通研究的全面图景。首先，我们要以历史的深度来考察这一主题，而不像患有健忘症的人那样只知歌颂这个信息全球化的新时代。本研究的目标还在于考察在信息跨国传播进程中发挥重要作用的地缘政治和地缘经济政策，这不会令那些不顾历史语境而思考这一主题的人感到高兴。我们以十分细致的方式构建和重构这个领域的相关要素，一个阶段一个阶段地研究，希望可以勾勒出隐藏在信息国际化背后的某些重要的利弊关系。

一　信息自由流通，国际关系中的历史性要素

信息跨国境流动问题构成整个 20 世纪和 21 世纪初期国际关系的关键要素。信息流通反映着地缘政治和地缘经济的广度，并引发了激烈的外交争论，许多理论都是基于这一问题而构建的。

冷战时期是这些理论形成的决定性阶段。事实上，正是在第二次世界大战之后，在那个政治和经济都史无前例地扩张的阶段，美国开始把信息自由流动作为国际传播这个重要外交领域的重点[①]。在政治方面，它首先确认了"无须考虑国界"的言论自由的重要性，这一原则被联合国 1948 年通过的《人权宣言》第 19 条所确认，而美国则被认为是世界上言论最自由的地方。但是，这也被看成是白宫打击苏联的一种武器：正是以信息自由流动的名义，美国政府设立了许多电台以穿透铁幕。最后，"自由流通"也有经济上的考量。美国支持其跨国信息公司国际化，将之确立为一种对抗保护主义的原则，以便打击实行保护主义国家的（信息）产品。在这里，信息自由流动是信息自由交换的注脚。

事实上，在美国把"自由流动"作为其外交基点之一以前，这一理念早在第一次世界大战结束时就已经由美联社和合众社等美国通讯社提出过，其目的是颠覆哈瓦斯通讯社和路透社等欧洲大通讯社在信息传播方面的主导权。当时，美联社和合众社的努力并没有让"自由流动"成为白宫外交安排的首要任务之一；现在的情况则完全不同。

苏联在冷战时期反对信息可以超越国界而自由流动的原则，要求按国际法原则办事：要尊重国家主权。直到 20 世纪 80 年代末，对信息主权的保护一直是其政治体系得以维系的核心条件之一，而该体系以对内管控传播途径为基础。

有关信息国际流动的政治辩论非常复杂，因为该问题不仅是东西方对抗的核心内容，在 20 世纪七八十年代还是南北关系的核心内容之一。在此期间，不结盟运动指出"国际信息系统"存在"深深的不平衡"，认为该系统彻头彻尾地被西方国家的公司所掌控，因此把批评这一系统作为其行动的首要任务之一。该运动成功地在 20 世纪 70 年代使联合国教科文组

[①] 赫伯特·席勒：《传播与文化统治》，纽约：M. E. 夏普出版社 1976 年版，第 35 页。

织通过了"国际信息新秩序"（NOII），不久后还将其纳入范围更广的"世界信息和传播新秩序"（NOMIC）。

穆斯塔法·马斯穆迪，时任不结盟运动信息问题协调员，对该问题的观察结论是令人不安的。根据不结盟运动1978年公布的一份材料，西方最大的四个通讯社——美联社、合众国际新闻社、路透社和法新社是当时全球"几乎80%"媒体信息的生产者。对广大发展中国家在全球媒体格局中的地位而言，这种主导地位带来了十分有害的结果。这些西方大通讯社对发展中国家的报道被认为只占其总报道量的20%～30%，而发展中国家的总人口却"占人类的四分之三"。此外，西方国家信息系统也广受诟病，因为该系统没有反映第三世界的现实。这份文件认为，第三世界国家只在出现负面新闻的时候才被报道，比如发生危机、罢工、示威游行或政变，等等。

穆斯塔法·马斯穆迪反对由西方主导的国际信息系统，并以不结盟运动的名义呼吁建立以信息自由流动的"平等关系"、"信息自由、平衡流通"及信息流通要"尊重各国主权和领土完整"为基础的"信息的新国际秩序"。以美国和英国为首的西方国家抓住"国际信息新秩序"（NOII）中一些模糊不清的地方（尤其是有关尊重信息"主权"的内容）以规避对这一极端不平等的国际信息系统的合理指责。

二 国际电台被忽视的作用

有关"国际信息新秩序"（NOII）的辩论忽略了一个重要传播主体——国际电台。然而，恰恰是国际电台在信息无国界流动中长期扮演关键角色。有关国际电台的内容在穆斯塔法·马斯穆迪的报告中只提到一次，且只在对"发达国家"提建议的那一章节中提及：他要求发达国家停止在其他国家境内设立外国电台。

在该文件中，西方电台的统治地位是令人惊讶的。事实上，与通讯社主要被欧美少数几个国家所垄断不同，全球电台格局呈条块分割状。在1979年，苏联、美国、中国、前西德、英国、朝鲜、阿尔巴尼亚甚至埃及、印度和古巴都在全球广播事业中占据重要位置。诚然，所有这些电台的传播范围是否与它们的广播功率相匹配，我们仍需进行评估。

为了明确国际电台以前在信息流通中的重要性——现在在某些条件下

依然如此——人们应该不再把它当作"有害行为"的载体,而看到它为不同制度下生活的人们获得各类信息所做的贡献。20世纪70年代,在描述电台在非洲的作用时,希德尼·海德展示了非洲听众如何抵制由政府控制的国有电台,努力摆弄自己的收音机以绕开这些电台,在自己国家电台波段的间隙找到邻近国家以及其他国际电台的波段——这些电台信号可能来自非洲也可能来自非洲以外的地方。"这样一来,当他把其他电台的内容与国有电台的内容进行比较后,听众或许会自问为何他听到外国电台广播的有关自己国家的信息比国有电台广播得还要早。有时,他甚至无法通过国有电台收听到相关信息。"

最近,许多著作分析了西方电台如何在冷战期间支持铁幕以东的民众获得更多信息,尤其是帮助异见人士实施旨在与政党国家的秘密政策进行斗争的抵抗战略。

当然,西方电台不是唯一有着使当地民众绕开政府信息垄断这一战略作用的载体。我们不能忽视区域性电台的贡献,虽然它们的作用很少被研究。比如开罗电台对某些非洲和阿拉伯民众绕开政府信息管控,哈瓦那电台在20世纪七八十年代对拉美军政府国家民众获取信息,以及坦桑尼亚电台在种族隔离时代的南非绕开政府信息管制等方面都发挥了历史性作用。[①]

然而,强调国际电台的重要性的同时也不应忽略一个现实,即外部电台是外交活动的工具,并依靠外交活动而存在,至少部分是这样。因此,这些电台并不像某些作者断言的那样"给电波那头带去了自由",而是带去了或多或少与其本国政府立场相似的概念。

三 新闻图像的国际化

在20世纪八九十年代,由于西方通讯社在国际信息传播方面占统治地位,新闻图像的流通也得到快速发展。电视新闻图像的交易实际上被控制在少数几家媒体手中,其中主要有路透社和美联新闻电视(APTN)——此外还有"欧洲广播电视联盟"(UER),其载体是"欧洲视域新闻"(EVN)。

[①] 勒博纳·摩西亚:《从革命到统治:南部非洲民族主义广播30年》,《非洲媒体概览》,第8章,1994年,第1—24页。

在这些国际电视新闻"批发商"之外，自20世纪80年代以来，还出现了国际新闻电视台，比如CNN或BBC，它们通过售卖自己产品的方式在国际新闻图像市场上扮演着不可忽视的角色。

这些英美媒体、通讯社或电视网在国际电视新闻生产中所占的地位，正如多米尼克·马尔切蒂所指出的那样，"或多或少与世界电视新闻的格局有直接关系"。实际上，全球新闻"菜单"至少部分是由这些主导媒体选择和编辑完成的，只是根据客户的不同而有所区别。

在这一语境下，正如克里斯·帕特森所说，"发展中国家"所面临的形势并不比倡导"国际信息新秩序"时期更加有利。他在1998年写道，这些国家更加被排除在全球电视新闻传播之外，因而也不可能做出贡献。

通过卫星传输的西方大型新闻电视网在20世纪90年代崛起并取得主导地位，虽然因此而产生的问题都是现实存在的，但如果只看到这些问题，那么这个角度也是片面的。这些电视网因为具有穿透疆界的能力而像此前的国际电台一样，在不同地缘政治语境中扮演着重要角色，正如其在阿拉伯世界所表现的那样。

在其描述"国际电视网"在中东崛起的书中，娜奥米·萨克尔展示了CNN所具有的活力：该电视网在1990—1991年海湾战争期间在巴格达进行直播，与阿拉伯国家国有电视台的片面报道形成鲜明对比。难道沙特民众不是通过那些CNN卫星信号接收器才知晓入侵伊拉克军事行动开始的消息的吗？而这些行动恰恰是从他们本国发动的。此外，"CNN现象"生产了刺激作用，几年后，许多全天候报道的新闻电视台纷纷在阿拉伯世界成立，这也为进一步削弱国有电视台的新闻管控做出了贡献[①]。

在马格里布国家，自20世纪80年代末以来，法国电视台在很大程度上为当地民众摆脱所在国政府对信息的管控做出了贡献。拉迪巴·哈吉-穆萨分析了这些电视网如何帮助地中海以南地区电视观众"避开他们各自国家媒体的单一报道"以及电视观众如何在马格里布公众中发表与政府意见相左的"批判性思想"。她认为，批判精神此后也适用于法国电视台，后者的"东方主义建设"遭到严厉谴责。

但是，与我们迄今所设想的恰恰相反，跨国新闻电视网列表只包含西

---

① 娜奥米·萨克尔：《跨国电视，全球化和中东》，伦敦：I. B. Tauris出版社2001年版，第10、84页。

方媒体——现在是时候引入更多的参与者了。

四 国际"逆向传播"的兴起

奥利维耶·博伊-巴雷和达雅·K. 图苏在 1992 年为联合国教科文组织起草的报告中评估了因受"国际信息新秩序"思想影响而设立的地区信息交换机制的作用,尤其是不结盟国家通讯社联盟、泛非通讯社、加勒比通讯社和国际新闻社,并指出这些机构因为政治和经济等原因没能成功改变"国际信息系统的结构性不平等",因为该系统依然掌握在"西方跨国集团"手中。迄今,尚没有足以平衡国际信息流通的"逆向传播"得以出现。相反,随着"CNN 等新玩家进入国际信息传播领域",在作者眼中,西方大传媒企业的分量更重了[①]。

如果说在 20 世纪 90 年代前期国际全天候电视新闻被西方大媒体,比如 CNN、BBC、欧洲新闻台等所掌控,我们也看到从 90 年代后期以来一些发展中国家也开始设立电视台,它们很快就具有了向西方大媒体发起竞争的实力。这种竞争首先出现在区域性市场,此后逐渐扩大到国际市场。

创建于 1996 年的卡塔尔"半岛"电视台是这一运动的重要代表:它已经成为"逆向传播"理念的象征——向垄断国际电视新闻的西方媒体发起挑战。事先谁也没有预料到这一结果。正如娜奥米·萨克尔指出的,"半岛"电视台(其团队主要来自原本由沙特资本资助的 BBC 阿拉伯语频道,但该项目最后流产了)起初的使命是"以西方通行的新闻标准提供阿拉伯新闻"[②]。这些原则使得它成为阿拉伯世界最重要的绕开国家新闻管控的卫星媒体之一。

但是,自"9·11"以后,该电视台越来越被控为伊斯兰极端势力做宣传,尤其是美国白宫。此后,该电视台将自己定位为"在西方主流新闻之外提供不同的视角"[③]。直到 2006 年,该电视台创建了英文频道,针

[①] 奥利维耶·博伊-巴雷、达雅·K. 图苏:《全球新闻的逆向传播:国家和区域新闻交换机制》,伦敦:John Libbey 出版社 1992 年版,第 23、141 页。

[②] 娜奥米·萨克尔:《挑战者还是侍从?"半岛"的新闻政策》,伦敦:Routledge 出版社 2007 年版,第 115 页。

[③] 同上书,第 105 页。

对全球观众播出,目的是再平衡南北之间的信息传播。一个由富豪埃米尔出资的电视网却宣称要实现"国际信息新秩序"的目标,这是十分反常的……

"半岛"电视台"反霸权逆向传播"的结果是,许多西方国家政府,以美国、法国、德国和英国为代表,自2000年后逐步创设了阿拉伯语卫星新闻频道以同"半岛"的节目进行竞争。

需要强调的是,虽然"半岛"是个全球性电视台并宣称其职责是在平衡信息传播,但也不应该忘记,该电视台是卡塔尔资助的,因此也是该酋长国传播对外政策的工具之一。

其他电视台,与资助它的政府立场一致,往往宣称其抱负是"反霸权",甚至反对西方媒体在新闻产业领域的统治地位。比如,在拉丁美洲,在委内瑞拉的倡议下,南美共同体电视台于2005年创立。该电视台联合了一些左翼政党执政的国家,宣称其目的是与CNN的西班牙语频道竞争及开创建设南美大陆新秩序的道路。

同样,俄罗斯和中国这两大国际广播的大国也自2000年以来创建了多个全天候新闻频道,比如用英语播发的CCTV News 和 CNC World（中国新华新闻电视网）,以及用英语、西班牙语和阿拉伯语广播的"今日俄罗斯"电视台,其目的都是与西方电视网及"半岛"电视台集团进行竞争。

五　信息全球化受质疑

有关国际新闻电视网的研究都基于这样一个理念,那就是科技的进步,比如卫星技术的应用,自然会改善信息传播的环境。这一论断是值得商榷的。

达雅·K.图苏的研究显示,20世纪八九十年代科技进步迅速,传输国外的语音和图像更加快捷,但在竞争加剧和预算减少的双重作用下,西方大电视网播报的语音和视频新闻却越来越少。他指出,除新闻越来越少外,新闻也逐渐"软化"和娱乐化,即"全球新闻娱乐化"。

这一现象所导致的结果,如多米尼克·马尔切蒂在其著作中所说,是综合性大型国有电视台所播发的与外交政策有关的新闻越来越少,取而代之的是更多满足"大众"需求的国内新闻。在这一语境下,有关外国的新闻更多转移到国际新闻电视网上,其目标受众更加有限。如此就产生了一个悖论：国际新闻电视台和传输信号的能力得到了极大提升，那些不大关注国际新闻的普通公众获取全球新闻的渠道却越来越少。今天，国际新闻更多的是在跨国新闻电视台上播出，也就是文化上强势和经济实力更强大的媒体，而很少由国有电视台播出。

指出这个悖论的不是别人，正是积极倡导文化全球化理论的先锋人物之一乌尔夫·汉内斯。在一本有关驻外新闻记者的书中，这位人类学家强调在全球化持续深入的年代，对外国新闻的报道近来却在媒体上大大减少了。此外，他无法确定因特网是否能在这方面有所纠正。

六　网络：国际信息传播新空间的边界

网络，因其无处不在的特性，被很多评论家认为可以摆脱有关全球信息流的主流理论。网络提供了一个新的"信息空间"，在这个空间里不管是个人还是集体都可以利用联网的优势，因为"摆脱地域的限制"而对信息的国际传播做出极大贡献。在这个领域，传统媒体的国际传播越来越受到新入行者的挑战，这使得新闻信息源更加多元化。

但是我们有必要对这一说法提出疑问，需要强调的是在国际信息方面对西方主要通讯社新闻网站的依赖。在此前著作的基础上，克里斯·帕特森在对2001—2006年网络国际新闻的研究中指出，CNN、MSNBC.com、abcnews.com、news.sky.com等大媒体以及Yahoo、Altavista、Google或Excite等搜索引擎，其数字化英语新闻主要来源于且越来越依赖于美联社、路透社、法新社等少数西方通讯社。作者认为，国际在线信息的政治经济学不是多样化了，而是集中化了。

克里斯·帕特森的研究不包括那些小型新闻网站，这些网站展示一些希望提供不同形式新闻的记者或个人制作的内容——许多小网站是大型新闻网站的主要构成部分。这些网站的参与使人们更加关注不同的声音，虽然这些声音是被边缘化的，但它们以自己的方式在主流媒体中间传播不同的信息，尽管这些信息的能见度很低。

然而，没有什么证据说明这些网站在实质上改变了国际信息传播的环境。伊桑·朱克曼有关"国际博客圈"的文章说明了这一点。朱克曼的分析文章以一种令人感兴趣的方式，猛烈批评了美国大众媒体在新闻中对非西方国家的忽视。他对一些媒体不符合"国际信息新秩序"要求的做法进行了一定程度的揭露。他还指责美国的博客作者，因为他们比大众媒体更加不了解非西方世界！①

奥雷莉·奥贝尔写的另一份关于"参与式媒体时代的国际新闻"的研究也得出了类似结论。在对法文参与式新闻网站 AgoraVox 的国外新闻进行评估后，作者发现该网站有关非西方国家的新闻比例较小而对美国及中东的报道较多，虽然公众希望在该网站上读到不受大众媒体关注的那些不一样的信息。

七 国际新闻新来源

鉴于相关文献相对稀缺，理解网络对信息跨国传播的助益不是件容易的事。然而，有关博客作者对国际新闻生产贡献的研究可以让我们对此有个大致的认识。这些研究认为博客作者是外国新闻报道的"新的媒体"。

在众多"面对朋友、家人以及与作者拥有相似特质的受众"的博客之外，伊桑·朱克曼认为还有一些博客作者试图"超越语言、文化和国籍的边界"而"与生活在世界不同地点的个人进行交流"。在 Bridgebloggers 一书作者看来，这些人试图让自己的文章"被属于不同国家、宗教、文化或语言的受众阅读"，这种阅读是通过一种公众都能理解的语言实现的——在伊桑·朱克曼所列举的案例中，这种职责大多数时间由英语来承担②。

如果说一些博客写手依赖的信息往往只被一部分特殊的有跨国背景的公众接受（而这部分受众的人数相对有限），当他们成为一些国际重要媒体记者的信息源时，他们也能够在更大范围内对他们所采写信息的传播做出贡献。一些研究试图证明博客对报道国外新闻有多么重要，但同时，它们也谨慎对待博客在国家现实和国内媒体之间的"桥梁"作用。

丽贝卡·麦金农的研究显示，在中国的西方记者大量使用博客作者发

---

① 伊桑·朱克曼：《Meet the bridgebloggers. Who's speaking and who's listening in the international blogosphere？》，2005 年 9 月 16—17 日，在芝加哥大学一次主题为《博客的影响力与政治科学》的研讨会上的演讲，第 27—28 页。

② 伊桑·朱克曼：《Meet the bridgebloggers. Who's speaking and who's listening in the international blogosphere？》，2005 年 9 月 16—17 日，在芝加哥大学一次主题为《博客的影响力与政治科学》的研讨会上的演讲。

布的内容。这些内容或多或少缺少一个中介，即把关者，而以这些内容为基础，那些外国记者却经常公布非正式信息、预测或中国博客圈的各种思潮。丽贝卡认为有影响力博客政治经济学只对人数十分有限的一部分人服务，他们中的很大一部分人是中国化了的、英语非常好的西方侨民。

伊桑·朱克曼通过对伊朗2009年总统大选进行研究后得出这样的结论：博客、推特、脸谱、YouTube 等网络平台在伊朗大选或在2011年"阿拉伯之春"运动中所扮演的角色让很多人认为这些平台"使国际新闻报道架构发生了地震般的变化"。正因为有了这些平台，传播者得以绕开严格的新闻管控而与全球受众直接对话。

上述论述使我们很容易藐视与涉及国际信息生产和传播的政治经济学有关的限制。然而，这些限制并没有因为网络的发展而消失。我们掌握的有关不同层次媒介在跨国传递不同声音中作用的研究文献非常少。人们会问：这些声音通过什么语言、什么内容和什么渠道得以用国际化的方式把自己的信息传递给哪些受众？在此语境下，评估传播者在这些平台帮助下如何扭转主流国际信息传播理念是有困难的。

有一件事是肯定的：在涉及信息的无国界传播时，摒弃要么强烈反对媒体，要么反对基于网络的传播工具的二元观是非常重要的。重要的是更好地理解这些要素如何共同参与传播。正如一份有关"阿拉伯之春"期间"新媒体"的报告所指出的，越来越难以分割什么是新媒体什么是老媒体……当'半岛'和其他卫星电视台大量在推特等各类网络媒体上发布信息，新媒体反过来经常指的就是这些电视台本身。

八　数字化时代的信息自由流通

同样重要的是，不要认为新媒体天生可以避开那些限制旧媒体的理论，两者都是在国际舞台上出于自身利益考虑而被使用的国际信息传播媒介。与冷战时期不同，信息自由流动这个概念在网络时代被美国政府认为是一大重要的政治挑战。

由华盛顿推动的对管控状态下的"网络异见人士"有利的计划（这些计划致力于加强网络信息传播能力）和他们在冷战期间推动的境外广播目标是高度一致的。叶夫根尼·莫罗佐夫指出，美国的政策是把网络作为重要工具以攻击"信息铁幕"，并用这种方式"打败对手"，其主要做法是把电波传递到铁幕的那一头①。

在 2010 年 1 月做的演讲中,美国时任国务卿希拉里·克林顿把信息自由流动作为数码时代美国外交政策的核心内容之一,并为之辩护。她说,在柏林墙消失后的某个时期,一些新的"虚拟之墙"和"电子栅栏"被竖立起来以"阻止(强权国家的民众)与世界网络的联系",而作为这一权利的保护者,美国"有责任帮助实现思想的自由交换"②。

但是,不管是今天还是昨天,对信息自由流动的主张都是美国政府最大的赌注。正如阿尔芒·马特拉尔所说,白宫从苏联解体后的第二天到因特网不断发展的今天,一直把信息自由流通作为其地缘政治和地缘经济的中心,其目的是建立一个稳定的地球并维护美国传播企业产品在全球市场上的不断扩张。在这些企业中,有包括谷歌、脸谱、推特和 YouTube 在内的一些基于因特网的全球信息经济巨头。

国际信息流通领域新入行者主要是西方企业,其中美国企业居首位。因特网优势地位的确立不仅没有形成对新兴国家有利的信息流平衡,从某些方面讲反而加深了现有的不平衡。

参考文献

Aday Sean, Farrell Henry, Lynch Marc, Sides John, Freelon Deen, *Blogs and Bullets II. New Media and Conflict after the Arab Spring*, Washington, United States Institute of Peace, 2012.

Aubert Aurélie, *L'actualité internationale à l'heure des médias participatifs*, dans Palmer Michael et Aubert Aurélie (dir.), *L'information mondialisée*, Paris, L'Harmattan, 2008, pp. 109 – 119.

Boyd-Barrett Oliver et Palmer Michael, *Le trafic des nouvelles*, Paris, Alain Moreau, 1979.

Boyd-Barrett Oliver et Thussu Daya K., *Contra-Flow in Global News: International and Regional News Exchange Mechanisms*, Londres, John Libbey, 1992.

Bumpus Bernard, *La radiodiffusion internationale*, Commission internationale d'étude des problèmes de la communication, document n°60, Paris, Unesco, 1979.

---

① 叶夫根尼·莫罗佐夫:《网络幻想》,载于《因特网自由的黑暗面》,纽约:公共事务出版社 2011 年版,第 12—44 页。

② 希拉里·克林顿:《论网络自由》,2010 年 1 月 21 日在美国新闻博物馆的演讲。见网址:http://www.state.gov/secretary/rm/2010/01/135519.htm。

Figenschou Tine Ustad, A voice for the voiceless ? A quantitative content analysis of Al Jazeera English's flagship news, *Global Media and Communication*, vol. 6, n°1, 2010, pp. 85 – 107.

Gomez-Mejia Gustavo, "Notre nord, c'est le sud" ? L'Amérique latine face aux projections géopolitiques de la chaîne TeleSUR, dans Koch Olivier et Mattelart Tristan (dir.), *Géopolitique des télévisions internationales d'information*, Paris, Mare et Martin, à paraître fin 2014.

Hadj-Moussa Ratiba, New media, community and politics in Algeria, *Media, Culture and Society*, vol. 25, n. 4, 2003, pp. 451 – 468.

Hannerz Ulf, *Foreign News. Exploring the World of Foreign Correspondents*, Chicago, The University of Chicago Press, 2004.

Head Sydney, *Broadcasting in Africa: A Continental Survey of Radio and Television*, Philadelphie, Temple University Press, 1974.

Koch Olivier et Mattelart Tristan (dir.), *Géopolitique des télévisions internationales d'information*, Paris, Mare et Martin, à paraître fin 2014.

MacKinnon Rebecca, Blogs and China correspondence: Lessons about global information flows, *Chinese Journal of Communication*, vol. 1, issue 2, 2008, pp. 242 – 257.

Marchetti Dominique, La fin d'un Monde. Les transformations du traitement de la "politique étrangère" dans les chaînes de télévision françaises grand public, dansArnaud Lionel et Guionnet Christine (dir.), *Les frontières du politique. Enquêtes sur les processus de politisation et de dépolitisation*, Rennes, Presses universitaires de Rennes, 2005, pp. 49 – 78.

Marchetti Dominique, L'internationale des images, *Actes de la recherche en sciences sociales*, n°5, 2002, pp. 71 – 83.

Marty Emmanuel, Rebillard Franck, Pouchot Stéphanie, Lafouge Thierry, Diversité et concentration de l'information sur le web, *Réseaux*, n°176, 2012/6, pp. 27 – 72.

Masmoudi Mustapha, *The New World Information Order*, International Commission for the Study of Communication Problems, document n°31, Paris, Unesco, 1978.

Mattelart Armand, Vers une globalisation?, *Réseaux*, n°100, 2000, pp. 81 – 104.

Mattelart Armand, *La communication-monde. Histoire des idées et des stratégies*, Paris, La Découverte, 1992.

Mattelart Tristan (dir.), *La mondialisation des médias contre la censure. Tiers Monde et audiovisuel sans frontières*, Paris-Bruxelles, Ina-De Boeck, 2002.

Mattelart Tristan, *Le cheval de Troie audiovisuel. Le rideau de fer à l'épreuve des radios et télévisions transfrontières*, Grenoble, PUG, 1995.

Morozov Evgeni, *The Net Delusion, The Dark Side of Internet Freedom*, New York,

Public Affairs, 2011.

Mosia Lebona, Riddle Charles et Zaffiro Jim, From revolutionary to regime radio: Three decades of nationalist broadcasting in Southern Africa, *Africa Media Review*, vol. 8, n°1, 1994, pp. 1 – 24.

Paterson Chris, International news on the internet: Why more is less, *The International Journal of Communication Ethics*, vol. 4, n°1/2, 2007, pp. 57 – 66.

Paterson Chris, Global Battlefields, dans Oliver Boyd-Barrett et Terhi Rantanen (eds.), *The Globalization of News*, Londres, Sage, 1998, pp. 79 – 103.

Reese Stephen D., Rutigliano Lou, Hyun Kideuk, Jeong Jaekwan, Mapping the blogosphere, Professional and citizen-based media in the global news arena, *Journalism*, vol. 8, n°3, 2007, pp. 254 – 280.

Sakr Naomi, Challenger or lackey? The politics of news on Al Jazeera, dans Thussu Daya K. (ed.), *Media on the Move. Global Flow and Contra-Flow*, Londres, Routledge, 2007, pp. 104 – 117.

Sakr Naomi, *Satellite Realms. Transnational Television, Globalization and the Middle East*, Londres, I. B. Tauris, 2001.

Schiller Herbert I., *Communications and Cultural Domination*, New York, M. E. Sharpe, 1976.

Semelin Jacques, *La liberté au bout des ondes. Du coup de Prague à la chute du Mur de Berlin*, Paris, Belfond, 1997.

Thussu Daya K., *News as Entertainment. The Rise of Global Infotainment*, Londres, Sage, 2007.

Volkmer Ingrid, The global network society and the global public sphere, *Development*, vol. 46, n°1, 2003, pp. 9 – 16.

Zuckerman Ethan, International reporting in the age of participatory media, *Daedalus*, vol. 139, n°2, printemps 2010, pp. 66 – 75.

Zuckerman Ethan, Meet the bridgebloggers. Who's speaking and who's listening in the international blogosphere?, présentation au colloque The Power and Political Science of Blogs, University of Chicago, 16 – 17 september 2005.

作者简介

特里斯坦·马特拉尔是巴黎八大文化与传播学院国际传播教授和媒体、技术和国际化研究院（CEMTI）研究员。他编辑过许多有关媒体跨国化（Media Transnationalization）、盗版及媒体与人口流动关系（Relations

Between Media and Migration）方面的著作：《媒体全球化以反管控》《第三世界和影视无国界》（2002）、《媒体、人口流动和跨国文化》（2007）、《影视盗版》《文化全球化的地下通道》（2011）及众多用英语出版的文章和书籍。

译者简介

陈俊侠，新华社国际部法文编辑室主任，曾任新华社驻巴黎分社首席记者。曾多次参与学术书籍的翻译工作，其中包括法国学者茨维坦·托多罗夫（Tzvetan Todorov）的《征服美洲——他者的问题》。

跨文化传播如何可能？

单 波

摘 要 跨文化传播如何可能的问题涵盖四个方面的基本问题，即我能够交流吗？"我、我们与他们"的关系如何走向自由、平衡？文化的多样性统一如何可能？如何面对媒介作为桥与沟的双重文化角色？本文论述了这四个基本问题，认为跨文化传播的可能性在于，把"我与他"的主客体思维转换为"我与你"的主体间性（inter-subjectivity）思维，并进一步把主体间性转换成文化间性，形成文化的互惠结构；"从他者出发"把自己的偏好悬置起来，从而看见他者、听见他者进而理解他者，建构文化的多维视野；从自由的文化多元主义层面建构跨文化传播的政治问题，即保护文化的多样性和文化选择权，反对把文化多样性作为文化隔离和封闭的借口；把跨文化传播当作是一种实践理性，寻找文化间的伦理融合，既尊重文化伦理的差异性、历史性，又积极建构文化伦理的多样性互动关系；提供对他者文化的语境式理解以及文化间的可能联系，揭示文化间的可能的冲突，在文化的构连中建立动态的互动机制。

关键词 跨文化传播 主体间性 文化间性 伦理融合 他者

我们与他者如何交流，以及交流如何跨越性别、国籍、种族、民族、语言与文化的鸿沟？这是一个困扰人类跨文化传播活动的核心问题。它围绕四个核心问题展开：我能够交流吗？"我、我们与他们"的关系如何走向自由、平衡？文化的多样性统一如何可能？如何面对媒介作为桥与沟的双重文化角色？由此，我们可以撑开跨文化传播的立体思维，发现跨文化传播的可能路径。

一 我能够交流吗?

如今,传播(communication)已类似于"逻各斯",成为覆盖现实生活的词语。它保留着拉丁语"commonis"一词的意义——"common"(共同或共享),同时它又是典型的 20 世纪观念之一。与以往的世纪转折点明显不同的是,我们是坐着火车与轮船、打着电话、听着留声机、看着电影、踩着工业化都市化商业化时代的节奏走进 20 世纪的。吊诡的是,我们在走进传播技术所制造的交流神话世界的同时,又掉进了交流的深渊,以致我们用数倍于先前时代的战争、暴力解决着彼此之间的文化冲突。现代文明进程中人与人之间无法排解的疏离与隔阂,传播技术突飞猛进的发展与人与人之间交流鸿沟的扩大,民族与民族之间、群体与群体之间、宗教与宗教之间、阶级与阶级之间、男性与女性之间、老人与青年之间,淤积着越来越多无法排解的交流问题。于是,人们纷纷问道于传播,各种各样的思想家——马克思主义者、弗洛伊德心理学家、存在主义者、女性主义者、反帝国主义人士、社会学家、语言哲学家等——从各个角度对交流失败的悲剧、喜剧和荒诞进行了研究[①],而在学科发展的启蒙阶段,传播学就面对着一种戏剧性景象:许多现代派作家如艾略特、海明威、卡夫卡等,都探讨人类交流失败的问题。后来,传播学逐渐面对符号的生产、处理和效果问题,面对意义的分享、传播的政治经济学问题。实证主义者构筑着传播的科学定律;信息传播论者致力于人对信息的接受能力和吸收能力;人文主义者一边批判着工业化的传播,一边构想着交流的乌托邦。渐渐地,传播的含义变得越来越多元化,它包含着多种多样的意义要素,诸如符号、言语、讲述、互动、关系、反馈、传递、交换、联系、共有、交流、沟通等,它不仅界定着信息在自然空间内的传递,而且界定着人与人之间的传递关系和交换关系,界定着人所共享的文化世界,界定着人的社会交往仪式,界定着文化的生存与再生。而它在三种"跨文化"的语境下变得异常扑朔迷离:在"inter-cultural"即"不同文化间的"语境下,我们如何平等地认识他者、审视自我,在互动中进行理解

[①] [美]彼得斯:《交流的无奈:传播思想史》,何道宽译,华夏出版社 2003 年版,第 1 页。

与接受？在"cross-cultural"即"交叉文化或交叉文化地域"的语境下，我们如何在文化的多样性与交互性中实现对话与合作？在"trans-cultural"即"超越文化"①的语境下，我们如何超越分裂的文化碎片，创造有生命力的公共文化空间？也许一切皆有可能，只是等待我们去寻求。

然而，在与他者的交流中，我们更容易认同彼得斯（John Durham Peters）的体会：交流是一种没有保障的冒险②。我们渴望交流，希望能与别人敞开心扉说话，得到他人的理解，可令人伤感的是，我们很少能真正达到"酒逢知己千杯少"的酣畅交流，却常常遭遇"话不投机半句多"的尴尬，甚至因为无法与人交流而绝望，沦落为在误解、偏见、歧视、傲慢、欺骗之中茫然无措的"孤魂野鬼"。

我们不得不承认，作为桥梁的交流是一种真实的幻觉，作为沟壑的交流是一种残酷的现实。我们就像卖火柴的小女孩，用内心的祈求与希望点亮温暖的幻觉，却无法驱赶真实的寒冷与冷漠。于是，我们一方面幻想着与天使交流，与圣人交流，与先人交流，与上天交流，幻想着所谓"telepathy"（传心术），"从一个脑袋到另一个脑袋的任何印象的传递，不依赖已知的意义渠道"，或者有所谓"telepthesia"（心灵感应），让有文化距离的我们能感知共同的意义，走向幻想的自我；另一方面寻找世俗的路径，比如容忍差异、逃避自由、放弃个性，形成"伪沟通"。在与不同文化背景的人的交流与交往过程中，我们的悲剧性命运更加深重，"我们"与"他们"的二元对立意识构造着文化权力竞争关系，要么形成文化权力支配关系，要么陷入威廉姆斯（Raymond Williams）所说的荒谬处境：人们的声音不再对他人发出，也不再有来有往；人们的交谈或许是在他人

---

① "跨文化"有三个不同的英文概念，即 inter-cultural、cross-cultural 和 trans-cultural。这实际上包含着3种形态的跨文化研究方向。具体来说，这3个复合词是由同一词根"cultural"加上3个不同前缀"inter-"、"cross-"和"trans-"构成的。在这里，"inter-"一般包含"在……中间"，"在……之间"，或"在……内"等意思，"inter-cultural"一般表示"不同文化间的"；"cross-"主要包含着"横过"、"穿越"或"交叉"等意思，"cross-cultural"一般表示"交叉文化或交叉文化地域"、"涉及多种文化或文化地域"；"trans-"指离开当下状态的"越"，其维度可以是想象的、超验的，主要包含"横穿"、"贯通"、"超越"、"胜过"、"转化"等意思，"trans-cultural"通常表示"适合于多种文化"和"超越文化"。另参见姜飞、黄廓：《对跨文化传播理论两类、四种理论研究分野的廓清尝试》，《新闻与传播研究》2009年第6期。

② ［美］彼得斯：《交流的无奈：传播思想史》，何道宽译，华夏出版社2003年版，第251页。

面前的自言自语①。2008年北京奥运会的主题歌唱出了跨文化交流的心声"我和你,心连心",这是超越"我和他"的主客对立困境的良好愿望,可当一些政治因素介入进来时,这个愿望变得虚幻起来。

所有这些都似乎使我们有理由怀疑:我能够交流吗?怀疑本身所显现的是追求理智的传播心灵,意味着我们还会在反思中探寻新的传播方法,开辟新的传播路径。然而,彼得斯把这一点也否定掉了,他认为我们不应该问"我们能够交流吗",而是应该问:"我们能够相互爱护,能够公正而宽厚地彼此相待吗?"② 其本意是转换提问角度,从以我为主的主体性交流转向认识他者的特性、建立主体间性的交流。这样一来,问题就成了"我有道德能力通向主体间交流吗"。虽然由此怀疑可以呈现人类追求道德价值的传播心灵,发现自我渴望彼此关爱的道德需要,提升每一个人追求彼此关爱的道德精神,以拯救人类的交流活动,但是,人的道德理性如何贯通于交流活动,依然是一个有待反思的问题。值得注意的是,人类的交流活动不单纯是道德问题,还包括文化问题、社会问题、语言问题、政治问题、媒介问题、心理问题等诸多方面,把一个错综复杂的问题归结为道德问题,则有可能落入空洞说教的窠臼,重新走进交流问题的乌托邦想象。

不过,"我是否能交流"的问题的确首先是一个实践理性问题,亦即传播的道德理性问题。它早在康德思考他者相异性问题时便呈现出来:一个世界公民对待他者的应有的思考和行为方式包括三个方面,一是独立思考;二是站在他者的位置上思考;三是不违背自己的真实思想③。受康德影响的柏格森提出"精神的礼貌"(la politique de l'esprit)一说,即"体验他人的生活,忘记自己"④。在这里,主体性的道德价值"尊重他者"已转移到"从他者出发",我不再仅仅是要以自我文化的善意(如西方文化的自由、平等、博爱,中国的仁义礼智信)对待他者,而是要理解他者需要怎样的善意。但是,在跨文化传播过程中,这如何可能呢?

---

① Raymond Williams, "Drama in a Dramatised Society", in *Raymond Williams on Television: Selected Writings*, ed. Alan O'Connor, London: Routledge, 1989, p. 12.

② [美]彼得斯:《交流的无奈:传播思想史》,何道宽译,华夏出版社2003年版,第252页。

③ Hans Jorg Sandkülher, "Monde Arabe & Monde Occidental: Un Dialogue Philosophique par une Approche Transculturelle", *Journée de la Philosophie à L' UNESCO*, Paris, 20 november 2003.

④ Henri Bergson, La politesse, Rivages poche, 2008, p. 23.

从人的本性上讲，我之所以能与他者交流、处于多元文化互动过程之中，根本原因在于我是自由的，我具有自由选择的能力并因此而尊重他者的自由选择权，实现跨文化的生存和自我发展的无限可能性。在此基础上，所有跨文化交流的道德行为动因都缘于人能自由地超越现实自我的限制。这种限制包括占有物质的欲望、支配他者的欲望以及个人性格、习惯、文化偏见、习俗等的制约。这种超越主要显现为：追求真实地认知他者文化以及多元文化，以突破自我文化认知的局限；保持自尊以肯定自我文化创造与无限发展的可能性；尊重他者，以寻找自我发展的普遍善意；为了超越尊重他者的道德行为可能掩盖的傲慢与偏见，进一步"从他者出发"，摆脱"我思"的褊狭和"无思"的迷茫，寻找所有可能的文化视野，创造新的文化。

由此道德理性的自觉，我可以获得哈贝马斯（Jürgen Habermas）的"交往理性"（communication rationality）。我的理性不仅只是目的理性（或工具理性），而且同时具有"交往理性"。前者假设人有意识地影响他人，以成功地达成其目的为宗旨；后者则假设主体皆具有普同的"交往理性"，自主并真诚地愿意在互动沟通的过程中追求真实，若能免于压迫性社会力量的介入，所有参与传播的人都能有相同的机会，自主地选择及使用言辞行动，相互质疑言辞内容的真实性或合理性，即可达成有效的沟通①。在这里，我作为交往理性主体，并非工具理性中的以自我为中心的主体，而是相互沟通的主体，即处于相互尊重、相互开放的意见论辩过程的主体。这就呈现了人类传播活动的本质和理想境界，树立了具有主体间性基础的传播价值理念，同时，又对社会压迫性力量的介入所造成的"扭曲传播"（distorted communication），以及弱势群体的传播能力受到压抑而导致的"伪传播"（pseudo-communication），构成了有力的批判。

在这种情况下，我还必须转入对他者文化的具体理解，用人类学的话说就是"对他者文化的地方知识进行语境化理解"②，民族志采访者寻求"遭遇各有其主张的不同的文化或亚文化"，如必须随时留意已知文化和正在体验的新文化之间的差异，必须对截然不同的差异持开放态度。这是

---

① Jürgen Habermas: *The Theory of Communicative Action*, Vol. I, (trans.) Thomas McCarthy, Boston: Beacon. 转引自张锦华《传播批判理论》，台湾黎明文化事业公司1994年版，第218页。

② 参见 Geertz, C., *The Interpretation of Cultures*, New York: Basic Books, 1973。

进入跨文化传播过程的基础。可是，这如何可能呢？从理论上讲，"对他者文化的地方知识进行语境化理解"还仅仅是单向的理解，并不一定是通向双向互动中的理解。为此，我们还要进一步从人类学提出的"互惠性理解"（reciprocal understanding）[1]中寻找交流的可能性，即只有建立在对话与合作中的理解，才能超越把他者文化当作知识理解与兴趣满足的局限，形成建构跨文化传播关系的可能性。另一方面，也可从社会学的"互惠式相互依赖"（reciprocal interdependence）的概念中体会跨文化传播的可能性。在互惠式相互依赖关系中，群体间的合作是通过相互适应和交流互动，不断地求索新的信息与观点，使任务目标的视野逐渐打开来完成的[2]。合作之所以能够达成，是因为我们针对当前的目标整合知识资源，建构应对策略和方案[3]。与此同时，交往中的人们还具有一种亲社会情感（prosocial emotion），包括羞耻、负罪感、同情、对社会制裁的敏感性，以及对背叛者进行惩罚的期待等，这将导致个体在群体内采取建设性的交往方式，以促成合作的达成。亲社会情感为什么会成为人的情感表现呢？经济学家提供了另一种理解路径：如果没有亲社会情感，不管如何加强契约制度、政府法律的强制和声誉，我们都将是反社会（anti-social）的人，而且人类社会将不会存在。亲社会情感正是来源于频繁交往建立起来的信任，这种情感形塑出个体的利他行为倾向，以减少搭便车（free rider）行为；群体也由此获得节约成本的途径，而在外部竞争的环境中保持较高的优势，从而亲社会情感得以被表达、传播和延承[4]。然而，"亲社会性"也会损害个体，使个体为此支付较高的成本。因此，为了保证"亲社会性"在演化中的遗传优势，群体中必须存在这样一些个体，他们要求合作的对等性，积极惩罚那些不合作的人，哪怕自己付出高昂的代价，这就是强互惠主义者。

---

[1] 参见 Alain Le Pichon, The Sound of the Rain: Poetic Reason and Reciprocal Understanding, in *The Condition of Reciprocal Understanding*, Chicago, 1995。

[2] Thompson, J. D., *Organizations in Action*, NY: McGraw-Hill, 1967.

[3] Follett, M. P., in M. P. Graham (eds.) *Mary Parker Follett: Prophet of Management*, Boston, MA: Harvard Business School, 1995.

[4] ［美］赫伯特·金迪斯、［美］萨缪·鲍尔斯等：《走向统一的社会科学：来自斯塔费学派的看法》，浙江大学跨学科社会科学研究中心译，上海人民出版社2005年版，第41—65页。

二 "我、我们与他们"的关系如何走向自由、平衡？

在日常交流中，"我"会依据自己的群体成员身份而行动，把人们划分为内群体（in-group）和外群体（out-group），即"我们"与"他们"。比如我们是美国人，他们是中国人，我们是白人，他们是黑人，我们是男人，她们是女人，我们是异性恋，他们是同性恋，我们是基督徒，他们是佛教徒，等等。这种划分因界定了一个人在社会上的位置而有着积极的身份认同意义。但随之而来的是产生了一些消极的问题，如群体间偏见、种族主义、民族主义、政治冲突和暴力等，这一直是困扰着人类发展的重大社会问题。

尽管人生最难的事情是"认识你自己"，但"我"在人际传播中总是在频繁表达着"我是谁"（如我是中国人），用群体的某种本质（如中国人特性）划定着"我"的存在，同时区别于一切非群体本质（如非中国人特性）的其他存在者。殊不知，此时特殊的"我"已被共相的"我"、概念的"我"所取代，那个真实的"我"已被"我们"所遮蔽，也就是个体被群体所遮蔽。从社会学角度来看，社会是由个体间的传播所组成，当我作为个体进入一个群体中时，就要选择放弃自己的一些个性，与群体的公共价值保持一致，这样，"我"不仅用群体的方式审视他者，而且还用群体的方式认定自我。与此同时，传播也在社会距离度不同的个体间发生，因为以自我为参照，"我"是不可能理解我自己的，"我"只能在与他者的交流中才能确定"我"潜在的可能是什么。"我"由此恢复自己的自由，摆脱社会规范，跨界生活在不同群体的边缘。

这时，"我"与自己原有的群体不仅产生了距离，还有了一种反思：原来群体中的"我"，在"集体潜意识"机制的作用下，在心理上会产生一种本质性的变化，不由自主地失去自我意识，完全变成另一种智力水平十分低下的生物；"我"的个性因为受到群体的不同程度的压抑，即使在没有任何外力强制的情况下，"我"也会让群体的精神代替自己的精神，更多地表现人类通过遗传继承下来的一些原始本能，表现简单化的、从众的思维方式，自觉接受偏执、偏见的统治，并不认为真理尤其是"社会真理"是只能"在讨论中成长"的，总是倾向于把十分复杂的问题转化为口号式的简单观念,同时,当"我"意识到自己的意见处于优势时,又总是倾向于给自己的理想和偏执赋予十分专横的性质,反之,则会产生内心的焦虑,情不自禁地放弃自己的立场;"我"虽然对内群体的问题有所觉察,但"我"又意识到,凡是抱有怀疑的精神,凡是习惯于用推理和讨论的方式说明问题的人,在群体中是没有地位的[1]。

"我"无疑是社会化的产物。"我"与无数个体间的传播组成了社会,传播本来在社会距离度不同的个体间发生,但"我"总在发现着更容易谈话的对象,使传播在同质的个体间进行,而个体间的有效传播导致观念、态度和行为的更大同质,于是,某类传播在一段时间后变得相对稳定,由此形成了文化和社会结构。"我"便悄然变成"我们",建立了与群体的稳定关系,当群体以同质传播追求有影响的传播和更加稳定的社会文化结构时,"我"便不得不消失在群体之中,享受心灵的安稳、社会的信赖和合作的愉快。

在把"我"纳入群体的过程中,东西方有着明显的文化差异。在西方,"我"是相对他人的我、独立的我,一段无法跨越的距离横亘在我们中间,个体与个体之间通过社会契约关系而形成竞争与合作,通过争夺经济资本、社会资本和文化资本而形成各种互惠性合作群体,或因个体的挫败感而逃避自由,走向共同体,其同质性和稳定性表现在社会契约关系之中。而在东方,"我"是在与他人的关系中呈现的,认为"我"是渺小的、谦卑的,自我没有什么绝对价值,只有处在关系(包括家庭关系、族群关系、国家关系、宗教关系等)之中才有意义,群体的同质性和稳定性则靠各种信念和关系维持。

无论在东方还是西方,个体与群体之间都有着内在的紧张关系。个体在交往中产生自我认知和自我形象,在传播中表现他们的身份并且交换表现的身份,让身份显现在群体和网络之中,即在互动协商中体现我与他人的关系身份,进一步超越个人形成群体身份,以标记群体内成员[2]。此时,个体一方面有了归属感和对于"我是谁"的确定性表达,另一方面又陷入被压抑的状态,在定型化、标签化的过程中失去反思和创造的能

---

[1] 参见 [法] 古斯塔夫·勒庞《乌合之众——大众心理研究》,冯克利译,中央编译出版社 2000 年版。

[2] Hecht, M. L., A research odyssey: Toward the development of a Communication Theory of Identity, *Communication Monographs*, 1993, 60, pp. 76–82.

力,也失去跨文化交流的意识和能力,"我"就不再是一个与人自由交流的人。不仅如此,"我"由于被群体的灵魂附体,产生"我们"的文化价值、精神、信仰、习俗、道德的唯一至上性的幻觉,那就会养成满怀偏见和民族优越感的"独裁主义人格",悲剧性地导引群体与群体之间的对抗与排斥。这样,如何保持个体与群体关系的和谐,如何使人与人之间的交流自由成为可能,就成为身份传播研究的基本命题。

从整体意义上讲,身份有个人、社会和他群体特性,也就是说,个人的身份传播是个人身份、群体身份和跨群体身份三位一体的活动。因为"我"有自由意志,所以能自由地进行身份表达,归属于某一群体,与人分享意义与价值,也能跨群体生存,通过跨群体身份来实现个人的价值、独特的创造和社会文化的融合。比如,"我"可以保留中国文化群体的特性,同时选择在美国文化群体、阿拉伯文化群体等多文化群体中生存,"我"可以加入文化寄居者群体,也可以回归本土文化。可是,追求的自由越多,承受的压力就越大。"我"会被看作是"陌生人"而遭受双重的否定,也会因"社会距离"的加大而倍感孤独。"我"如何拥有跨文化敏感性(Intercultural Sensitivity, ICS),即在不同文化交汇的情境下用灵活的方式应对文化差异的能力,如何克服焦虑与不确定性(anxiety/uncertainty),如何消解群体间偏见,如何进行平等的"面子协商",这便成了"我"是否能实现交流自由的关键问题。

但是,问题还没有完结,隐藏在人类意识深处的偏见还会跳出来横在"我"面前,比如东方主义、新种族主义、原教旨主义、流动的消费主义之类。这促使人们通过斗争来改变种族之间的权力支配关系,反思并力图通过制度性的力量消解形形色色的权力支配关系。可是,斗争只是群体间交往的手段而非目的,和谐相处才是群体间交往的目的。在这个意义上讲,冲突不是智慧,因为冲突双方永远局限于自我和自我群体的利益,划定并固守着各自的文化地盘,而难以有超越的表现;只有和谐才是智慧,它不仅能在多样性中分辨我是谁、他们是谁,更能超越性地思考:我们如何恢复跨群体生存的自由?我们之间能合作做成什么?在冲突中,我们每个人都有可能变成原教旨主义者,不断地重申那些坚固的界限:"我们"与"他们",朋友与敌人,神的选民与被诅咒者,优等的与劣等的。在群体间的利益博弈中,我们日益听命于流动的消费主义模糊文化界限,落入资本的权力体系之中,只知文化产品的价格,而忘记了文化的价值,用文化虚无主义来掩盖文化群体之间的权力支配关系。

　　回到智慧的立场上来，就是探讨"我、我们与他们"的关系如何走向自由、和谐的问题。其可能的路径在于：第一，在主张文化多元化或所谓"差别"的同时，应当申明每个人都有：(1) 选择特定的文化认同或不认同的自由；(2) 同时认同多个文化的自由；(3) 认同某些文化的某些部分而不认同另一些部分的自由；(4) 最重要的是：每个人都不能把自己的选择强加于他人[①]。第二，建构交往的群体在具体情境中的平等地位，保持群体间交往的过程，观察并调适群体间交往的效应。第三，减少群体间交往中潜在的紧张感，以及合作过程中多样性、差异性带来的消极后果，逐渐成为更好理解、驾驭多样性的目标。第四，在法律、政策、管理等制度层面消解群体间的权力支配关系，监测同化、隔离与边缘化所引发的生化危机，保障种族群体的多样性和互动性。

三　文化的多样性统一如何可能？

　　人类渴望交流又难以达成交流的尴尬全体现在巴别塔（Babel）一词上，这个词取自于《圣经》"创世纪"第十一章，讲的是洪荒之后，诺亚方舟上幸存下来的人类想修一座通天塔与上帝见面，上帝一气之下，混乱了他们的语言，变乱了他们的口音，人世间出现了成百上千种语言，每种语言又分成若干方言，每种方言还夹杂着各种腔调，这样造成思想无法统一，文化产生差异、分歧、猜忌等各种问题接踵而来，交流就成了摆在人类面前的一道永恒的难题。"巴别塔"这个词在希伯来语中的"混乱"之意也就成了人类交流生活的现实写照。电影《巴别塔》挖掘圣经故事的寓意，深刻地表现了当代交流生活的混乱：两个孩子游戏之时无意中射杀了一位美国游客，由于事件发生在摩洛哥这个阿拉伯国家，于是事态变得充满了政治意味，人与人在交流的困惑中把事件演绎成整个世界都陷入一种恐怖袭击之中。

　　尽管人类饱受"混乱"之苦，但是人类还是应该感谢上帝，他让人类拥有了多样性的文化与生活。虽说上帝存有担心人类取而代之的"私

[①] 秦晖：《"差异权"，还是文化选择权？——评塔吉耶夫〈种族主义源流〉》，《南方周末》2004 年 8 月 12 日。

心",可正是这种"私心"阻止了人类的愚蠢行为,抹去了语言、思想、行为的单一性将会带来的人类文化枯竭的梦魇。人类经过艰难探索,也逐步形成了文化多样性的共识。在19世纪工业化、殖民化浪潮席卷世界的时候,社会学家开始认识到人的相互依存,人类学家则在文化相对论(即各不相同文化的平等性)和文化普及论之间摇摆不定,文化多样性的思维得以展开。到20世纪70年代,世界进入后殖民时代,那些少数族群尤其是民族性少数族群(national minorities)和移民的"种族性群体"(ethnic group),越来越多地要求承认他们的文化身份,要求包容他们的文化差异[1],"文化多样性"呈现为一种国际性问题。自20世纪末以来,联合国教科文组织把文化多样性归进其组织原则之中,并作为维持"文化地缘体系"平衡的主要理论支持。2001年在巴黎举行的联合国第31次代表大会上,世界各国代表一致通过了"文化多样性的世界声明"。其中第一条就规定,"文化多样性"为"人类共同遗产",同时,认为它和人类生存秩序中的"生态多样性"一样,对人类有着至关重要的作用[2]。

把文化多样性类比为生态多样性显现了"生态学"思维的积极意义,即思考有机体如何保持形成数量和分配的复杂社会盟约,强调各种因素的互动如何产生一种平衡和健康的环境[3]。同时,这种类比也是蹩脚的,因为它很容易使人想到"生物链"(chain of being)的概念,想到物竞天择、优胜劣汰,进而把权力支配关系导入文化多样性,这时,所谓的多样性就偏向于在竞争中保持文化差异的权利,以某种文化支配力量作为多样文化的秩序。于是,我们会错把谋求同化的美国文化大熔炉(the melting pot)当作多样性,错把基于种族与文化差异的绝对性而实行的种族隔离(segregation)当作多样性,错把文化的主流与边缘的架构当作多样性。其实,完整理解文化多样性,就应该是,既保持文化差异和平等竞争的权利,又维护文化互动交流、自由创造的权利。

顺着生态学思维的逻辑,联合国教科文组织的一份报告又对多样性和

---

[1] [加拿大]威尔·金里卡:《多元文化公民权:一种关于少数族群权利的自由主义理论》,杨立峰译,上海译文出版社2009年版,第12—13页。
[2] [法]阿尔芒·马特拉:《从历史和地缘的角度看"文化多样性"》,载单波、石义彬主编《跨文化传播新论》,武汉大学出版社2005年版,第11—14页。
[3] Postman, Neil, *The Humanism of Media Ecology*, Keynote speech at the first annual convention of the Media Ecology Association, 2000, p. 2.

统一性的关系做了这样的论说①:

> 发展有一个特征对于人类的未来至关重要,那就是统一性和多样性之间的平衡。这种平衡对于所有的发展和进化形式来说都是基本的,在自然界和历史中也是如此。一旦离开了一定程度的统一性或者多样性,任何事物都不能成长和发展。一个分子,一个细胞,一个有机体,一种生态,一只昆虫或者一个动物群体——或者一个人类社会——从来不是一个由相同成分组成的不变的聚合体;它常常是一个由不同部分构成的有序的组合,一个经过整合加以平衡的多元化产物。没有多样性,各个部分就不能形成一个能够生长、发展、繁殖和创造的实体。没有整合,各种不同的成分便不能结合成为一个单一的能动的结构。

这样的话语表达出文化的政治理性,追求完美的形式与结构。可问题是,文化多样性的统一并不在于形式与结构的完美,而是面对严峻的问题:文化多样性的统一由谁主宰?或者与哪些"权力"有关?对谁有意义?为什么在政策上保持一个国家的多元主义成了一种伪善的政治策略,即让大多数边缘化的人继续保持边缘化,而那些少数有特权者得以保持他们对经济、社会和文化权力的控制?一旦面对这些问题,我们就会察觉到,多元文化正处在统一于普遍主义、新种族主义等意识形态的危险之中。

文化的多样统一存在着一种亦显亦隐的可能性,即多元文化统一于由意识形态构造的权力支配关系体系中。这样的分析有反思社会结构、恢复人的主体性的意义。但从另一方面讲,它又否定了跨文化传播的可能性。如果人们只是思想的囚徒,遵照意识形态进行交流、理解或者语言的实践,那么,作为意识形态傀儡的主体是根本不需要进行跨文化传播的,只需要被某种意识形态征服而服从罢了;或者跨文化传播因为意识形态霸权而变得完全不可能实现,最终成为一个伪命题。

我们只能回过头来想想,多元文化统一于由意识形态构造的权力支配

---

① [美]欧文·拉兹洛编:《多种文化的星球——联合国教科文组织国际专家小组报告》,戴侃、辛未译,社会科学文献出版社2001年版,第1页。

关系体系只是一种值得警惕的可能性，不是生活的全部，也不是文化的宿命。一种更切近于文化生活本身的命题应该是：多元文化统一于"构连（articulation）的整体"。按照斯图尔特·霍尔（S. Hall）的说法，"构连"就是人"可以"在一定条件下将两个不同的元素，联结成一个统合体的接合形式，这种接合的扣环并不是永远必然的、被决定的、绝对的、本质的；一个话语的"统合体"实际上是不同的、相异的元素的构连，这些元素可以经过不同的方式重新构连，因为这些元素并无绝对的归属①。在这个意义上，统一性是一个构连的过程而不是结果，它是在"差异中求统一"的过程。也就是说，即使差异存在，分裂存在，多样性成为文化根本特点，也并不意味着意义的终结，而是意义以构连的方式生产②。这样一来，我们的文化身份不是先在的给予，而是在文化竞争中构连的。构连有可能使意识形态成为共同分享的意义，但是意识形态不能预订构连的效果，因为人们随时可以解除与之相连的"环扣"。因此，构连又意味着希望，因为构连并不是固定不变的，它可以建立也可以被打破和重建。

从构连的角度，我们可以对文化的多样性统一的可能性做如下理解：

第一，文化的多样性统一的可能性存在于文化适应过程之中。人们时常面临一个挑战，即要在他们的精神世界（需要、观念等）与外部世界（环境、他人等）之间建立持久的联系。他们在具体的处境中应对这一挑战，而在所有这些处境之中，个体既塑造他们周边的环境（每个人都会影响身边发生的事情），他们又被周边的环境所塑造（每个人都会随身边发生的事情而改变）。移民与东道国社会成员的相遇形成了多元的文化处境，移民的文化适应策略与东道国的社会成员对移民的文化适应的诉求会在矛盾、冲突中构连，因为不同文化背景的人通过文化身份的建立尽量地争取自己的同盟，这是全球化时代被分裂的文化要素进行组合的方式，也是霸权斗争的一种方式。"共文化"（co-culture）和"第三文化"（third culture）因此而成为文化适应的可能方式。

第二，文化多样性统一的可能性在于，作为文化代码的语言存在着在

---

① 参见唐维敏《文化研究：霍尔访谈录》，台北：台湾远流出版公司1998年版。唐维敏在此把"articulation"译为"接合"。还有译者译为"链接"。

② Jennifer Daryl Slack, The Theory and Method of Articulation in Cultural Studies, from David Morley and Kuan-Hsing Chenedited Stuart Hall: Critical Dialogues in Cultural Studies, Routledge, London, 1996.

差异中求共性的过程。也就是说，差异只是语言形式上的，讲不同语言的人能够通过翻译在各领域里进行沟通和理解，说明人类思维认知存在着共性，否则各种跨文化交流活动将会是一项"不可完成的任务"。种族语言和群体话语的特性与限定，以及人能通过批判和反思自己的思维来克服语言和思维带来的障碍，建构思维的共性，这是文化多样性统一的可能路径。

第三，文化多样性统一的可能性存在于人的跨文化能力。这种能力表现为，个体能根据具体语境、性格、目标及期望创造交互式文化认同，特别是人有移情能力，即站在他者的立场去思考、去体验、去表达情感的能力。

四　如何面对媒介作为桥与沟的双重文化角色？

媒介化社会正使我们生活在人际关系急增的状态：一方面，人与人之间的时间与空间距离缩小甚至趋于消失，我们与他者的交流越来越频繁，而且无论是在对象的选择还是在交往的性质上，都要比以往自由得多，形成了无限延伸的"桥"；另一方面，媒介所创造的符号真实以及交流手段的爆炸所导致的信息、知识、符号的饱和，把人们与客观真实隔离起来，与真实的历史文化分离开来，使人们热衷于一种交流，而远离另一种交流，偏向于一种感知方式，而远离整体的感知，流连于媒体所推行的文化间形象互构，而疏离于文化间的真实接触，习惯于媒体所建构的"面对面"交流，而失落了人与人之间真实的面对面互动，形成了无所不在的"沟"。

我们越来越明显地感觉到，媒介创造的环境改变了世界和人类自我原有的生存和发展模式，也改变了人类对世界的认知图式，使传统社会发展的根基发生某种程度的动摇。特别是通过媒介环境学的研究，我们发现不同的媒介总在影响着人的感知、情感、认知和价值，迫使我们扮演不同的角色，建构着我们的所见所为。无论是英尼斯（Harold Innis）所表述的"时空的偏向"，麦克卢汉（Marshall McLuhan）在"媒介即讯息"中所呈现的"感官的偏向"，还是波兹曼（Neil Postman）提出的"技术垄断"（technopoly），都指向一个命题：媒介即控制。与此同时，我们通过这一命题又可以获得新的感知：媒介的控制与控制的媒介化使人难以摆脱"洞穴人"的命运，那个在蒙昧时代就开始追求光明与知识的、有着理性精神的人，一心想用理性驾驭自己的情感和欲望，可是，没成想，技术顺着理性控制的本质，设定、影响、支配着人的社会生活，使人变成了媒介化社会的"洞穴人"。媒介作为桥和沟的双重文化角色则是媒介控制这枚硬币的两面：作为无限延伸的桥，它形成了对路径、手段、方式等的控制；作为无所不在的沟，它又实现着某种感知偏向、文化偏向的延伸。

一般说来，把理性意识从人的自然性中分化出来，使之成为一种独立的精神功能，乃是希腊人的成就。正是有了这种分化，科学和对科学技术的追求才有可能成为至高无上的人的能力，人类也因此向前迈出了巨大的一步，但同时也是一种损失，因为人的存在的原始整体性被分割了。独立出来的理性被视为人的神圣部分，它脱离人的动物性，超越人的具体性、直接性、局限性，而以抽象性、间接性、普遍性为特点，与人的非理性呈现为二元对立，并且取得了控制非理性的合法性。在《菲德罗篇》中，柏拉图设计了一个关于灵魂的著名神话很好地表达了理性的控制：理性作为双轮马拉战车的驾驭者，抓住白色骏马和黑色骏马的缰绳，白色骏马代表人的勇猛或情感部分，对理性的命令较为驯服，黑色的骏马难以驾驭，代表着欲望或情欲，必须受驭手鞭挞才肯循规蹈矩。这里最令人回味的是，理性为了塑造神圣的、永恒的人，不得不控制人的情感、情欲，而为了控制，它延伸出缰绳和马鞭的技术性想象，把约束和强制的观念嵌入缰绳和马鞭之中，使其传达对情感、情欲的广泛而深入的控制，从而形成某种控制的偏向。如今，从语言、文字、印刷媒介、电子媒介到网络媒介，媒介演绎成了无限的缰绳和隐形的马鞭，控制着人的感觉世界和文化世界。康德说人的理性像一只轻盈的鸽子，想抛弃人的感觉世界而自由飞翔[1]。其实，媒介也像一只轻盈的鸽子，用其自由的羽毛在人的传播世界穿行。它感觉到距离的阻力，就去想象无距离传输，它感觉到差异的阻力，就试图使传播进入心灵真空状态。它超越人的感觉世界和文化世界，使人进入它所安排的符号世界、"拟态环境"和抽象生活。但是，它完全没有意识到，当阻力不存在时，也就是抛弃了人的感觉世界和文化世界的时候，真实的传播将被消解，偏向的传播、虚拟的共享则大行其道。这

---

[1] ［德］康德：《纯粹理性批判》，邓晓芒译，人民出版社2004年版，第47页。

时，在它所构造的媒介环境之中，跨文化传播如何可能也就真正成了一个疑问。

媒介这只轻盈的鸽子并不在意人们对它的反思与批评，它总是诱使人们甘愿冒险去交流，在意义的分享、时尚的感觉、虚拟的互动中为它一狂。到头来，它却加重了人的感知偏向和文化偏向，把跨文化传播消解于无形。这一般分为三种情形：第一，通过商业化、市场化的媒介运作机制生产流行化、时尚化意义，抹去文化差异，制造共同分享的幻觉。第二，通过差异化、定型化、标签化的表征夸大文化差异，化约文化的丰富内涵，忽略文化的变化、交叉、渗透，突出地表现本质主义的、绝对主义的抽象性，从另一个层面抛弃了人的感觉世界和文化世界。第三，媒介通过文化趣味和偏好生产笼罩人的感觉世界和文化世界，比如个性化的媒介风格、特定媒介内容的"迷群"、时尚的交流手段等，使一切文化都变成了媒介文化，而所有的媒介文化都变成具有文化趣味和偏好的指向性文化。这样，一个表面上和世界发生着交流的人，实际上是活在自己的文化趣味和偏好里，以致跨文化传播成为人的一种奢谈。

上述三种情形又可归纳为媒介控制的强制性和非强制性策略，在强制性策略方面，它界定人们参与社会生活所获得的理念、知识、差异和媒介空间，生产着文化趣味和偏爱；在非强制性方面，它通过诱惑性的、欺骗性的、令人着迷的媒介景观，构造同质化、抽象化和商品化的文化支配关系，以致于"观者看的越多，他生存的就越少；他对统治体系提供的需求形象中自己需求的认识越多，他对自己存在和欲望的理解就越少"①。

从以上三种情形我们可以体验到，媒介作为桥与沟的双重文化角色蕴含的是技术理性的统治，这是一种反人性的统治。要使跨文化传播成为可能，就必须消解媒介技术的反人性统治，必须抗拒这种理性主义偏向。从根本上讲，就是要回到"完整的人"的理念上来，祛除单向地把人想象为理性的人或非理性的人的观念。要知道，无论是由理性控制的人，还是由欲望、情感所导引的人，都是片面的人。虽然适度的理性主义对任何社会、任何时代来说都是有益的，但我们要深刻理解理性的内在局限以及理性的可能限度，更要看到，当社会接受理性的控制与安排时，常规与禁忌

---

① 居伊·德波（Guy Debord）语，转引自周宪编著《文化研究关键词》，北京师范大学出版社 2007 年版，第 360 页。

就会形成，我们会不由自主地越来越少思考，甚至不思考。真正构成社会动力的是"全面、自由发展的人"、"完整的人"，这样的人绝对不是一个"孤独的自我"，而是同世界建立了各种各样关系、积极参与社会交往的有生命的个体，不是接受媒介景观和技术理性导引的"被动的自我"，而是自然潜能充分发展、社会关系高度丰富的交往主体。

五　跨文化传播的思维路径

跨文化传播就是要这样改变人们的思维：你可以因交流的失败而想象"他人即地狱"，想象人与人之间的疏远广泛而普遍，但这样做会限定你的交流自由；若要恢复你的交流自由，你得想象交流的失败既说明某种情境下交流的有限性，同时也预示了交流的可能性的方向；你还得想象，你对交流的抱怨显现着你对消除人与人之间的疏远状况的无限渴望，而这种渴望在多样性的人群之中是广泛而普遍的，这就是交流的自由天空。

顺着这种思路，跨文化传播建构着另一种思维路径：第一，它要把"我与他"的主客体思维转换为"我与你"的主体间性（inter-subjectivity）思维，其逻辑在于：任何传播都必须具有主体间性，才能成为主体之间交往的内容；传播中的意义不是在主体自身形成的，而是在主体和主体间形成的；在人际传播中，每个人都从他人身上看到自己，也从自己身上看到他人。第二，它进一步把主体间性转换成文化间性，形成文化的互惠结构，提高每一个个体超越自身和与其他文化互动的能力，从而建构完整的自我意识。第三，它把文化互动建立在"从他者出发"的基础上，认为人的直接的生活事实是与他人相处，主体性视角解决不了面对他者的问题，只是表明从单一角度看问题，中立的、普遍主义的视角则是不以任何角度看问题，但"从他者出发"可以把自己的偏好悬置起来，从而看见他者、听见他者进而理解他者，建构文化的多维视野[①]。第四，它从自由的文化多元主义层面建构跨文化传播的政治问题，即保护文化的多样性和文化选择权，反对把文化多样性作为文化隔离和封闭的借口。它试图把免于他人干涉、享受独立与平等空间的消极交流自由，转换为在合作中寻求权利与义务平衡的积极交流自由。第五，它把跨文化传播当作是一种实践

[①] 参见赵汀阳《没有世界观的世界》，中国人民大学出版社2003年版，第3页。

理性，寻找文化间的伦理融合，既尊重文化伦理的差异性、历史性，又积极建构文化伦理的多样性互动关系。第六，它提供对他者文化的语境式理解以及文化间的可能联系，揭示文化间的可能的冲突，在文化的构连中建立动态的互动机制。

　　跨文化传播在想象自由的交流天空中丰富着交流、沟通、传通、理解的理性与智慧，它告诉为交流的无奈而痛苦的人们：你我之间别无出路，只有交流，而一切可能性都在实践之中。

参考文献

　　[美] 彼得斯：《交流的无奈：传播思想史》，何道宽译，华夏出版社2003年版，第1页。

　　Raymond Williams, "Drama in a Dramatised Society", in *Raymond Williams on Television: Selected Writings*, ed. Alan O'Connor, London: Routledge, 1989, p. 12.

　　[美] 彼得斯：《交流的无奈：传播思想史》，何道宽译，华夏出版社2003年版，第252页。

　　Hans Jorg Sandkülher, "Monde Arabe & Monde Occidental: Un Dialogue Philosophique par une Approche Transculturelle", *Journée de la Philosophie à L'UNESCO*, Paris, 20 november 2003.

　　Henri Bergson, La politesse, Rivages poche, 2008, p. 23.

　　Jürgen Habermas: *The Theory of Communicative Action. Vol. I*, (trans.) Thomas McCarthy, Boston: Beacon. 转引自张锦华《传播批判理论》，台北：台湾黎明文化事业公司1994年版，第218页。

　　Geertz, C., *The Interpretation of Cultures*, New York: Basic Books, 1973。

　　Alain Le Pichon, The Sound of the Rain: Poetic Reason and Reciprocal Understanding, in *The Condition of Reciprocal Understanding*, Chicago, 1995。

　　Thompson, J. D., *Organizations in Action*, NY: McGraw-Hill, 1967.

　　Follett, M. P., in M. P. Graham (eds.) *Mary Parker Follett: Prophet of Management*, Boston, MA: Harvard Business School, 1995.

　　[美] 赫伯特·金迪斯、[美] 萨缪·鲍尔斯等：《走向统一的社会科学：来自斯塔费学派的看法》，浙江大学跨学科社会科学研究中心译，上海人民出版社2005年版，第41—65页。

　　[法] 古斯塔夫·勒庞：《乌合之众——大众心理研究》，冯克利译，中央编译出版社2000年版。

　　Hecht, M. L., A research odyssey: Toward the development of a Communication Theory of Identity, *Communication Monographs*, 1993, 60, pp. 76 – 82.

秦晖：《"差异权"，还是文化选择权？——评塔吉耶夫〈种族主义源流〉》，《南方周末》2004 年 8 月 12 日。

［加拿大］威尔·金里卡：《多元文化公民权：一种关于少数族群权利的自由主义理论》，杨立峰译，上海译文出版社 2009 年版，第 12—13 页。

［法］阿尔芒·马特拉：《从历史和地缘的角度看"文化多样性"》，载单波、石义彬主编《跨文化传播新论》，武汉大学出版社 2005 年版，第 11—14 页。

Postman, Neil, *The Humanism of Media Ecology*, Keynote speech at the first annual convention of the Media Ecology Association, 2000, p. 2.

［美］欧文·拉兹洛编：《多种文化的星球——联合国教科文组织国际专家小组报告》，戴侃、辛未译，社会科学文献出版社 2001 年版，第 1 页。

唐维敏：《文化研究：霍尔访谈录》，台北：台湾远流出版公司 1998 年版。唐维敏在此把"articulation"译为"接合"。还有译者译为"链接"。

Jennifer Daryl Slack, The Theory and Method of Articulation in Cultural Studies, from David Morley and Kuan-Hsing Chenedited Stuart Hall: Critical Dialogues in Cultural Studies, Routledge, London, 1996.

［德］康德：《纯粹理性批判》，邓晓芒译，人民出版社 2004 年版，第 47 页。

周宪编著：《文化研究关键词》，北京师范大学出版社 2007 年版，第 360 页。

赵汀阳：《没有世界观的世界》，中国人民大学出版社 2003 年版，第 3 页。

作者简介

单波，哲学博士，武汉大学新闻与传播学院教授，中国新闻史学会副会长，法国蒙恬大学客座教授、新西兰坎特伯雷大学研究员，香港中文大学、香港浸会大学访问教授，The Journal of Intercultural Chinese Journal of Communication 编辑顾问委员会委员，Communication 编辑委员会委员。主要从事跨文化传播、比较新闻学、新闻传播思潮研究，代表作有《跨文化传播的问题与可能性》《中西新闻比较论》《心通九境：唐君毅哲学的精神空间》《20 世纪中国新闻学与传播学·应用新闻学卷》《受众研究读本》（译著）等。

全球传播的重构和"中印一体"的崛起

达雅·屠苏　史安斌

摘　要　本文以"中印一体"的概念为切入点，梳理和反思了 2008 年以来后危机时代全球传播和媒介研究领域的"去美国化"潮流及以中国和印度为代表的新兴经济体在重建全球传播秩序方面所扮演的角色。作为世界上两个不容忽视的人口和经济大国，中国和印度具有文化交流的历史积淀和各具特色的比较优势，"中印一体"将为重构"全球传播"的概念框架和"去美国化"的媒介研究范式提供新的角度和路径。

关键词　中国　印度　中印一体　去美国化　全球传播　媒介研究

　　数字化和"解除规制"（deregulation）已经改变了全球媒体的格局，从而促使各大洲之间媒体产品的生产、消费和分配有了质的飞跃。全球媒体市场的产生是 20 世纪 90 年代体制和技术变革的结果，促成了世界范围内西方——具体而言则是美国——主导的媒体生产模式得以实现全球化，同时也使得媒体内容形成了从以发展中国家为主体的"全球南方"（Global South）向以发达国家为主的"北方"的"反向流动"。

　　全球化进程所推崇的是自由市场的意识形态，它促成了媒体和传播产业的大规模开放，并使得像中国和印度这样有着严格审查和规制的国家进一步开放。结果，这些国家的崛起所带动的媒体产品的流动创造出了更为复杂的全球信息、娱乐和"娱乐化资讯"（infotainment）领域内的"图景"。

　　本文将重点探讨中国和印度在全球传播和媒体语境下日渐增加的重要性，以及"中印一体"（Chindia）的崛起对媒体和传播研究领域所带来的挑战。本文认为，媒体与文化产业和受众的全球化，加之高等教育的国际化——这一点从教职员工和学生构成的变化中得以充分体现——需要我们用一种新的思路来开展媒体和传播的研究与教学。本文采用和倡导的是

"去美国化"的主题和思路,从而深入探讨在一个"去美国化"的媒介体系当中"中印一体"崛起的意义。

一 反思媒体领域"美国主导下的世界秩序"

尽管在发展中国家,尤其是在中国、印度和巴西,媒体和传播业获得了前所未有的发展,但全球媒体仍然被好莱坞或者好莱坞化的内容所主导着。在20世纪的绝大多数时段里,美国是世界娱乐节目和"娱乐化资讯"的最大出口国,也是计算机编程的最大出口国,而计算机编程是上述那些内容在日趋网络化、数字化的背景下进行全球传播的主要渠道。美国媒体凭借多元化的网络和生产设备,在全球传播领域留下的印迹是显而易见的。如表1所显示的,在2013年进入全球企业500强的世界四大媒体和娱乐公司中,有三家是美国公司,印证了"美国主导下的世界秩序"(pax-Americana)是网络化、数字化时代愈发凸显的一个趋势。这些公司从中国、印度等新兴大国市场的蓬勃发展中受益。鉴于美国拥有强大政治、经济、技术和军事实力,美国或美国化的媒体及其内容以英语、译制或者本土化的形式在全球各地传播,并且更容易获得。在几乎所有的媒体领域中,美国媒体和娱乐业巨头让其在全球其他地区的竞争者相形见绌,从娱乐和体育领域——例如,好莱坞、音乐电视台(MTV)、迪斯尼、娱乐与体育电视网(ESPN)——到新闻和时事领域——例如,CNN(美国有线电视新闻网)、探索—发现频道、《时代》周刊——再到广受追捧的社交媒体——例如,谷歌、YouTube、脸谱、推特等等(UNESCO,2005;Thussu,2006;UNESCO,2009)。

表1 2013年进入全球500强的四大媒体和娱乐公司

公司名称	公司驻地	全球500强排名	收入(亿元)
迪斯尼	美国	248	422.78
新闻集团	美国	332	337.06
时代华纳	美国	402	287.29
Maruhan株式会社	日本	455	257.32

数据来源:《财富》杂志,2013年7月号。

媒体和文化产业是全世界发展最快的产业，产值已超过 1.3 万亿美元，占全球 GDP 总额的 7% 以上。上述几家以美国为主的媒体和娱乐公司显然是其中最主要的推动者和塑造者（UNCTAD，2008）。

美国的主导地位也体现在媒体和传播研究领域。这在很大程度上是因为英语是全球传播的主导语言。此外，也因为这一领域的研究起源于美国。该领域绝大多数的教科书和学术期刊都是由美国各所大学的相关学院编写出版的，英国紧随其后。其结果是世界各地的大学和研究机构都采用"美国范式"，或称"现代化范式"，这种范式主导了媒体和传播领域的课程设置、教学和研究，这一点在发展中国家尤为突出。美国的研究传统推崇量化的方法，提供了大量有效的数据。但在分析发展中国家的媒体和传播时，量化的方法却不能阐明这些国家所具有的颇为复杂的政治、社会、文化状况（Sparks，2007）。

这类以量化为主导的"行政式"研究的"解毒剂"是深受马克思主义影响的批判性传统，它侧重于探究媒体和传播产业的所有权和生产的方式，并将其置于跨国的权力结构之中加以考察。然而，许多秉持批判传统的学者受冷战意识形态的局限，将世界分为两大阵营：美国主导的、资本主义的西方；中心位于莫斯科的共产主义阵营。依据这种二元对立的思路构建的"极权主义"和"自由主义"的媒介理论构成了这一领域的学术话语体系。但是，它未能将以下事实考虑在内：中国（中苏分裂发生在 20 世纪 50 年代中后期）和印度（不结盟运动的奠基者）与上述两极对立的"冷战"世界格格不入。

自 20 世纪 90 年代以来，苏联的解体导致"苏维埃制度研究"之类的学科日渐消亡，这也弱化了批判性研究的政治边界。带有后现代主义色彩的、以身份/认同为核心概念的媒体和传播话语迅速在全球流行开来，甚至进入一些像中国这样的在西方学术地图上"未标明的领地"。随着资本主义全球化的逐步推进，原属"东方阵营"的前共产主义国家的媒体逐渐过渡到"美国模式"。美国传播学界中的一些有识之士开始关注在东欧发生的政治和文化转型，以此重新审视西方的媒介理论。其中较有代表性的学者是约翰·唐宁（John Downing）。他宣称，"像英国和美国这样的国家相对而言并不具有代表性"。如果传播理论的建设只以英美的经验为参照，"不仅在概念上单一贫瘠，同时也是带有欧洲中心主义色彩的一个奇特的、受到束缚的理论版本"（Downing，1996：xi）。

随着媒体全球化的进一步推进，学者们开始讨论"去西方化"的媒体研究，这部分地体现了学术界"逐渐纠正过于西方化的媒介研究所具有的自我吸纳的特性和狭隘性"的努力（Curran & Park，2000：3）。自此以后，许多来自其他国家的学者也在呼吁拓展媒体研究的领域，使其走向真正意义上的国际化。近年来，亚洲这一世界人口最稠密地区的媒体和传播发生了重大的转型，这也使得"去西方化"的媒体研究变得更为必要。随着亚洲一些经济增长最快的国家的崛起，来自中国和印度等国的学者也开始质疑媒体产业和媒体研究的"全球"范畴究竟是如何形成的（Thussu，2009；Wang，2011）。

二 中国崛起：从说辞到现实

与国际传播的转型及其各种相关形式——包括政治、文化、组织架构、经济社会发展和企业——的转型同时发生的是中国的"和平崛起"。作为世界上增长最快的经济体，这一现象对世界范围的媒体和传播研究产生了深远的影响（Shi，2005）。自2006年至今，中国一直是全世界最大的外汇储备国，截止到2013年9月其外汇储备数量已高达3.66万亿美元。而根据国际货币基金组织的研究，中国基于购买力平价（PPP）的国内生产总值（GDP）将在2016年超过美国，从而成为世界最大的经济体（见表2）。

表2　　　　　　　　　　世界第一：中国 VS 美国

GDP 是基于 PPP 计算得出，单位为万亿美元							
	2010	2011	2012	2013	2014	2015	2016
中国	10.11	11.31	12.46	13.74	15.16	16.80	18.67
美国	14.52	15.06	15.49	15.99	16.62	17.39	18.25

数据来源：国际货币基金组织。

中国在过去的25年里展现出超乎寻常且史无前例的经济增长。20世纪80年代，当中国开始参与国际贸易时，其在国际商界的地位是可以忽略不计的。然而2013年7月《财富》公布的最新结果显示，中国（含香港地区）有89家企业跻身全球500强，仅次于美国（132家）。[①] 同时，2013年

[①] 中国内地媒体报道的数量是95家，包含了台湾地区的6家上榜公司。

世界上排名前十的企业中有三家来自中国，分别是中石化、中石油（2002年建立）和国家电网公司。自 2008 年以来，中国企业开始频繁地出现在《财富》500 强之列，打破了西方企业的长期垄断。2008 年同时也是美国主导的全球新自由主义金融架构开始出现裂缝的一年。显而易见，这些中国企业属于能源、银行以及电信等国家战略领域。一些经济学家据此坚信，中国已经成为主导世界经济的国家，人民币将在不久之后取代美元成为世界储备货币（Subramanian，2011）。由皮尤研究中心进行的一项跨国调查支持了上述观点。该调查显示，在 2008 年全球金融危机出现之前，45% 的调查对象认为，美国是领导世界经济的力量，只有 22% 的人认为是中国。2012 年，只有 36% 的人认为是美国，而相信中国居于领导地位的比例则达到了 42%。在接受调查的 39 个国家中，有 23 个国家的多数民众相信，中国已经或终将取代美国，成为世界头号强国（Pew，2012；2013）。

中国成功的案例拥有众多的崇拜者，尤其是在发展中国家里。西方学者普遍认为，这是因为在这些地方混合了"威权统治"和"财政管制"的中国模式可能更容易被接受（Chan，Lee & Chan，2011）。目前，学术界已经展开关于用所谓的"北京共识"替代"华盛顿共识"的热烈讨论（Halper，2010），这也引起了关于在这种权力重组意境下的全球治理的问题（Chan，Lee & Chan，2011）。《中国研究季刊》（*China Quarterly*）上发表的一篇论文探讨了中国在拉丁美洲国家的影响。该文指出："对中国在发展中国家的行动，官方（与民间）的表述是一致的，即'走出去'，'共同利益'，'互利互惠'，等等。所有这一切的前提是坚持相互尊重、维护国家主权、不干涉内政等原则。这些原则的每一条都可能引发实证研究的质疑，但中国对于其在发展中国家进行全球化的整体理解和规划是相对一致的，并可以应用于不同国家和地区"（Armony & Strauss，2012：5）。

在文化创意产业和媒体与传播产业领域，中国同样展现了惊人的增长，同时出口硬件和软件。中国拥有世界最大的移动电话市场，最多的博客用户以及最多的信息技术产品出口总量（Montgomery，2010）。中国生产和出口的媒体和通信设备——包括移动电话、电视机、电脑、游戏机、视频设备、CD/DVD 播放机和刻录机——出现在世界市场上的各个角落（UNESCO，2009）。

中国目前正在其对外传播上投入大量资金，新华社、中央电视台等六大国家级媒体在海外广设站点，在全球广播、电视和互联网上频繁亮相。

作为公共外交"魅力攻势"的集中体现,孔子学院遍布全球(Kurlantzick, 2007; Wang, 2008; Lai & Lu, 2012; Shi, 2013)。胡锦涛在中共十七大报告中这样强调文化的重要性:"文化已经成为一个越来越重要的民族凝聚力和创造力的灵感之源,以及国家综合实力竞争中越发关键的要素,中国人民对更加丰富的精神文化生活有着不断增强的热切愿望。"他的继任者习近平提出"中国梦"的理念,旨在强化中华文化在全球的吸引力(Shi, 2013)。

中国的电影和电视行业在以上海、香港、台北和新加坡等大都市为中心的、遍及全球的华语圈中拥有着大量观众(Curtin, 2007)。《卧虎藏龙》(2000)、《英雄》(2002)和《十面埋伏》(2004)等国际大制作使得中国在世界娱乐圈中占有一席之地。这些影片同时也与好莱坞的营销和传播网络合作,这一趋势从21世纪初开始,之后随着中国成为好莱坞利润丰厚的市场而大大加强。2011年,中国电影票房突破了20亿美元大关,而仅仅两年后的今天,这个数字就达到217亿元(约合35亿美元)。"梦工厂"和"福克斯"等好莱坞知名片商也相继开始与中国启动合作拍片等项目。

三　全球宝莱坞及其他领域

印度作为另一个亚洲巨头,尽管其发展的速度和规模不及中国,但在过去的十年中还是呈现出积极稳健的经济发展趋势,并且在国际舞台上逐渐被视为一支新崛起的、重要的经济和政治力量(Kumar & Puranam, 2011; Nayyar, 2012)。对以购买力平价(PPP)计算的 GDP 而言,2010 年,印度已经成为世界第四大经济体,仅次于日本、中国和美国。然而,与中国已经拥有的近百家全球 500 强公司相比,印度只有 8 家,不及中国的十分之一,而且这个数目自 2010 年以来没有增加。在这个全世界最大的民主国家,媒体和文化产业实现了快速自由化、解除规制和私有化,加之数字化传输和发送技术的迅速普及,这些因素都保证了在全球媒体领域中越来越多地能够接触到来自印度的媒体产品(Athique, 2012)。其中最卓越的代表就是印度价值 35 亿美元的电影产业,这也促使印度成为了一个极具吸引力的旅游和投资目的地。就产量和观众人数而言,"宝莱坞"是全世界最大的电影制造基地。每年买票看印度电影的人比看好莱坞电影的人要多出 10 亿。印度电影在超过 70 个国家中拥有越来越多的海外观众(Kaur & Sinha, 2005;

Thussu，2008；Gopal & Moorti，2008；Rai，2009；Dudrah，2012）。

尽管早在 20 世纪 30 年代印度就开始向全世界出口电影，但直到 20 世纪 90 年代，宝莱坞电影才变成了"全球流行文化"的一部分（Thussu，2008；Rai，2009；Dudrah，2012）。在过去 20 年，印度电视业也实现了前所未有的发展。1991 年以前只有一家国家垄断的电视台；截至 2012 年，印度拥有了 500 多个电视频道。许多制作精良的付费电影频道应运而生，这也促进了电影产业的发展。

卫星和有线电视的数字化和迅速普及确保印度电影在海外被广泛观看。随着新的数字化传输机制的普及，印度电影通过不同的平台传播开来，不仅为 3500 万南亚观众打造了流行文化，并在各大洲传播开来（Athique，2012）。受到这样的利益驱动，许多"流散"电影人——例如，定居美国的印度裔导演米拉·奈尔（Mira Nair）（代表作为 2001 年拍摄的喜剧片《偷欢假期》）和定居英国的印度裔导演顾伦德·查达哈（Gurvinder Chaddha）（代表作为 2002 年拍摄的喜剧片《我爱贝克汉姆》和 2003 年拍摄的《爱斗气爱上你》）——致力于创作出一批将西方和印度流行电影文化熔为一体的作品（Matusitz & Payano，2011；Dudrah，2012）。

另一个推动"宝莱坞"走向全球的因素是西方演员在印度电影中的频频露脸。例如，在"叫好又叫座"的宝莱坞大片《印度往事》（2001）中出演陷入三角恋纠葛的女主角的是英国演员蕾切尔·雪莉（Rachel Shelly），而另一位英国女演员彭雅思（Alice Patten）曾主演 2006 年热门影片《青春无敌》。历史上，印度电影曾经在苏联广受欢迎，至今在俄罗斯（Rajagopalan，2008）和日本（Matsuoka，2008）仍有市场。在德国，RTL 等主流电视台经常给宝莱坞电影附上德语配音后播出。除了西方主流市场和"流散市场"（即海外印度裔移民的市场）之外，长期以来宝莱坞电影在亚洲、中东和非洲等地的发展中国家中也很流行。在尼日利亚，来自当地社团"亲印协会"的音乐家们将印地语电影歌曲（又被称为"和谐声部"）改写成豪萨语版本（Uba Adamu，2010）；而在印度尼西亚，本土音乐也受到印度音乐剧的影响（David，2008）。宝莱坞式的内容甚至传播到像巴西这样的流行和娱乐文化的主要生产国。其中典型的例子是名为《印度：一个爱情故事》的肥皂剧，该剧集于 2009 年在巴西环球电视台的黄金时段播出并大获成功，还荣获了国际艾美奖的肯定。

电视推动了宝莱坞的全球化进程，将其所具有的光鲜魅力推介给全球各地的观众。每年一度的"印度国际电影学会"（IIFA）颁奖典礼的转播吸引了全世界各地的大批观众。电视台对超过 4 小时的现场直播颁奖盛况，加上歌舞助兴，向本土和国外的观众进行现场直播。颁奖典礼的举办地点遍布全球，包括：伦敦（2000）、南非太阳城（2001）、吉隆坡（2002）、约翰内斯堡（2003）、新加坡（2004；2012）、阿姆斯特丹（2005）、迪拜（2006）、利兹/布拉德福（2007）、曼谷（2008）、中国澳门（2009；2013）、科伦坡（2010）、多伦多（2011）、美国坦帕湾（2014）。

根据业界的估算，印度的娱乐和媒体产业总价值达到 290 亿美元，与此同时，其信息技术和服务的出口额也达到了 1480 亿美元（UNCTAD 2008；FICCI/KPMG，2011；Amin，2011；Karnik，2012）。根据联合国发表的文化创意产业报告显示，印度在 2002—2008 年期间文化创意产品的出口量增长最大（UNCTAD，2010）。除了本土媒体产品之外，印度也逐渐成为跨国媒体集团——其中多数来自美国——的生产基地，尤其是在给好莱坞和其他媒体产业提供动画和后期制作服务的领域。这类日渐增多的文化合作同样也促进了有关印度的内容向全球进行营销和传播（Kohli-Khandekar，2010）。随着媒体产业的国际投资增多，以及对于跨媒体所有权的逐步放开，好莱坞和宝莱坞之间开始形成了新的协作关系。印度媒体公司也开始投资好莱坞作品（Kohli-Khandekar，2010；Thomas，2010）。亚洲不断变化的地缘政治格局也导致华盛顿和新德里之间形成了更为密切的经济和战略关系，从而也推动了媒体和文化创意产业之间的协作。

凭借着 122 个新闻直播频道和英语新闻的悠久传统，印度的新闻媒体与美国的协作关系也正在形成。全球新闻巨头开始与印度同行建立伙伴关系，例如，CNN 就在 2005 年与 TV–18 集团联合一起设立了 CNN-IBN 这样一个英语新闻和时事频道。印度时报集团旗下的"现代时报"（Times New）自 2006 年以来与路透社确立了新闻业务的合作关系。而"流散"海外的印度富人日渐增多，其身家总计超过 3000 亿美元。他们主要通过印度的卫星电视新闻频道和在线新闻门户网站来获知祖国和世界发展的信息（Kapur，2010）。印度报业同样也是发展迅猛。根据"世界报业协会"的统计，印度是全世界最大的报纸市场，每天售出 1.1 亿份报纸。许多报纸所用的语言都是英文，印度也拥有一批能在全球媒体界从业的记者。在印度出生或者有印度族裔背景的记者在西方主流新闻机构中频频出头露面。

四 另一种全球化:中国 + 印度 = 中印一体

世界上两个人口最多、经济增长最快的文明古国之间的双边关系具有深厚的传统。政治分析家、曾任印度农业发展部部长杰伦·兰密施（Jairam Ramesh）因创造了"中印一体"（Chindia）的概念而为人称道。这个概念代表了在"后美国世界"被称为"其他国家的崛起"（the rise of the rest）的一种现象（Ramesh, 2005; Zakaria, 2008）。这个新概念似乎正在逐渐流行起来。"中印一体"一词在谷歌上的搜索数量超过100万次。关于全球媒体研究的任何有意义的讨论都应涉及这两个大国的快速发展和它们共同影响全球的无限潜力［Khanna, 2007; Meredith, 2007; Smith, 2007; Engardio, 2007; Sheth, 2008; Emmott, 2008; Sharma, 2009; Bardhan, 2010; Kaur &Wahlberg, 2012; 参见《全球媒体与传播》（Global Media and Communication）以"中印一体"为主题的特刊, 2010］。有学者强调了以下事实："1820年，这两大国家贡献了全世界总收入的接近一半; 1950年，它们的贡献还不到十分之一; 目前是约五分之一; 2025年预计会达到三分之一"（Bardhan, 2010: 1）。

在许多其他领域，中国和印度的共同"崛起"，以及与此同时以美国主导的西方资本主义的新自由主义模式遭遇危机，都将对国际媒体和传播中传统的思考和研究范式产生挑战，这显然是因为全球力量逐渐从西方向其他国家开始转移（Kaur & Wahlberg, 2012）。有评论家精辟地指出："全球政治和经济力量的对比将要发生翻天覆地的变化，这是因为中国和印度的区域影响力和全球影响力都有所提升。"（Sharma, 2009: 9）中国和印度共同产生的经济和文化影响力，加之它们遍布全球的"流散"侨胞，可能会创造出一种不同形式的、带有浓厚亚洲色彩的全球化（Sun, 2009; Kapur, 2010; Amrith, 2011）。

两国之间的友好往来长达千年之久，有着深厚的文化和传播积淀，而佛教是两国文化交流的核心内容。中国学者对于佛教和佛学产生了浓厚的兴趣，最典型的代表是玄奘，他曾经到访那烂陀大学——这是在5世纪到12世纪期间在印度东部的一所国际佛教大学，就法律、哲学和政治等方面的问题与印度同道交流看法。印度僧人同样经常访问中国，这些文化交流活动产生了《金刚经》这部9世纪出版的世界上最早的雕版印刷品,它是从梵语翻译而来的汉语版本（Sen，2005）。这些思想和意识形态上的交流持续了几个世纪，直到今天，佛教仍然是这两大文明古国之间的重要文化纽带。

现代印度人对中国的兴趣在拉宾德拉纳特·泰戈尔（Rabindranath Tagore）这样的精英知识分子身上体现得最为明显。1913年，泰戈尔成为第一位获得诺贝尔文学奖的东方人（参见 Chung et al.，2011）。冷战时期，印度总理贾瓦哈拉尔·尼赫鲁（Jawaharlal Nehru）提出了"印度与中国亲如兄弟"的口号。达赖喇嘛逃往印度受庇护后引发了1962年中印边界战争，也终结了其规劝亚洲各国团结起来、独立自主和反对西方殖民统治的那套说辞（Zhao，2009）。这场战争引发的中印分歧持续干扰着印度的政策制定者和知识阶层的舆论，这些人害怕中国在南亚不断扩大的影响力（Pant 2012）。除去有争议性的边界争端，两国还为了资源和在发展中国家当中的领导地位而彼此竞争（Cheru & Obi，2010；Mawdsley & McCann，2011；Pant，2012）。

然而，两国之间有着日渐紧密的商业和文化纽带。中印之间的贸易量直到1992年还可以忽略不计，然而仅仅用了十年时间就已经发展到了50亿美元的规模，并且在2011年达到历史上最高的750亿美元（2012年下降为660亿）。这也使中国成为了印度最大的贸易伙伴之一。根据业内人士的估计，到2015年，两国贸易额有望实现1000亿美元的目标。尽管中国具有十分牢固的近200亿美元的贸易顺差，但中国对印度的投资——包括已经实现的和计划实施的——尤其是在电力和通信领域的投资在不断加大，预计会达到500亿美元。除去财经报刊的报道之外，这些有关"中印全球化"的故事，在国际媒体上十分罕见。具有讽刺意味的是，就连中国和印度两国的媒体上也鲜有报道。

在流行和娱乐文化方面，印度的相关内容在经历了几十年的停滞之后也逐渐在中国打开市场。冷战期间，印度电影曾经在中国广为流传，那些逃避现实的音乐片被中国认为是对国家宣传工具的有效补充和好莱坞电影的廉价替代品。2001年，《印度往事》一片经过缩减、数字化处理和中文配音后，在中国25家影院进行了放映，这也是中国电影集团成立后进口的第一部印度影片。该片的作曲拉曼（A. R. Rahman）同样为2003年摄制的中国影片《天地英雄》配乐，这部电影曾代表中国角逐2004年度奥斯卡最佳外语片提名。2005年，一部受宝莱坞电影启发而创作的中国影片《如果爱》作为 20 世纪 50 年代以来中国的第一部音乐片上映，这是中印文化合作成果的典范。2009 年印度喜剧片《三傻大闹宝莱坞》的票房成绩印证了印度电影在中国具有广泛的受众群。

五 中印和全球媒介研究

在中印两国，媒体和传播的学术研究是相对而言发展较快的新兴学科。截至 2013 年，中国大学中的新闻、传播和媒体专业院系已经超过千家，同时出版了 300 多种该领域的中文期刊，在国际期刊上也有许多与中国相关的素材。在后者中比较典型的代表就是创刊于 2009 年、在香港出版并被 SSCI 收录的英文期刊《华人传播研究》（Chinese Journal of Communication）。在印度，媒体产业的蓬勃发展也推动学界和政策制定者鼓励和支持这个领域的调查与研究。这也促成了专业研究机构的大批涌现，一些严肃的学术研究也随之兴起。中国和印度为媒体研究和传播学专业的学生提供了前景可观的市场。这是因为两国都为西方国家的大学提供了大批研究生和从事专业研究的青年学者。已经有许多西方国家的大学开始和中国与印度的高等教育机构共同开发新的课程和合作项目。

学生和教职员工流动性的增强以及短期课程和交流项目的开展也同样推动了跨文化、跨国界交流，但这些项目大多数是由经济因素——而非学术因素——所驱动。在这样一个媒体和传播的教学与研究日渐国际化的时期，考虑到媒体和传播相关学科及其国际化进程中的全球属性，因此，只有一小批专业人士才对"中印一体"保持着学术上的好奇心。学术环境出现的变化也使得阿帕杜莱等学者提出，"破除学术研究道德的狭隘性"，不能"仅仅为了研究而去从事研究"（Appadurai, 2001: 15）。

媒体研究和传播学领域"中印一体"的发展能否推动这一相对较新的领域的研究理念和议程的扩展？遵循着传统的社会科学的套路，媒体研究和传播学同样也受到了被爱德华·萨义德（Edward Said）称之为"欧洲中心论"的思维定式的束缚。按照这种传统的思路，"其他国家"被想象或者创造成意识形态话语中的一部分，其所推崇的是欧洲帝国主义认识论（Said, 1978）。这样一种普遍的西方偏见构成了萨米尔·阿明（Samir Amin）所谓的"当今资本主义世界的文化和意识形态的一个维度"（Amin, 1989: vii）。

西方起源和主导的媒体理论很难被拿来分析"中印一体"的传播模式所遇到的挑战——无论是自由主义的挑战还是批判性的挑战——尽管这两种挑战都给我们提供了有益的视角（Curran & Park，2000；Hallin & Mancini，2012；Shi，2012）。这要求我们构建具有原创性的理论和方法论，或者在原有的基础上进行革新，也需要我们从根本上重新审视教学的内容和范畴，将历史、文化和社会心理学等因素纳入视野当中。

发展传播学是"中印一体"的理论框架可以大行其道的一个领域。联合国最新的研究报告表明，中国和印度在摆脱赤贫方面都有突出的表现。在全球20亿有饮用水源的人群中，有一半来自中国或印度。同时，自1990年以来每10个有条件接触到良好卫生设施的人中，有4个居住在中国或印度（UNICEF & WHO，2012）。然而，我们也不能忽视，尽管两国的经济有着稳健增势，尤其是中国在近十年中保持了两位数的经济增速，但是两国依然存在着一大批处于社会底层的贫困人群（Zhao，2008；Kohli，2012）。20世纪70年代，印度通过实施SITE（卫星指导的电视实验）项目成为了世界上第一个运用电视来普及教育的国家。运用新的数字媒体技术可以推广甘地倡导的"社区营造"和"可持续发展"等理念。中国对亚洲和非洲发展中国家的援助，尤其是在通信等领域的援助形成并推广了中国版本的"发展话语"（development discourse）。中国长城工业总公司为这些国家开发卫星和其他太空项目提供了技术和资金支持。从传统上来看，"发展话语"由西方提出并且不断充实，遵循了西方中心的、有关发展的构成要素的理念。那么，"中印一体"的发展视角受到的殖民主义的观念影响会更减弱一些吗？在许多拉丁美洲（Armony，Ariel & Strauss 2012）和非洲（Sauvant et al.，2010；Cheru & Obi，2010；Mawdsley & McCann，2011；Chan，Lee & Chan，2011；Lai & Lu，2012；Shi，2013）的发展中国家当中，这类辩论已经被提上了政策和媒体议程。

六　去美国化的媒介研究

如前所述，从传统上看，在全球媒体和传播领域占主导地位的研究模式都是在一个西方的——或者更确切地说，美国的——框架下进行的。于是，随之而来的问题是：从理论和实证研究的角度来看，上述框架是否足以阐明"中印一体"式的全球化这样一个挑战了国际媒体和传播既定思维的模式的复杂性（Abbas & Erni, 2005; Miike, 2006; Thussu, 2009; Curtin & Shah, 2010; Wang, 2011）。在这样一个日趋移动化、数字化、互联化、全球化的世界中，媒体和传播学研究已经转变为"南—南对话"的形式，并且南北文化的流动逐渐侵蚀了美国的文化霸权。截止到2013年6月，已经有超过40%的中国人和15%的印度人用上了互联网。我们设想一下，当90%的中国人和印度人上线的话，互联网上传播的会是什么样的内容？使用哪些语言来进行传播？当今互联网的内容和方式都会发生重大变化。如果我们考虑到印度的"人口红利"这样一个事实，美国在大众文化领域里的霸权日渐式微将会尤为明显。超过70%的印度人的年龄在30岁以下（Nilekani, 2009; Bahl, 2010），随着他们财富的日趋增长，数目相当可观的印度年轻人开始使用互联网，生产、传播和消费数字媒体。他们使用的英语技能也毋庸置疑。鉴于英语是全球传播和高等教育的工具，印度年轻人所产生的影响将是不可估量的。

随着大学变得日趋国际化，媒体研究国际化的必要性也在逐渐增强。中国已经增加了对大学的投入，并且鼓励国外名校在本国设立校区。在印度也同样如此：政府正在逐渐放松对高等教育领域的限制，向外国大学开放。政府对高等教育的投入翻了两番——从仅占国民生产总值的0.37%增加到1.5%。与此同时，一些私立高等教育机构也有了较大的发展。印度本土一些全球知名的公司——如瑞莱斯（Reliance）和塔塔（Tata）等——也对国内外私立大学慷慨解囊。塔塔公司向哈佛大学商学院捐赠了5000万美元，这也是哈佛建校以来收到的数目最大的一笔来自国外的捐赠。民主政体保证了印度的大学拥有学术自主性，辩论和研讨是学校的常规活动，培养了"惯于争鸣"的新一代印度人（Sen, 2005）。与其他社会科学学科不同的是，媒体和传播学研究不是最顶尖的大学教育的内容。与以往在英国的情况一样，大学教育在印度依然只属于精英阶层，而媒体大多数情况都是在职业教育中教授。由于媒体产业规模小，学生数目很少，研究者数目就更少了。然而，随着媒体和传播业的迅猛发展，越来越多的大学开始对这一领域开展严肃的学术研究。从历史上看，印度学术界有着悠久的论辩和批判性对话的传统（Sen, 2005; Bayly, 2011; Kapila, 2011; Kumar & Puranam, 2011）。随着印度媒体和学术界逐渐走向全球化，这样一个具有批判意识的群体是否会推动批判性的媒介研究呢？印度本土学者和"流散"海外的印度裔学者拓展了社会科学的学科边界，而在国际学术界享有盛名。同样道理，越来越多的学者也在拓展媒体研究和传播学的学科边界。印度所具有的这种"文化自主性"可以用来解释以下现象：尽管印度和美国之间的经济、政治和文化关系如此密切，英语越来越被广泛使用，但大多数印度的城市居民并不关心美国的音乐、电影和电视。只有19%的印度人喜欢美国节目，与43%的中国人形成了鲜明的对比（Pew，2012）。

印度人对中国的兴趣就更为狭隘，态度往往是负面的（Pew，2012：47）。在印度人当中，大多数人对中国的认知仍然停留在20世纪60年代初，是"威胁和欺骗的形象"（Uberoi，2011）。对中国人而言，印度也蒙着一层让人好奇的面纱，不过是一个"聒噪而笨拙的邻国"。两国媒体报道都集中在西方，尤其是美国。两国之间有限的人际交流以及匮乏的媒体报道使民众对彼此的看法有失偏颇，长期以来难以改变。然而，也有学者指出，"在两国新兴的、富裕的、流动性大的知识阶层中，对独立的跨文化对话"的需求越来越大（Isar，2010：281）。

1977年，英国媒体社会学家杰瑞米·滕斯托尔（Jeremy Tunstall）出版了一本日后被广为引用的著作《媒体是美国的》（*The Media are American*）。30年后，他开始认识到，这样的论断在一个美国只是其中一极的多极世界中并没有持续的说服力。因此，他把该书新版改名为《媒介曾经是美国的》（*The Media were American*）（Tunstall，1977；2008）。有人预测，30年以后出版的关于全球媒体的书，那么"很可能从头到尾中根本就没有'美国'这个词"（Rohn，2010：371）。但是，考虑到美国在媒体、信息和传播上所具有的巨大影响力，尤其是在互联网传播领域——无论是在机构设备方面还是在具体应用方面，上述这样的论断似乎不可能变为现实。

综上所述，较为合理的结论是：至少在短期内，"中印一体"的崛起不会削弱美国对世界媒体的全方位的主导地位——本文作者之前在其他论文中将这种现象定义为"美国主导的全球本土化"（glocal Americana）（Thussu，2006；Shi，2005）。然而，正如杰克·古迪（Jack Goody）所声称的那样，"从某些方面来看，西方世界对世界知识和文化的控制仍在延续，但是已经有了很大程度的削弱。全球化已经不再是纯粹的西方化"（2010：125）。这会让我们对新兴的"中印一体"式的传播与文化做进一步的思考，并且对随之产生的媒体和传播研究的转向进行重新审视。

参考文献

Abbas, Ackbar and Erni, Nguyet John (eds.) (2005), Internationalizing Cultural Studies: An Anthology, Malden (MA): Blackwell.

Amin, Samir (1989), Eurocentrism, London: Zed Books.

Amrith, Sunil (2011), Migration and Diaspora in ModernAsia, Cambridge: Cambridge University Press.

Amin, Mahdi (2011), India's Rise as a Global R&D Hub: The Role of the Government, Cambridge: Lambert Academic Publishing.

Appadurai, Arjun (2001), Grassroots Globalization and Research Imagination, in Arjun Appadurai (ed.) Globalization, Durham: Duke University Press.

Armony, Ariel and Strauss, Julia (2012), From Going Out (zou chuqu) to Arriving In (desembarco): Constructing a New Field of Inquiry in China-Latin America Interactions. The China Quarterly, 209: 1 – 17.

Athique, Adrian (2012), Indian Media: Global Approaches, Cambridge: Polity.

Bahl, Raghav (2010), Super Power? The Amazing Race Between China's Hare And India's Tortoise, New Delhi: Penguin.

Bardhan, Pranab (2010), Awakening Giants, Feet of Clay, Princeton: Princeton University Press.

Bayly, Chirstopher (2011), Recovering Liberties: Indian Thought in the Age of Liberalism and Empire, Cambridge: Cambridge University Press.

Chan, Gerald; Lee, Pak K. and Chan, Lai-Ha (2011), China Engages Global Governance: A New World Order in the Making? London: Routledge.

Cheru, Fantu and Obi, Cyril (eds.) (2010), The Rise of China and India in Africa: Challenges, Opportunities and Critical Interventions, London: Zed Books.

Chung, Tan; Dev, Amiya; Bangwei, Wang; Liming, Wei (eds.) (2011), Tagore and China, New Delhi: Sage.

Curran, James and Park, Myung-Jin (2000), Beyond Globalization Theory, pp. 3 – 18 in James Curran and Myung-Jin Park (eds.) De-Westernizing Media Studies, London: Routledge.

Curtin, Michael (2007), Playing to the world's biggest audience: The globalization of Chinese film and TV. Berkeley: University of California Press Curtin, Michael and Shah, Hemant (eds.) (2010), Reorienting Global Communication: Indian and Chinese Media Beyond Borders, Chicago: University of Illinois Press.

David, Bettina (2008), Intimate neighbors: Bollywood, Dangdut music, and globalizing modernities in Indonesia, pp. 179 – 199 in Gopal, Sangita and Moorti, Sujata (eds.)

Global Bollywood: Travels of Hindi Song and Dance, Minneapolis: University of Minnesota.

Downing, John (1996), Internationalizing Media Theory, London: Sage.

Dudrah, Rajinder (2012), Bollywood Travels: Culture, Diaspora and Border Crossings in Popular Hindi Cinema, London: Routledge.

Emmott, Bill (2008), Rivals: How the Power Struggle BetweenChina, India and Japan Will Shape Our Next Decade, London: Allen Lane.

Engardio, Peter (ed.) (2007), Chindia: How China and India Are Revolutionizing Global Business, New York: McGraw-Hill Professional.

FICCI/KPMG Report (2011), Hitting the High Notes FICCI/KPMG Indian Media and Entertainment Industry Report 2011. Mumbai: Federation of Indian Chambers of Commerce and Industry.

Global Media and Communication (2010), "Chindia" and Global Communication. Global Media and Communication, Special the medissue, 6 (3): 243 – 389.

Goody, Jack (2010), The Eurasian Miracle, Cambridge: Polity.

Gopal, Sangita and Moorti, Sujata (eds.) (2008), Global Bollywood: Travels of Hindi Song and Dance. Minneapolis: University of Minnesota Press.

Hallin, Daniel and Mancini, Paolo (eds.) (2012), Comparing Media Systems: Beyond the Western World. Cambridge: Cambridge University Press.

Halper, Stefan (2010), The Beijing Consensus: How China's Authoritarian Model Will Dominate the Twenty-first Century, New York: Basic Books.

Internet WorldStats (2012), Asia, accessed 9/6/2012, http://www.internetworldstats.com/stats3.htm.

Isar, Yudhishthir Raj (2010), "Chindia": A Cultural Project. Global Media and Communication 6 (3): 277 – 284.

Kapila, Shruti (ed.) (2011), An Intellectual History for India. Cambridge: Cambridge University Press.

Kapur, Devesh (2010), Diaspora, Development, and Democracy: The Domestic Impact of International Migration from India, Princeton: Princeton University Press.

Karnik, Kiran (2012), The Coalition of Competitors: The Story of NASSCOM and the IT Industry. New Delhi: Harper Collins.

Kaur, Raminder and Sinha, Ajay (eds.) (2005), Bollyworld: Popular Indian Cinema Through a Transnational Lens. New Delhi: Sage.

Kaur, Ravinder and Wahlberg, Ayo (2012), Covering Difference in India and China: an introduction. Third World Quarterly, 33 (4): 573 – 580.

Khanna, Tarun (2007), Billions of Entrepreneurs: How China and India are Reshaping

Their Futures-and Yours. Cambridge (Mass): Harvard Business School Press.

Kohli, Atul (2012), Poverty Amid Plenty in the NewIndia, Cambridge: Cambridge University Press.

Kohli-Khandekar, Vanita (2010), The Indian Media Business, Third edition, New Delhi: Sage.

Kumar, Nirmalya and Puranam, Phanish (2011), India Inside: The Emerging Innovation Challenge to the West. Cambridge (Mass.): Harvard Business Review Press.

Kurlantzick, Joshua (2007), Charm Offensive: How China's Soft Power is Transforming the World, New Haven: Yale University Press.

Lai, Hongyi and Lu, Yiyi (eds.) (2012), China's Soft Power and International Relations. London: Routledge.

Matsuoka, Tamaki (2008), Asia to Watch, Asia to Present: The Promotion of Asian/Indian Cinema in Japan, pp. 241 – 254, in Yoshitaka Terada (ed.) Music and Society in South Asia: Perspectives from Japan. Osaka: National Museum of Ethnology.

Matusitz, Jonathan and Payano, Pam (2011), The Bollywood in Indian and American Perceptions: A Comparative Analysis, India Quarterly: A Journal of International Affairs, 67 (1): 65 – 77.

Mawdsley, Emma and McCann, Gerard (eds.) (2011), India in Africa: Changing Geographies of Power. Oxford: Fahamu Books.

Miike, Yoshitaka (2006), Non-Western Theory in Western Research? An Asiacentric Agenda for Asian Communication Studies. Review of Communication, 6 (1/2): 4 – 31.

Montgomery, Lucy (2010), China's Creative Industries: Copyright, Social Network Markets and the Business of Culture in a Digital Age. Cheltenham: Edward Elgar.

Nayyar, Gaurav (2012), The Service Sector in India's Development. Cambridge: Cambridge University Press.

Nilekani, Nandan (2009), Imaging India: Ideas for the New Century (revised and updated edition), New Delhi: Penguin.

Pant, Harsh (ed.) (2012), The Rise ofChina: Implications for India. New Delhi: Cambridge University Press.

Pew Center (2013), Global Opinion of Image of China and U. S., Global Attitudes Project. Washington: Pew Research Center.

Pew Center (2012), Global Opinion of Obama Slips, International Policies Faulted, Global Attitudes Project. Washington: Pew Research Center.

Rai, Amit (2009), Untimely Bollywood: Globalization and India's New Media Assemblage, Durham: Duke University Press Rajagopalan, Sudha (2008) Leave Disco Dancer

Alone! Indian Cinema and Soviet Movie-going After Stalin. New Delhi: Yoda Press.

Ramesh, Jairam (2005), Making Sense of Chindia: Reflections on China and India, New Delhi: India Research Press.

Rohn, Ulrike (2010), Cultural Barriers to the Success of Foreign Media Content: Western Media in China, India and Japan, Frankfurt: Peter Lang.

Said, Edward (1978), Orientalism. London: Vintage.

Sauvant, Karl; Pradhan, Jaya Prakash; Chatterjee, Ayesha and Harley, Brian (eds.) (2010), The Rise of Indian Multinationals: Perspective of Indian Outward Foreign Direct Investment, New York: Palgrave MacMillan.

Sen, Amartya (2005), The Argumentative Indian, London: Penguin.

Sharma, Shalendra (2009), China and India in the Age of Globalization, Cambridge: Cambridge University Press.

Sheth, Jagdish (2008), Chindia Rising: How China and India will Benefit your Business, Columbus (Oh.): McGraw Hill Professional.

Shi, Anbin (2005), The Taming of the Shrew: Chinese Media in Global Perspective, Global Media and Communication. 1 (1): 33 – 35.

Shi, Anbin (2012), Imagining/Mapping/Implementing Chinese Communication. Chinese Journal of Communication. 5 (4): 72 – 75.

Shi, Anbin (2013), Reorienting Charm Offensive to Charm Defensive: A Critical Review of Chinese Media Development in Africa, Proceeding of FoME Symposium 2013, Berlin: Robert Bosch Stiftung.

Subramanian, Arvind (2011), Eclipse: Living in the Shadow of China's Economic Dominance, Washington: Institute of International Economics.

Sparks, Colin (2007), Globalization, Development and the Mass Media, London: Sage.

Sun, Wanning (ed.) (2009), Media and the Chinese Diaspora: Community, Communications and Commerce, London: Routledge.

Thussu, Daya Kishan (2006), Mapping Global Media Flow and Contra-Flow, pp. 11 – 32, in Thussu, D. K. (ed.) Media on the Move: Global Flow and Contra-Flow, London: Routledge.

Thussu, Daya Kishan (2008), Globalization of Bollywood-the Hype and the Hope, pp. 97 – 116, in Anandam Kavoori and Aswin Punathambekar (eds.) Global Bollywood, New York: New York University Press.

Thussu, Daya Kishan (2009), Why Internationalize Media Studies and How, pp. 13 – 31, in Thussu, Daya Kishan (ed.) Internationalising Media Studies, London: Routledge.

Thomas, Pradip (2010), The Political Economy of Communications in India: The

Good, the Bad and the Ugly. New Delhi: Sage.

Tunstall, Jeremy (1977), The Media Are American. London: Constable.

Tunstall, Jeremy (2008), The Media Were American. Oxford: Oxford University Press.

Uba Adamu, Abdalla (2010), The muse's journey: trans-cultural translators and the domestication of Hindi music in Hausa popular culture. Journal of African Cultural Studies 22 (1): 41 – 56.

Uberoi, Patricia (2011), China in Bollywood. Contributions to Indian Sociology, 45 (3): 315 – 342.

UNCTAD (2008), Creative Economy Report 2008. New York: United Nations Conference on Trade and Development.

UNESCO (2005), International Flows of Selected Cultural Goods and Services 1994 – 2003. UNESCO Institute for Statistics, Paris: United Nations Educational, Scientific and Cultural Organization.

UNESCO (2009), World Culture Report, Paris: United Nations Educational, Scientific and Cultural Organization.

UNICEF and WHO (2012), Progress on Drinking Water and Sanitation: 2012 Update. New York: United Nations Children's Fund and Geneva: World Health Organization.

Wang, Georgette (ed.) (2011), De-Westernizing Communication Research: Altering Questions and Changing Frameworks. London: Routledge.

Wang, Yiwei (2008), Public Diplomacy and the Rise of Chinese Soft Power, The ANNALS of the American Academy of Political and Social Science, (616): 257 – 273.

Zhao, Gancheng (2009), The rise of Chindia and its impact on the world system, pp. 65 – 78, in Ron Huisken (ed.) Rising China: Power and Reassurance. Canberra: Australian National University Press.

Zhao, Yuezhi (2008), Communication inChina: Political Economy, Power and Conflict. Lanham, MD: Rowman & Littlefield.

Zakaria, Fareed (2008), The Post-American World. London: Allen Lane.

作者简介

达雅·屠苏，伦敦威斯敏斯特大学国际传播学教授，该校印度媒体研究中心创始人和联席主任。在威斯敏斯特大学传播系，他负责"全球媒体"硕士项目，该系研究实力卓越，在英国排名第一，同时也盛名海外。屠苏教授在尼赫鲁大学（Jawaharlal Nehru University）获得国际关系学博士学位，担任多家国际机构顾问，其中包括联合国发展署和联合国教科文组织。他也有丰富的新闻业从业经验。曾在印度报业托拉斯（Press Trust of India）、印度国家通讯社（National News Agency of India）工作过，也曾担任设在伦敦的双子新闻社（Gemini News Service）副主编，专注于报道发展中国家。他出版过17本书，主要包括：《传播印度的软实力：从佛教到宝莱坞》（Communicating India's Soft Power: Buddha to Bollywood）（Palgrave, 2013），这是第一本研究印度软实力的专著；《媒体与恐怖主义：全球视角》（Media and Terrorism: Global Perspectives）（co-edited with Des Freedman, Sage, 2012）；《国际化媒体研究》（Internationalizing Media Studies）（Routledge, 2009）；《新闻作为娱乐：全球信息娱乐业的兴起》（News as Entertainment: The Rise of Global Infotainment）（Sage, 2007）；《流动的传播：全球信息流动和反向流动》（Media on the Move: Global Flow and Contra-Flow）（Routledge, 2007）；《国际传播：延续与变革，第三版》（International Communication-Continuity and Change, third edition）（Bloomsbury, forthcoming）；《电子帝国：全球媒体和本土抵抗》（Electronic Empires-Global Media and Local Resistance）（Arnold, 1998）。屠苏教授是Sage杂志《全球媒体与传播》（Global Media and Communication）的创始人兼执行总编。最近他与kaarleNordenstreng合编的《金砖国家媒体研究》（Mapping Brics media）即将由Routledge于2015年出版，这是一本研究金砖国家媒体的论文集。同时，他在为Routledge出版社编辑两套丛书，分别是"国际化媒体研究"和"国际化媒体研究进展"。在2014年，他被授予了由国际研究协会颁发的"杰出学者奖"，这是国际传播领域首位非美国/西方籍学者获此殊荣。

　　史安斌，清华大学新闻与传播学院副院长，教授，博士生导师，清华－伊斯雷尔·爱泼斯坦对外传播研究中心执行主任，中宣部国际传播能力建设项目评估专家，国务院新闻办新闻发布和对外出版专家委员会委员，教育部人文社科重大课题攻关项目首席专家，美国宾州大学比较文化和传播学博士（2001）。主要著作有《危机传播与新闻发布：理论·机制·实务》、《国际传播前沿研究》（主编）、《全球化时代的中国身份》（A Comparative Approach to Redefining Chinese-ness in the Era of Globalization）、《人类传播理论》（译著）等。

产业与主权：中国影视跨文化传播的双重逻辑[①]

姬德强　胡正荣

摘　要　以影视为代表的大众传播及其网络化延伸正在成为中国跨文化传播研究的前沿议题。本文聚焦于中国影视跨文化传播的国际层面，通过对"产业"和"主权"双重逻辑的分析，揭示了市场和国家在形塑中国跨文化传播实践中的互动作用。本文认为，一方面，中外影视跨文化"贸易逆差"的存在是一个长期的过程，并伴随着"全球本土化"崭新生产机制的兴起；另一方面，中国通过推广特定的影视产品，维护"文化主权"的国家跨文化/国际传播行为，带有意识形态输出和市场扩张的双重属性，其代表性和内部张力值得关注。最后，本文提出，需要区分中国跨文化传播实践中的不同主体及其利益和意识形态诉求，而不是自然地使用"中国"这一概念。

关键词　产业　市场　文化主权　国家　跨文化传播　影视产品　中国

尽管数十年来，基于外语教学的"跨文化交际"研究在中国跨文化传播研究中扮演了领导乃至组织者角色，但随着各类大众媒介和新媒介的兴起，突破交际研究中的个体主义和文化本质主义倾向，将关注点聚焦于"中距离"的媒介及其与不同文化群体、社会结构以及国家的多维互动，逐渐成为跨文化传播研究的前沿议题，也因此吸引了包括传播学、社会学

---

①　中国传媒大学新闻传播学部传播研究院硕士研究生胡笑红对本文亦有贡献；本文未标来源的图表数据均来自国家统计局网站。

和商业管理等多学科的积极介入[①]。正如学者姜飞（2007）在界定跨文化传播研究时所强调的，"跨文化传播就是……研究文化在人、组织、机构、国家等层面的传播过程和规律，同时研究这样的文化传播过程中大众传播媒介的基础性和调节性作用，进行新的文化主体的生产并在此基础上进行新的知识生产，探讨如何实现不同文化之间的理解、合作、共存、共荣的可能与机制的一门交叉学科"。[②] 在这个背景下，本文聚焦于跨文化传播的国际层面，通过对影视产品跨文化传播的"产业"和"主权"这一双重逻辑的梳理，对包含复杂而多元行动者的"中国"的跨文化传播实践进行了解构。

一 转型社会背景下中国的跨文化大众传播研究

在传播学中，影视产品一般被纳入大众传播的研究范畴，因此，在进入影视产品的跨文化传播分析之前，我们首先对过去二十年间中国的跨文化大众传播研究做了关键词梳理，以期了解这一研究传统的多种面向和历史变化[③]。

以"跨文化"为第一"主题"关键词，我们对中国知网（CNKI）数据库中1993—2013年间的期刊文章进行了筛选，并以"大众传播"作为第二"主题"关键词进行二次过滤，最终得到634篇文章（含研究论文和一般评述性文章）。如图1所示，这一方向的研究规模呈现稳定增长趋势。

对这634篇文章的入库关键词进行量化的词频统计之后，我们得出词云图，以显示在中国的跨文化大众传播研究中，学者们对不同主题的关注程度。

如图2所示，媒体、媒介、电视、广告、国际、国家、网络、节

---

① 有关中国跨文化传播研究的多学科性，见胡正荣、姬德强《跨学科视野中的中国跨文化传播研究：进程与问题》，《现代传播》2011年第3期，第11—17页。

② 姜飞：《从学术前沿回到学理基础——跨文化传播研究对象初探》，《新闻与传播研究》2007年第3期，第34—35页。

③ 这一部分研究结果首先发表在由上海外国语大学跨文化研究中心举办的第二届跨文化研究学科发展高峰论坛上（2014年4月12日，上海外国语大学），原文为：Hu Zhengrong (2014), *Probing the Linkages between Intercultural and Mass Communication Studies in China*。

目、报道、电影、电视剧和形象等成为出现频率较高的关键词。为了更加精确地描述跨文化大众传播研究的内部分化,我们在表 1 中进行了分类统计。

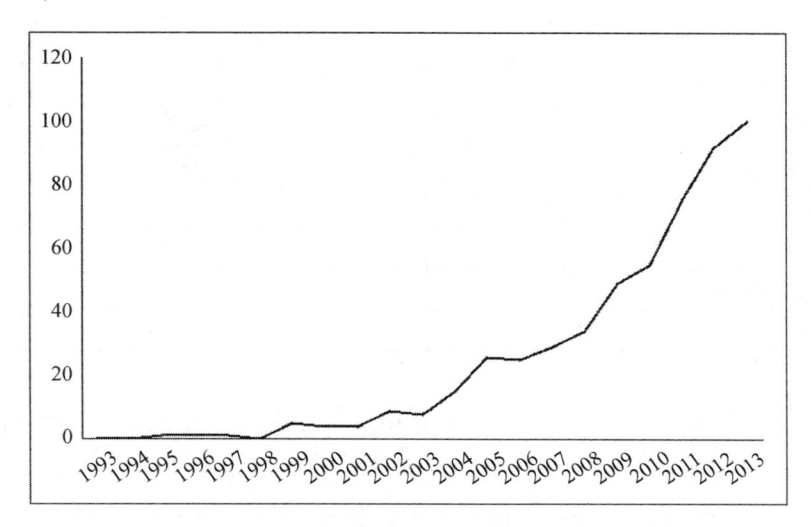

图 1　1993—2013 年间中国跨文化大众传播期刊文章的年度数量变化

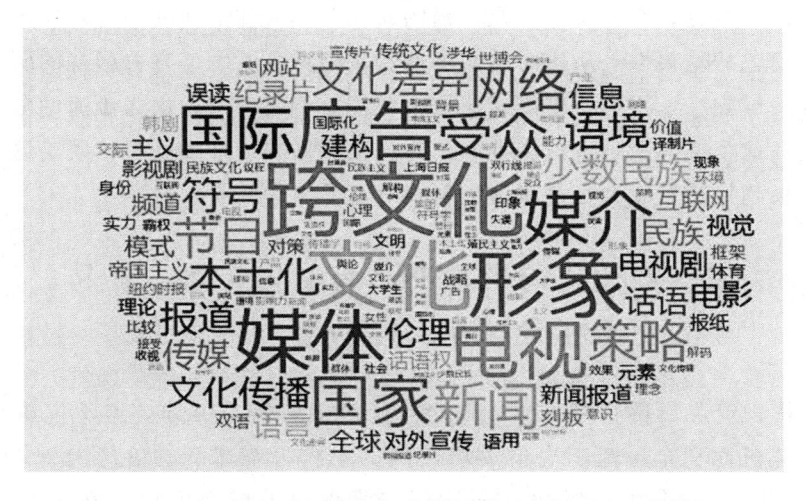

图 2　1993—2013 年间中国跨文化大众传播研究期刊论文关键词词云

表1　　　　　　　　　　　关键词的量化统计结果

研究对象	论文数量（篇）
受众研究	9
理论研究	52
广告研究	78
网络、新媒体研究	61
民族间跨文化研究	26
政策研究	13
国家形象研究	72
影视研究	144
新闻报道研究	81
总数	634

如这一统计所示，在634篇文章中，有关影视的研究有144篇，占总数的23%；紧随其后的是新闻报道研究，计81篇；广告研究，有78篇；近几年来随着"中国崛起"而兴起的"国家形象"研究，72篇；网络和新媒体研究，计61篇。上述范畴多有重复，但基本都会覆盖"影视"这一载体。可见，在跨文化大众传播的研究及其关注的实践中，影视产品所扮演角色的重要性。从历时的角度来看，如图3所示，有关影视的研究已经成为过去二十年中，中国跨文化大众传播研究中增长最为迅速的分支领域。在这个意义上，进行影视产品跨文化传播的梳理和反思，既是这一强劲增长趋势的延续，也是对这一新兴分支领域的发展。

二　产业化与影视产品跨文化传播：贸易逆差和全球本土化

影视产品国际市场的形成与全球经济形势密不可分。这不仅源于资本因危机而在全球范围内追逐增长点的结构性需求，也在于几十年来，文化创意产业自身市场化、全球化和流程化的成熟实践。在这个背景下，研究中国影视产品的跨文化传播，需要首先关注其经济属性，其作为一个新兴产业的发展逻辑。本文则取其要者加以分析，分别是流通领域的"贸易逆差"（trade deficits）和生产领域的"全球本土化"（glocalization)。

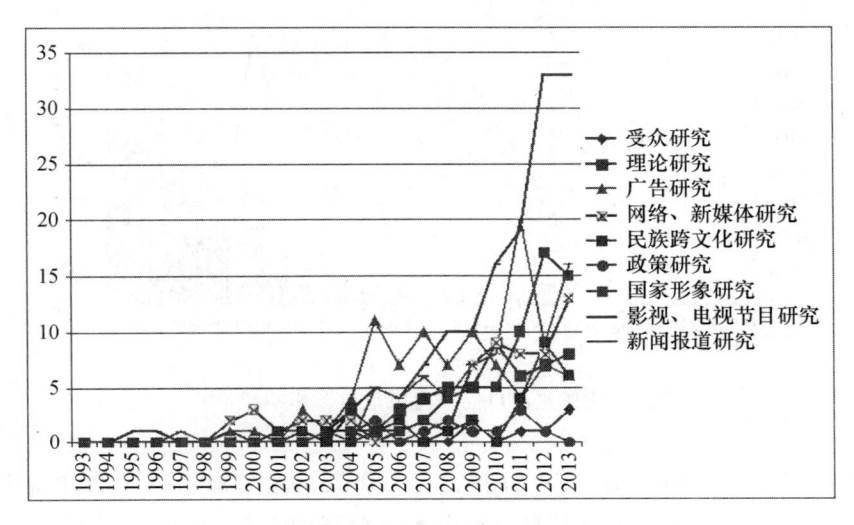

图3 各类研究的期刊文章的年度数量变化

（一）资本逻辑与中国影视产业的崛起

在国际范围内，影视产品的跨文化传播更多地表现出其"商品化"的特征，从生产领域内全球化与地方化的辩证统一关系，到流通、消费领域的全球化与地方规制（乃至保护）的辩证统一，日趋复杂的影视产品跨文化传播正在得到包括经济学、传播学等在内的多个学科的关注。

近年来，影视产品之所以更多地表现出"商品"特征，一方面在于世界经济结构的扭转。肇始于2008年的"次贷危机"预示了金融资本主义的结构性缺陷，使得资本的投向再次转移至更具价值生产的实体经济领域，尤其是制造业；另一方面与制造业在全球的重新配置和缓慢回暖相比，以创意产业（creative economy）为代表的新兴产业形态，以其超高的收益率逐渐获得各类资本青睐，从而促使了包括影视在内多种传媒产业的蓬勃发展。这也是资本主义世界每逢经济危机就会出现娱乐产业"反市场"繁荣的政治经济逻辑。

回到中国的经济现实，尽管21世纪以来，中国的年均GDP均保持了领先世界的高度增长，但相比传媒业的增长率，却是相形见绌。以电影业为例，正如经济学家郎咸平在一档电视节目中所统计的那样，2003—2013

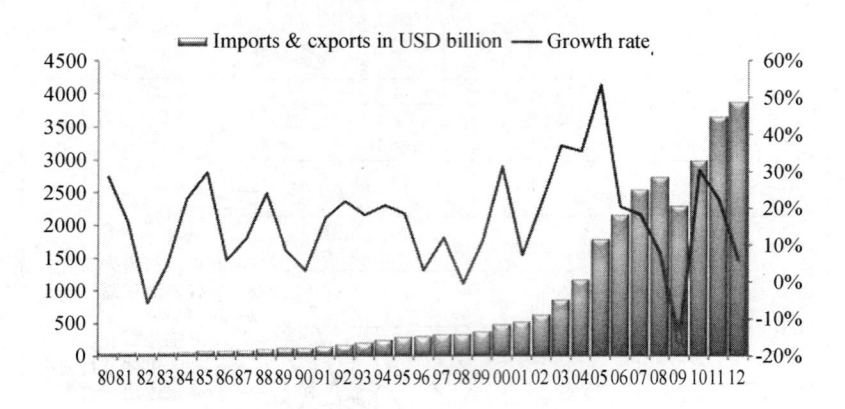

图4 中国进出口受"金融危机"影响严重①

年间，中国的 GDP 增幅为 4.19 倍，而电影票房增幅却达到了 19.8 倍②。因此，我们所看到的，就是最大量资本（包括国有和民营资本）的流向，一方面投向了房地产（如图 4 所示，尤其是受"金融危机"影响的 2009 年之后），另一方面也部分地投向了以电影、电视剧等为代表的文化创意产业，相伴互联网的繁荣，共同创造了中国影视业（包括以中国市场为目标的国外影视产品的进口）的快速"崛起"。对收益率的追逐成为影视产业及其跨文化传播的重要经济基础。

（二）贸易逆差与中国影视产品出口的"软"实力

早在加入 WTO 之前，美国电影协会联合会秘书长詹姆斯·莫瑞（James Morel）就提出，中国加入 WTO 对全球尤其是美国影视产业的重要利好是，进口影片配额的增加（从 10 部增加到 20 部），以及随之在全国各地兴建的更多的电影院，而"美国电影娱乐界不会错过这个良机"③。尹鸿和萧志伟在 2001 年发表的一篇文章中亦援引了美国电影协

---

① Starmass International, China import and export trends, http://www.starmass.com/china-review/imports-exports/import-export-trends.htm.
② 见广东卫视（2014 年 7 月 28 日），"财经郎眼"，http://www.iqiyi.com/v_19rrmug5u0.html? src = frbdaldjunest。
③ 孟建：《"文化帝国主义"的传播扩张与中国影视文化的反弹——加入 WTO，中国影视艺术的文化传播学思考》，《全球化与中国影视的命运——首届中国影视高层论坛论文集》2001，第 81—82 页。

会（MPAA）主席杰克·瓦伦蒂（Jack Valenti）曾经在美国国会听证会上的发言，表达了相似的观点，即"外国资本用于建设新电影院，不仅将帮助中国更新陈旧的电影设备，吸引中国观众回到电影院，而且要增加他们对美国电影的要求"[①]。据路透社报道，电影的进口配额2012年起增加至34部，这一数量在未来仍有可能增加[②]。换句话说，曾经"狼来了"的民族主义恐惧心理在西方尤其是美国看来，仅仅是一些最为现实的利益考量，包括近年来各大电影公司对中国元素的持续"收编"。

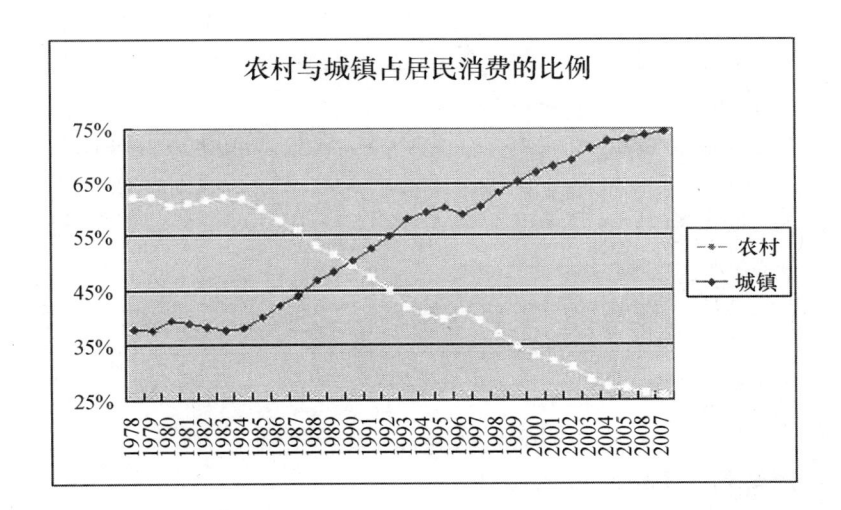

图5 消费拉动经济整体低迷的背景下，城乡消费比例差异正在逐渐扩大[③]

而进入21世纪以来的十余年，我们见证了这一文化"软"实力在经济尤其是贸易领域的生动展现。虽然中国国家和政府旨在WTO的框架协议之内最大程度地保护本国影视产业，通过设立进口配额、所有权归属、内容审查和不定期指令等门槛规制影视产品的进口，但携带巨大资本利益

---

① 尹鸿、萧志伟：《好莱坞的全球化策略与中国电影的发展》，《当代电影》2001年第4期，第41页。
② 王琛、王燕焜（2014）：《中国2014年进口影片配额不变》，http：//cn.reuters.com/article/columnistNews2/idCNL3S0LH3IK20140212。
③ 凤凰网（2011），《居民消费占GDP的比例多年来一直在下降》，http：//finance.ifeng.com/news/special/wenjuneixu/20110209/3370888.shtml。

的国外影视产品正逐渐和国内不断崛起的同类产业形成利益同盟，以多种方式（如下文所谈及的生产领域的合作）渗入中国庞大的未开掘市场，尤其是伴随快速城市化而逐渐兴起的数以亿计、拥有较高购买力的城市中产阶层市场。未来 10 年，票房年均 25% 的复合增长率，外加电影院线和银屏数量的高速增长[①]，对于国内外的各类资本来说，都是一个偌大的市场和商机。

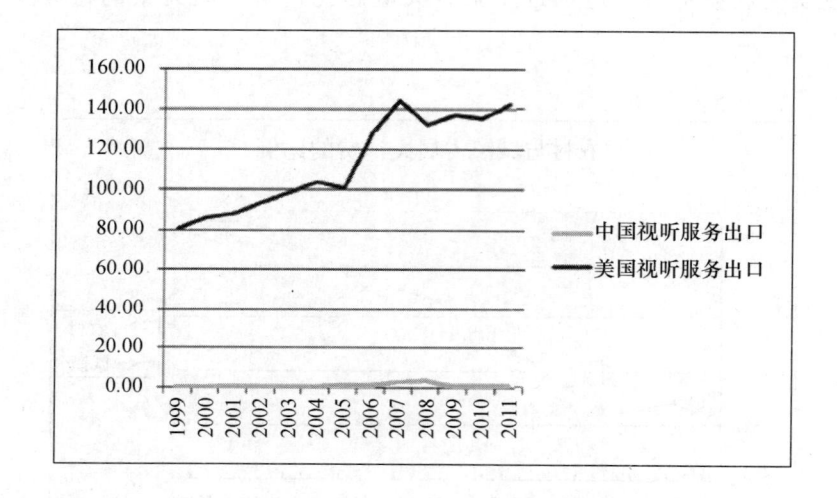

图 6 中美视听贸易出口（单位：亿美元）[②]
资料来源：中国服务贸易指南网、美国 BEA。

数据显示，与美国相比，中国的视听服务出口额规模很小，从而导致逆差在不断扩大。如图 6 所示，"中美影视产品出口逆差的趋势正在扩大，自 2006—2008 年短时间内增长外，中国影视产品出口额一直处于 5 亿美元以下，甚至不及美国出口额的零头"[③]。

[①] 中国产业洞察网（2013），《中国视频和电影产业未来发展潜力图表数据分析》，http://www.51report.com/free/3005112.html。

[②] 吴修琦、胡涵宇、曾昕、程伟恒、杨昌桢：《国家竞争优势下中美影视贸易分析及其对策》，《科技广场》2013 年第 5 期，第 253 页。

[③] 同上。

以电影为例，虽然中国生产的电影数量在过去十余年内持续攀升（见图7），但从整个营业收入的结构来说，国内电影票房仍然占据绝大部分（见图8），另外，考虑到进出口状况和美国进口分账片在中国市场上

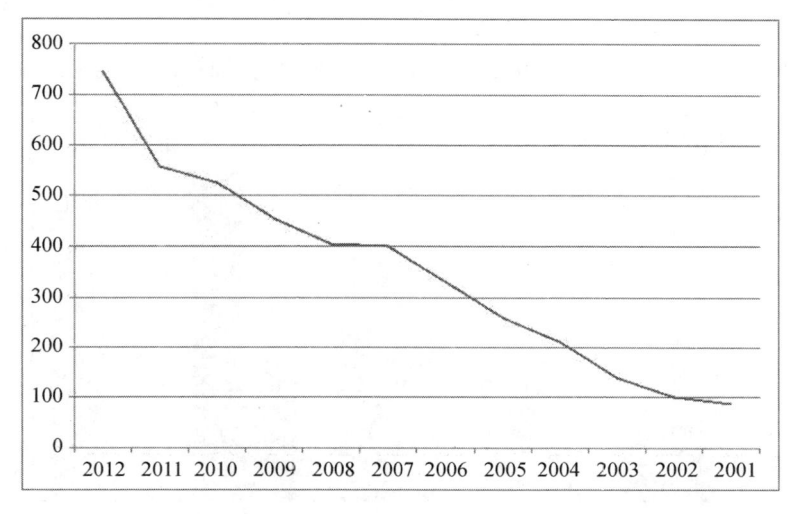

图 7　2001—2012 中国生产故事影片数

资料来源：国家统计局网站。

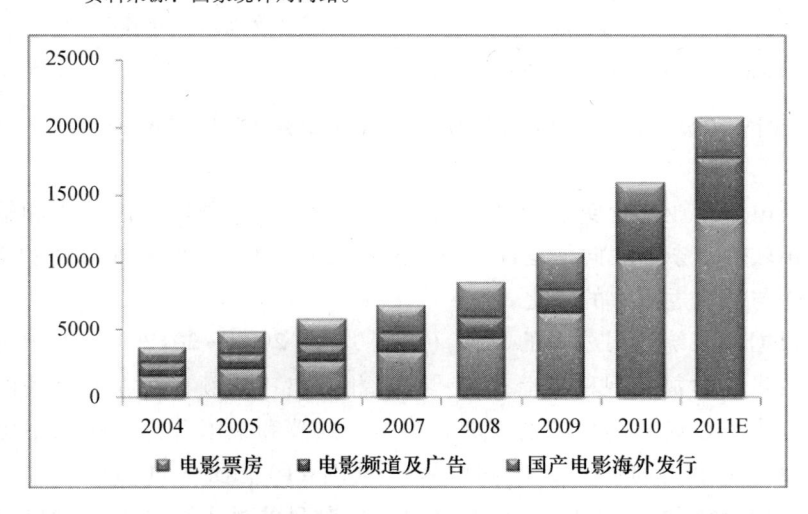

图 8　2004—2011 年中国电影行业营业收入构成（单位：百万元）[1]

---

[1]　中国报告大厅（2011），《2011 年中国电影行业研究报告》，http://big5.chinabgao.com/report/265919.html。

的强势表现，贸易逆差则十分严重。如图 9 所示，2008—2012 年间，中国电影海外发行总收入呈递减趋势，与此相反，美国分账片所占中国票房的比例却节节攀升，在 2012 年超过四分之一。

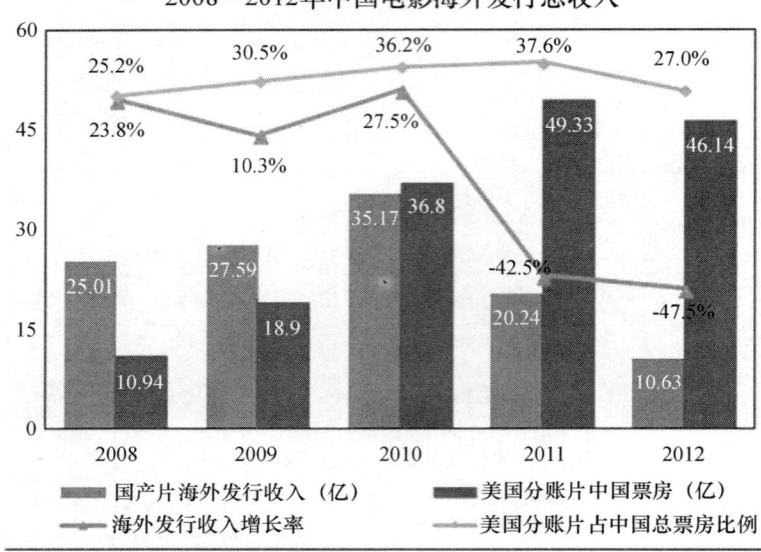

2008—2012年中国电影海外发行总收入

年份	国产片海外发行收入（亿）	美国分账片中国票房（亿）	海外发行收入增长率	美国分账片占中国总票房比例
2008	25.01	10.94	23.8%	25.2%
2009	27.59	18.9	10.3%	30.5%
2010	35.17	36.8	27.5%	36.2%
2011	20.24	49.33	-42.5%	37.6%
2012	10.63	46.14	-47.5%	27.0%

Source：enBOtracker日票房决策智库。

图 9　2008—2012 年中国电影海外发行收入和美国分账片的中国票房[①]

与电影行业比较明显的"贸易逆差"相比，中国电视的输入和输出呈现出较为复杂的面向，也日益凸显出不同类型电视节目在全球化和本土化制作与流通过程中的分化。

根据国家统计局公布的数据（见图 10），2008—2012 年间，中国电视节目进口总额呈现稳步上升态势，但相比出口总额，存在着巨大的逆差。其中，以韩国为代表的亚洲、美国、欧洲和中国香港是输入中国电视节目总额最大的四个地区和国家（见图 11）。而来自韩国、中国香港、中国台湾的电视剧又是所有进口电视节目的最主要类型。就出口来

---

① 尹栎辉：《2012 年中国电影市场特点与趋势十大盘点之二》，艺恩咨询，2013，http：//www.entgroup.cn/views/a/15751.shtml。

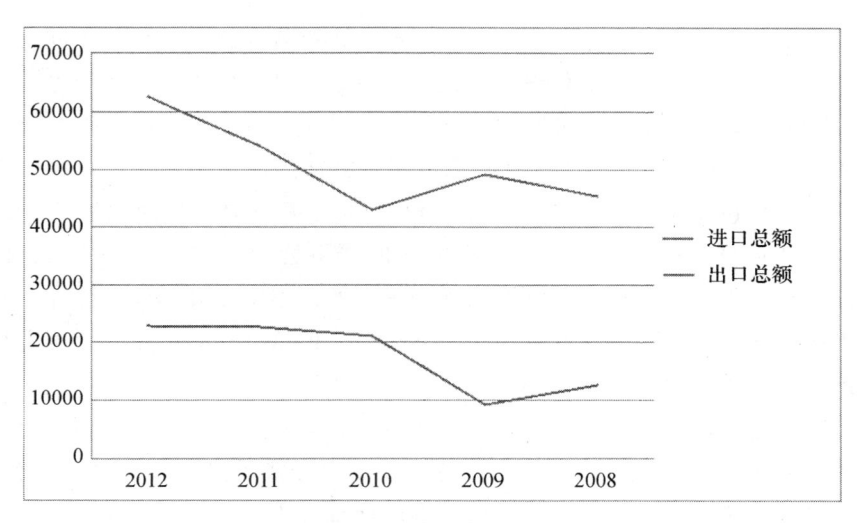

图 10　2008—2012 年中国电视节目进出口总额（单位：万元）

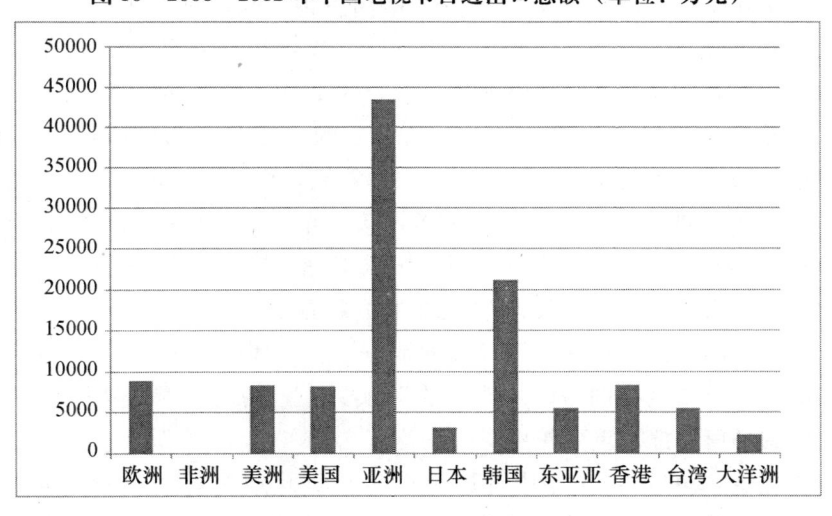

图 11　2012 年中国电视节目进口的地区差异（单位：万元）

说，中国的电视节目输出的主要目的地是亚洲，其中电视剧占比接近78%。但与韩国和日本向中国大量出口电视剧相比，中国向这两个国家的反向输出则是差距巨大。以韩国为例，2012 年向中国出口电视剧总额为 21067.76 万元，而同年中国向韩国出口电视剧总额仅为 481.51 万元，更不用说 2013 年《来自星星的你》一剧所刮起的又一波"韩流"对于中国电视剧市场的冲击。

以电视剧为例,与电影市场海外分账片占据较大比例的形势不同,中国自产电视剧的本国消费仍然占绝大多数,尤其是针对非中央级电视台(如省级卫视、省级非上星频道和市级频道,电视剧的收视比重都超过30%[1])的内容播出而言。这主要来自两个方面的原因:第一,电视剧内容的地域化色彩浓厚;第二,国家广电总局(现为国家新闻出版广电总局)对于国外电视剧进入中国电视频道的严格管理、审查乃至停播,以及近来对国外电视剧进入中国网络视频平台的诸多限制和禁令。因此,对电视剧而言,尽管仍然存在着中外贸易逆差,但这一逆差在整个中国电视剧市场上仅占相对较小的比例。

随着电视综艺市场的兴起,电视节目类型尤其是娱乐节目类型的版权购买和合作亦成为中国影视跨文化传播的重要经济手段。关于这一部分,我们将在下文有关生产环节的讨论中加以详细分析。

在上述结构性的"逆差"之外,中国影视产品海外输出的一些重要尝试也值得关注。它们从"点"的层面,为中国影视跨文化传播突破"逆差"格局提供了启发:比如,近几年来,国产精品纪录片的"走出去"步伐取得了重要突破,尤以《故宫》和《舌尖上的中国》为代表。如中国中央电视台拍摄的《故宫》,共12集,全长12小时,以此为蓝本,国家地理频道的制片人制作出了两集、全长两小时面向国际观众的《解密紫禁城》。《解密紫禁城》通过国家地理频道,以26种语言,在全球164个国家播出,全球共有29亿个家庭收看[2]。

而以江苏广播电视总台为代表的地方影视集团和BON蓝海电视台为代表的民营跨国电视网络的"走出去"实践,也为"贸易逆差"在一定范围内的平衡发挥了重要作用。

伴随着21世纪前十年中外影视产品"贸易逆差"的不断扩大,另一种新的趋势开始出现在影视跨文化传播的生产环节,那就是伴随着影视产品"全球本土化"(glocalization)生产机制的确立,单纯的产品进出口模式出现了转型,向着更加细化的、合作的、整合的方向高速前进。

---

[1] 杜宇宸:《2013年电视收视市场回顾》,CSM央视索福瑞,2014,http://www.csm.com.cn/data/editor/pdf/534ba06c1aa9e.pdf.

[2] 转引自张国涛《国际化:中国电视内容生产的现实道路》,《浙江传媒学院学报》2010年第5期,第75页。

(三) 全球本土化：超越国界的合作共赢？

不管是输入还是输出、进口还是出口，体现"全球本土化"的合拍片所占电影票房和电视收视市场的比例不断增大；而以节目模式买进或输出为代表的电视节目生产流程的国内外合作也正在成为以综艺节目为代表的中国电视市场的主流生产机制。

可以说，当下国际层面影视跨文化传播的一个重要经济逻辑，就是"全球本土化"，它已经成为跨国传媒集团进入不同国家和地区市场，与地方传媒企业共同攫取庞大市场利益的主要手段。中国也概莫能外。一方面，影视产品的生产以全球市场为目标，以获取不同国家用户市场所需要的"最大公约数"为主要考量标准，相关的要素包括语言（主要是英文）、结构（主要是被验证成功的"类型化"内容生产）、文化（去意识形态化和去政治化，以泛化的个体、家庭和群体为讲述对象）和市场推广与销售策略（比如借助具有国际视野和经验、分支机构分布广泛的广告和公关公司）等。成功的案例从美国和英国的新闻节目、纪录片，到遍布全球的综艺选秀节目、电视游戏节目、真人秀节目，再到故事情节单一、注重科技感和高投入的电影、电视剧等，不一而足。另一方面，虽然在一个"地球村"里，各国（尤其是中产阶级）共享着"全球化"所带来的不断趋同的媒介消费方式，但不同国家的文化传统和市场格局也多有差异，这就导致了全球传媒市场，尤其是消费市场在具体操作上绝非铁板一块，需要在产品生产、流通和消费过程中充分考虑目标国家和地区市场的特殊性。这就引发了有关"地方化"的考量[1]。

以电影为例，合拍片虽然在总体数量上并不占据主导，但在票房上的成绩却是遥遥领先。根据学者詹庆生（2013）的统计，2002—2012年共计生产合拍片428部，年均39部；各年票房前十名中，合拍片基本占据大半席次；这十年间，合拍片以年均10%～20%的产量创造出50%～80%甚至更高的票房份额；与此同时，近年来，合拍片也已经成为中国电

---

[1] 姬德强：《政治、经济与技术的变奏：全球传播的新趋势与新挑战》，《对外传播》2013年第8期，第8页。

影海外收入的绝对主力。① 合作的方式主要有内地主投主创，内地主投、境外主创，境外主投、内地主创，境外主投主创、内地参投，以及规模化混合制作等模式。②

现在的合拍片更多地倾向于一种市场行为，不管是中方还是外方投资和主导，主要目的是瞄准特定的观众市场，通过资本、题材、人员（导演和演员）和空间等要素的拼接，希望获取观众消费文化的最大公约数。然而，合拍片不是简单的生产要素整合，而是更深层次的文化对话。正如导演阿方索·卡隆（Alfonso Cuarón）在2014北京国际电影节上所说，要真正去了解中国，"而不仅仅是把到中国拍片看作是金融交易而已"③。在这个意义上，合拍片更多是跨国的市场要素整合，而较少跨文化的多元和深度对话。

经历了1990年代至21世纪前10年的部分借鉴和整体照搬阶段，中国电视综艺节目模式的版权贸易（如购买和合作）已经成为当下中国电视市场的主要趋势，如表2所列的节目类型、版权引进情况，正是这一趋势的代表性现象④。当然，购买节目类型也不是简单的二次生产——旧瓶装新酒，而是伴随着中国自身市场的成熟和资本的不断积累，逐渐走出了多样化的发展道路，通过"本土化"国外节目类型来实现跨文化传播后的市场效益。比如，有研究就罗列了至少三种本土化模式：角度差异模式、题材扩展模式和嫁接组合模式⑤。

虽然绝大多数的节目类型版权贸易是逆差状态，并存在着国内市场同质化扩张的趋向，但随着中国电视娱乐市场的蓬勃发展，尤其是竞争的不断加剧，那些经国外版权本土化而发展而来的，具有中国转型社会和文化传统特色，并取得了巨大市场（主要是广告，包括跨屏广告）成功的节目模式，也开始了"逆向"向海外输出的尝试，比如《中国好歌曲》。这一点状的尝试暂时无法改变整体上输入远远大于输出的态势，也无法回答

---

① 詹庆生：《产业化十年中国电影合拍片发展备忘（2002—2012）》，《当代传播》2013年第2期，第39—40页。
② 同上书，第40页。
③ 肖扬：《中国合拍片，为何中外难合拍?》，《中国青年报》2014年4月18日，第B08版。
④ 符音：《引进类综艺节目的本土化研究——基于皮亚杰结构主义视角》，硕士毕业论文，重庆大学，2013年，第13—17页。
⑤ 董玲玲：《综艺节目引进中的本土化创新研究——以深圳卫视〈年代秀〉为例》，硕士学位论文，山西大学，2013年，第14—15页。

国内有关中国电视节目原创力缺失的各类批评，但至少在资本和市场逻辑内，我们看到了文化产业化链条中，中国开始向上游迁回前进的努力。

表 2　　　　　　　各电视台版权引进节目情况①

电视台	栏目名称	原版名称	版权方	节目类型	播出时间
央视	《舞出我人生》	《Strictly Come Dancing》	英国 BBC	舞蹈真人秀	2013.4 至今
湖南卫视	《我是歌手》		韩国 MBC	唱歌真人秀	2013.1.1—4.12
	《中国最强者》	《X Factor》	美国 FOC	唱歌真人秀	2013.4.5 至今
江苏卫视	《一站到底》	《Lauf at Hamiliyon》	美国 NBC	答题益智节目	2012.3.2 至今
	《星跳水立方》	《Stars in danger: High diving》	德国	明星跳水比赛	2013.04.06
浙江卫视	《王牌谍中谍》	《POKER FACE》	英国 ITV	全民游戏类节目	2013.1.7 至今
	《转身遇到 TA》	《The Choice》	美国 FOX	交友节目	2012.1.26 至今
	《中国好声音》	《The Voke》	荷兰 RTL4	唱歌真人秀	2012.7.13—2012.9.30
东方卫视	《妈妈咪呀》	《Super Diva》	韩国	唱歌真人秀	2013.1.15 至今
	《舞林争霸》	《So You Think You Can Dance》	美国 FOX	舞蹈真人秀	2013.2.16 至今
	《中国偶像》	《American Idol》	美国 FOX	歌唱真人秀	2013.5 开播
安徽卫视	《势不可挡》	《Don't Stop Me Now》	Fremantle	真人秀	2012.10.26 至今

三　文化主权与影视产品的跨文化传播：国家行为与市场规制

在市场经济和商品经济的浪潮中，中国文化的产业化步伐不断加快，其深度和广度也在不断拓展。然而，产业化并不能解释中国影视跨文化传播的全部，更不用提本文因篇幅所限并未深入探讨的影视产品跨文化传播

---

①　符音：《引进类综艺节目的本土化研究——基于皮亚杰结构主义视角》，硕士毕业论文，重庆大学，2013 年，第 17 页。

的"文化折扣"问题。严肃而全面的历史研究，需要我们关注那些非市场、带有其他利益和意识形态诉求的跨文化传播形态。其中，以中国国家和政府为主体的跨文化传播或者说"对外宣传"实践，实际上构成了中国影视跨文化传播双重逻辑的另一面。

在上文引述的《好莱坞的全球化策略与中国电影的发展》一文中，尹鸿和萧志伟早在 2001 年就明确地描绘出一幅至今已经被验证为事实的图像："在美国的全球化战略中，好莱坞电影不仅可以在中国开辟一个仅次于美国本土的第二大市场，为美国带来丰厚的经济效益，而且还可以通过那些被注入了复杂的社会、心理欲望的男女明星、那些经过精心包装的英雄故事和爱情传奇来编制一个个魅力无穷的美国语言，从而不仅从经济上而且从文化上征服这一曾经具有世界上最悠久和辉煌文明的东方民族。因此，对中国电影来说，如何面对好莱坞，就不仅是一种电影业的生存问题，同时也是文化主权问题。"[①]

所谓"文化主权"（cultural sovereignty）即一国对其所拥有的文化形态的排他性的、自主自决的权力。一国的文化形态可以是多元的；可以是在本国领土内的，也可以是在领土外；尽管拥有自主自决权，但不排斥与其他国家文化平等对话的机会和可能。对"文化主权"的认识和保护一般来源于国外政治、军事和经济力量对本国文化传统的侵蚀和挪用。以饱受美国强势消费主义文化影响的加拿大为例，纵观其文化政策的演化历史，我们发现：虽然存在系统性的"依附关系"，但自 20 世纪初开始，随着具有跨境传播潜能的广播等大众媒体的出现，加拿大就发展出了以"保护本国文化多样性"为主旨的各种文化政策，从源自政府支持的公共文化机构，到针对文化经济过程细致入微的保护，如对本国文化产业劳动力和文化生产力要素的保护等等；即便在北美自由贸易区签订时，加拿大也保留了有关文化产业的豁免条款，以抵制美国文化的大举入侵[②]。

中国基于"文化主权"概念的跨文化传播——或者更具体来讲，对外宣传——一般借助于大众媒介和文化机构两种渠道。前者以影视产品的制作和输出为代表，所谓"请进来"和"走出去"，后者以孔子学院为代

[①] 尹鸿、萧志伟：《好莱坞的全球化策略与中国电影的发展》，《当代电影》2001 年第 4 期，第 42 页。

[②] 姬德强：《公共政策、规制的市场与国家安全："依附之路"上的加拿大》，载胡正荣等主编《中国国际传播发展报告（2014）》，社会科学文献出版社 2014 年版，第 352—354 页。

表。近年来，随着中国媒体尤其是新闻媒体"走出去"工程的加快，国际新闻报道的"中国声音"、"中国视角"和"中国面孔"开始更多地展现在国际舞台，其在跨文化传播方面的影响也在逐渐显现。

以电影为例，21世纪至今，通过各类电影节"请进来"和"走出去"的非市场国家推广活动此起彼伏，但不可否认的是，更多的中国电影"走出去"还是借助国家和市场的一双手，而不是偏重其一。回顾历史，尽管最早走出国门的中国电影可以追溯至1923年[①]，但大规模的电影跨文化或国际传播则发生在1949年新中国成立以后和2001年加入WTO之后这两个时间段。电影的跨文化传播与中国国家的建立和发展密切相关，这一过程包含单纯的"对外宣传"和"控制的商品化"（controlled commodification）两个层面。后者借用自学者伊恩·韦伯（Ian Weber）（2005）对中国广电数字化的分析，他认为，尽管媒体在社会主义市场经济内基于一个商业的、利润导向的模式发展，但仍受制于具有决定性影响力的国家和政府。换句话说，不管是"十七年"中对社会主义阵营国家的输出，还是加入WTO之后更多的商业化海外推广，中国电影的跨文化传播，都是国家行为控制下的市场化，与意识形态管控和对"文化主权"的维护保持着密切的互动。

电视剧也在中国的"文化主权"和"文化外交"中发挥着日益重要的作用。具有典型意义的是，2010年12月，国家广电总局批准向非洲译制和推广电视剧《媳妇的美好时代》，并于2011年11月以斯瓦西里语播出，获得了时任国家副主席习近平的肯定和在当地较好的收视成绩及社会反响。在这一成功尝试的基础上，为了在非洲树立中国良好的国际形象，"国家广电总局从2013年起着手组织实施对非影视合作工程，每年翻译10部优秀国产电视剧、动画片、纪录片和52部电影，供非洲各国主流电视媒体播出，让非洲观众有更多机会感受中国文化，了解当代社会风貌"[②]。除此之外，2014年7月，习近平主席访问拉丁美洲期间，把《失恋33天》等影视剧作为国礼送给各国贵宾。在这一系列国家行为背后，

[①] 孙向辉、张岚：《中国电影的国际传播：历史、现状与对策》，载胡正荣等主编《中国国际传播发展报告（2014）》，社会科学文献出版社2014年版，第131页。

[②] 2012年8月23日，国家广电总局局长蔡赴朝在首届中非媒体论坛开幕式上的讲话，转引自闫成胜《电视对外传播的本土化策略初探——以〈媳妇的美好时代〉在非洲传播为例》，《对外传播》2013年第10期，第15页。

我们可以窥探影视产品正逐渐成为中国国家形象在国外建构的重要中介，也成为中外文化交流的重要空间。值得注意的是，近年来推广进入亚洲、非洲和拉美的诸多影视剧，更多地描绘现代城市中国人的生活现实，从而在一定程度上拉近了国外观众在识别这类"中国故事"时的文化差异。但显而易见的是，这类"精英主义"的"中国故事"就像国家形象宣传片一样，仅仅聚焦于复杂中国社会和文化的一个面向，不仅无法真正有效地促进中外不同文化传统间的交流——反而是有效促进了以城市消费主义文化形态为基础的认知融合，并继续塑造着一个文化意义上的"东方"和"他者"形象，而且在很大程度上会给国外批评言论关注中国发展和转型的其他层面——如文化传承和社会分化——预留了空间。

除此之外，2009—2012年间中国国家形象宣传片在国外尤其是美国的播放，凸显了在国家行为层面，通过影视产品进行跨文化建构中国国家形象的努力。与上述电视剧的推广和输出逻辑一致，什么样的中国在形象宣传片中被讲述，成为围绕这一宣传片而进行的论争的焦点问题。这个跨文化传播过程渗透的更多是政治和意识形态问题，而非单一的经济和市场问题。

四 产业、主权与多样的中国跨文化传播主体

在上述梳理和分析之后，我们认为，有必要在文章最后提出一个核心的概念问题，以有助于未来的中国跨文化传播研究，即如何识别构成"中国"跨文化传播实践的多种主体。

"中国"作为一个政治经济和文化意义上的"国家"，绝非简单地可以拿来不加区分地使用——比如在讨论"中国电影"时往往与"华人电影"不加区分，什么是"中国电影"，从投资、制作团队、发行、票房还是故事要素等角度出发，会得到更加复杂的结论。事实上，正是各种传播主体都将自身实践合法化为"中国"的跨文化传播，从而使得我们在学术研究中容易混淆不同主体及其利益诉求，以及不同的意识形态根基。基于对影视跨文化传播的历史和现状研究，我们认为至少有三种主体值得区分，分别是：私营企业，党和政府以及国有单位，另外是文化意义上任何以中国作为"想象的共同体"的个人和组织。可以说，这三个主体在跨文化传播实践中存在目标、利益和文化诉求上的交集，但随着文化产业

化、市场化和全球化的进程不断加剧，文化产业作为一个重要的经济增长点不断被认可和发展，不同主体在中国跨文化传播实践中的利益分化日趋明显，与国家整体的"对外宣传"政策的距离也逐渐拉大，伊恩·韦伯所定义的"控制的商品化"的边界在哪里，值得党和政府以及社会各界的关注。比如民营影视公司华谊兄弟2005年起成立了自己的国际发行公司，直接营销公司自己的电影，凭借多年的发行经验成功地将影片销往海外市场；而国家"走出去"工程的重点则落在了CCTV等为代表的国有媒体之上，其间的张力需要深入研究。

首先，私营企业虽然有着非"国家队"的资本和政策劣势，但在市场经济不断完善、国内国际市场高度对接的背景下，逐渐走向跨文化影视产品生产和流通的前台，更以产业链的方式参与全球文化产业的重构。在这个意义上，私营企业的逐利需求、对产业化的推动和由这一"经济基础"所决定的所拥护的"新自由主义"意识形态，是否能够继续与国家的"文化主权"诉求相平衡，不断扩张的市场化是否有可能撑破"文化主权"的边界，值得学术界关注。

其次，党和政府以及国有文化单位，在整个中国跨文化传播实践中扮演了多种角色：一方面，党和政府需要在变幻多端的国际局势下通过影视为代表的传媒渠道，维护和提升中国国家形象，为外交和经贸创造良好的国际舆论环境，以及在可能的条件下推进国际信息与传播秩序的重构；另一方面，大型国有文化企业需要在国家形象传播方面提供最有利的物质和渠道基础，但也不得不面对跨国传媒集团的多方面紧逼——在国内是党政机关或事业单位或国有企业，但走出去就成为跨国集团的市场竞争对手，这是一个新的"双轨制"，如何在这一"双轨制"中找寻到国家文化主权和安全与市场竞争的平衡点，是一个重要的理论和实践议题。学者赵月枝（2013）在一篇分析中国"软实力"的文章中不无担心地观察到，"中国的国有媒体都已成为了以市场为导向的商业集团，共享着同一种支撑着西方媒介集团向外扩张的市场扩张逻辑。对于中国的国有传媒企业来说，对外全球扩张既是一种商业策略，又是一项国家使命"[①]。在这个意义上，国有媒体的代表性和合法性在哪里将是我们研究中国媒体跨文化传播的重要政治起点。

---

① 赵月枝：《国家形象塑造与中国的软实力追求》，《文化纵横》2013年第6期，第56页。

最后，除了私营企业的市场行为和带有"文化主权"色彩的国家行为之外，一般意义上中国的跨文化传播需要纳入包括其他社会组织和大量社会个体的传播实践，因为一个文化意义上的国家身份，仍然是他们进行跨文化传播实践的对话起点，而由其所代表和传递的"中国"概念又带有怎样的地域、种族、社会阶层、城乡、代际以及个体特征，是任何一个简单化的理论化尝试所难以涵盖的。正如 2012 年在纽约时代广场所播放的国家形象宣传片所引发的争论一样，在一个转型社会、群体分化的环境中，"群像"的展示方式也许已经失去象征力和代表性了。在这个意义上，未来中国的跨文化传播也许更多地需要抛却"高大全"的宏大叙事，反而聚焦于具体的群体、个体或组织，才有可能取得期待中的跨文化认同。中国可以在 CCTV，中国也可以在"梁庄"[①]，在每一个中国人。

参考文献

Chen Wang & YankunWang (2014), The annual quote of imported films unchanged in 2014, http://cn.reuters.com/article/columnistNews2/idCNL3S0LH3IK20140212 (Retrieved on April 20, 2015)

Chengsheng Yan (2013), An exploration of the localization strategies of the internationalcommunication of Chinese television: taking the *Beautiful Times of Daughter-in-Law* in Africa as an example, *International Communications*, No. 10, 2013, pp. 13 – 15.

Chinabgao, The 2011 report of Chinese film industry, http://big5.chinabgao.com/report/265919.html (Retrieved on April 20, 2015)

Deqiang Ji (2013), Theinterplay of politics, economy and technology: new trends and new challenges ofglobal communication, *International Communications*, No. 8, 2013, pp. 7 – 9.

Deqiang Ji (2014), Public policy, regulated market and national security: Canada on the dependencyroad, in Zhengrong Hu, Jidong Li & Deqiang Ji (eds.), *Report on China's International Communication* (2014), Beijing: Socialscience academic press, pp. 350 – 362.

Fei Jiang (2007), Fromacademic frontier to theoretical foundation: exploring the objects ofintercultural communication studies, *Journalism & Communication*, No. 3, 2007, pp. 31 – 37.

Guotao Zhang (2010), Internationalization: the practical road for the production of Chinesetelevision content, *Journal of ZhejiangInstitute of Media Communications*, No. 5, 2010, pp. 70 – 76.

---

① 梁鸿：《中国在梁庄》，中信出版社 2014 年版。

Hong Liang (2014), *China in Liang Village* (Zhongguo zailiangzhuang), Beijing: Citic Press.

Hong Yin & ZhiweiXiao (2001), The global strategy of Hollywood and development of Chinese film, *Modern Film*, No. 4, 2001, pp. 36 – 49.

Insight, A quantitativeanalysis of the future market of Chinese video and film industries, http://www.51report.com/free/3005112.html (Retrieved on April 15, 2015)

Jian Meng (2001), Theexpansion of cultural imperialism andChina's resistance: entering WTO andthoughts on the cultural communication of Chinese film and television art, inthe proceedings of the first high-level conference of film and television-globalization and the destiny of Chinese film and television, pp. 81 – 82.

Lihui Yin (2013), Teninventories of the characteristics and trends of Chinese film market in 2012 (2), http://www.entgroup.cn/views/a/15751.shtml (Retrieved on April 15, 2015)

Lingling Dong (2013), *A study of the local innovation of importedentertainment programmes: Generation show of Shenzhen Satellite channel as acase*, master thesis of Shanxi University.

Qingsheng Zhan (2013), Thememorandum of Chinese co-production film from 2002 to 2012, *Contemporary Cinema*, No. 2, 2013, pp. 39 – 47.

Starmass International, China import and export trends, http://www.starmass.com/china-review/imports-exports/import-export-trends.htm (Retrieved on April 15, 2015)

Vincent Mosco (2009), *The Political Economy of Communication*, SAGE Publications Ltd.

Xianghui Sun & LanZhang (2014), The international communication of Chinese film: history, presentand strategies, in Zhengrong Hu, Jidong Li & Deqiang Ji (eds.), *Report on China's InternationalCommunication* (2014), Beijing: Social science academic press, pp. 130 – 145.

Xianping Lang (2014), Weekly talk show atGuangdong satellite TV channel, July28, http://www.iqiyi.com/v_19rrmug5u0.html?src = frbdaldjunest (Retrieved on April20, 2015)

Xiuqi Wu, Hanyu Hu, XinZeng, Weiheng, Cheng & Changzhen Yang (2013), Analysis and countermeasureson trade in film and television betweenChina and USA under national-comparative advantage, *Science Mosaic*, No. 5, 2013, pp. 252 – 256.

Yang Xiao (2014), Chineseco-production film, why is it so difficult? *ChinaYouth Daily*, April 18, 2014.

Yin Fu (2013), *A study of the localization of importedentertainment TV progammes: from the perspective of Jean Piaget's structuralism*, master thesis of Chongqing University.

Yuchen Du (2014), Aretrospection of the TV audience market in 2013, http://

www.csm.com.cn/data/editor/pdf/534ba06c1aa9e.pdf （Retrieved on April 20, 2015）

Yuezhi Zhao (2013), Thebuilding of national image and the pursuit of soft power for China, *Culture Review*, No. 6, 2013, pp. 52 – 59.

Zhengrong Hu &Deqiang Ji (2011), Intercultural communication studies inChina: aninterdisciplinary inquiry, *ModernCommunication*, No. 3, 2011, pp. 11 – 17.

作者简介

胡正荣，教授、博士生导师，中国传媒大学副校长、教育部人文社科重点研究基地——中国传媒大学广播电视研究中心主任。兼任国务院学位委员会新闻传播学评议组召集人，国家哲学社会科学基金项目评委，教育部 2013—2017 新闻传播学类专业教学指导委员会主任委员，国家留学基金委评审会委员等职。主要研究领域为传播学理论、媒介政策与制度、传播政治经济学、新媒介与国际传播等。讲授课程有新闻传播学理论研究、传播学、媒介研究等。主持"传播学"国家级精品课、国家级教学团队和中国传媒大学"发展中国家国际传播硕士项目"。主持国家社科基金重大招标项目 1 项，国家级、省部级和大型横向科研项目四十余项。出版著作数十部，中英文论文二百三十余篇，发表成果近 300 万字。曾任美国哈佛大学肯尼迪政府学院客座研究员（2005）、英国威敏大学勒沃霍姆访问教授（2006）、英国威敏大学荣誉博士（2011）。应邀在 IAMCR 等多个国际顶级传播学会会议上发表主旨演讲。兼任新加坡 *Media Asia*、韩国 *Journal of Communication Research*、英国 *Global Media and Communication*、香港《传播与社会学刊》、《现代传播》等国内外期刊编委，亚洲媒介信息与传播中心（AMIC）顾问委员。2000 年列为教育部"跨世纪优秀人才"，2001 年获国务院政府特殊津贴，2006 年获"新世纪百千万人才工程"国家级人选。

姬德强，博士，教育部人文社科重点研究基地——中国传媒大学广播电视研究中心助理研究员。主要研究领域为传播政治经济学、国际传播、社会转型与媒介改革等。讲授课程包括传播政治经济学、中国媒介问题研究和 Communication Theories、Media and Chinese Society（面向国际学生）等。主持教育部人文社科青年基金项目一项，参与国家和省部级研究项目多项，跨国研究项目一项。曾在 *Chinese Journal of Communication*，*Media*、

Culture & Society，*Javnost-the Public* 等 SSCI 刊物合作发表英文论文 3 篇，独著和合著中文期刊论文二十余篇，著作章节十余篇。香港城市大学访问研究生（2009），加拿大西蒙·弗雷泽大学传播学院访问学者（2010—2011），曾赴美国、英国、芬兰、爱尔兰等多国参加国际学术会议。自 2006 年起，担任传媒学术网主编。

欧洲视角下的跨文化传播：
挑战与新路径

丽莎·萨罗·李

吴　瑾　孙彦然　译

摘　要　跨文化传播的最本质的部分就是文化与传播关系的研究。文化的概念各式各样，它主要取决于多学科领域的组成。全球和本土的多元文化、迁移率和技术的发展等越来越多地挑战改变着我们对于文化影响力如何展现在传播中以及如何才具备跨文化能力的理解。变幻的现实呼吁着新的、不同的问题、方法和方法论。早先的概念基础、比喻和术语受到了质疑，跨文化的学者也正在寻找着新的科学范式、模型和工具作为实际的应用。在理论构建方面，我们从文化的本质主义观走向了更倾向于构成主义的方法。在这个具体的范式变化的过程中，有时也在跨文化传播领域称之为"理论动荡"（Poutiainen 2014）的时期，我们需要多种声音和跨文化的对话。在实践应用领域，在复杂的文化情形下我们要具备一定的能力理解具有文化复杂性的人们，并与之生活和工作，这样，我们就需要跨文化的对话。此外，为了让跨文化传播成为对现实及实践有着影响的真正的学科，跨文化学者自身要从比较观察转向对话，从两极化转向相互学习。此论文将对早期的有关职业化交流的跨文化传播研究和理论框架进行批判性的讨论，重点是在欧洲，尤其是北欧的研究和视角。跨文化传播被看作是一个学习的过程，而跨文化能力是一个相互学习的过程。基于此，跨文化传播最好是跨文化间的对话。

关键词　欧洲传播　跨文化传播　跨文化对话

马尔科姆·格拉德威尔（Malcom Gladwell）在其新近的一本畅销书《出类拔萃之辈：成功的秘密》（Outliers: The Story of Success）（2009）中展示了文化与交流间精妙绝伦的相互关系。书中的"空难种族论"以大韩航空为例来说明语言与交流也会成为导致包括空难在内的一系列后果致命的事件的因素。而且在格拉德威尔看来，空难无一例外可归咎于团队协作与交流间的失误。（Claduell，2009：215）

在大韩航空1997年关岛空难的这个案例中，飞机的黑匣子透露了当时机长与他的机组成员（飞机副驾和飞行工程师）之间的交流情况，由此反映了这些韩国专业飞行人士的文化传统。首先，事发前机组人员交流时使用的语言是韩语，而韩语浓缩的是韩国社会等级森严，论资排辈的现实。韩语有六种不同的称谓——正式的尊称、非正式的尊称、直接称呼、熟人间的称呼、亲密的称呼和简称。对话人需要根据双方的关系来选择合适的称谓。而对于飞机副驾和飞行工程师而言，机长是他们的上级，与机长交流唯一可用的语言便是敬语。此外这种敬语需要深思熟虑，细致入微地考虑到说话的内容和方式。在飞机飞向终点关岛时，气候条件变得异常恶劣，此时副驾决定提醒机长，但是他用的是委婉的韩语："您觉得雨是不是下得更大了？就在这片区域？"然而他真正想表达的是如下内容："机长，您承诺我们进入目视进近（飞机术语），但是却没有备选方案，现在外面的天气非常糟糕，尽管您认为我们可以及时突破云层看到跑道，但是如果不行怎么办？"（Cladwell，2009：252）。当副机长的暗示没有被机长采纳时，他没有再多说一句，保持了沉默。而就在坠机前的关键时刻，飞行工程师进行了另一次暗示："机长，飞机雷达给了我们很大的帮助。"而这番绝望的只言片语背后的意思是："今晚不适合靠肉眼的判断来降落飞机，看看飞机雷达告诉了我们什么，我们在前方遇到麻烦了。"（Cladwell，2009：252-253）。然而此时飞行工程师既没有进一步跟进，也没有采取任何措施来更正机长的错误，尽管他受过训练，在紧急情况下应该做出这些举动。最后，黑匣子陷入了寂静。

在此次空难后，大韩航空开始重点关注机组人员的交流事宜。该公司的机组交流用语变成了英语——全球航空的通用语。该航空公司开始评估所有机组成员的英语熟练度，并设立项目来辅助那些航空专用英语有待改进的人员。这一举措的目的重点在于让韩国员工有个可替代的身份，在此身份之下，他们在专业领域的背景中可以有着不同的行为，更加自由，更为平等。随后，其他的措施也在跟进。这包括对那些有着自主意识，可以独立完成手头工作且出类拔萃的国际团队飞行员进行国际和跨国背景下的训练。

上述以航空为背景的大韩航空的例子说明出于安全和跨文化沟通能力的考虑所进行的语言的转换会导致组织文化的改变。然而，如今在众多国际职业背景下，形势会变得更为复杂。

本文将要讨论的是跨文化传播的理论与实践如今所遇到的挑战。这些挑战是多重的。全球化发展的效果之一就是各个社会越来越多地呈现文化多元化。无论在全球还是某个地区，人们会越来越频繁地遇到与自己持不同世界观、价值观、交流方式和习性的人群。而技术的发展更加促进了这种碰撞。文化与身份也在这种跨文化的互动中接受谈判与重建。理论上，跨文化传播正在进行范式上的转变，即一种所谓的理论上的混乱（Poutiainen，2014），它有着个性的舞台，科技革命的特征（Kuhn 1970）——不同理论流派间的竞争、批评、辩论与分化，甚至是对持不同观点者进行的妖魔化。从概念的角度而言，文化的静态和本质概念备受质疑，而且正被动态的构成主义所取代，使得我们对跨文化能力的理解和概念化也因此在改变。实践中，具有文化复杂性的个体在复杂的文化环境中进行"现实谈判"（Friedman & Antal，2005；Friedman，2014）的能力也显得至关重要。

在一个多元文化的世界里，众多文化与大量的个人经历越来越多地以各种形式参与到国际互动中。应对如此复杂的事情，我们无法从百科全书上得到简单的指导，因为我们没有文化交流行为方面的百科全书（Pan, Scollon & Scollon 2002）。然而那些在全球背景下工作的人们却需要工具去分析、理解他们跨文化背景下的经历，并且为了认识今后不同文化间的碰撞而继续学习。在跨文化传播领域，已有一些以研究为背景的框架和分类。这些理论框架和分类因其强大的解释力，以及对跨文化企业管理和市场营销等领域中为人所知的适用性，在职业人士、外籍人士和国际商旅人士中广受欢迎。而国际职业生活中变化的现实却对早先的研究提出了修改的要求，并呼唤着新的发现和方法。

在如下篇幅中，笔者将对早先的与跨文化职业交际领域有关的跨文化传播研究和框架展开批判式的讨论。职业交际在亚洲，尤其是针对亚洲人的挑战将会是本人的兴趣点所在。然而本文主要强调的还是欧洲人，尤其是北欧学界的视角——这其中当然包含我自己的视角。在本文中，跨文化传播被视作是一个学习的过程，而跨文化的能力则是相互学习的过程。跨文化传播最佳的形式莫过于跨文化的对话。而本文最核心的意图是反映在跨文化交往中，文化与传播的相互作用所产生的美感与困惑。

一 跨文化能力、跨文化素养和跨文化对话

跨文化能力是跨文化传播的一个核心研究领域。其他有关跨文化能力的概念包括：跨文化意识、跨文化适应力和跨文化敏感度（Bennett e. g.，1998，2013）、文化智慧（Earley & Ang，2003），以及跨文化效果（Kealey e. g.，1990，Kealey & Protheroe 1995，Vulpe et. al，2000）。丽萨·尤斯塔洛（2009）预测到，在专业化背景下，理解不同文化，各种文化的子区域以及文化间的细微差别将是全球市场中富于竞争力的主要因素之一，其他因素则包括国际交流和国际政治等。尤斯塔洛认为，文化资质指的是对客户的文化背景、美学、道德理念和交流方式的理解，并与不同客户群和亚文化人群进行公开对话的能力。

包括心理学、传播学和语言学等多个学科都对跨文化能力进行着研究。对目标人群的研究可分为四个焦点（萨罗·李，2006，2007，2009，2011；同见卡斯提格里欧尼：2013，其中的"同方向性模型"）：

1)"我们在那里"（在海外的外籍人士，例如：在中国的芬兰人）；

2)"他们在这里"（移民，例如：在芬兰的越南人）；

3)"我们都在这里"（针对的是在本土日益增长的多元文化主义，包括本土文化中的国民）；

4)"我们都在这里和那里"（针对全球的多元文化主义，虚拟空间和现实中面对面的接触）。

不同的聚焦反映的是世界范围内的国际化和全球化的进程，以及跨文化能力所面临的由多元文化构成的生活和社会所带来的挑战。研究焦点和目标人群近年来也发生了一些变化。早先的研究主要集中在外派人员，即被他们所在的组织在一个特定时间内派遣到海外的人们（"**我们在那里**"）。虽然这些研究在外派人员各自所在的目的地仍发挥着作用，但它们同时也在发生着变化。虽然外派人员过去大都以高级别的职业人士身份出现，但是现在他们却成了与本地人地位相同的合作伙伴并共同完成任务。而本土背景下的跨文化能力研究则有两个主要的研究焦点。"**他们在这里**"的视角是有关在永久居留基础上的移民对新地方的适应过程研究。

最近几年内，另一个具有包容性的"**我们都在这里**"的视角被认为

是聚焦本土背景下的跨文化能力的跨文化研究。这反映了人们越来越意识到自己生活在拥有多元文化和多样性的社会。一个多元文化的社会由越来越多的来自不同国家有着不同民族背景的多样性人群组成。除却单纯的适应，那些有着复杂文化背景的人们从他们自身丰富的多元文化背景和他们与各种各样的地区、宗教、职业和组织间的附属关系中富于创造性地构建着自己的文化（Friedman, 2014）。

第四个跨文化能力研究的焦点是极富包容性的"**我们都在这里和那里**"的视角。地点的暂时性和独立性以及文化多元主义是如今的职业生活的特征。事实上，人们在团队中以会员身份工作的年限也是起伏波动，长短不一。他们彼此会遇到各自不同的文化，或是所有人都陌生的文化。他们在各种团队中，以各种语言，或是那种不是任何组织成员的母语的通用语进行交流。他们不仅需要掌握多种语言，而且要能够通过不同的职业文化进行工作和交流（Holden, 2012）。

在上述后两个分类中——"**我们都在这里**"和"**我们都在这里和那里**"——多元文化主义已不再被异化。人们渴望并尊重社会的多样性和职业化的生活，并因此而感到满足。

文化素养是指阅读能力以及对一个地方交织的多样文化的理解能力。（Wood et al. 2006）。如今的全球性现实是，人与观点可以很容易地跨越地理上的边境，而且文化也在连续不断地变化。新的外来影响被吸收，与本土文化因素混合，并以一种创新性的方式得以重新使用。那些得以评价、比较、解码交织在同一地区的不同文化，以及能够总结出人们可视可闻的信息的意思和意义的能力，即是文化资本的一种表现形式（Wood et. al. 2006）。文化素养使得我们得以在一个存在差异的世界中敏锐而有效地行动。

亚洲素养有时指的是在具体的亚洲背景下的跨文化能力。亚洲素养狭义上指有关亚洲、亚洲人以及亚洲传统和身份的相关知识（Irwin, 1996）。对于跨文化能力而言，亚洲素养通常要以上述所提到的"**我们在那里**"的概念来理解（Salo-Lee, 2006, 2007, 2009, 2011），也就是去了解有关"他们"的知识。从广义上来说，就本文的举例而言，亚洲素养还包括对自我和自我文化的认知，对跨文化传播动力学和传播背景的理解。

在对亚洲的认知上，有着数以"百万计的真理"，琳达·雅各布松

(1997) 在提及中国时如是说。亚洲是片广阔的大陆，它自身的文化和语言就存在着极大的多样性。如同其他地方一样，这里有地区的差异（南北方/城乡），有不同年代的人之间的差异，性别差异和教育上的差异，也有上千种语言，各式方言遍布亚洲。"亚洲传播"就如同"欧洲传播"一般，概念过于宽泛、笼统。

跨文化对话最小的假设前提就是参与者能够懂得并认识到他们自身的世界观并有能力将它明确地表述出来。同时，他们也应该能够理解他者的世界观，并通过联合对话来发展共同的语言并找到共同的基础（Kersten, 2000）。

对话是超越交谈的一种沟通形式。这种积极的双向交流为的是能够达成相互理解。对话前期预想的和所创建的是一种氛围，在这样的氛围下理解得以达成，新理念得以萌发。在一组对话中，不同的观点成为新方案的源泉，文化也成为了有价值的资源。（Salo-Lee, 2003b, 2007, 2011）

二 文化与传播：相互间巧妙的连接

文化可以从多种视角进行研究。跨文化传播的视角就是如何看待文化与传播在人类交往中的相互作用，无论这种交往是面对面的，还是虚拟的。跨文化传播的研究范畴包括：认知、属性、评价、非语言和语言传播，传播方式以及价值（Bennett 1998；2013）。

不同领域的学界著作对于文化有着不同的定义。在跨文化传播领域中，对于文化的定义和比喻反映的是这一概念从静止的、封闭的本质主义的观点向更具活力的、开放的构建主义的观点。"文化是有关思想的集体的规划，它将一类群体和类别与另一类区分开来"，这是 20 世纪 80 年代以来霍夫斯塔德有关文化的著名定义。可以说，这个理论，包括它的研究目的、分析单元以及跨文化传播的研究方法，与它的时代是一致的。同时代的比喻还有"文化如洋葱"，这呼应了新世纪的思考方式。如今，其他的一些比喻更为适用，例如"文化如海洋"（Fang, 2006；Fang & Salo-Lee, 2004）、"文化是种进程"（Bateson, 1935；Scollon, 1997）、"文化视如产出"（Hansen, 2003）、"文化如资源"或是"文化如工具箱"（Scollon, Scollon & Jones, 2012）、"文化集合"（Friedman & Antal, 2005；Friedman, 2014）或者"文化如一次启发式的教育"（Scollon, Scollon & Jones, 2012）。

弗里德曼（2014）区分了两种文化分析的潮流。第一次潮流始于20世纪80年代早期，它主要聚焦于集体意义体系下拥有文化的群体思想（这些群体包括少数民族、国家和组织）。第二次潮流自2000年始，主要聚焦于文化建设的过程和对文化的战略性应用。个人并不拥有文化或归属于某类文化，相反，他们构建文化，文化属于他们。第二种潮流的文化分析挑战着文化作为"一个统一的体系，推动人们的行动向一致的方向进行"（Swidler, 1986; cited in Friedman, 2014）的概念。这种概念化包含了这样的思想，即个人作为代理人有能力决定如何及何时应用他们可使用的文化资源。

第一次潮流中的代表，如霍夫斯泰德（Hofstede）和川普涅尔（Trompenaars），开启了跨文化传播研究，他们对群体进行比较，找出其类似点与不同之处。于是文化的不同实际上在那时被认为是造成冲突和妨碍职业人员成功的潜在因素。它与其他因素一起形成了跨文化培训中的一项庞大的国际"文化冲击产业"（Holden, 2002）。

在本文中，我将运用"跨文化交流"一词来指代那些通常致力于针对不同群体的比较研究，从而找出周期性的模式、趋势和倾向，并且研究群体间的异同。这其中很少有量化的大规模的研究，在跨文化传播中，通常是价值研究。这个领域在研究个体互动时会应用跨文化传播研究。这种研究会考虑到背景和相互关系，会将互动特征化为意义的双向谈判和文化的建设。这种研究通常是质化研究，并且以语言和对话为重点。在我看来，两种方法都在跨文化传播的研究议程中有着自己的地位。它们互补并加强了我们对于文化和传播相互作用的理解。

文化是一种集体现象，它是我们在一定背景下至少要与其他一些人共享的东西。我们在多数情况下没有认识到文化对于我们的认知、诠释、归因方式和行动决策的影响。文化与传播相互间巧妙连接——以传播者经常意识不到的方式。"文化的语言会以如此之多的方式讲述"，跨文化传播的先驱爱德华·T. 霍尔如是说。

除却文化上明显的不同，例如，打招呼或者其他礼节，文化很少用来解释什么。在一项有关居住在北京和香港两地的芬兰人和中国人在国际职业交际领域的研究项目中，来自其中一个文化的代表的僵化而过于正式的演讲通常会被认为是缺乏专业能力，而非受到文化的影响（Scollon et al., 1999）。

在跨文化传播领域中人们常用冰山作比喻来捕捉文化与传播的巧妙关系。只有冰山顶端的部分是可见的，然而顶端与海面下方不可见的部分是相互连接的，而且这看不到的部分才是更具挑战性的。那些可见的部分包括举止、着装和语言等通常更易于研究和观察。而不可见的部分则包括了传播形式、价值观、行为规范和信仰。然而如今冰山的比喻被批评为过于静态，或是将文化影射为危险和极具威胁的事物。同时它被认作是文化上的人种优越论。而如 Friedman 和 Antal（2008）一样，我认为这个比喻的应用在职业背景下是有它的优点的。它强调了学习"洽谈现实"的重要性（Friedman e. g., 2014），通过对话去学习，去理解对方的"冰山"。最近如心理学和神经科学的研究使得人们对这个"深层文化"（Shaules, 2010）和无意识的思维运作（see e. g. Kahneman, 2013）又重新产生了兴趣。对于跨文化传播和跨文化能力而言，这意味着它至少可以将无意识变为有意识，并进一步作用于联合谈判和对话中。

本文中，将文化比作冰山的比喻将被用来展示跨文化传播的两种层次：互动层次（可见的部分）和社会契约层次（例如：价值观，看不见的部分）。看不见，但介于两个标准之间的部分，是符号学的层次，即意义所在的层次。

´文化´：何方以及何种方式？

文化素养（阅读与理解在同一地区交织的文化多样性的能力）

相互作用（语言应用，礼节等文化中的语言意识）

符号学（意义）

社会契约（价值，惯例）

在跨文化传播的交叉学科领域，对互动层次上的深刻理解主要来自我们所说的"跨文化研究（intercultural studies）"，例如：聚焦于微观领域的跨文化互动（例如：语言学）。而社会契约的部分（例如：价值）则是在"跨文化研究（cross-cultural studies）"（例如：心理学）领域进行的深入挖掘。

三 文化与传播的相互作用：互动层面

贝恩德·缪勒-雅基耶（2003）宣称："所有的文化差异都隐藏于语言的表述中。"他强调"文化中的语言意识"（LAC）并开发了一个理论框架，可应用在处于互动层面的各式文化与传播的相互作用。这个框架还在跨文化能力评估工具（INCA）领域以及其他方面得以应用（http：//www.incaproject.org/）。应用在交际活动分析中的文化语言意识框架（Müller-Jacquier, 2003），也可应用在有关跨文化能力的培训中。下面我就将应用这一框架来讨论互动层面上的问题。

（一）社会意义/辞典

在跨文化领域的碰撞中，词语条目中的社会意义（词语的隐含义），要比单纯的文字翻译更为重要。例如，"星期日"对于芬兰人来说要比中国人有着更多的不同的文化惯例（如慢跑或是购物？睡个懒觉，拜访家人或是去教堂？）。又如，"朋友"、"安静"、"隐私"这些词在不同的文化中会包含着不同的预期、态度乃至价值观。在一项北欧—东亚有关"好政府"的研究项目中，人们必须仔细考虑某些词的用法，例如，"家庭"一词在调查和采访中的应用，因为它对于东亚和北欧国家的受访者有着不同的社会意义（Helgesen & Kim, 2002）。

（二）言语行为

语言的运用包括了请求、致歉、警告、邀请、命令等即时行为。在不同的文化中，言语行为有着不同的表述方式，"同构"表达可以用来解释不同的言语行为。"您吃了么？"在中国，尤其在中国的乡村是一个非常普遍的打招呼方式。但芬兰人会从字面上理解这个问题，并实实在在地回答"吃了"或者"没吃"，或者将其视作一个"邀请"的言语行为，因为在芬兰人们都是这样做的。而事实上，在中文的语境中，这只是个连接词，用以表明得知他人在场的一番友好的寒暄之词。

（三）话语组织

人们发现人际传播是有系统性组织的。在话语的口语表现形式中，这种组织是显而易见的。例如，讲话的轮流性：发言人和倾听者如何相互交换他们发言和倾听的角色。在具体的文化中，相互重叠的讲话顺序会被包容么？对话式的沉默又是什么？对日本人和芬兰人而言，沉默的功能有着相似之处。沉默并不会像作用在诸如许多美国人（见 Carbaugh，1995）一般的人群中那样切断了许多人的联系。对于中国人，对话式的沉默会被"很好地包容"，然而社交上的沉默（缺乏整体上的联系，诸如发送电子邮件等）会被认为是有问题的（Salo-Lee，1994；Fang & Salo-Lee，2004）。讲话顺序相互重叠在亚洲的职业背景下不是如此常见。在非正式的聚会中，朋友间的交流通常是大声而嘈杂的。因为在中国只有在正式的场合收敛言行才得以被欣赏。然而"热闹"——热情而嘈杂的交流——代表着非正式会面的成功性（Fang & Salo-Lee，2004）。

（四）话题

在不同的文化中，谈话的话题千姿百态。有时候闲聊对芬兰人来说是不需要的，因为在职业语境中他们更倾向于任务导向而非关系导向。然而闲聊在所有交际中都有各式重要的功能。这是一个开启和保持关系的重要公关手段，它以一种积极的方式承认他者，修复可能发生的误解，并为未来的相遇创造一个良好的氛围。而且它也为人们习惯于另一方所说的（如英语）一般的相互交流的共同语提供了一种可能。虽然任何社会都存在闲聊，但是聊天的话题和背景可能大不相同。在北欧国家，社会交往的距离总体上说是最大化的，而闲聊中有关自然的话题通常是天气（Salo-Lee et al. 1998）。而在亚洲，人们更注重人际关系，社会交往的距离在交谈中被逐渐缩短，从而"解开了对方脸上的面纱"（一个中国式的说法）。这些交往中的话题看上去非常个人化，并对西方人造成了挑战（例如：在中国问一位西方女士，"您多大了？"或者在马来西亚问一位芬兰籍的女交换生"你有男朋友了么？"）。

（五）直接性/间接性

在定式思维中，亚洲文化通常会带着间接性的特征。然而，间接与直接的交际风格存在于所有的文化中。多种研究显示,芬兰人相信自己是直接的。然而,他们却被发现在一定背景下是间接的。例如,他们在职业领域与西班牙人的交往(Salo-Lee,2002)。背景、关系才是真正决定交往形式的决定性因素,在亚洲也是一样。在越来越多的全球性工作环境下,来自亚洲的国际职业人士越来越多地采用一种西方缩写为(CBS)的直接交流方式,即西方人所认为的清晰(Clarity)、简洁(Brevity)、真诚(Sincerity)(S. Scollon,1994;Scollon & Scollon,1995;Scollon,Scollon & Jones,2012)。

然而,表达的间接性是那些在亚洲工作或是与亚洲人一起共事的西方人经常提到的问题。间接性不仅是一种交流的形式,也是社会价值的一种体现。间接性或是模棱两可在那些对于和谐和面子(包括对方是否给面子,和自己是否有面子)看的非常重的环境中非常普遍。在亚洲,传统性的案例是,在跨文化的研究中,亚洲的国家都被看作是集体主义的国家(如下)。

在交际情境下,任何文化中都普遍存在着间接性,在那里,传播的参与者彼此了解,他们的关系也无须直白的言辞,例如夫妇之间或母女之间(Tannen,e.g.,1996,2006)。

一个有关间接性和特定背景下交际风格的例子就是"是"的用法。对于一位西方人来说(当然我意识到西方人这个概念带有人种中心论的嫌疑,但我只是在此偶然用之),尤其是北欧人,"是"通常是字面上的意思,表示十分的肯定。然而对于很多亚洲人来说,如果他们用"是",也可能只是意味着"我听到你在说什么了。"同样的表述还有非言语式的日式点头,这可能仅仅是表达在场与倾听的信号。

直接或清楚的交际会被认为与个人主义相呼应(e.g. Gudykunst & Ting-Toomey,1988;Gudykunst,2005)。在直接的交际风格中,一个人会清楚地用言语表示他想要什么,需要什么或是希望什么,并希望对话的另一方也是如此。

清晰性与言语交流的重要性是低语境传播的核心。根据爱德华·T. 霍尔的研究成果(1959/1973,Hall & Hall,1990),这种传播形式在美国、德国、瑞士、北欧等一些国家非常普遍。词语要能准确地表述他们想要表达的内容。非言语的传播也大体不能与上述内容相违背。

在高语境交流中——爱德华·霍尔(1959/1973;Hall & Hall,1990)

称这种交流多为很多亚洲文化的特色——言语只能将一部分信息编码。而更多的信息则需要根据语境来解读：具体情境、个人、他/她非言语的行为以及其他与具体情境相关的因素。因此对交际的监测对于引导传播走上正确的方向至关重要。

所有的文化都含有高语境和低语境的传播。亚洲人也不例外。然而高语境的导向是一项终生训练，为了"关注身边的每一样事物"——我的一位越南采访人如是说（Vasko, Kjisik & Salo-Lee, 1998）。

（六）登记

登记指的是在互动中语言应用的另一种方式，交流主要依靠：
◇情境（从正式到非正式）；
◇被称呼者的身份地位；
◇年龄；
◇等级；
◇性别。

亚洲的交际比许多西方背景下的交际更倾向于正式。上述的那个韩国机长与机组人员的对话便是其中一例。在中国，直呼其名的方式只在亲朋好友之间。即便是朋友和同事，姓与名都要同时称呼出来（中国人习惯姓在前名在后的顺序，例如：李明）。

在不同的背景和关系中，中国人也许会持有不同的名字（例如：在国际场合下取个外国名字，如安迪·陈）。在亚洲的很多地方，职务的运用是公共交往的一条准则。如同其他地方一样，在亚洲，在特定场合下按照对方喜欢的称呼来称呼对方是很明智的。（例如：问个简单的问题"怎么称呼您？"）

对于年龄和等级的尊重是中国文化的传统特征（Faure & Fang, 2008）。然而如今在职业生活中，老资格既受到尊重也面临挑战。我们可以看到时代在改变，等级的秩序也在改变。如在近期中国的一部电视连续剧中，一位助理先给了等级较低的领导一杯咖啡，然后再将茶递给了高级别的领导。福尔（Faure）和方（Fang）认为"虽然仪式性的东西仍然渗透在中国人生活的方方面面，但是它们已不再被认作是唯一的行为礼节。"（Faure and Fang, 2008: 203）。

（七）韵律学或说话方式

韵律学的特征是诠释言语时的中间信息。例如：声调、音高、响度、用词和句中重读都属韵律学。我们对这些中间信息的关注是无意识的。在不同的文化中，它们有着不同的表述方式。从词语重读和音调中解读出某种言语所传递的中间信息，这对于那些使用不同言语表达形式的人来说是相当困难的。对于很多欧洲人而言，如法国人，声调的变幻可能是在口语交谈中，特别强调了所要暗示的东西的重要性。而亚洲人在其他文化背景下说外语的时候则没有这种抑扬顿挫感。

（八）非言语类表达

在交际情境中，人们对对方的诠释是基于各种信息的累积效应。言语交际（说了什么），韵律学（怎么说的）和非语言类交际都在一定背景下产生。我们对一个人早先的知识背景影响着我们的诠释。非言语类交际包括：空间、触摸、眼神交流、姿势、外表、着装等方面的应用。

礼貌作为人类社会交往的中心特征之一，可以用言语和非言语的方式进行传播。在亚洲，礼貌通常以非言语的方式展现，例如，以身体的姿势来表示恭敬。日本人鞠躬就是其中的一个例子。不过外国人最好还是记着，他们在哪里都会得以特殊的待遇。他们通常不会像要求本国人那样要求外国人严格遵守主宾文化中的礼貌规则。

然而在职业领域中，严重违反预期的行为可能会对互动造成伤害。下面印度尼西亚的一个案例便是如此：

> 芬兰曾派遣过一队非常高规格的商务代表团到印度尼西亚。访问前准备充分，而且他们在印度尼西亚期间还将正式签署众多合同。芬兰与印度尼西亚的代表团中都有所谓的"告密"者，作为文化的诠释者和代表团的顾问。在一次商务谈判中，印尼的"告密者"跑到了他的芬兰同行那里，而且看上去有些不快。他说，一个芬兰人的表现让印尼对方感到受到了冒犯，而且无法接受。因此对于这个具体项目的谈判将暂时中止。而这指的是非言语的一个行为：翘着二郎腿坐着，并用鞋尖指着印尼人。在正式场合中，这是个不能被原谅的姿势……
> （Salo-Lee, oral interview data, 2009）

(九) 特定文化的价值观/态度

缪勒·雅基耶（2003）将价值观与态度融合到了他的文化的语言意识的框架中。据他所言，这两个因素影响到上述所有门类。价值观对他而言更是传播的前提条件（2008）。缪勒·雅基耶的方法强调的是互动层面调查研究的重要性，而不是跨文化传播案例中经常出现的价值研究。对缪勒·雅基耶而言，"聚焦于用心理学解释的互动的条件，在真实的和培训中的场合都存在危险：人们起先基于自身文化习俗进行交际，然后却要匆忙为其他的参与者的文化价值进行总结。这一情况通常是因为对外国行为导向（文化标准）的分析通常不能提供有关在真实情景的背景下人们表述方式的具体信息"（2003：50）。

为了理解文化与传播的影响及相互之间的作用，互动层面和价值观层面都需要得到深入的研究。这就需要包括心理学在内的各领域的深入研究。"跨文化传播是交叉学科分析的最佳轨迹"，杨·布罗意马特（1991：13）说道。布罗意马特认为，跨文化传播领域的理论建设和实践所面临的挑战是，文化在跨文化传播中通过两方面展现：

1) 对话者的"民族习惯"；
2) 传播场景中，对话双方一致性构建的双向过程。

布罗意马特所指的"民族习惯"是指任何时候，任何社会实践形式下，人们都是"文化人"。习惯是在我们倾其一生反复的实践和交流中养成的。在互动中，以文化为例，它的影响力是以不同的交际风格展示的（例如：直接性和间接性）。

在交际情境中，人们会在一个具体的情形中达成双向一致。举例说明，这可能指的是如何去理解一个特定的词汇或是一个口头语（例如："吃了么？"上面提到的这句中国人的口头语到底是一种"邀请"的语言呢，或只是一般的打招呼？）。在此类意义协商中，对话者强调了特定文化的具体特征，并将其强加给了对方（Blommaert，1991）。

同时在西方和东方研究跨文化传播的斯考伦（Scollon）认为跨文化传播是以"调节性对话形式存在的，在这里，个人的习惯和在社会史中指导行动的沉思方式携带了社会文化的起源"（2002：1）。在他的最后一本著作中，他强调了以跨学科的方式而并非仅从以语言学为前提的话语中来研究社会行为的重要性。他认为，对现实生活中社会行为者所采取的具体行动的关注需要对参与者以及分析者的行动背后的历史、社会文化、政治和意识形态根源进行分析并得以公示（2002：12）。

为了展示跨文化传播学科的一幅综合画面，我将深入如下的价值研究。这些研究影响着跨文化传播的理论构建，而且还特别能够解释职业交际领域发生了什么。

四 文化与传播的相互作用：社会契约层面

我们将要讨论文化与传播的相互作用，这是来自冰山看不见的部分：从社会契约层面而言，也就是价值观与行为规范。

理解一种文化的基本假设对理解文化本身有着重要的作用。这些假设指导着我们每日所做的决定，以及有关我们交流的决定。文化可以看做一本"有关社会游戏规则的没有文字的书"（Hofstede，2005：36）。这些规则，如价值观，"是对一些特定事态而非其他事态的选择有着显著的倾向"（Hofstede，2005：8）。它们所处理的事态有：理性与非理性的、对与错、美与丑或洁净或是肮脏。在跨国和跨文化间工作的组织，如今面临的挑战是他们应该遵从谁的价值观与行为规范。

五 亚洲的跨文化比较：霍夫斯泰德

让我们暂时回到本文中最初的那个例子：大韩航空与关岛飞机失事的案例。在"飞机失事人种论"中，克莱德维尔（2009）提到了吉尔特·霍夫斯泰德。（e.g.，1984，2001；Hofstede & Hofstede，2005）霍夫斯泰德在20世纪60年代到70年代为IBM欧洲总部的人力资源部门工作。他必须在全球范围内进行职业旅行，面试员工解决问题的方法、团体协作的方式和对待权威的态度（Francesco & Gold，1998）。

霍夫斯泰德的工作成果以及他专门针对不同大陆系统性地设计的问题清单并由此得来的数据，开启了与职业相关的价值观比较范式。在接下来的几年间，这个范式在不同的目标人群中生效，甚至包括学生群体。而它同时也饱受诟病，例如它最初并非理论导向的，而只是专门针对跨国公司IBM，还有人说它带有西方的歧视色彩，带有两极化的倾向（请见e.g. Fang，2003）。而在与职业相关的情境中，霍夫斯泰德的研究却一直是解释不同文化，或不同跨文化的情形中的价值取向的差异的最为全面的研究，并在实践中得以广泛的应用。

在他最初的研究中，霍夫斯泰德分出了四个维度：权力距离，集体主义/个人主义，不确定性规避，男性化/女性化。而随后，第五维度，短期/长期（或"儒学"维度）也被包含了进来。

权力距离指的是对等级制和权威的态度，以及对人类社会不公平的接受度。这些态度童年时就被讲习，并表现在一定的"行为规则"上，例如：对中国人来说，任何情况下都要对上级表示尊重和服从（Liu In-Mao, 1990：78）。在互动中，高权力距离经常表现在间接的和削弱的言辞中，这便如同上述的韩国的例子。在霍夫斯泰德的研究中，大部分亚洲文化在权力距离中的排名都较之美国或是北欧的国家要高。在亚洲，交流，至少是初次交流，通常都要非常正式。

然而，霍夫斯泰德认为，个人主义文化的人们最先考虑的是他们自己和他们的直系亲属。在集体主义的文化中，人们首先考虑的是他们身处的群体（如家庭和亲密的朋友），或是他们的社区。内部集团和外围集团在传播中有着明显的不同，如对于礼貌的不同要求。

个人主义和集体主义在下述的一个职业领域的跨文化碰撞中产生着作用。最近一位中国焊工在芬兰北部的派遣项目中非常迅速地了解到每个人都需要自己来解决自己的问题：

> 如果受伤了，一个芬兰人就会吸吮一下他的伤口，然后继续工作。而在这个芬兰人还未来得及采取任何措施的时候，一位中国的工友就迅速拿来了一张创口贴。当我试图将创口贴给这位芬兰人的时候，他却在不知道我这是在做什么。我注意到，芬兰人都是自己解决自己的问题的。而中国人却关注着他们的邻居。每样东西都要分享。（Korkalainen，2009：60）

在亚洲，参照群的不同导致集体主义在不同国家中有着一些区别，例如，马库斯及北山（1998）研究提到，中国在文化这个层面上，参照群主要是家庭和扩散的社交网络中的一些朋友。然而在日本，参照群还可能是人们所在的组织。而在个人层面上，如同世界上其他地区一样，亚洲人的个人主义和集体主义的导向也有所不同。

不确定性规避暗示着人们对于预先设定好的信息与结构数量的偏好。那些对不确定性有着强烈规避意识的国家，如日本。在霍夫斯泰德的研究中，日本国民的循规蹈矩，并事事遵循行动准则，自然反映在日本的交际情境下是非常困难的。

日本人曾在芬兰进行了一项有关造纸机的调查，这项调查反映了日本人与美国人文化间的不同（霍夫斯泰德研究中连续统一体的最末端）。芬兰人收到了日本人有关调查前的行为准则的要求，却没有从美国购买者那里提前收到任何实施调查的指导（Salo-Lee, oral interview data, 1996）。

在亚洲，有大量的有关不确定性维度的变量。香港、新加坡和马来西亚等国家和地区在霍夫斯泰德的研究中对不确定规避性并没有太强烈的要求，因为那里的人们富于企业家的精神并且个人有着强烈的雄心。

2011年在日本发生了地震和海啸的天灾，日本官方所做的决定和给予日本公众信息的方式，激发了日本和海外的激烈讨论，这些讨论也是围绕着文化价值展开的。权力距离、集体主义和不确定性规避等都为人们在危机中所观察到的传播现象作出了解释（e.g. Helsingin Sanomat, March 18, 2011）。这些声明包括了粗略的概括和刻板的形象，并遮掩了多面的文化现实和社会新旧因素的拼贴（see Porrasmaa, 2013）。

男性化与女性化的维度也可以概念化为"强硬"与"柔弱"的价值观。在男性化文化中，魄力、竞争、成就和独立决策是重要的。而对于女性化文化而言，照顾到他人、生活质量、合作、团队决策和性别角色的淡化是其特征（see Francesco & Gold, 1998）。包括芬兰在内的北欧国家在霍夫斯泰德的研究中是更为女性化的。而这一维度在亚洲国家也存在很多变化。

儒家精神动力是霍夫斯泰德跨文化比较范式的第五维度。在麦克·哈里斯·邦德——一位在香港工作的加拿大心理学家的带领下，中国的研究者开展了华人价值调查，并将其在来自五大洲的23个不同国家的100名学生间展开。研究设计了四个测量文化的维度，其中有三个与霍夫斯泰德的权力距离，个人主义/集体主义，男性化/女性化相类似。第四个测量维度描绘了中国人的价值观，并与儒家思想挂钩。霍夫斯泰德随后将这一新的维度纳入他的范式中，并取名为长期/短期导向。

看重长期导向的文化注重节俭和持之以恒，并较之其他文化对未来更为关注。在霍夫斯泰德先前的研究中，中国并未列入其中，但它在调查中呈现为长期导向。日本也是一样。

短期导向是以尊重传统、承担社会责任为特征的,"就在这里","在此刻"对他们来说非常重要。在华人价值调查中美国被归类为短期导向(See Fang 2003 for a critique of Hofstede's fifth dimension)。

在亚洲的跨文化比较:川普涅尔

另一个在职业背景下得到广泛应用的跨文化框架源自非仁·川普涅尔(1993;Hampden-Turner & Trompenaars,2000)。川普涅尔分析了代表47个不同国家文化的15000位雇员调查问卷上的答案。和霍夫斯泰德一样,川普涅尔是以国家为单元进行的分析。而如今以国家作为跨文化研究分析的唯一单元的做法受到了质疑。同样,霍夫斯泰德也在审视他早年的论调:"用国籍作为标准是出于方便——从国家获取数据要比从同质社会组织结构中获取便利得多——这样就有可能将研究结果以通常要求的宗教、民族和语言群体来分门别类了。"(Hofstede & Hofstede,2005)。

川普涅尔将描述国家差异的数据分为三组维度,它们分别是:

1)人们彼此的关系;
2)人们与时间的关系;
3)人们与自然的关系。

组(1)包含了如下的维度:普遍主义与特殊主义、个人主义与集体主义、中立的与感性的、具体的与扩散的以及成就与归因。在亚洲的职业背景下,所有这些在特定情况下都有解释性的价值。如下是有关这些维度的简单描述。

普遍主义与具体主义的维度与亚洲的背景尤其相关。普遍主义指的是无论在何种环境下,都严格遵守那些被认作是正确的和好的事物,它与个人关系等因素无关。而在具体的导向中,人们要十分细致地考虑重要的关系,其中大部分的关系为家庭成员、朋友或是职业领域重要人物。作为功能性网络的一部分,"关系"在中国意味着以各种各样的方式维护着具体的社会关系,并与之保持联系。维护的方式有:经常性地见面,一起吃个饭,交换一下信息,或者偶尔赠送一下礼物,以及关注如何以合适的方式进行交流。

个人主义与集体主义的概念与霍夫斯泰德提出的相似。亚洲文化在文化层面是集体主义的。他们看中组织的成员关系,并认为为组织作出贡献是非常重要的。

中立的与感性的关系是有关情感的表述。很多亚洲文化是非常中立的，尤其是在职业背景下。人们将情感控制到如此之深的程度以致于一些来自其他文化的代表感到"读懂日本人、韩国人、中国人的面孔"是非常困难的。而类似的评论也可以在外国人对芬兰人的评价中听到。

具体与扩散的关系。在职业背景下，亚洲人比北欧和美国等国人更倾向于扩散导向，他们并不严格区分公共生活与私人的生活。这就意味着在职业生活中，他们的工作时间会比较长，而且他们会因组织需要而一周7天都24小时全天候待命。这种"敞开房门式"的政策对于一个在泰国大学工作的欧洲学者而言可谓精疲力竭，在此期间他不停地接到学生、同事以及与校方行政有关的人员的电话，全天候，无间断。

成就与归因是与权力和地位以及它们的获得方式有关的因素。它同时与个人主义与集体主义以及权力距离这些川普涅尔的理论框架相关。在成就导向的社会中，有能力、有天赋的个人无须家庭和朋友的社会网络就可以获得重要的社会地位。然而在归因导向的社会背景中——多以亚洲文化为主，你是谁（例如：你的性别、家庭、背景）是非常重要的。然而如今，职业上的显赫并不能有力保证人们在亚洲获得更高的社会地位。在某些机构和职业领域中（例如：信息科技行业），年轻的职业人或许会取得领导地位。然而对于老资格的尊重，却普遍展现在言语的交流（例如：对他们的称呼形式），和非言语的交流中（例如：一个恭敬的姿势）。

在所有社会中，与时间的关系影响着人们的认知和行为。川普涅尔在研究中划分了两种时间：1）聚焦过去，聚焦现在，或聚焦未来；2）连续性或共时性的时间导向。过去导向强调的是历史与传统的重要性。这在亚洲非常普遍。在职业背景中，它体现在日本、韩国和中国的机构（或是国家）的"开创者"以及他们的指导性思想的知名度，以及话语被引用的频率上。而同时，这里也有显著的对当下的强调。这可以从很多亚洲城市中心以疯狂的速度创建现代化社会和环境中窥见一二。在未来导向中，过去与现在的作为被看成是为未来做的准备，这在亚洲也越来越明显。

川普涅尔的共时性的时间导向与爱德华·T·霍尔的多元时间的时间维度本质上是相同的（1966/1990；Hall & Hall，1990）：同一时间做很多事情和处理与很多人之间的关系。连续时间导向（霍尔的分类称之为：一次出现的）包括了细致的筹划、会议议程安排，以及与人们在一对一的基础上按顺序接触。工作导向而非关系导向是连续时间导向的特征。而以关系为导向的亚洲人更倾向于共时性的时间导向，认为它比连续性的时间导向更富弹性和更为有效。然而在全球化日益发展的今日，两种导向在职业领域有所碰撞。

六 其他与亚洲有关的跨文化研究：托马斯、施瓦兹、全球研究、英格尔哈特

其他与亚洲职业背景有关的框架有亚历山大·托马斯的文化标准，沙洛姆·H. 施瓦兹的价值倾向，以及以管理为背景的全球研究，由罗伯特·J. 豪斯·英格尔哈特最先提出的全球价值调查，也与审视和跟踪不同亚洲国家的文化变迁相关。

亚历山大·托马斯将价值观称为"文化标准"（"Kulturstandard"）。文化标准是认知、思考、行动的"指南"，它引导着一定文化中的成员的行动选择以及他们对他人行为的评价（1991）。在大部分跨文化的情境中（"Kulturelle Überschneidunssituationen"）——遇到陌生人或是身处另一种文化中时，人们就会感受到这种引导着他们的决定和习惯的标准。在具体的跨文化交往中，如缪勒·雅基耶（2003：73）所指出的，价值取向得以交互式地调整。在这样的情况下，"参与者不仅在一定的文化标准下行动，相互表现并进行碰撞，更会在互动过程中，创造、试验、认同文化新形式的定义（例如：会晤、解决问题和合作等文化事件）"（Thomas & Schenk 1996：25, cited in Müller-Jacquier 2003：73）。

在亚洲的职业背景下，托马斯和他的研究小组深入挖掘了德国人和中国人的文化标准。中国人的文化标准被托马斯定义为：社会和谐、重视面子、友谊/礼貌、等级倾向以及对制裁的恐惧等。这些文化标准都是由托马斯从批判性事件的研究数据中得到的。托马斯的研究可应用于诸如与中国人一起工作的指南中（Thomas & Schenk 2001）。

与霍夫斯泰德的研究范式相同的是（例如对文化维度的比较和分类），沙洛姆·施瓦兹（1994；2002）针对大学学生和小学教师提出了 7 个价值维度：根植性/情感自主和学术独立，等级制/平等主义，统治权/和谐。这些价值——"我生活的指导原则"，与霍夫斯泰德的价值观论乃至亚洲的案例紧密相连。

在全球研究中（全球的领导权和组织行为效果），社会文化，组织文化和领导权之间的关系得以深入研究（House et al. 2002）。数据包含了在61个国家各种各样的组织的大量经理人。

基于对早先的跨文化研究的维度上的衡量（例如：权力距离、内集团的集体主义/体制上的集体主义、性别平等主义、未来导向和人道导向），这项研究提议证实理论与经验的调查结果的一致性（see Hofstede & Hofstede，2005）。从领导风格上来说，研究发现很多亚洲国家更倾向于魅力式的/价值基础的领导。

英格尔哈特的世界价值调查（1997）提出了两种关键的文化维度：分别是小康与生存以及世俗的理性与传统的权威。英格尔哈特的主题是经济上的小康促进了个人主义。这个可以从亚洲，尤其是亚洲的日常生活中窥见一二。尤其是在大城市中，人际交往更加直接，甚至包含公开批评，例如家庭成员间（父母与子女间）。

在将文化理解为"游戏规则"时，它也可以应用到对行为的解释中去，但并不是所有时候，对每件事都能够做出解释。正如霍夫斯泰德所说："一个人的行为只是部分地由他/她的思维程序提前决定的；她或他有着基本的能力与程序相偏离，并以新的、创新式的、破坏式的或超乎预期式的方式来回应。鉴于人们的过去，思维的软件只能暗示可能出现的或是可以理解的反应"（Hofstede & Hofstede，2005：3）。

七 转向文化与传播相互作用的深层次理解：思维过程的不同

文化对传播的影响不仅在互动和社会契约层面，思维过程、逻辑和推理会因有着不同文化背景的个体而各不相同。这在理查德·B·尼斯贝特有关文化心理学等方面的研究中有所体现。他受到一个中国学生的启发，对亚洲文化和西方文化的思维方式做了一系列科学实验及深度思考（尼斯贝特的专业用语）：

"你与我的不同之处在于我认为世界是个圈，而你认为世界是根线。"【中国人】"关注的事件范围很广；他们搜寻这事物之间的关系；而且他们认为你无法离开整体读懂部分的涵义。西方人生活在一个更为简单和更具确定性的世界；他们聚焦于突出的事物或人物，而非更为宏大的画面；他们认为他们可以主宰事件，这是因为他们知道那些主宰事物行为的规则。"（Nisbett 2003：xiii）。

尼斯贝特（2003）宣称亚洲人与欧洲人的思维过程在本质上有着巨大的不同。他认为，这之中存在着两种人类数千年来赖以繁衍生息的对待世界的截然不同的方法。这些方法包含着根深蒂固的不同的社会关系、对自然界的不同观点和思维过程上的不同特征。这些思维过程、价值观和互动层面的因素相互影响着彼此。"社会实践促进着世界观的形成；世界观裁夺着适当的思维过程；而思维过程又同时判定着世界观并支撑着社会实践"，尼斯贝特声称（2003：xx）。据尼斯贝特认为，了解了思维上的不同有助于帮助东西方更和睦地相处。

中国学者申小龙将中国人的思维方式与西方人的思维方式做了比较。他将西方的思维模型称之为"聚焦式的观点"，而将中国的思维模式称之为"分散式的观点"。他应用了绘画的比喻来形容这些观点（他的祖父与父亲都是中国著名的画家）。在"聚焦式的观点"中，西方的绘画都是将画中的每个部分直接地按照几何形式通过透景线与焦点相联接。在中国画中，视线是"分散的"，例如，每一部分都有它独特的观赏角度，然后这些不同的部分构成了一个有机的整体。人们以各种形式从各种角度来绘出山与河的景致。就申小龙看来，中国古人相信聚焦式的观点会很大程度上束缚思考的发展。中国式的观点，用变幻的点创造出了富于活力的视角，而西方的"单一焦点"视角则是一种静止的思考立场（Yihong，1997：34-38）。

与之相似，欧文（1996）比较了西方、中国、日本的逻辑和思想过程。西方的思想大多源于古希腊的逻辑，是"单一视觉的"，中国人则是"双视觉的"，而日本人则是"多视觉的"。对于西方思维而言，"非此即彼"的两极化是它的特征（Fang，2006）。对中国人而言，"既是也是"是在面临两个方面的同等情形下最自然的方法（同上）。有关这个可以举一个词语用法上的例子，比如"做生意"在中文中就涵盖两个词语，一个叫"买"，一个叫"卖"。对中国人而言，这只是同意行动的两个不同方面。相类似的还有中文单词中的"危机"，由两个字组成，分别代表"危险"和"机遇"。根据福尔和方（2008）的研究，很多中文的概念中都由两个互为矛盾的子概念组成。这反映了中国人的思维方式。而欧文

(1996：42-43）则认为，日本人的推理方式是要根据上下文的。例如：他们的观点会随着传播的社会背景的不同而发生改变，这使得西方人在与日本人互动中持有日本人"善变"的观点。

霍尔（1977）曾说道，世界上应该有很多不同的但合理的思维方式，"而在西方，我们仅推崇一种模式——'逻辑'，就是自苏格拉底延续下来的线性模式。"（同上：9）。根据霍尔的思想，很多不同的思考方式"至少最初有踪可循的是源自语言"。然而，学着从文化的深层次来理解对方是具有极大挑战的事情。对霍尔而言，跨文化传播的难点并非仅仅在它的源头——语言上。对相互理解的限制也是随处可见的，"除非有人能够十分幸运地深入学习自身文化之外的不同文化，并注意到文化潜在的结构"（1977：16）。

八 学习如何看待文化：从"照镜子"到"深入其中"

超越显性的外在表现如打招呼的不同方式，去看待文化是件极具挑战的事情。民族优越感，例如：倾向于用我们自身的文化作为衡量的基础来认知、诠释、评估别的民族和他们的行为，是对文化素养的最大挑战。在霍尔的言辞中，文化是隐匿的，它尤其有效地隐匿在了自己的成员中（1966/1990）。

在传播中，民族优越感就像照镜子一样：我们看到了自己的影像。"镜子"模式强化了我们早先的印象。

我们不应照镜子，而是应该学着如何参与其中。"参与其中"的模式意味着先抛开我们的思想，再将它们从新的、始料未及的角度取回。这就好比参与棋类游戏。参与的特征是以一颗开放和好奇的心境接纳每件不同的事物及不同的诠释方法。它还意味着寻找伙伴，而他们对我们思想的反馈也许出乎意料，或是不那么令人愉快（Blomstedt, 1993; cited in Karisto, 2008）。

在亚洲的职业背景下——如其他地方一样——在海外工作的人喜欢和与他们有着同样文化背景的人们交换有关自己伙伴和所处环境的信息（例如：芬兰人同芬兰人，中国人同中国人等）。这有好有坏：

总体而言，那些致力于发展合作关系的芬兰人像是想了很多办法在弥合差异上,并花了大工夫来了解他们工作环境中的人群和文化。然而,他们可能不太成功,因为他们的反思都只是一种独白,或者只是发生在外派人员的圈子中——都是从他们自身文化角度出发的。那些在外派人员和他们合作伙伴之间真正的对话和真实的社会互动实在是太少了。还有,那些为跨文化碰撞所做的准备总体上并不能给旅居者足够的工具,从跨文化的角度,来分析他们自身的文化、他者和他们的经历(Vasko, Kjisik & Salo-Lee, 1998: 122)。

在跨文化传播研究中,对话途径的短缺也是可见的。在很多研究中,采访的人士总是那些来自特定文化的外派人员(例如:在中国工作的芬兰人)有关他们对于其他文化的观点和经验。然而,现在出现了大量的有关各方合作伙伴的研究,他们的声音也在被倾听。

成为文化的知识分子要求人们采纳"参与其中"的模式。"我们需要向我们要交流的人群直接学习",潘声称(Scollon & Scollon (2002: 5))。参与的假设前提就是要有对话。

九 如何实践跨文化传播的对话:中国—芬兰职业领域合作案例

在实践中,对话是以学着如何关注交流并聊些与交流有关的话题开始的。例如:中介交际。要以提问开始,并可提如下问题:"在你们的文化和我们的文化中这些事情分别是怎样做的?""你怎么看待这些行为?""这些行为怎么能够得到改变?"

这是一项北京、香港、于韦斯屈莱(芬兰)的高科技和传媒公司间的研究项目(Pan, Scollon & Scollon, 2002)。基于这个项目,交流展示集(Communication Display Portfolio, CDP)工具得以发明,它可应用于国际化职业背景下初次相互交流的过程,并为此提供便利。

在上述项目中,交流展示集可由记录一项重大事件(内部或外部的交流,例如:会议、谈判或是销售报告)的视频或文本文件以及每日公司正常交流的案例:如备忘录、信件、产品目录、年度报告和名片等组成。这个展示集在上述项目中先由该组织自己的焦点小组进行批判式的讨论。然后再发给其他两个小组来阅览和评估。有关评估的小结最终在各组间流通作为反馈,这样每个小组都能收到对方的反馈了。本小组和其他两个小组的评价会被用来比较和反馈。

作为一个"反映三种文化的模型",交流展示集代表了一种开启相互间对话的方式。该项目的目的是为了尽可能地直接找出重要的合作伙伴如何看待对我们的交流,以及告诉他们我们对他们的看法,这样我们就能做出需要的调整,并十分方便地在其他需要完成的工作中开展合作。

跨文化对话能力要求人们以自我反馈的方式理解交际的过程,并具备能力,积极参与到其中,领会和应用在充满活力的、不断变化的文化网络和它的结构上,并轻松地随变化而变。

十 反应与暗指

"跨文化传播是独立的学术领域么?"这个问题经常频繁地被跨文化研究学者提及。作为一个独立的学术领域传统上要符合如下几个标准:1) 大量的专业研究人员;2) 学科联合会;3) 出版物,学术期刊;4) 学术大会;5) 学术型学科和教授。就上述体系结构,跨文化传播看上去是符合要求的。就跨文化传播领域的教授而言,过去人数确实不多,但是现在这个人数在全球范围内增长。跨文化传播的博士项目也是一样。但独立的学术领域应该还有一个进一步的标准,就是该领域有没有一个更为清晰的,能够确定下来的研究对象、理论和方法论。

那么这在跨文化传播中的情况是怎样的呢?在这个新的领域,"跨文化传播的理论化在过去的 20 年间取得了巨大的进展,"威廉姆·B·古迪孔斯特(2005:3)说道。"古迪孔斯特和西田卫浴在完成他们博士学位的时候,那时还没有有关跨文化传播的理论。"早期出版的如霍尔(1976)的理论,在古迪孔斯特看来只能是有关传播的比较文化理论(cross-cultural),而并不是跨文化理论(intercultural)。古迪孔斯特将跨文化传播理论分为如下几类(2005:1)将文化与传播过程融合在一起的理论,2)解释传播中文化可变性的理论(包括霍夫斯泰德的研究),3)关注于有效结果、调节或适应、身份管理或谈判、传播网络及其他的跨组织、跨文化理论,4)关注于适应和调整的跨文化理论。而详细看下来,这些理论大都是从其他领域借用过来的(例如:传播科学、心理学、语言学、符号语言学、人类学、社会学)。方法论上来说,量化研究和质化研究作为混合的方法均在跨文化传播中得以运用，而具体的应用因研究目的而异。

跨文化传播是一个"多学科深层次交叉的领域"（Poutiainen，2014：1）。人们通常将它的起源归为美国人类学家爱德华·T·霍尔，他的研究以及在二战后供职于美国对外事务研究所的那些同事们的研究，他们中有人类学家和语言学家。霍尔本人，他的思维还有研究受着各式科学领域的影响，这些领域及其他因素帮助他发展了非言语传播的范式。如今我们将霍尔的研究分类归于比较文化（Cross-cultural）的研究，这是他那个时代的特征。然而，霍尔的研究经历住了几十年的考验，并对我们在传播和社会生活的理解上作出了巨大的贡献。当然，这些深邃的思想如果不是在多学科乃至跨学科的氛围中生根、反馈和进一步发展的，那么情况也许就不一样了。

人们可在科学研究中找到各种形式的多学科交叉（Niiniluoto 2005）：

1. 弱形式（多学科）：一个与社会相关的问题从多个科学的角度进行审视；

2. 较强形式（交叉学科）：共同的研究题目，研究者学习使用互补的研究方法但是保留自己的学科特点；

3. 最强形式（跨学科）：为了建立一个新的理论框架或范式。而旧的学科依旧存在。那么我们要将跨文化传播置于何处呢？

从现在的情况来看，多学科的弱形式将继续。现在的形势依旧像极了"前范式时期"（Kuhn，1970），例如：有多个参与竞争的学派，每个都声称他们对相同的学科有着资质，但每个学派用的方法都大相径庭。当然这个领域有尝试多元文化论的交叉学科形式的势头，例如：通过对话来了解互补的研究途径。考虑到跨文化传播的众多范式和方法，以最强形式出现的跨学科可能并不能成为现实，或是人们现在连实现它的欲望都没有。

在我看来，跨文化传播和跨文化研究者现在面临的挑战，有三个方面：1. 将跨文化传播从多学科的弱形式转变为真正的交叉学科领域；2. 学习对话；3. 找到教育学的方法和语境将新的理论知识传递并应用到学生和全社会中去。

在跨文化传播短暂的历史中，我们可以找出两股文化分析的潮流（Friedman，2014）：第一股潮流是 20 世纪 80 年代早期，是大量的有关比较文化传播学研究的全盛时期，他们经常将国家作为分析的单位，来对不同组别进行比较。那时文化的概念是静止的，它对于人和传播首要的影响力经常被认为是确定的。关注的焦点在文化的异同。而不同则被看做是跨文化互动取得成功的障碍。在新的千禧年开始的第二股潮流中，文化被概念化为一种过程，文化的不同也被看作是挑战与资源。跨文化研究关注的是在复杂的文化背景下，复杂的文化个体间的互动。对于跨文化能力来说，在联合的对话过程中意义协商和文化构建的能力是最为重要的。

我们再也回不到原始的、具有确定性的文化概念的时代了。然而这里却有让比较文化研究和跨文化研究的两股潮流相遇的地方。根据弗里德曼（2014：14）所说，"在第一股思潮中，人们有个很好的意识，就是仔细地观察能够区分不同的群体而且能够有效描述出他们的相似与不同"。这一知识在一定的背景和行动领域中是可以应用的。第二股潮流则指出人们对于个体和他们的文化集合可以预知的东西是非常有限的（引同上）。与之类似，波蒂埃宁（2004）号召采用交叉学科的研究，并在跨文化传播研究中汇聚宏观和微观层面的文化、传播及语境。

研究社区在分类现象时，曾经是"非此即彼"，而非"既是也是"。而这在将规律与变化性的关系或是永恒与变化纳入分析中时遇到了挑战。这是一个"本质上的紧张"（Kuhn 1977），科学工作者为了成功所必须忍受的。我们要既传统又创新。（同上）

作为一个独立的学术领域，跨文化传播已到了"不惑"之年。那么我们这些跨文化学者，现在是时候从"文化争论"走向文化对话，我们是否能言出必行，让跨文化学科成为一个真正有影响力、有应用性的学科？

参考文献

Antal, B. A. and Friedman, V. J. 2008. Learning to Negotiate Reality: A Strategy for Teaching Intercultural Competencies, In: Journal of Management Education, Vol. 32, No. 3, pp. 363–386.

Bennett, M. J. 2013, Basic Concepts of Intercultural Communication. Paradigms, Principles & Practices. Boston: Intercultural Press.

Bennett, M. J. 2004, Becoming interculturally competent. In: Wurzel, J. S. (ed.) Towards Multiculturalism. A Reader in Multicultural Education. Newton, MA: Intercultural Resource Corporation.

Bennett, M. J. 1998, Intercultural communication: A current perspective, In: Bennett, M. J. (ed.) Basic concepts of Intercultural Communication, Selected readings, Yarmouth, Maine: Intercultural Press, pp. 1 – 34.

Blommaert, J. 1991, How much culture is there in intercultural communication, In: Bloemmaert, J. &Verschueren, J.. (eds.) The Pragmatics of International and Intercultural Communication. Amsterdam/Philadelphia: Benjamins, pp. 1 – 13.

Carbaugh, D. 1995, "Are the Americans really superficial?" Notes on Finnish and American cultures in linguistic action, In: Salo-Lee, L. (ed.) Kieli & kulttuuri oppimisessa ja opettamisessa. Jyväskylä: University of Jyväskylä, pp. 53 – 60.

Castiglioni, I. 2013, Constructing Intercultural Competence in Italian Social Service and Healthcare Organizations, Pedagogical Design, Effectiveness Research, and Alternative Visions for Promoting Ethnorelativism. Ph. D. dissertation, Jyväskylä Studies in Humanities 213. Jyväskylä: University of Jyväskylä

Cladwell, M. 2009, Outliers, The Story of Success. London: Penguin Books. Amsterdam/ Philadelphia: Benjamins, pp. 1 – 13.

Earley, P. C. & Ang, S. 2003, Cultural Intelligence: Individual Interactions Across Cultures. Standford, CA: Standford University Press.

Faure, G. O. and Fang, T. 2008, Changing Chinese values: Keeping up with paradoxes, In: International Business Review 17 (2008, pp. 194 – 207).

Fang, T. 2006. From "Onion" to "Ocean", Paradox and Change in National Cultures, In: International Studies of Management & Organizations, Vol. 35, no. 4, Winter 2005 – 6, pp. 71 – 90.

Fang, T. andSalo-Lee, L. 2004, Intercultural communication paradox: A Chinese case. Conference paper, The 11th Annual Conference NIC, Kristiansand, 26. – 28. 11. 2004.

Fang, T. 2003, A Critique of Hofstede's Fifth National Culture Dimension, In: Cross Cultural Management, Vol. 3 (3), pp. 347 – 368.

Francesco, A. M. and Gold, B. A. 1998, International Organizational Behaviour, Texts, Readings, Cases and Skills, Upper Saddle River, NJ: Prentice Hall.

Friedman, V. 2014, Negotiating Reality: Intercultural Communication as Constructing Social Space, In: Poutiainen. S. (ed.) Theoretical Turbulence in Intercultural Communication Studies. Newcastle upon Tyne: Cambridge Publishing, pp. 9 – 27.

Friedman, V. J. andAntal, A. B. 2005, Negotiating Reality, A Theory of Action Approach to Intercultural Competence, In: Management Learning, Vol. 36 (1), pp. 69 – 86.

Gudykunst, W. B. and Ting-Toomey, S. 1988. Culture and Interpersonal Communication. Newbury Park: Sage Publications Inc.

Gudykunst, W. B. (ed.) 2005, Theorizing About Intercultural Communication. Thousand Oaks:
SAGE Publications.

Hall, E. T. and Hall, M. R. 1990. Understanding Cultural Differences, Yarmouth, Maine: Intercultural Press, Inc.

Hall, E. T. 1977, Beyond Culture. New York: Anchor Books.

Hall, E. T. 1966/1990, The Hidden Dimension. New York: Anchor Press/Doubleday.

Hall, E. T. 1977, Beyond Culture, New York: Anchor Books.

Hampden-Turner, C. M. andTrompenaars, F. 2000. Building Cross-Cultural Competence. How to Create Wealth from Conflicting Values, Chichester: John Wiley & Sons. Ltd.

Helgesen, G. and Kim, U. 2002. Good Government, Nordic and East Asian Perspectives. Copenhagen: NIAS Press and DUPI.

Helsingin Sanomat, 18. 3. 2011.

Hofstede, G. and Hofstede, G. J. 2005. Cultures and Organizations. Software of the Mind. New York: McGrawhill.

Hofstede, G. 2001, Culture's Consequences: Comparing Values, Behaviour, Institutions, and Organizations across Nations. Thousand Oaks, CA: SAGE.

Hofstede, G. 1984, Cultures's Consequences: International Differences in Work-related Values. Beverly Hills, CA: SAGE.

Holden, N. J. 2002, Cross-Cultural Management, A Knowledge Management Perspective. Harlow: Pearson Education.

House, R. J., Javidan, M., Hanges, P. & Dorfman, P. 2002. Understanding cultures and implicit leadership theories across the globe. An introduction to project GLOBE, In: Journal of World Business 37, pp. 3 – 10.

Inglehart, R. 1997, Modernization and Postmodernization: Cultural, Economic and Political Change in 43 Societies, Princeton, NJ: Princeton.

Irwin, H. 1996, Communicating with Asia. Understanding People & Customs. St. Leonards: Allen &Unwin.

Jakobsson, L. 1997, Miljoona totuutta. Vuosikymmen Kiinassa. Helsinki: Kirjayhtymä.
Kahneman, D. 2012. Thinking Fast and Slow. London: Penguin Books.

Karisto, A. 2008, Satumaa. Suomalaiset eläkeläiset Espanjan Aurinkorannikolla. Helsinki: Suomalaisen Kirjallisuuden Seura.

Kealey, D. J. and Protheroe, D. R. 1995. Cross-cultural collaborations. Making North-South cooperation more effective. Hull: CIDA.

Kealey, D. J. 1990, Cross-cultural effectiveness. Hull: CIDA.

Kersten, A. 2000, Diversity management, Dialogue, dialectics and diversion. In: Journal of Organizational Change Management, Vol. 13, No. 3, pp. 235 – 248.

Korkalainen, M. 2009, Adapting to a Finnish workplace. Case: Occupational immigration of Chinese metal workers. M. A. Thesis, University of Jyväskylä.

Kuhn, T. S. 1977, The Essential Tension, Selected Studies in Scientific Tradition and Change, Chicago: The University of Chicago Press.

Kuhn, T. S. 1970, The Structure of Scientific Revolutions, Chicago: University of Chicago Press.

Liu, In-Mao. 1990, Chinese Cognition, In: Bond, M. H. (ed.) The Psychology of Chinese People. Hong Kong: Oxford University Press, pp. 73 – 105.

Markus, H. R. andand Kitayama, S. 1998. The cultural psychology of personality, In: Journal of Cross-Cultural Psychology, 29, pp. 63 – 87.

Müller-Jacquier, B. 2008, Interkulturelle Kompetenz als Entschlüsselung von Zeichenbedeutungen. In: Der Deutschunterricht. Beiträge zu seiner Praxis und wissenschaftlicher Grundlegung. 5/2008, pp. 21 – 35.

Müller-Jacquier, B. 2003, Linguistic Awareness of Cultures: Principles of a Training Module. In: Kistler, P. and Konivuori, S. (eds.) From Intercultural Exchanges to Intercultural Communication. Combining Theory and Practice. Jyväskylä: EMICC & University of Jyväskylä, pp. 50 – 90.

Niiniluoto, I. 2005, Tieteenvälisyyden haaste (The Challenge of Multidisciplinarity), Lecture, Proact Annual Seminar, Helsinki 1. 2. 2005.

Nisbett, R. E. 2003, The Geography of Thought. How Asian and Westerners Think Differently and Why, New York: Free Press.

Pan, Y., Scollon, S. W. and Scollon, R. 2002, Professional Communication in International Settings, Oxford: Blackwell Publishers.

Porrasmaa, R. 2013, Japani pintaa syvemmältä (Japan under the surface), Jyväskylä: Atena.

Poutiainen, S. 2014, Introduction, In: Poutiainen, S. (ed.) Theoretical Turbulence in Intercultural Communication Studies, Newcastle upon Tyne: Cambridge Scholars, pp. 1 – 5.

Redding, G. and Wong, G. Y. Y. 1990, The Psychology of Chinese Organizational Behaviour. In: Bond, M. H. (ed.) The Psychology of Chinese People. Hong Kong: Oxford University Press, pp. 257 – 295.

Saastamoinen, R. Ph. D. dissertation in progress, Intercultural Communication Competence for Co-active Culture-Building in Multicultural Groups: A Case Study of a Student Group in an International Master's Programme. University of Jyväskylä.

Salo-Lee, L. 2011, Where and how does culture matter? Intercultural communication and cultural literacy in Asian professional contexts. Net course reading material, The Finnish University Network for Asian Studies/Language and Communication in East and South-East Asia.

Salo-Lee, L. 2009, Seeing one's own culture: A challenge for intercultural communication competence, In: Bauer, U. (ed.) Standpunkte und Sichtwechsel. München: IUDICIUM, pp. 39 – 50.

Salo-Lee, L. 2007, Towards cultural literacy, In: Kaivola, T. & Melén-Paaso, M. (eds.) Education for Global Responsibility-Finnish Perspectives. Publications of the Ministry of Education. 2007: 3, pp. 73 – 82.

Salo-Lee, L. 2006, Intercultural competence in research and practice: Challenges of globalization for intercultural leadership and team work. In: Aalto, N. & Reuter, E. (eds.) Aspects of Intercultural Dialogue. Köln: SAXA, pp. 79 – 92.

Salo-Lee, L. 2003a, Asian Business communication styles, In: Raflatak 1/2003, pp. 34 – 36.

Salo-Lee, L. 2003b, Intercultural communication as intercultural Dialogue: Revisiting intercultural competence, In: Kistler, P. and Konivuori, S. (eds.) From International Exchanges to Intercultural Communication. Combining Theory and Practice. Jyväskylä: EMICC & University of Jyväskylä-Salo-Lee, L. 2002. Northern and Southern Dimensions in Intercultural Communication: Finnish Spanish interactions, In: Beltrán, L., Maestro, J. and Salo-Lee, L. (eds.) European Peripheries in Interaction. The Nordic Countries and the Iberian Peninsula. Alcalá: Universidad de Alcalá, pp. 249 – 255.

Salo-Lee, L., Malmberg, R. and Halinoja, R. 1998. Me ja muut. Kulttuurienvälinen viestintä. Helsinki: YLE Opetuspalvelut.

Salo-Lee, L. 1994, Suomalaiset ja kiinalaiset viestijöinä: vahvuuksia ja ongelma-alueita. In: Isotalus, P. (ed.) Puheesta ja vuorovaikutuksesta. Jyväskylä: University of Jyväskylä, pp. 103 – 112.

Schwarz, S. H. 2004, Mapping and interpreting cultural differences around the world, In: Vinken, H., Soeters, J. and Ester, P. (eds.) Comparing Cultures, Dimensions of Culture in a Comparative Perspective. Leiden: Brill.

Scollon, R., Scollon Wong, S. and Jones, R. H. 2012. Intercultural Communication, A Discourse Approach. Chichester, UK.: Wiley-Blackwell.

Scollon, R. 2002, Intercultural Communication as Nexus Analysis. In: Logos and Language. Vol. III (2002), No. 2, pp. 1 – 17.

Scollon, R. and Scollon, S. W. 1995. Intercultural Communication, A Discourse Approach. Oxford UK: Blackwell.

Scollon, R., Scollon, S. W., Wenzhong, H., Salo-Lee, L., Pan, Y., Leung, C., Ming, L. & Li, Z. 1999, "Professional Communication across Cultures: A Focus-group BasedThree-Way Cross-Cultural Comparison", In: The Sietar International Journal, Vol. 1, No. 1, pp. 97 – 198.

Scollon, S. 1994, The Utilitarian Discourse System, In: Marsh, D. and Salo-Lee, L. (eds.) Europe on the Move. Fusion or Fission? Jyväskylä: SIETAR Europa & University of Jyväskylä, pp. 126 – 131.

Shaules, J. 2010, Deep Culture Experience, Beneath the Surface, Boston: Intercultural Press.

Tannen, D. 2006, You're Wearing THAT?: Mothers and Daughters in Conversation, New York: Ballantine.

Tanen, D. 1999, The Argument Culture. Stopping America's War on Words. New York: Ballantine Books.

Tannen, D. 1996, Gender and Discourse. Oxford: Oxford University Press.

Thomas, A. (ed.) 1991. Kulturstandards in der internationalen Begegnung. Saarbrücken: Verlag breitenbach Publishers.

Thomas, A. and Schenk, E. 2001. Beruflich in China, Trainingsprogramm für Manager, Fach-und Führungskräfte. Göttingen: Vandenhoeck & Ruprecht.

Trompenaars, F. 1993, Riding the Waves of Cultures, Understanding Cultural Diversity in Business. London: Economist Books.

Uusitalo, L. 2009. "Mitä kulttuuriosaaminen tarkoittaa"? In: Uusitalo, L. & Joutsenvirta, M. (eds.) Kulttuuriosaaminen. Tietotalouden taitolaji. Helsinki: Gaudeamus.

Vasko, V., Kjisik, H. and Salo-Lee, L. 1998, Culture in Finnish Development Work, Helsinki: Ministry of Foreign Affairs/SAFA, Report of Evaluation Study 1998: 1.

Vihakara, A. 2006, Patience and Understanding-A Narrative Approach to Cross-cultural Communication in a Sino-Finnish Joint Venture. Ph. D. Dissertation, Turku School of Economics.

Vulpe, T., Kealey, D. J., Protheroe, D. R. and MacDonald, D. 2000, A Profile of the Interculturally Effective Person. Centre for Intercultural Learning. Canadian Foreign Service Institute.

Wood, P. C., Landry, C. and Bloomfield, J. 2006, Cultural Diversity in Britain, A toolkit for cross cultural cooperation, York: Josept Rowntree Foundation.

Yihong, G. (ed.), 1997, Collected Essays of Shen Xiaolong on Chinese Cultural Linguistics.

Changpu: Northeast Normal University Press.

作者简介

丽莎·萨罗·李博士，芬兰于韦斯屈莱大学跨文化传播学荣誉退休教授，北欧亚洲研究所教授。她是欧洲跨文化传播研究和教学的领头人之一，有着在不同国家和大陆（包括南北美和亚洲）的国际化的多元文化背景下长期生活及工作的经验。曾在中国的复旦大学、华东师范大学以及北京外国语大学和香港城市大学任教，还曾担任巴西坎皮纳地区的德国文化研究所（歌德所）的领头人和西班牙马德里芬兰文化所主任；曾任跨文化研究、教育和培训的跨文化协会欧洲部的会长。

萨罗·李博士还是瑞士卢加诺提挈诺大学跨文化传播高等硕士项目和葡萄牙里斯本开放大学硕士及同等博士水平的跨文化传播研究项目以及其他项目的科学委员会成员，向公共及私人领域提供跨文化教育、多元文化管理及领导艺术、多元文化团队合作以及欧亚职业背景下的跨文化能力和跨文化传播的咨询服务，出版了大量有关跨文化传播和跨文化能力的著作。最新研究领域：关注跨文化能力、跨文化学习及职业背景下多元文化的对话。

译者简介

吴瑾，中国网英文编辑，中国社会科学院研究生院硕士研究生。

孙彦然，中国社会科学院研究生院博士研究生。

跨文化传播在新加坡的发展趋势研究

陈雪华　曹媛媛

摘　要　本文通过元分析（meta-analysis）以新加坡为背景的跨文化传播学术论文的方式，对于跨文化传播研究发展趋势加以探究。新加坡是一个宪法上确立多元文化及多元种族的国家，也是政府主导型的多元文化意识形态根深蒂固的社会。此外，外来务工人员的不断汇入使得新加坡的社会文化构成愈加复杂。所有这些因素将新加坡塑造成为一个进行跨文化交流研究的独一无二的语境。本文收集了五十三篇有关新加坡跨文化传播问题的文章加以分析，分为七大主题：政府主导的多元文化；跨文化公民权；边缘化身份的建构；移居/迁徙；性别化跨国迁移；跨文化关系以及多元文化和教育。分析结果发现，对于进一步在亚洲语境下进行跨文化传播研究，尚缺乏适当的理论框架。

关键词　跨文化传播　多元文化　多种族文化　发展趋势　新加坡

一　简　介

跨文化传播研究缘起于西方学术界，特别是在英国和美国发展壮大的。最初对国际环境中的交际行为的研究兴趣来源于对这些国家的殖民历史、移居或迁移安置和外交事务的关注。跨文化传播起初关注的是比较文化不同以及对不同文化的适应和涵化过程。在20世纪80年代，随着欧美学术界多样化的增加、认同政治的出现，以及对种族与民族平等和冲突问题的持续关注，跨文化传播的范围显著地扩大了。

不同于西方的同行，跨文化传播在亚洲并没有蓬勃发展。该领域研究的缓慢发展是因着亚洲国家多数由单一民族或有一个主导民族的人口构成。另外，在亚洲地区，传播研究历史相对较短，使得对跨文化传播领域的研究也较为匮乏。虽有一些其他社会科学或是人文科学的研究也探讨外交事务，但它们往往忽略了跨文化传播的核心主题，即跨文化人际关系中的传播行为。值得注意的是，在香港、中国大陆、台湾、新加坡都可见到关于跨文化传播的零星研究。本文着眼于跨文化传播在新加坡的研究发展趋势与学术成就。

二 学术文章的筛选标准

起初，我们将"新加坡"和"文化"作为检索词，在传播与大众媒体数据库（EBSCO）中进行检索。然而，并未达到对于文章数量及内容的预期。为扩大搜索范围，所有包含"新加坡"的文章摘要都被选取。用于搜索的数据库包括 Academic Search Premier, Business Source Premier, Communication & Mass Media Complete, Education Research Complete，以及 PsycINFO on EBSCOhost 等英文数据库。通过认真阅读这些文章摘要，选出五十三篇有关新加坡的跨文化传播问题的文章摘要。跨文化传播的定义是涉及跨民族、跨种族、跨宗教以及跨国家的人与人之间的交际行为。其中有 31 篇被选为分析对象，没被容纳的文章主因是他们的独特性无法和其他文章分到同一类别之中，还有其中有些文章对人际传播行为着墨不多。

我们所选文章可分为七大主题：政府主导的多元文化；跨文化公民权；边缘化身份的建构；移居/迁徙；性别跨国迁移；跨文化关系；多元文化和教育。

主题一：政府主导的多元文化

新加坡政府自国家独立以来，就一直将多元文化主义作为国家意识形态之一。通过贯彻多元文化主义的意识形态，政府致力于维护各种族与民族间的和谐并保持他们自己的文化特质。这种政府主导型的多元文化主义在一定程度上反映了英国的殖民遗产，即根据种族来划分人口。另外，政府对于种族冲突问题的关切也支持了多元主义文化的实践。新加坡独立后，由于对经济的生存与发展有着迫切要求，这迫使政府要防止种族冲突并建立人民对国家的认同感。

公共政策往往管理、规范和塑造着人们在社会中的身份状态以及日常行为。作为一种在新加坡社会根深蒂固的国家理想，多元化文化以各种各样的形式影响着新加坡人的日常生活。这个主题下的文章说明了此种情形：

Pereira（2008）在"多元文化主义是确认还是边缘化少数群体"（*Does multiculturalism recognise or 'minoritise' minorities?*）一文中探讨了新加坡的政府主导型多元文化主义是如何进一步边缘化少数民族，而不是消除不平等和促进社会公正的。多元文化主义通常被认为是一套认可少数民族群体及其文化的体系，并且给不同文化群体提供平等的获得资源的权利。然而，新加坡多元文化主义以不断提醒边缘化群体他们是不同的，他们是少数人的方式，将边缘化的状况正常化。少数族群原本就是要通过自身努力来取得更好的社会经济条件。然而这种想法会因为少数群体一开始就缺乏资源而落空。

对于妇女间跨民族的互动交流，Goby（2004）研究了漫长的政府主导型多元文化主义的历史如何影响妇女的民族认同感和种族间的互动交流。其中，马来与印度妇女有着相对较高的互动与种族间的友谊。这是由新加坡的种族构成而决定的，即马来与印度人口加起来不到总人口的四分之一。这种少数人口的地位使得马来人与印度人在参与保存文化的活动中更加活跃。这些都是受到政府主导型多元文化主义倡导不同种族的和谐共存而非跨种族融合的影响。

Chua（2009）探讨了政府主导的多元文化主义与家庭影响以及种族隔离之间的相互关系。新加坡的多元文化倡导各个种族群体求同存异，保存自己独有的文化。对保护文化的重视阻碍了各种族间的关系，但却加强了同种族的家庭与邻里间的关系。另外，政府在社会安全方面所采取的立场，即把家庭作为首要的救济途径，把政府作为最后的保护屏障，造成目前个人更加依赖家庭成员的社会现状。而新加坡的法律体系也把家庭支持作为财政困难的首选，这加剧了上述状况。因此，政府主导的多元文化主义与紧密的家庭纽带一起造成了种族隔离。

多种族主义（multiracialism）作为新加坡的国家意识形态主要表现在有关国家大事和政策的公共关系素材上。通过对国庆日、双语政策、讲华语运动和住房政策海报的研究，Chan（2011）发现了两种反复出现的陈述："（1）以服装、节日食物、神话、书法、艺术或手工制品、吉祥物、建筑、色彩、卡通塑造和图案为内容的民族特有性；（2）以家庭、事业、工作、孩子、人际关系、学校、商业、社会环境和社会空间为内容的文化特有性。"作者的结论是，新加坡政府通过图像与语言来塑造对多种族主义（multiracialism）的认识，这一举措会影响到公民的国家意识。

Goh（2011）探讨了新加坡政府如何将多元文化主义嵌入到嘉年华活动中。新加坡的多元文化主义深受殖民期间所遗留的种族分类分离化和跨文化交际行为最小化的影响。这种特殊的多元文化主义还表现在与官方种族分类对应的狂欢活动上。在这些嘉年华活动中，政府强调种族与民族间的分隔，这就更削弱了各民族与种族的混杂状态。同时，由于国家的经济生存与发展在面对全球化趋势显得更为紧迫，嘉年华活动逐渐失去了地方化的根基。在种族和谐日活动中我们可以看到，嘉年华活动中地方化的根基已经被力图吸引外来人口与宣传作为全球化城市的民族国家的新观念所取代。

Goh（2013）指出，在20世纪之前，新加坡各族群处于相互分离的状态，并受殖民的影响，受到种族歧视。这种殖民地遗产直到新加坡独立后还一直留存。因此，政府为避免种族冲突，也在谨慎规制民族嘉年华和节日，并予以赞助支持。特别是每年的种族和谐日活动都会将新加坡想象成一个全球化城市，由此制造出一种种族阶级无痕化的景象。同时，以外来工作人员艺术家为中心的嘉年华，为参与者提供了一种更加即兴和新奇的体验。

主题二：跨文化公民权

虽然新加坡政府倡导多元文化主义并帮助不同的少数民族创造一种归属感，但常常事与愿违。尤其是外来务工人员，即使他们与早期新加坡移民来自同样的国家也往往会被当作外人来对待。与此同时，那些不属于四种种族分类的新加坡人也在日常生活中寻找着自身的民族国家归属感。

在对公民权的研究中，公民权的定义变得更具包容性，它不仅涵盖政治权利，更包括社会与文化的归属感。不同种族外来务工人员和新加坡人的归属感问题将新加坡跨文化公民权提上了日程。

Ho（2006）以新加坡为例，研究了人们对于流动性和世界主义的看法如何影响他们对于归属感和公民权的理解。新加坡政府的世界性理想在两个方面有着讽刺意味：首先，虽然政府鼓励新来者视新加坡如家，但对于在国外生活的新加坡人，政府并未采取统一的方式，而是依旧期待他们能够扎根于新加坡；其次，尽管宪法规定新加坡是一个多种族多文化的社会，在新加坡的亚洲新移民由于近五十年来的国家建设项目，并未享有同等的归属感与公民权。

Ho（2013）又通过分析四个针对年轻人的网络论坛，研究他们对于移民工人公民权的态度。作者发现年轻人对于移民工人的公民权有着不同的想法，这包括对于移民工人在新加坡的挣扎状况的认识，对恐惧外国人或是不理智地针对移民工人的观点的批判，对日益削弱的国家团结的关切，以及对于不公平的服兵役问题的不满。作者警告说，政府对于公众参与的控制可能会影响年轻人在这些论坛的讨论。

Rocha（2014）探讨了种族分类是如何影响那些不属于任何一个政府所划分的种族类别的人们的归属感的。拥有混杂种族身份的人对纯粹性和真实性提出挑战。同时，他们创建出各种个人和社会的叙述来解释归属感的独特之处。

主题三：边缘化身份的构建

尽管新加坡政府致力于构建多元文化主义，少数群体还是常常被边缘化。马来人由于其较低的社会经济地位和不太主流的宗教信仰，成为四个种族类别中最为脆弱的一个。特别是信仰穆斯林的马来人，由于政府和公民对于过去几十年宗教恐怖主义的回潮的关切，他们一直处于对自己身份问题的交涉当中。这个主题下的论文展现了在新加坡身份中，构建马来人和穆斯林马来人的身份的行为。此外，有些文章还讨论了新加坡政府竭力在跨文化主义理想与少数族群规制之间保持平衡的行为。

Barr 和 Low（2005）以马来人为案例，探讨了新加坡的精英管理制度和跨文化主义如何将重心从社区之间的容忍转移到少数种族的同化。尽管在 20 世纪 60 年代，新加坡政府的同化主义并不是由一个种族主导的，但到了 20 世纪 70 年代，同化行为开始公开向华人化转变。马来人最初就在社会经济地位上处于弱势，加之该种族的领导者不掌握实权，因此被进一步边缘化。

Mutalib（2005）认为，作为一个以马来人为主导的穆斯林社会，保存他们本民族和宗教信仰的行为，往往会成为政府怀疑的对象。虽然大多数马来人欣然接受三重身份，即新加坡人、马来人和穆斯林，但 20 世纪 80 年代和"9·11"事件中的宗教复苏，激发了新加坡社会不安情绪。新加坡政府通过调节马来群体中的政治与文化行为来回应这种不安情绪。因此，穆斯林社会对民族和宗教身份的追求与政府连贯性、稳定性和民族意识的融合进行商议。

结合新加坡政府的多元文化主义，Ismail 和 Shaw（2006）探讨了"9·11"事件是如何对新加坡的马来穆斯林群体及其身份产生影响的。在美国"9·11"事件，以及伊斯兰圣战者组织在新加坡被捕之后，新加坡的马来穆斯林群体对向政府证明他们的忠诚度和可信度产生压力。在政府主导的多元文化主义的背景下，马来穆斯林经历着挑战和妖魔化他们的宗教信仰的国家事件，他们被置于一种必须定义自己身份的尴尬地步。

新加坡近来经历了基督教复苏和伊斯兰教回潮，这一现象威胁到宗教和谐原则（Tan，2008）。干涉主义政府与宗教信仰者共同面临一个挑战，那就是一方面要通过促进宗教和谐来做个好公民，同时要通过虔诚的宗教信仰与转化他人信教做个一心一意的信教者。在宗教复苏的关头，政府与信教者都要在遵守宗教和谐的前提下，肩负起平衡二者的重任。

主题四：移居/迁徙

这个主题下的文章着重研究移居或迁移者如何在新加坡的日常生活中构建他们的身份。移居或迁徙现象不仅涉及母国，还关系到所在国。研究调查了移居或迁徙的主体与母国和所在国的关系——特别是移民者如何适应所在国的当地文化。此外，由于迁移往往取决于家庭结构，所以家庭是研究迁移主体的重要因素。

Lam 和 Yeoh（2004）着重研究在新加坡生活和工作的马来西亚华人技术移民的国家认同。在他们眼中，家的定义有着丰富的内涵，从社会关系、思乡情结、国家认同，到用于改善生活的一种社会资源，大多数受访者都在对母国忠诚还是对所在国的忠诚之间进行着自我身份的协调和妥协。尽管马来西亚华人对于新加坡政府所采取的多种族和睦主义表示赞赏，因为它似乎不问出身，并为每个个体提供了平等机会，他们仍然深知他们在这个社会属于少数群体。

Ueno（2010）探析了在移民新加坡的家政佣工如何在雇主给她们定义的身份之上构建自身的身份。移民雇工的身份往往被他们的雇主制约和否认，取而代之的是雇主将自己的观点投射在雇工身上。移民雇工通过拥有手机，延续他们在母国家庭的身份角色，想象自己将来会有更好的状况以及掌握新技能等方式来成为现代主体，而不是让自己的身份受制于人。在移民雇工尝试通过多种方式来重新定义其身份时，他们通常还缺乏身份管理的价值、工具和意义。

Yeoh 和 Soco（2014）的最新研究发现，目前对于世界性的叙述主要聚焦在：1. 男性化视角的世界大同主义；2. "游客"范畴（包括公司精英和国际学者）重要性高于"流浪者"范畴（譬如避难者与移民工作者）；3. 政治归属重要性高于对世界主义理想的实现上的不断调适。本文挑战以往的世界大同主义的框架，通过移民家庭佣工的案例来探究工薪阶层的世界主义。与刻板印象不同的是，外国家庭佣工并非受制于所在地也不是不那么"现代"，她们利用移民和受雇佣赢得的社会资本获取全球知识。外国家政佣工的案例可以帮助世界大同主义的学者克服以往叙述的局限性，并想象工薪阶层的世界大同主义。

在对家庭佣工的研究中，Yeoh 和 Huang（1998）着重分析了新加坡家庭佣工是如何在离散（diaspora）状态下调试自我认同的。家庭佣工来新加坡的历程取决于其母国的家庭动态文本。虽然这些女性对未来的憧憬和幻想是她们身份认同的一部分，但是在现实中，由于她们身份与所在国的结构紧密联系，并与她们在家庭中的角色密切相关，使得她们时常遭遇不确定性与矛盾。

Chib、Wilkin 和 Mei Hua（2013）讨论了男性与女性务工人员如何使用手机来获得社会支持并面对他们在新加坡社会遇到的困难。研究结果显示，使用手机会增大孟加拉籍男性外来务工者的压力。对于在新加坡的菲律宾女性外来务工者而言，使用手机可以减轻压力。这一研究结果敦促政府出台一些备选策略来减轻移民压力。

主题五：性别化的跨国迁移

针对性别化的跨国迁移这一主题有众多研究，尤其是对于新加坡的家政服务移民的研究。近年来，随着学者们对于所谓"全球服务链"现象的观察，对于性别化的跨国迁移的研究兴趣也日臻浓厚。那就是，在新自由主义之风盛行全世界和社会保障系统日渐削弱的语境中，服务行业不再是由政府提供的，取而代之的是由个人或是市场提供的。正因为新加坡在服务行业中所采取一种反福利的姿态，长期以来，它都是家政工人热衷迁移的目标国家。另外，国际婚姻移民在新加坡家庭内部成为了可再生的免费劳动力。

　　下面的文章从不同角度分析了性别化的跨国迁移。其中一些认为外籍劳动力存在根深蒂固的制度性不平等和国际婚姻体制问题，另外一些将外籍女性家政服务员工视为一种社会力量，而非仅仅将她们视作受害者。因为从事服务行业的女性外籍员工在全球移民大潮中占有相当的比例，新加坡的案例便可以为其他亚洲国家提供启发性的见解。

　　Yeoh、Huang 和 Willis（2000）力图在全球化研究和移民的跨国流动中将性别可视化。他们给予外籍人士的妻子（expatriate wife）、新加坡家庭雇工和新加坡人在海外工作的妻子特别的关注。研究显示，女性劳动者与当今全球经济和城市模式紧密相联。另外，虽然家庭的意识形态并没有进入以往研究的视野，但是它们其实在全球化的进程中起到显著作用。

　　Lundström（2013）着眼于在新加坡这个语境下，研究瑞典籍妻子（expatriate wife）与家庭佣工之间的紧张关系。已经习于兼顾专业工作与家务劳动的瑞典籍妻子发现她们在与家庭佣工相处时，总是有些摩擦。因为瑞典妻子与家庭佣工在私人领域所扮演的角色有些重合，迫使瑞典妻子试图在亲密关切与家庭杂务之间做出划界。此外，因为她们目睹了存在于家庭佣工体系中不平等的性别与劳动力关系，便力图通过将该体系视为给来自较不发达国际的女性提供机会，并将自己与其他剥削家庭雇工的雇主区分，来对自己的地位进行辩护。瑞典籍妻子的案例为跨国家政领域的研究提供了更好的视角。

　　Huang 和 Yeoh（2005）研究了一些因为要陪孩子读书而移民新加坡的中国陪读妈妈的经历。新加坡是中国陪读妈妈首选的国家，不仅因为新加坡有双语教学的优势，还因为其主要人口由华人组成。中国陪读妈妈的特殊经历体现在生活的方方面面，例如她们为了孩子的教育做出牺牲，尽力做好贤妻良母，挣钱养家或是找个丈夫。中国陪读妈妈的案例说明了家庭在个人移民经历中的重要性，以及性别化的社会政治结构和父权社会结构对移民经历的塑造。

　　Yeoh、Huang 和 Gonzalez（1999）探讨了女性移民家庭佣工所带来的经济、社会和政治影响。在经济方面的影响是，移民家庭佣工使新加坡女性婚后仍可兼顾工作，有了孩子后还可以继续促进国家经济的发展。同时，政府对女佣雇主征税用以调节对女佣的供需平衡，以及调节与当地劳动力市场的关系。在社会层面，家庭佣工在公共领域的职业性和对新加坡儿童的影响成为社会的关注点。在政治层面，母国与所在国之间的不同政策以及给家庭佣工的待遇问题都时常引发政治冲突。作者归结道，为深入理解家庭佣工的流向，有关家庭佣工的结构状态以及他们个人的日常行为都亟待纳入考虑。

Chib（2014）等一些学者研究了42位在新加坡工作的家庭佣工妈妈如何使用手机来应对她们在母国的多重身份。她们的挣扎来自于既要承担在护理者的帮助下远距离养育自己孩子的母亲责任，同时又要承担照料雇主的孩子的雇员责任。面临着从国外远距离教育孩子的巨大挑战。跨国妈妈们把手机当作重新定义她们自身身份以及处理感情及责任问题的工具。

主题六：跨文化关系

在谈及"亲密关系"这个主题时，现存的著作都集中在对移民家庭佣工与其母国的孩子、丈夫和其他家庭成员的关系上。与过往研究的关注点不同，这些研究侧重发生在新加坡的跨文化和跨国界的约会与婚姻。

Ueno（2013）另辟蹊径，探讨了移民家庭佣工与其在母国的男朋友或丈夫之间的亲密关系。外国家庭佣工通常与其他移民雇工有着互相支持和理解的关系，而这一关系有时会演进为亲密关系。与海外移民雇工会缺乏关心与爱护的关心/爱流失的假说不同，浪漫与性关系是他们生活中不可或缺的一部分。

Yeoh、Chee和Baey（2013）探讨了新加坡婚姻移民的脆弱地位并呼吁政府、市民社会、家庭等通过多种渠道给予她们社会保护。她们是通过婚姻关系并入新加坡社会的，由于她们的生存状况取决于她们的丈夫是否愿意协助她们成为永久居民，因此这种合并既不完整也不稳定。另外，与领取薪水的家庭佣工不同的是，家庭关系中的婚姻移民的劳动力货币价值并不为人认可。受制于私有范畴，婚姻移民在争取她们的权利时显得被动而脆弱。作者呼吁为保护婚姻移民的社会权利提供必要的社会保障。

Yeoh、Chee和Dung（2013）分析了新加坡的国际婚姻移民与政府对于多种族主义和多元文化主义的叙述和实践的关系。由于在新加坡语境中，一个人的身份被恰当地划分为所谓CMIO（中国人、马来人、印度人和其他人种），因此婚姻移民面临着无法被纳入政策框架内的难题。进一步来说，他们的公民身份状况十分不稳定，因为他们在新加坡的存在仅仅是通过家庭结构和丈夫的支持使之合法化。另外，相较于其他婚姻移民盛行的亚洲国家，新加坡女性移民的公民权状况缺乏来自民间社会的相应举措。将婚姻移民纳入新加坡社会，应在家庭与民族国家的联结点上予以理解。

Jongwilaiwan 和 Thompson（2013）通过父权交易的概念，来理解存在于泰国女性与新加坡男性之间的跨国婚姻关系。移居到新加坡的泰国女性嫁给新加坡男性时经历了一种跨国的父权，身在其中，她们只享有不稳定的身份状况和被迫遵从新加坡的文化脚本。而这种跨国的父权是被新加坡政府所支持的。这种泰国女性融入丈夫国家的现象通常从经济角度被加以分析。而作者主张在跨国婚姻关系中性别与权力的多元化应从社会结构和个人因素这两方面加以解读。

Chen（2006）探讨了在新加坡本地女性与白种人之间的恋爱关系。该文呈现了对跨种族恋爱的解读与动机，以及新加坡女性如何在跨种族恋爱关系中协调她们的文化身份。

主题七：多元文化主义与教育

新加坡公共教育是政府主导的多元文化主义以必修课的形式得以传授和成长的重要平台。因此，新加坡教育体制的考试以及教师的理念是理解新加坡公民如何形成他们对于多元文化和多样化的想法的关键。该主题下的文章透露出在学校体制下，多元文化和多样化的教授是没有将其他文化以及对政治和社会架构的批判思维包括在内的。一些研究强调了对大众的基础教育可以促进更好的社会融合。

Yuen 和 Grossman（2009）研究了香港、上海和新加坡的师生对跨文化的敏感度。尽管新加坡比起其他两个城市更具多元文化，可是新加坡师生的跨文化敏感度并不比其他两地来得高。作者发现这三个样本都强调文化相似性而非不同性，对于个人与他人的相似性加以过度的普遍化。

Alviar-Martin（2011）发现一些教师不加鉴别地接受政府所倡导的多元文化主义和精英政治。而另一些教师针对政治、社会、文化架构如何塑造多元文化的教育体制和多样性的意义有着批判性的想法。

Chen（2014）将社会融入与多元文化主义的概念运用到了 Facebook 游戏当中。游戏要求玩家通过雇佣外来务工者使生意得以继续。游戏中，玩家会对有关外来务工者的社会政策进行投票，而投票结果会影响他们在雇佣时的成本付出及商业利润。在玩游戏的过程中，玩家能够将自己的设想与态度投射在外来务工者身上，同时也能体会到根据设想达成的集体决定所造成的影响。

三 结论

本文以新加坡为语境，回顾了近十五年来新加坡学者的跨文化传播研究历程与成果。因为新加坡是一个多元文化和多种族的社会，有其文化特殊性，为跨文化传播研究的多样性和丰富性提供了充分的施展平台。但是我们发现可纳入本文的学术文章数量不太多。这有两个方面的原因：第一，新加坡政府对于不同种族和文化的分类与管理十分细致巧妙，许多西方社会可见的社会议题在新加坡并未发生，这使得新加坡学者对于跨文化传播的研究相对受限。第二，有关跨文化传播的理论多由西方学术界所成，但是西方发展出的传播理论并不一定适用于新加坡，这也是造成亚洲地区学术著作较少的又一原因。由于这一学科发展历程相对短暂，理论框架尚不具备，研究的问题分散化和多样化并存，使得下一阶段的研究更加关键，也更为艰巨。

在我们所总结的七个主题中，对于多元文化主义与教育的研究只是浅尝辄止。而新加坡政府所倡导的多元文化正是通过教育体制的设置，通过老师的讲授来植入下一代新加坡公民的教育背景当中的。这一传播行为对于政策的落实起着重要的作用。然而，为促成文化与社会融合，还需要更多的研究来引导政策制定以及公共教育。很少有研究关注国际/不同种族间的婚姻和浪漫关系。这些研究结果表明，在跨种族亲密关系的人群当中，不确定感、不稳定和不安全感的存在是非常普遍的。为了更好地维系这种关系，期待有更多的研究来探讨这个问题并给出一些推荐方案。

政府主导的多元文化这一主题的，研究成果更为充实。新加坡政府为人称道的多元文化主义，可以说渗透到了新加坡民众的民族意识当中，消弭了许多可能发生的社会问题。然而，研究者也发现，在政府的众多旨在消除不平等和促进社会公正的举措中，为求公平而以种族为划分单元的分类，强化了边缘与主流的差别，很遗憾意外地造成了少数民族被边缘化的现象。这个主题需要进一步的研究来推动政策的规划。

新加坡拥有大量移民。如此大的劳动力流动性使得跨文化公民权和迁移成为一个研究领域。移民如何在新加坡找到归属感与身份认同，是他们能否融入新加坡社会的重要前提。政府的包容态度和配套措施，才是移民能够视新加坡如家的关键。另外，新加坡的家政服务移民现象之广泛体现了在新加坡语境下性别化跨国迁移研究的重要性。家庭佣工的身份认同与之在新加坡社会中的自我调适，也是研究的对象。而家庭佣工所给新加坡带来的经济、社会和政治影响也日益受到学者关注。

对于以往研究的回顾还表明，目前没有足够理论框架可以用来探索亚洲语境中的跨文化交流问题。鉴于越来越多的人口从亚洲国家移居或迁移至别国，或从别国移居或迁移至亚洲国家，提供用以分析亚洲地区的跨文化传播的分析工具就显得至关重要。

参考文献

Alviar-Martin, T., & Ho, L. (2011), "So, where do they fit in?": Teachers' perspectives of multi-cultural education and diversity in Singapore. *Teaching and Teacher Education*, 27 (1), pp. 127 – 135.

Barr, M. D., & Low, J. (2005), Assimilation as multiracialism: The case of Singapore's Malays. *Asian Ethnicity*, 6 (3), pp. 161 – 182.

Chan, L. K. (2011), Visualizing multi-racialism in Singapore: Graphic design as a tool for ideology and policy in nation building. *Design Issues*, 27 (1), pp. 63 – 69.

Chen, V. H. H. (2014, Dec), Facilitating social inclusion of migrant workers through digital game play. In*Proceedings of SIG GlobDev Seventh Annual Workshop*, Auckland, New Zealand.

Chen, H. (2006, November), *To date or not to date: Globalization and interracial dating in Singapore*. Paper presented at the annual convention of the National Communication Association, San Antonio, Texas, U. S. A.

Chib, A., Malik, S., Aricat, R. G., &Kadir, S. Z. (2014), Migrant mothering and mobile phones: Negotiations of transnational identity, *Mobile Media & Communication*, 2 (1), pp. 73 – 93.

Chib, A., Wilkin, H., & Mei Hua, S. (2013), Singapore migrants workers' use of mobile phones to seek social support. *Information Technologies & International Development*, 9 (4), pp. 19 – 34.

Chua, V. (2009), Kinship, ethnic segregation and multiculturalism in Singapore: A relational study. *Asian Journal of Social Science*, 37 (4), pp. 677 – 698.

Goby, V. (2004), If you look like me, I'll talk to you: A preliminary study of ethnic identity and inter-ethnic interaction among women in Singapore. *Asian Ethnicity*, 5 (2), pp. 235 – 244.

Goh, D. P. S. (2011), State carnivals and the subvention of multiculturalism in Singapore. *British Journal of Sociology*, 62 (1), pp. 111 – 133.

Goh, D. P. S. (2013), Multicultural carnivals and the politics of the spectacle in global Singapore. *Inter-Asia Cultural Studies*, 14 (2), pp. 228 – 251.

Ho, E. L. (2006), Negotiating belonging and perceptions of citizenship in a transnational world: Singapore, a cosmopolis?. *Social and Cultural Geography*, 7 (3), pp. 385 – 401.

Ho, L., &Baildon, M. (2013), Geographies of online spaces and intercultural citizenship. *Intercultural Education*, 24 (4), pp. 327 – 340.

Huang, S., &Yeoh, B. S. A. (2005), Transnational families and their children's education: China's 'study mothers' in Singapore. *Global Networks*, 5 (4), pp. 379 – 400.

Ismail, R., & Shaw, B. J. (2006), Singapore's Malay-Muslim minority: Social identification in a post- '9/11' world. *Asian Ethnicity*, 7 (1), pp. 37 – 51.

Jongwilaiwan, R., & Thompson, E. C. (2013), Thai wives in Singapore and transnational patriarchy. *Gender, Place and Culture: Journal of Feminist Geography*, 20 (3), pp. 363 – 381.

Lam, T., &Yeoh, B. S. A. (2004), Negotiating "home" and "national identity": Chinese-Malaysian transmigrants in Singapore. *Asia Pacific Viewpoint*, 45 (2), pp. 141 – 164.

Lundström, C. (2013), "Mistresses" and "maids" in transnational "contact zones": Expatriate wives and the intersection of difference and intimacy in Swedish domestic spaces in Singapore. *Women's Studies International Forum*, 36, pp. 44 – 53.

Mutalib, H. (2005), SingaporeMuslims: The quest for identity in a modern city-state. *Journal of Muslim Minority Affairs*, 25 (1), pp. 53 – 72.

Pereira, A. (2008), Does multiculturalism recognise or "minoritise" minorities? *Studies in Ethnicity and Nationalism*, 8 (2), pp. 349 – 356.

Rocha, Z. L. (2014), "Stretching out the categories": Chinese/European narratives of mixedness, belonging and home in Singapore. *Ethnicities*, 14 (2), pp. 279 – 302.

Tan, C. (2008), Creating "good citizens" and maintaining religious harmony in Singapore. *British Journal of Religious Education*, 30 (2), pp. 133 – 142.

Ueno, K. (2010), Identity management among Indonesian and Filipina migrant domestic workers in Singapore Kayoko Ueno identity management among migrant domestic workers. *International Journal of Japanese Sociology*, 19 (1), pp. 82 – 97.

Ueno, K. (2013), Love gain: The transformation of intimacy among foreign domestic workers in Singapore. *SOJOURN: Journal of Social Issues in Southeast Asia*, 28 (1), pp. 36 – 63.

Yeoh, B. S. A, Chee, H. L., &Baey, G. H. Y. (2013), The place of Vietnamese marriage migrants in Singapore: Social reproduction, social 'problems' and social protection. *Third World Quarterly*, 34 (10), pp. 1927 – 1941.

Yeoh, B. S. A., Chee, H. L, & Dung, V. T. K. (2013), Commercially arranged marriage and the negotiation of citizenship rights among Vietnamese marriage migrants in multiracial Singapore. *Asian Ethnicity*, 14 (2), pp. 139 – 156.

Yeoh, B. S. A., & Huang, S. (1998), Negotiating public space: Strategies and styles of migrant female domestic workers in Singapore, *Urban Studies*, 35 (3), pp. 583 – 602.

Yeoh, B. S. A., Huang, S., & Gonzalez III, J. (1999), Migrant female domestic workers: Debating the economic, social and political impacts in Singapore, *International Migration Review*, 33 (1), pp. 114 – 136.

Yeoh, B. S. A., Huang, S., & Willis, K. (2000), Global cities, transnational flows and gender dimensions: The view from Singapore. *Tijdschrift Voor Economische EnSociale Geografie*, 91 (2), pp. 147 – 158.

Yeoh, B. S. A., &Soco, M. A. (2014), The cosmopolis and the migrant domestic worker. *Cultural Geographies*, 21 (2), pp. 171 – 187.

Yuen, C. Y. M., & Grossman, D. L. (2009), The intercultural sensitivity of student teachers in three cities. *Compare: A Journal of Comparative & International Education*, 39 (3), pp. 349 – 365.

作者简介

陈雪华博士目前在新加坡南洋理工大学的黄金辉传播与信息学院担任助理教授。她毕业于美国亚利桑那州立大学，并获得传播学博士学位；她还曾就读于美国雪城大学，并取得口语传播硕士和英语文学硕士的双学位。她在台湾政治大学获得哲学学士学位及新闻副修。她在国际跨文化传播和计算机娱乐杂志担任副主编。她的研究兴趣主要包括文化与传播的交互作用、跨文化传播以及电子媒体对文化社会的影响等等。她曾获得过多项关于电子媒体的研究经费，在最近的一个项目中她获得了110万美元的经费支持。目前，她致力于研究以电子媒体作为平台以加强文化多样性与促进社会文化族群团体之间关系。

曹媛媛现就读于新加坡南洋理工大学的黄金辉传播与信息学院，是一名博士候选人。她毕业于中国中山大学，并取得法学学士以及行政法专业的法律硕士的学位。她主要从事媒体政策与法律方面的研究。她曾获得南洋理工大学提供的第一阶段的学术研究基金，用于研究新近民主小国的媒体政策，其中包括东帝汶、斯洛文尼亚、马其顿和塞尔维亚等国。她也曾在 2012 年参与了关于不丹媒体法的研究项目。

俄罗斯跨文化交际研究及在
我国的借鉴状况

杨秀杰 张惠芹 张冬梅

摘 要 本文介绍了俄罗斯跨文化交际研究的发展历程：从对外俄语教学开始，经历了国情学、语言国情学、语言文化学，到跨文化交际学的流变。与欧美国家不同，俄罗斯学者倾向于研究语言单位中的民族文化涵义和文化模式，及其对跨文化交际行为的影响。我国俄语学界在引介俄罗斯该领域成果的同时，结合俄语教学实际，进行了开拓性的研究。

关键词 俄罗斯 跨文化交际 文化内涵 文化模式 俄语教学

在俄罗斯学术界，对跨文化交际问题的研究是由外语教师开始的，他们最先意识到，要和其他文化的代表者进行成功的交流，只掌握他们的语言是不够的；即使具有很高的外语水平也难以避免冲突和误解。显而易见，要想和他种文化的代表者进行顺利的交际，必须了解该文化的特点，掌握跨文化交际的实际技能。因此，20世纪90年代在俄罗斯许多大学的教学计划中加入了一门新的课程——跨文化交际学，其目的是培养学生在日常交往的层面上进行成功的跨文化交际，但是这并不意味着俄罗斯跨文化交际的研究才刚刚开始。俄罗斯学术界对跨文化交际学的研究方向和重点与欧美国家有所不同，它主要倾向于研究语言学范畴内语言单位中的文化成分和文化模式。在20世纪70年代初，专门培养留学生的俄罗斯普希金俄语学院的学者们就提出了"语言国情学"的理论，其实质是研究语言中的文化现象，尤其是词汇语义中蕴含的民族文化信息，这一研究方向将语言和文化结合起来，而在欧美国家主要研究交际方法、交际途径的预测，解决不同的人交际时可能发生的障碍[1]，而对语篇中的语言成分缺乏

---

[1] 吴国华：《语言与文化研究的回顾与前瞻》，《解放军外国语学院学报》1997年第5期，第1—6页。

细致的研究。正是因为二者研究侧重的不同，在俄罗斯跨文化交际学领域内，针对语言与文化相互关系问题的研究，陆续出现了与欧美跨文化交际学学科名称不同的语言国情学、语言文化学等分支学科（薄艳华，2006）。

中国俄语学界普遍使用的术语"跨文化交际"由俄语术语"межкультурная коммуникация"翻译而来，俄语词"межкультурная"是指"不同文化之间的"、"跨文化的"，而俄语词"коммуникация"与英语词"communication"同源，原义为"交通"、"通信"和"通讯"，如今，在不同的学科汉译为不同的术语。其中，在传播学中将其汉译为"传播"或"交流"，在社会学和心理学中汉译为"沟通"和"交流"，而中国俄语学界则采用了其在交际学中的汉译术语形式——"交际"。

纵观中国俄语学界跨文化交际研究的发展路径，它几乎是紧随俄罗斯，经历了苏联国情学、俄罗斯国情学、俄语语言国情学、语言文化学和跨文化交际学的流变，其研究呈现出的发展轨迹是：从语言结构层面的静态描写、解释到言语运用层面的动态分析和解释；从词语的文化背景分析到词语作为认知世界的模式的研究；从对社会、历史、经济、政治等表层文化事实与行为的关注到对思维、观念、精神等深层文化的追索，如集中体现民族心智的文化观念研究，体现民族情感取向的民族表象研究、体现伦理评价即行为准则的交际行为研究等。20世纪90年代在俄罗斯许多大学的教学计划中加入了一门新的课程——跨文化交际学，其目的是培养学生在日常交往的层面上进行成功的跨文化交际，这也极大地促进了我国俄语界对跨文化交际问题的研究和对俄语教学内容的再定位。我们将中国俄语学界跨文化交际研究与教学发展历程分为以下三个阶段：对俄罗斯国情和俄语语言国情学的译介与探索阶段；由语言国情学向语言文化学的转向阶段；对俄罗斯跨文化交际学理论与实践的引介与开拓性研究阶段。下面我们分阶段阐述俄罗斯学界和我国俄语学界跨文化交际研究的发展与演变的特点。

一　中俄跨文化交际研究的起步阶段

（一）俄罗斯跨文化交际学研究的开端——语言国情学

语言国情学（Лингвострановедение）是跨文化交际学研究在苏联的

最早和最主要体现形式，其创始人是就职于俄罗斯专门培养外国留学生的普希金俄语学院教授 Е. М. Верщагин 和 В. Г. Костомаров，因此可以说，俄罗斯的跨文化交际学研究是从对外俄语教学（РКИ）开始的。1971 年 Е. М. Верщагин 和 В. Г. Костомаров 在共同撰写的论文《对外俄语教学中的语言国情学问题》中，第一次提出语言国情学这一术语，开创了对外俄语教学中的语言国情学研究。该理论的主要学术思想见诸于 Е. М. Верещагин 和 В. Г. Костомаров 的两部代表性著作《语言与文化》（Язык и культура. М., 1973, 1976, 1983, 1990）和《词的语言国情学理论》（Лингвострановедческая теория слова. М., 1980）。他们在《语言与文化》一书中指出语言国情学的研究范围：一是揭示语言中名称单位的民族文化语义；二是探寻展示、巩固和运用具有民族特点的语言单位的教学方法，以及如何在语言实践课程中进行语言国情式的阅读。

　　苏联国情学是逐步形成的用于对外俄语教学的一门学科或课程，20 世纪 30 年代以来，苏联一直有意识地吸收来自世界各国，特别是第三世界国家的年轻人免费来苏留学，例如到莫斯科友谊大学、普希金语言学院等学府留学，其中的教学目标之一是让留学生了解苏联国情，即苏联的概况、文化传统、社会主义体制和意识形态等。而 20 世纪 70 年代形成的语言国情学的任务是将语言学习和苏联国情学习合二为一。语言国情学提出词汇背景理论和词汇伴随意义理论，用于注释语言单位语义中的民族文化涵义，其重点是下列几类语言单位：1. 反映十月革命胜利后苏维埃社会的词语；2. 反映新生活的词语；3. 反映传统事物和现象的词语；4. 反映历史的旧词；5. 成语、格言；6. 民间创作词语；7. 外来词；8. 术语和专有名词（Верещагин，Костомаров，1990：46 - 51）。语言国情学认为，民族文化因素主要体现在上述语言单位中。词汇语义蕴含着丰富的民族文化信息，这是导致不同文化之间交际失败的主要原因，因此它是语言国情学研究的重点。

　　Е. М. Верщагин 和 В. Г. Костомаров 很重视属于不同民族文化的交际参与者之间的相互理解问题。他们认为，即使交际双方使用同一种语言，也可能因为文化的差异而导致不能正确理解对方。因此，"外语教学当中的语言国情学倾向首先应当遵循的是确保实现跨文化交际的顺畅、使交际双方能够相互理解的目标"（Верещагин，Костомаров，1990：27）。

（二）俄罗斯国情和俄语语言国情学在我国的引介与研究

我国俄语学界对跨文化交际问题的研究始于 20 世纪 80 年代对苏联概况的了解。在俄罗斯，关于国家历史、文化、政治和经济等方面的著述层出不穷，不同的历史阶段虽难免因当时的政治状况有所侧重，但没有体系上的变更。在中国，与苏联 35 年之久的政治决裂导致国内对俄罗斯文化研究的停滞，随着高考制度的恢复，国内几所主要的设立了俄语系的大学，如黑龙江大学俄语系、北京外国语大学俄语系、上海外国语大学俄语系和北京大学俄语系等，除了俄语语言教学，还陆续开设了苏联概况课程，其中包括俄苏地理、历史、文学和艺术等课程，但那时还没有相应独立的教科书。如，黑龙江大学俄语系在 1979 至 1984 年教授的俄苏国家概况的课程主要由授课教师各自分工，分别用各自编写的临时教材授课，如陈叔琪老师编写并油印的《苏联地理》，赵先捷老师编写的《俄国和苏联文学史》等校内教材。

1985 年戈尔巴乔夫上台后进行了一系列政治和经济方面的改革，也使中苏关系趋于缓和，从而引发国内对苏联各领域研究的热情。1986 年 6 月出版了由北京大学李明滨和郑刚等编著的教材《苏联概况》，该教材试图全方位地介绍苏联国家情况，其内容包括苏联概况、自然地理、苏联工农业和交通布局、各加盟共和国主要城市概况；1986 年商务印书馆出版发行了俄汉双语的《俄国史话》，1987 年出版了张才兰主编的《苏联文化教育》。1989 年中苏关系正常化以后，中苏之间的交往全方位展开，中国俄语教学受苏联国情学的影响，各高校俄语专业陆续开设了苏联概况课程。1990 年 6 月高中音和吴秋霞编写的俄语试听教材《苏联国情》出版。然而，随着 1991 年底苏联解体，原有教材需要重新编写，这也给授课教师带来极大的困惑，他们甚至连新成立的俄罗斯联邦的地图都找不到。

随着中苏关系正常化，中国的俄语学者陆续赴苏联学习，同时，中俄语言学家和文学研究者也开始了广泛的学术交流，中国学者吸收苏联的语言国情研究理论，并将其带回国内，在俄语教学界开始了俄罗斯语言国情的研究。1985 年季元龙在《外语界》发表论文《一门新兴的语言学科——俄罗斯国情学》，李锡胤（1984）分析了俄语中与《圣经》相关的一些词语的文化意义；郭聿楷（1986）研究了十月革命以后俄语词语的发展趋势。1985 年北京外国语学院开始招收俄罗斯语言国情学方向的研究生，1991年由顾亦瑾和吴国华编写的《语言与文化——俄语语言国情学概论》出版发行，该书被列为全国高校俄语专业教材，在俄语教学中首次提出外语教学的目的是培养学生的跨文化交际能力，从而开启了中国大学俄语专业的俄语语言国情知识的教学。其主要内容是教授具有俄罗斯文化伴随意义的词汇和民俗文化知识，强调语言的载蓄功能，即语言不仅仅传达信息，它还具有反映、记载和保存人类认识世界的信息的功能。

在这一阶段，中国学者的跨文化研究和跨文化教学基本上以俄罗斯相关理论与教材为依据，经历了研读、译介和分析比较的过程。以吴国华、顾亦瑾等为代表的从事语言国情学方向研究的中国学者把揭示俄语语言单位中蕴涵的民族文化语义作为语言国情学的研究和教学任务之一，探寻展示、巩固和运用具有民族语义的语言单位的教学方法，并开始尝试进行汉语和俄语语言单位民族文化涵义的比较研究，进而引入中俄跨文化交际层面的显性与深层次的研究。

二　语言国情学向语言文化学的转向

（一）俄罗斯从语言国情学到语言文化学的历程

20世纪90年代后，人们对语言国情学这一学科的基本观点及方法提出了质疑和批判，例如语言国情学中的意识形态和文化迁移问题。语言国情学主张讲授俄语和学习苏联文化同步进行，其基本原则之一是使学生形成对苏联的正面认识，这使得语言国情学带有浓重的意识形态色彩。关于语言国情学的基本概念——文化迁移（аккультурация），Д. Б. Гудков曾指出，"语言国情学以把外国人改造成俄罗斯人，使其完全接受俄罗斯文化作为教学目的是不应该的，也是不可能的"（Гудков，2000：26）。为此，科斯托马罗夫和布尔维科娃（Н. Д. Бурвикова）先后发表了一系列文章和专著，更正了语言国情学的一些学术观点，纠正了语言国情学的文化迁移概念，指出了外语教学的目的是培养学生的跨文化交际能力（межкультурная компетенция），而跨文化交际是一种平等的文化间的对话（диалог культур）等思想。科斯托马罗夫和布尔维科娃提出语言信息单位（логоэпистема）和言语行为方式（речеповеденческие тактики）作为语言国情学的新的研究对象。其中语言信息单位用来指存在于民族意识中的、为文化记忆所固定了的、反映现实世界的语言表达，是一个民族的经验和"历史声音"的痕迹（Костомаров，1999：84）。谚语、俗语、名人警句、人物的姓名、称呼都可能成为语言信息单位。它们承载的信息是文化事实，体现了一个民族的知识、思想、传统、风俗、征兆和观念，是民族性格特征的朴素表达形式，具有符号性和象征性。语言国情学对词语文化的研究基本是在语言层面上，重点研究词义内部的静态结构，对词语背后的文化背景知识所做的说明、描写以历时性为主，或者是百科知识性的展示。

20 世纪 80 年代末，异文化文本理解（понимание инокультурного текста）成为苏联民族心理语言学研究的重要课题，该研究认为在与异文化交流时，读者会不自觉地透过本民族区域文化的棱镜去阅读异文化文本，这势必造成对异文化特殊现象的不理解。教学的终极目的是培养学生的跨文化交际能力（межкультурная компетенция），其中包括能够宽容地看待和接受异文化事实，善于从异文化的角度审视其主体的行为等。索罗金和玛尔科维娜针对异文化文本理解中出现民族文化特点的问题提出了解决方法，即空缺法（метод лакун），目的是揭示和研究异文化文本理解过程中出现的困难，描述处于交际过程中的不同语言文化共同体的民族文化特点，运用空缺概念阐述语言之间和语言内部的种种差异。

普罗霍洛夫（Ю. Е. Прохоров）于 20 世纪 90 年代提出了言语交际的社会文化定型（социокультурные стереотипы речевого общения）理论。社会文化定型反映了言语交际中某一语言文化共同体成员意识里词与词之间的常规关系，或者说共同的刺激—反应模式。社会文化定型确保同一语言文化共同体成员在交际的过程中对一定语境下的交际行为有共同的心理定势和惯常的心理联想。如果在言语交际中违背了社会文化定型，就会导致交际的失败。相对于语言国情学的词汇背景理论而言，普罗霍洛夫不再局限于词汇文化语义内涵的静态研究，而是将视野扩展到言语行为的民族文化性方面，借鉴社会学、心理学和交际学的相关理论，分析言语交际过程中两个事物或特征之间存在的为某一民族所接受和惯常使用的联系，论证了社会文化定型研究对语言与文化关系研究和对外俄语教学的价值和意义。

20 世纪末，以人为本的人文科学研究范式使语言研究从唯科学的、结构体系的和静态的研究范式开始转向人本的、功能的、认知的和动态的语言学研究范式……语言学家的研究兴趣从语言的内部结构转向语言运用的条件，从索绪尔的下棋规则转向下棋者本身（Воркачев，2004：4－10）。语言文化场与语言文化单位、言语交际的社会文化定型这一系列概念的提出，标志着语言国情学进入了新的发展阶段——语言文化学研究阶段，其基本特点表现为：1. 以人类中心论为出发点，即关注作为语言主体的人的因素和作用；2. 研究对象不断拓展，不再局限于词语语义的民族文化信息，从语言词汇单位的静态描写扩展到言语交际的动态分析；从单个词语选择性的、片断性的描写延伸到词语类聚的整体研究。

20世纪90年代形成的语言文化学（Лингвокультурология），将语言和文化的研究更紧密地结合起来。В. А. Маслова在《语言文化学导论》（《Введение в лингвокультурологию》）（1997）和《语言文化学》（《Лингвокультурология》）（2001）中全面介绍了语言文化学的产生背景、发展状况、目的、任务、研究方法和方法论。她将语言文化学的研究对象划分为9类，其中包括：1. 不对应词和空缺；2. 神话性的语言单位；3. 谚语和俗语；4. 成语；5. 语言标准、套语；6. 隐喻及语言特点；7. 语言的修辞构成；8. 言语行为；9. 言语礼节（В. А. Маслова 2001：36－37）。Маслова认为，20世纪末俄罗斯已形成了语言文化学的四大流派：Ю. С. Степанов的语言文化学派从历时的角度描写文化常量；Н. Д. Арутюнова学派研究文化的普遍术语；В. Н. Телия的莫斯科学派以对成语的语言文化分析而闻名；俄罗斯人民友谊大学以В. В. Воробьёв和В. М. Шаклеин等人为代表的语言文化学派（В. А. Маслова，2001：30）。

其中，В. В. Воробьёв自认为是对语言国情学的继承和发展，他的代表作是《个性的语言文化聚合体》（Лингвокультурологическая парадигма личности，1996）和《语言文化学：理论与方法》（Лингвокультурология Теория и методы，1997），他提出语言文化单位（лингвокультурема）概念。例如，他围绕着语言文化单位"俄罗斯人"（славянский，русский，советский，российский等），以宗教性、聚合性（соборность）等为出发点，探讨俄罗斯民族个性模式系统，进而研究现代俄罗斯社会的民族个性价值系统等问题（参见彭文钊，2004：9）。阿鲁秋诺娃为代表的语言逻辑分析学派致力于通过语言研究文化的工作。他们以"逻辑分析（логический анализ）"为总题目，不断推出诸如时空观念、美学语言、伦理语言等具有普遍意义的语言文化文集，从最初的语法语义逻辑分析到语用学、认知语言学、语言世界图景和文化观念的语义分析，对人类精神文化中的诸多观念，如关于真与真理、心灵与精神、美与丑、善与恶等从俄罗斯民族文化特点方面做了翔实有据的分析和描写。[①] 捷利亚（В. Н. Телия）被称为莫斯科语言文化学成语分析学派的主要代表人物，她通过分析成语，描写俄罗斯文化的一些核心概念。她提出通过分析主要文化观念（концепты）来研究成语符号对民族文化自我意识反映的特点。她的著述《俄语成语：语义、语用和语言文化》（Русская фразеология. Семантический, прагматический и лингвокультурологический аспекты, 1996）成为当代语言文化学纲领性的文献（杨秀杰，2007：31 - 32）。以斯捷潘诺夫为代表的文化学派，把全部文化理解为观念及其关系的总和。他认为，文化观念存在于个性和集体意识中，是约定俗成的、表现民族精神的基本单位，是用以对意识、语言与文化及关系进行综合研究的对象。在《常量·俄罗斯文化辞典》（Константы. Словарь русской культуры, 2001）的前言中斯捷潘诺夫详细阐释了他对文化、观念（концепт）和常量及之间相互关系的观点，认为所谓常量是那些恒常的、至少是长期存在的观念，是文化的某种恒定的原则。观念是文化信息的凝聚，具有民族文化的记忆功能，也就是民族文化的传承功能。在这部辞典中斯捷潘诺夫详细分析了 37 个基本观念和 20 个派生观念。他认为俄罗斯精神文化和语言世界图景很大程度上通过这些观念表现出来（杨秀杰，2007：44 - 45）。

（二）中国俄语学者的研究状况

进入 21 世纪，中国俄语界在俄罗斯国情和俄语语言国情领域都颇有建树。首先出版了各种版本的以"俄罗斯国情"、"俄罗斯概况"、"俄罗斯文化"和"俄语语言文化"等为名的教科书、网络课程和词典，如 2000 年出版的由黄苏华主编的《俄罗斯语言国情辞典》，2001 年出版的金亚娜等编写的《俄罗斯国情》，该书由俄罗斯地理、俄罗斯历史、新俄罗斯政治、新俄罗斯经济、独联体其他国家与波罗的海三国的概况五部分组成。该时期，中国学者力图全方位地介绍俄罗斯国家及原苏联其他各国的概况和文化。

[①] 杨秀杰：《语言文化学的观念范畴研究》，哈尔滨：黑龙江人民出版社 2007 年版，第 30—31 页。

这一时期的语言文化研究呈现出多视角的研究特点，有宏观、微观、具体现象的分析或整体综合性研究，还相继发表了一系列相关著作、学术论文和教科书，如王福祥和吴汉樱的《文化与语言论文集》，贾玉新的《跨文化交际学》，刘光准的《俄语身势语的分类、特点、功能及其他》《俄语身势语与成语》《俄语身势语对比描述》等论著或论文的发表。周宁在《跨文化研究：以中国形象为方法》中专门研究了俄罗斯思想中的中国形象问题。然而，在语言国情学向语言文化学的转向过程中，后者将语言的民族文化涵义与跨文化交际问题相结合，对语言文化与言语交际、交际模式和交际行为定型等问题都展开了多维度的研究，同时，各种思潮、观点和新的研究内容和研究方法，既拓宽了我国大学俄语跨文化交际教学的内容，深化了语言与文化的理论研究，同时也导致了该类课程在教学内容、目标和形式上的乱象，授课教师自身的知识结构甚至成为课程内容定位的标准。

总体上，这一时期中国俄语学界跨文化交际研究在理论层面上虽然不断深入，力求揭示具有语言和文化双重性的语言文化中介单位，但跨文化交际意识还不够突出，基本上是遵循俄罗斯20世纪后十年的以语言文化涵义为主要研究对象，但已经开始借鉴文化学、社会心理学等其他人文学科的研究成果与方法，逐步从研究语言与文化的跨学科的理论转向跨文化交际的思维和行为，特别是言语行为特点的研究。

三 跨文化交际学理论与实践的引介与开拓性研究阶段

（一）俄罗斯跨文化交际的研究现状

世界问题的迅速全球化，需要我们关注不同国家和民族在解决诸多问题时的共同和特有的行为和交际特点，需要预先了解跨文化交际中最可能产生的误解，需要确定和准确了解属于交际行为基础的文化价值。在这一阶段俄罗斯的跨文化研究得到很大拓展，研究者队伍也从对外俄语教学的范围扩大到俄罗斯文化学研究的领域。跨文化交际学在社会心理学（В. С. Агеев，В. В. Кочетков，Н. М. Лебедева，Г. У. Соллдатова，Т. Стефаненко）、语言学（О. А. Леотович，А. В. Павловская，С. Г. Тер-Минасова）、社会学（Ю. В. Арутюнян，Л. М. Дробижева）、民族学

(Ю. М. Броблей, С. А. Арутюнов, М. О. Мнакацанян, С. В. Лурье, М. Г. Мустафаева, Р. Х. Ханаху)、政治学（А. В. Дмиитриев, В. В. Латынов, Г. Почепцов）等领域得到深入研究。还有一些学者从民族文化学的角度来进行研究，如 Г. А. Аваневсова, А. П. Садохин, В. Д. Попков, Т. Г. Грушевицкая 等。但是，也有学者，如 О. А. Леотович 指出："当前的跨文化交际研究具有折中性和众说纷纭的特点，缺乏统一的研究方法和概念。没有明确规定的理论基础和统一的学科术语，这些使得各学科领域的学者难以达到在同一个架构中的相互理解"①（Тен，2007：62）。

20 世纪 90 年代俄罗斯形成的语言文化学更是把语言看作是本体的存在，将通过语言表达、保存和传承的文化信息作为研究对象。语言文化学的研究对象虽然也是具有民族象征、评价和文化隐喻意义的语义单位，但是它把语言理解为集中认识集体经验的手段，"文化是人际交往的形式，它存在于交往的群体中……，文化首先具有交际属性，其次具有象征属性"（Лотман，1994：4）。语言文化学认为语义单位的民族文化含义是历史形成的，具有心理层面的稳定性和表达层面的具体性，是该民族成员共同评价、联想和交际的依据。正是集体经验构成了所学语言的本质内涵，它直接用在广告和政治宣传上，并深入到大众交际层。这些经验深藏在丰富的词汇意义、成语、公众文本和固定的礼节之中。

基于上述对文化的认识，古德科夫和克拉斯内赫等学者在《俄罗斯文化空间，2003》（Русское культурное пространство）中提出了文化空间（культурное пространство）的概念。所谓文化空间是指文化在人的意识中的存在形式，是心智文化（ментальная культура），它属于该共同体成员大众意识中的文化，其基本单位是心智事实（ментефакты）（Захаренко, Красных, Гудков，2004：12）。心智事实属于意识的内容要素（элементы 《содержания》сознания），是人的意识反映和存储外部世界的基本单位。文化传承是民族语言共同体成员社会化过程中的主要方式，文化进入到认知库并进行传承的主要渠道是通过心智事实（ментефакты）单位进行的，也就是说在人的社会化过程中，文化正是通过心智事实具体地进行传播，

---

① О. А. Леотович. Теория межкультурной коммуникации в России: состояние и перспективы//Теория коммуникации и прикладная коммуникации/Вестник Российской коммуникативной ассоциации. Вып. 1. Ростов н/Д, 2000, с. 63.

对心智事实的掌握和学习最终把某个人变成某种文化的个体和代表（Захаренко，Красных，Гудков，2004：11）。上述三位学者认为，对跨文化交际造成主要障碍的不是语言上的差异，而是交际者民族意识上的差异。文化空间和先例现象①的研究目的就是探讨语言意识的构成单位及其存在方式，语言意识单位的活动特点，揭示决定意识、交际、言语活动的民族文化特点的原因。他们合作编写的《俄罗斯文化空间 语言文化学辞典》（Русское культурное пространство，лингвокультурологический словарь，Москва，2004）是一部全面总结和分析俄罗斯先例现象实例的权威著作，对研究俄语语言个性的语用层具有非常重要的参考价值。

21世纪以来，除了深层次的理论研究以外，俄罗斯出版了大量的应用性的社交礼仪的书籍，其中有礼仪百科全书、言语修养和交际礼仪的教科书等，有日常行为修养、私人社交礼节和公务交际礼仪，各个部分的内容具体、翔实、实用。为该"事业"著书立说的有社会学家、行为心理学家、语言学家和教育者等，他们从各自的学科出发对社交礼仪和言语礼节问题进行了翔实有效的研究。例如，关于言语礼节和行为规范方面的专著和教材，涉及面非常广，从日常见面的打招呼、问候、邀请、请求、称赞、致谢、道歉、同意、反对、道别等，从典型用语到具有各种修辞色彩和语气的句式，并针对不同交际对象和语境，对不同语句及其用法给予详实讲解，还包括体态语的讲解。

此外，俄罗斯学者们也注意到，研究各种交际方式对跨文化交际的发展具有重大意义，所以对言语交际、意识与交际的相互关系、交际行为与交际能力等进行了深入的研究，出版了一系列描写交际行为策略、非言语交际等内容的著作，其中广泛使用的有 А. П. Садохин 的《跨文化交际理论导论》（Введение в теорию межкультурной，2005）和《跨文化交际》（Межкультурная коммуникация，2011），Терминсова 的《语言与跨文化交际》（《язык и межкультурная коммуникация》，2004）等。俄罗斯的

---

① 先例现象的先例（прецедент）一词源于拉丁语词 "praecedens"，表示 "前例、先例" 之义。语言文化学的先例现象具有以下特点：1）超个性特征，即为该民族语言文化共同体所有成员所熟知；2）具有认知（认识和情感）作用；3）在该民族语言文化共同体成员的言语中多次复现（Красных，2003：170）。语言文化学根据其言语形式特点分为：先例名（прецедентное имя）、先例语句（прецедентное высказывание）、先例情景（прецедентная ситуация）和先例文本（прецедентный текст）。

语言学家对此也做了大量的工作，比较有代表性的著作有：И. В. Привалова 的《跨文化与语言符号》(Интеркультура и вербальный знак, 2005), Д. Гудков 的《跨文化交际的理论与实践》(Теория и практика межкультурной коммуникации), Красных. В 的《他中有我：神话与现实》(Свой среди чужих: миф или реальность, 2003) 等。И. А. Стернин 和 Ю. Е. Прохоров 合著的《俄罗斯人的交际行为》(Русские: коммуникативное поведение) 一书指出："作为民族文化的构成部分，交际行为由固化在民族交际标准和规范中的民族心智决定，并有形地表现在民族文化交际中"(Стернин, Прохоров, 2011: 41)。

如今，跨文化交际学渐渐在俄罗斯学术界确立了自己的学术地位，成为一门独立的学科和课程，莫斯科大学外文系（现在更名为外语与区域研究学院）在这一学科方向确立的过程中起了首倡和领导的作用。1992年，莫斯科大学成立了"文化相互作用研究中心"(Цетр по изучению взаимодействия культур)，在这里，语言学家、历史学家、哲学家、文化学家、心理学家和社会学家一起从事文化之间相互作用的研究工作。从1994年开始，莫斯科大学外文系每年举办名为"俄罗斯和西方：文化的对话"(Россия и Запад : диолог культур) 的学术研讨会，迄今为止已经出版了11部论文集。1997年，莫斯科大学外文系制订并出版了俄罗斯的第一部《跨文化交际》课程教学大纲，并在俄罗斯各高校中最早开设这门课程。目前，《跨文化交际》已经成为俄罗斯大多数大学外语系教学计划中的一门新课程。2004年，莫斯科大学语文系成立了"普通文艺理论教研室"(Кафедра общей теории словесности)，又称"话语与交际理论教研室"(теории дискурса и коммуникация)，专门研究和讲授文化交际行为（包括文学创作）理论以及跨文化交际理论。此外，2000年12月，该校又成立了俄罗斯跨文化交际协会（Российская Коммуникативная Ассоциация），协会活动有效地促进了跨文化交际研究的开展（石树，2009）。

（二）中国俄语学者的跨文化交际研究状况

如果说语言国情学侧重于研究和揭示存在于语言单位中的文化成分和文化行为模式，那么跨文化交际学则主要研究言语和非言语交际行为特点，预测和解决跨文化交际时可能产生的障碍。目前，国内俄语界以跨文化交际为研究对象的学术文本还不多见,但许多大学的俄语专业在高年级和研究生阶段开设了俄语语言文化课,将高年级跨文化交际教学内容主要具化为以下三个方面:1. 具有民族普适性的民族表象单位,即具有民族文化伴随意义,并广泛运用于大众交际的名称单位,如先例现象、家喻户晓的神话、经典文学和民族历史中的人和物、色彩和动植物等形象定型;2. 蕴含和表达民族文化传统、伦理评价和情感取向的成谚俗语和格言;3. 言语行为和非言语行为定型,该类定型"以意识模板的形式储存在意识中,表现为准则。定型作为活动常量决定着各种交际场景中的交际行为,包括言语行为"。[1]

近几年,许多中国学者开始从民族文化观念层面研究民族交际行为策略和行为定型的形成特点,出版了一系列俄罗斯文化观念和民族文化表象问题的硕博论文和论著,如北京外国语大学俄语学院李英男指导的系列博士论文及在此基础上形成的专著及发表的论文对俄罗斯文化观念问题进行了深入分析;大连外国语大学的彭文钊教授专注于介绍俄罗斯跨文化交际的理论;首都师范大学俄语系的系列硕士论文——俄罗斯人的真理观念、世界与和平观念、俄罗斯语言文化中的幸福观念、俄罗斯人的爱情观念和俄罗斯人的理想女性等。该领域的中国学者认为,观念不仅保证了民族精神文化的稳定性和连续性,还是自然人社会化和民族化过程的主要施为者。固化在母语中的观念"潜移默化在民众的意识里,支配或影响着他们的社会行为,体现在人际关系、政治信念、经济见解,以及工作与生活的方方面面"(钱中文、白春仁,2008:卷首语3),并最终形成他们的典型心智。观念挟带着重要的文化信息,表达着民族自我认识和对世界的理解,展示着民族对生存意义和人生目的的哲理思考、感悟体验与理性总结。民族心智研究学者从俄罗斯民族的核心观念层面解析俄罗斯人交际行为定型及其中蕴含的标准和规范,进而阐释主导民族行为取向的民族价值和行为原则,力图从深层思想到表象行为全面解析和引介俄罗斯民族的交际行为特点。

---

[1] Красных В. 《Свой》 среди 《чужих》: миф или реальность? [M]. М.: ИТДГК 《Гнозис》, 2003: 232.

四 结 语

中俄跨文化研究的共同点是起始于外语教学，目前仍集中在外语教学领域。在跨文化研究和外语教学中各种理论、学术思想和流派从不同的角度和层面探究语言、文化、民族之间的关系。它们各自独立，自成一体，又密切关联、相互交错。某些事物、现象成为多个理论与流派的研究对象，这种"多棱"现象的出现一方面说明跨文化交际的复杂性、多面性，使之成为不同理论与流派的研究焦点，另一方面说明该理论、现象对于语言与文化研究的重要性，使之在不同理论和流派中得到承前继后的阐释，或者是互为补充的发展。

随着俄罗斯跨文化交际研究的深入，中国俄语学界开始进一步界定体现跨文化交际能力的要素，将教学内容与提升跨文化交际能力密切结合，在深入研究俄罗斯学界跨文化交际理论的同时，中国俄语学界结合中国文化特点，撰写和发表了大量的中俄文化比较的文章和著作，为中国文化在俄罗斯的传播做出了巨大贡献。

参考文献

［俄］ Верещагин Е. М., Костомаров В. Г. （1980）. Лингвострановедческая теория слова. Москва, 《Русский язык》.

［俄］ 维列夏津，科斯托马罗夫：《词的语言国情学理论》，莫斯科：俄语出版社1980年版。

［俄］ Верещагин Е. М., Костомаров В. Г. （1990）. Язык и культура. Москва, 《Русский язык》.

［俄］ 维列夏津，科斯托马罗夫：《语言与文化》，莫斯科：俄语出版社1990年版。

［俄］ Верещагин Е. М., Костомаров В. Г. （1971）. Лингвистическая проблематика страноведения в преподавании русского языка иностранцам》: Доклад на международном симпозиуме 《Страноведение и преподавание русского языка как иностранного》（Ленинград, 22 – 26 июня）. М., 《Русский язык》.

［俄］ 维列夏津，科斯托马罗夫：《对外俄语教学中的语言国情学问题》，"国情学与对外俄语教学"国际学术研讨会的报告。莫斯科，俄语出版社1971年版。

［俄］ Воркачев С. Г. （2004）. Счастье как лингвокультурный концепт.

М., Гнозис.

［俄］沃尔卡切夫：《语言文化观念"幸福"》，莫斯科，知识出版社2004年版。

［俄］Воркачев С. Г. （2007）. Любовь как лингвокультурный концепт. М., Гнозис.

［俄］沃尔卡切夫：《语言文化观念"爱情"》，莫斯科，知识出版社2007年版。

［俄］Гудков Д. Б. （2000） . Межкультурная коммуникация: проблемы обучения. Москва, Издательство Московского университета.

［俄］古德科夫：《跨文化交际：教学问题》，莫斯科，莫斯科大学出版社2000年版。

［俄］Захаренко И. В., Красных В. В., Гудков Д. Б. （ред.）（2004）. Русское культурное пространство, лингвокультурологический словарь. Москва, ИТДГК 《Гнозис》.

［俄］扎哈连科，克拉斯内赫，古德科夫：《俄罗斯文化空间》，莫斯科，人文图书"戈诺吉斯"出版社2004年版。

［俄］Караулов Ю. Н. （1987）. Русский язык и языковая личность. Москва, Наука.

［俄］卡拉乌洛夫：《俄语与语言个性》，莫斯科，科学出版社1987年版。

［俄］Костомаров В. Г. （1999）. Русский язык в современном диалоге // Русский язык за рубежом, №3.

［俄］科斯托马罗夫："当代对话中的俄语"，《国外俄语》1999年第3期。

［俄］Красных В. В. （2003）. 《Свой》среди《чужих》: миф или реальность? Москва, ИТДГК《Гнозис》.

［俄］克拉斯内赫：《他中有我：神话还是现实？》，莫斯科，人文图书"戈诺吉斯"出版社2003年版。

［俄］Леотович О. А. （2000）. Теория межкультурной коммуникации в России: состояние и перспективы// Теория коммуникации и прикладная коммуникации/ Вестник Российской коммуникативной ассоциации. Вып. 1. Ростов н/Д, Иубип, с. 63 – 67.

［俄］列奥托维奇："俄罗斯跨文化交际理论：现状与展望".（顿河畔）罗斯托夫，俄罗斯交际协会学报《交际理论与实用交际》2000年第1期，第63—67页。

［俄］Маслова В. А. （2001）. Лингвокультурология: Учеб. пособие для студ. высш. учеб, заведений. М., Издательский центр 《Академия》.

［俄］马斯洛娃：《语言文化学》，大学教材，莫斯科，科学院出版社2001年版。

［俄］Прохоров Ю. Е., Стеринин И. А. （2011） . Русские: коммуникативное поведение（4 – ое издание）. М., Флинта/Наука.

［俄］普罗霍洛夫，斯捷尔宁：《俄罗斯人的交际行为》，莫斯科，弗林达科学出版社 2011 年版。

［俄］Прохоров Ю. Е.（1996）. Национальные социокультурные стереотипы речевого общения и их роль в обучении русскому языку иностранцев. Москва: Изд - во ЛКИ. .

［俄］普罗霍洛夫：《言语交际的民族社会文化定型及其在对外俄语教学中的作用》，莫斯科，里基出版社 1996 年版。

［俄］Сорокин Ю. А.（1977）. Метод установления лакун как один из способов выявления специфики локальных культур: Художественная литература в культурологическом аспекте// Национально - культурная специфика речевого поведения. М. .

［俄］索罗金："确立空缺的方法是研究区域文化的方法之一：文化领域中的文学"，《言语行为的民族文化特点》，莫斯科出版社 1977 年版。

薄艳华：《俄罗斯跨文化交际研究述略》，《内蒙古大学学报》（人文社会科学版）2006 年第 5 期。

李向东：《俄语文本理解中的空缺及解决方法》，《中国俄语教学》1993 年第 3 期。

彭文钊、赵亮：《语言文化学》，上海外语教育出版社 2006 年版。

徐佩：《俄罗斯民间故事中的世界图景》，博士论文，北京外国语大学，2010 年。

石树：《俄罗斯的跨文化交际研究：历史、发展与现状》，《广东外语外贸大学学报》2008 年第 6 期。

李明滨、郑纲：《苏联概况》，外语教学与研究出版社 1985 年版。

高中音、吴秋霞：《苏联国情》，外语教学与研究出版社 1990 年版。

季元龙："一门新兴的语言学科——俄罗斯国情学"，《外语界》1985 年第 3 期。

顾亦瑾、吴国华：《主语言与文化》，河南人民出版社 1991 年版。

黄苏华、杨秀杰、陶莹：《俄罗斯语言国情词典》，现代出版社 2000 年版。

金亚娜：《俄罗斯国情》，哈尔滨工业大学出版社 2001 年版。

王福祥、吴汉樱：《文化与语言》（论文集），外语教学与研究出版社 1994 年版。

贾玉新：《跨文化交际学》，上海外语教育出版社 1997 年版。

刘光准："俄语身势语的分类、特点、功能及其他"，《解放军外语学院学报》1991 年第 3 期。

刘光准："俄语身势语与成语"，《外语学刊》1994 年第 5 期。

《俄语身势语对比描述》，参见刘光准《俄汉语言文化习俗探讨》，外语教学与研究出版社 2005 年版。

周宁：《跨文化研究：以中国形象为方法》，商务印书馆 2011 年版。

徐岩：《俄语语言世界图景中的"心灵"观念》，硕士论文，首都师范大学，2006 年。

孙白霜：《俄罗斯人的"真理"和"世界—和平"观念 ——观念分析方法初探》，硕士论文，首都师范大学，2007 年。

关晓萌：《俄罗斯民族语言中的幸福观念》，硕士论文，首都师范大学，2009 年。

李进进：《沃尔卡切夫语言文化观念理论综述》（以俄罗斯人的爱情观念为析例），硕士论文，首都师范大学，2012 年。

肖菲：《俄罗斯传统与〈安娜·卡列尼娜〉中的"理想女性"观念》，硕士论文，首都师范大学，2013 年。

王鲁妹：《跨文化交际中的行为定型研究》，硕士论文，首都师范大学，2014 年。

作者简介

杨秀杰，1962 年生，首都师范大学俄语系副教授，俄罗斯文学博士，硕士生导师；1983 年毕业于黑龙江大学俄语系并获得学士学位；1988 年 7 月毕业于北京外国语学院俄语系，获得硕士学位；2006 年毕业于北京外国语大学俄语学院，获得博士学位。曾在哈尔滨医科大学医学俄语系工作；自 1990 年至今在首都师范大学外语学院工作。主要研究领域：修辞学、俄罗斯文学与文化、俄罗斯社会与文化、语言文化学。发表研究成果三十余项，主要包括论文：《透析拉吉舍夫语言中的自由观念》、《语言文化观念及其研究方法》、《语言文化观念的理论探索》、《俄罗斯人的自由"свобода"和"воля"》独；专著：《语言文化学的观念范畴研究》。

张冬梅，1972 年生，北京第二外国语学院教授，俄语语言文学博士，硕士研究生导师。分别于 1993 和 1998 年在北京第二外国语学院获得学士与硕士学位，2003 年获得北京外国语大学俄罗斯语言文学博士学位。主要研究领域：俄语语言文化学，跨文化交际和俄语教学。已发表论文 20 余篇，其中包括《跨文化交际中的语境和框架》、《从词源分析看文化概念 дом 的原始形象》；主编和参与编写教材多部，其中包括《俄罗斯语言文化教程——宗教文化入门》；出版专著《俄罗斯民族世界图景中的文化观念"家园"和"道路"》。

张惠芹，1962 年生，北京第二外国语学院教授，俄语语言文学博士，硕士生导师；1983 毕业于山西太原海军电子工程学院外语系并留校任教；

1988 和 2002 年分别获得北京外国语大学俄语学院的硕士和博士学位；曾经在俄罗斯莫斯科普希金俄语学院及莫斯科大学作访问学者。自 1988 至今在北京第二外国语学院俄语系任教。主要研究领域：俄语修辞学；媒体语言；跨文化交际；俄语教学。发表研究成果 30 余项，其中主要成果包括论文《Риторика与стилистика的关系》《关于跨文化交际中文化主体意识的思考》《中国文化之"和谐"价值观在国际旅游活动中的传播》《俄罗斯传媒语言学的研究现状与发展趋势》《跨文化交际语境下母语在外语教学中的作用》；专著：《教师的语言艺术》等。

跨文化交际能力:概述与框架

达拉·迪尔道夫
黄 廓 译

摘 要 21世纪,无论社会层面还是民众层面,世界各国间的接触与往来都更加密切,这也促发了各界对跨文化交际能力的关注:因为跨文化交际能力与人才国际化、成功就业、社会融合、人类生存密切相关。然而"跨文化交际能力"这一术语究竟有何内涵? 不同学科和文化语境下如何定义此概念? 西方学者已作出诸多尝试,本文就此进行简单梳理与讨论,提出跨文化交流能力过程模型,以及指出今后研究的方向。

关键词 跨文化交际能力 研究模型 文化谦虚

21世纪,无论社会层面还是民众层面,世界各国之间都史无前例地密切接触与往来,这也增加了各界对跨文化交际能力的关注:因为跨文化交际能力与国际化人才、成功就业、社会融合、人类生存密切相关。然而"跨文化交际能力"这一术语究竟有何内涵? 不同学科和文化语境下如何定义此概念? 西方学者已作出诸多尝试,本文就此进行简单梳理与讨论(更为完整论述请见 Spitzberg & amp, Changnon, 2009)。事实上,夸美纽斯在17世纪提出"泛智论"时曾通过对"跨文化"进行概念性的讨论,并以此作为建立基础教育、鼓励相互理解的基础(Piaget, 1957; Sadler, 1969)。在过去的五十年里,很多美国学者专注于此概念的研究,并著文立说。因学科和方法差异,这一概念迄今为止在美国仍无统一的术语,尽管形成共识的趋势已经显现〔现使用的有跨文化交际能力(intercultural competence)、全球竞争力(global competence)、全球公民素养(global citizenship)、多元文化能力(multicultural competence)、文化流畅能力(cultural fluency)、交际能力(communicative competence)、文化竞争力(cultural competence)、跨文化敏感性(intercultural sensitivity)、跨文化意识（cross-cultural awareness）、文化智力（cultural intelligence）、文化素养（cultural literacy）等，详见 Fantini 2009］。

美国对跨文化交际能力的研究文献起初主要集中在对可预测变量的识别上，多数以服务于培训和选拔到境外工作的人才为目的。具体而言，可预测变量可以考察什么因素或品质决定个体在境外工作中获得成功。因此，关于跨文化交际能力的讨论通常包括诸如维度、成分或因素等的系列指标。基于研究人员的学术背景（如传播学、教育学、心理学等），因素或指标的制定方法也会各有不同。Lustig & Koester（1993）曾总结出至少四种研究跨文化交际能力的方法：人格特质研究法（trait approach）、知觉研究法（perceptual approach）、行为研究法（behavioral approach）、文化特性研究法（culture-specific approach）。Collier（1989）认为研究跨文化交际能力的方法主要包括跨文化态度（cross-cultural attitude approaches）、行为技能（behavioral skills approaches）、人种学（ethnographic approach）以及文化身份（cultural identity approach）等。Collier（1989）总结认为不同方法突出了跨文化交际能力的不同角度和方面，而"概念澄清"则有助于研究取得更大进步（第298页）。有学者注意到研究文献中对跨文化交际能力的组成因素之间的区别比较模糊混乱（Chen & Starosta，1996）；也有学者（Wiseman，2001）看到一种现象，即格外重视与跨文化交际能力相关的行为研究，包括交互行为与管理、身份维系、人际关系技巧，以及减少不确定性的策略等；还有学者强调，在对跨文化互动的研究中，特别是在21世纪全球团队合作日益增强的背景下，理应更多关注跨文化团队合作的研究（Brake, 2006；Gillam & Oppenheim, 2006, Earley & Mosakowski 2000；Adler 2002）。

一直以来，学术界将跨文化交际能力的不同构成要素视作研究的重点。有研究（Kim，1992）运用系统理论方法（systems-theory approach）考察跨文化交际能力，认为跨文化适用能力是跨文化交际能力的中心要素，并将其定义为"个体暂停或调整原有文化方式、学习并适应新文化方式，并创造性地应对因文化差异或文化陌生而带来的动荡、群体态度以及伴生压力的能力"（第377页）。在Kim看来，文化差异或陌生、群体态度以及伴生压力是内生在所有跨文化接触当中的，这也为研究跨文化交际能力的本质提供了必要背景。此外，Kim（1992）主张区别开跨文化交际能力与文化交际能力，因为文化交际能力的内容具有文化针对性，因文化差异而不同;而跨文化交际能力的内容则"应该在不同跨文化环境下都保持不变,尽管也要考虑到文化差异"(第 377 页)。Spitzberg and Cupach(1984)赞同 Kim 的观点,认为跨文化适用能力是跨文化交际能力的中心要素,同时不囿于文化背景限制。他们指出,适应能力"意味着不同的行为和技能应用在不同的环境和情况下"(第 90 页)。Hofstede(1997)关注通过文化价值观来理解文化差异,而 Bennett(1993)的跨文化敏感度模型则考察个体对文化差异的反应,这种反应会自然地发展变化,也印证了个体跨文化交际能力的程度。Magala(2005)认为身份认同是跨文化交际能力的核心要素,Byram(1997)则视态度为重点,Hymes(1972)、van Ek(1986)、Ruben(1989)、Gudykunst(1994)都从不同视角研究跨文化交际能力,并认为定义和评估跨文化交际能力要考虑更多的相关因素,如跨文化互动中对文化知识、文化习惯并进行"有意识地分析"的技巧,非语言交流的作用;同时定义跨文化交际能力的概念需要考虑的广度,对心理特质与行为能力的重视程度,以及与社会政治因素对定义和评估跨文化交际能力的影响等(Byram,1997,第 30 页)。Imahori 和 Lanigan(1989)提出的跨文化交际能力模型同时考察人与其所从事的跨文化活动,这有别于其他较为广泛使用的定义和模型,考察的结果则主要针对进行跨文化互动的参与者之间的关系。

综观对跨文化交际能力进行概念性定义的研究,可以发现另一个关键点:跨文化交际能力与领导力相关联。基于现有文献,具备全球领导力的要素包括具备多元文化心态、能够换位思考、可以有效控制变化等,这在 Chen 和 Ran(2009)的中国视角下,则是中国哲学中"人道循天道"的体现(第 198 页)。

不同领域和专业指称跨文化交际能力适用不同的术语和定义。例如,美国工程领域使用"全球竞争力"(Grandin & Hedderich,2009),社会工作者则经常使用"文化竞争力"(Fong,2009),医疗保健领域,在可能攸关生死时,采用"文化谦虚"以及"跨文化交际护理"(Anand & Lahiri,2009;Tervalon & Murray-Garcia,1998)。Spitzberg 和 Changnon(2009)通过广泛分析不同领域和学科对跨文化交际能力的研究,列举出特定语境下研究跨文化交际能力的代表作:"……教育:Anderson,Lawton,Rexeisen & Hubbard,2006;Heyward,2002;Kayes,Kayes,& Yamazaki,2005;Milhouse,1996;销售或服务:Chaisrakeo & Speece,2004;Hopkins,Hopkins & Hoffman,2005;冲突:Euwema & Emmerik,2007;Hammer,2005;

Ting-Toomey, 1988, 2007；医疗：Gibson & Zhong, 2005；咨询：Li, Kim & O'Brien, 2007；Sue, 2001；……组织管理：Fisher & Härtel, 2003；Torbiörn, 1985（第3页）。"当然还有很多其他领域也涉及跨文化交际能力的概念，包括语言学、外国语言、文化人类学、心理学、社会学、商业、旅游、军事、国际发展、公共行政、警察/安全，甚至宗教组织（Yancey, 2009）。正如 Moosmueller 和 Schoenhueth（2009）指出，"跨文化交际能力的话语涵盖多个层面且通常令人困扰"（第209页）。Spitzberg 和 Changnon（2009）则指出，"显然我们从来不缺乏可行的方法或模型来指导对跨文化交际能力这一概念进行定义…"，与此同时，动机、知识、高阶技巧、宏观技能、人际交往能力（可以进一步细分为子类别，如注意力、镇定感、协调性、表达力等）、情境能力（包括身份认同）、达成成果等一些构成或评估跨文化交际能力的类别也获得了较为广泛的共识。Spitzberg 和 Changnon 还发现美国学术文献中，几乎所有跨文化交际能力研究模型，都将适用性/适应性作为重要组成部分，但是目前来看，专门针对适用性/适应性而开展的具体研究还明显不足，因此这些学者呼吁对此概念开展较为深入的、具体的研究。当前对跨文化交际能力进行概念性定义仍存在一些问题，如对情感因素重视不足，某些定义中表现出了民族优越感（如在西方过于强调个体，或者特别关注个体层面），缺乏对不同的定义和模型本身进行研究，尤其是确定研究或评估模型水平的标准如何，以及判定依据何在。

一 跨文化交际能力的研究模型

最早对以美国为主的、不同学科间的跨文化研究进行共识性分析的学者是 Deardorff（2006, 2009）。基于该项覆盖全美的国家级研究项目，较为宽泛的定义"跨文化交际能力是跨文化情境下有效并且恰当的行为及交流"获得知名跨文化研究学者普遍认可。Deardorff 将公认的跨文化相关元素进行分类，包括态度、知识、技能和内化/外化成果，并将这些类别放置在同一图表框架下进行分析。该研究通过提出研究跨文化交际能力的基本框架，为研究跨文化提供了一个基于扎根研究方法的（a grounded research）研究思路。本文基于该研究中的跨文化交际能力定义和扎根研究的分析框架，对跨文化研究的相关类别及元素进行简要讨论。本文的主要目的，是在跨文化研究框架适用于不同的文化背景的基础上，激发围绕框架的更深入、广泛的讨论。

态度：Deardorff 的研究中提出关键态度的概念，包括尊重、开放性、好奇心和发现能力等因素。开放性和好奇心意味着有意愿承担风险、步出自己的舒适区。此外，好奇心为创造性地将差异转化为机遇奠定了基础，而开放性使得从多角度看待事物成为可能，这些在不同文化间进行差异协商和调解时非常重要（LeBaron 和 Pillay，2006）。在表达对他人的尊重时，表现出对其价值的认可非常重要。对别人感兴趣或认真倾听是第一步，而具体体现对他人的尊重则因文化背景的不同而差异很大。态度是知识、技能等提升跨文化交际能力的更重要因素的基础，尽管如何使得个体具备上述关键态度仍是个极具挑战性的问题。

知识：跨文化研究者比较一致地认为必备的跨文化交际能力从知识层面看包括以下几项，文化自我意识（指个体原文化对其身份认同及世界观所产生的影响），文化特性知识[①]，深层次的文化知识包括对他人世界观的理解，以及社会语言学意识。获得跨文化研究者高度共识的因素是从他人视角看待世界，即对不同世界观的理解能力。

技能：本研究所指称的技能是与获取、掌握知识相关，包括观察、倾听、评估、分析、解读和关联，这与哈佛大学前校长提出的"跨文化思考"的重要性（Bok，2006）相一致。知识本身不是静态存在的，同时鉴于 21 世纪一切变化都更为迅猛，个体拥有必要的、足够的技能已经至关重要；这些技能不仅与知识获取相关，更重要的是可以将知识学以致用。

内化成果：框架中绘出的态度、知识与技能在理想的状态下会内化为成果，即可塑性[②]、适应性、民族心理视角以及移情。这些是在具备跨文化交际能力相关的态度、知识与技能后，在个体内部滋生出的品质。当内化品质形成以后，个体可以从他人视角去理解事物，从而用他人期待的方式与之沟通或反应，这样移情，或称为共感就产生了（Calloway-Thomas，2010）。因个体具备的跨文化交际能力相关态度、知识与技能存在差异，个体据此产生的内化成果也会存在程度差别。

外化成果：态度、知识、技能和内化成果等都是通过个体的行为和交

[①] "文化"的定义历来不同。本文为展开讨论，采用的文化定义是群体性的价值、信念、准则等。文化决定了个体的行为、交流，即如何与别人互动。

[②] 在解决跨文化冲突时，可塑性至关重要——在此等情况下，可塑性就是可以提出问题从而打破传统思维范式（LeBaron & Pillay，2006）。

流而表现出来的。如何判断个体在跨文化互动中是否合宜、是否有效？行为与交流就成为跨文化交际能力的可视、外化的成果。前文提到的获得认可的跨文化交际能力的定义是"跨文化情境下有效并且恰当的行为及交流";然而,我们不能忽视这个概念是以对某些跨文化交际能力构成元素认可为基础的,同样,准确定义行为及交流的"有效"和"恰当"也很重要。是否"有效"可以由参加谈话的人来判定,而"恰当"则必须由他人来判定,这直接与他人的文化敏感性以及文化标准相关。

讨论:下文的跨文化交际能力模型图形象化地呈现了态度、知识、技能、内化成果和外化成果五个元素,进而提供了提升和评估个体跨文化交际能力的框架。这些元素被置放到跨文化互动的背景下,强调提升个体跨文化交际能力的过程。对每个人来讲,提升跨文化交际能力需要终身学习,并且没有人可以将跨文化交际能力提高到完美的境地,就好比一场没有终点的竞赛。另外,自我反思与随处留意在提高能力的过程中非常关键。知识本身,如语言等,不足以决定跨文化交际能力;而开放性、好奇心和尊重等态度,才是提升跨文化交际能力其他方面的基础。在研究跨文化交际能力的文献中,讨论文化谦虚(cultural humility)的不在少数,这类研究常同时关注态度与文化意识。相对来讲,对知识层面的关注为数不多(事实上,仅凭文化知识就可以提升能力似乎已被很多学者当作一种研究假设),更多的研究者都投入到对文化意识、人际关系意识和开放、学习态度的研究上(Tervalon, & Murray-Garcia, 1998; Juarez, Marvel, Brezinski, Glazner, Towbin & Lawton, 2006)。本模型充分体现了将文化谦虚置放在与他人互动中进行研究的特色。

这个基于扎根研究方法的模型,尚存在明显的局限性,突出的一点就是整个模型是以美国为中心来研究跨文化交际能力的。同样,鉴于参加本研究的学者普遍认同理解不同的世界观至关重要,自然会提出这样一个问题:这个跨文化交际能力的概念是否体现了其他文化视角?其他地区的跨文化研究学者(如 Chen, 2013; Nwosu, 2009; Zaharna, 2009)指出认同、语境(情境)和关系都是新兴的研究主题。我们的确需要从不同文化视角来开展更多的跨文化交际能力研究。

二 后续研究

针对跨文化交际能力的概念一直不断有研究问题被提出,尤其在能力评估方面。这些问题主要围绕以下几个方面：鉴于跨文化交际能力本身涵盖并且涉及非常广泛的层面，提出一个适用全球的定义是否可行？创设一个适用全球各种文化间的跨文化交际能力研究模型是否可能？除本文作为分析基础的五篇论文外，还有哪些文章从不同文化背景出发探讨跨文化

个体

态度：
尊重（其他文化）；
开放（不存偏见）；
好奇与发现
（包容不确定事物）

知识：
文化自我意识
深层次文化知识
其他世界观
社会语言学意识
技能

过程导向

理想外化成果：
跨文化情境下有效并且恰当的行为及交流

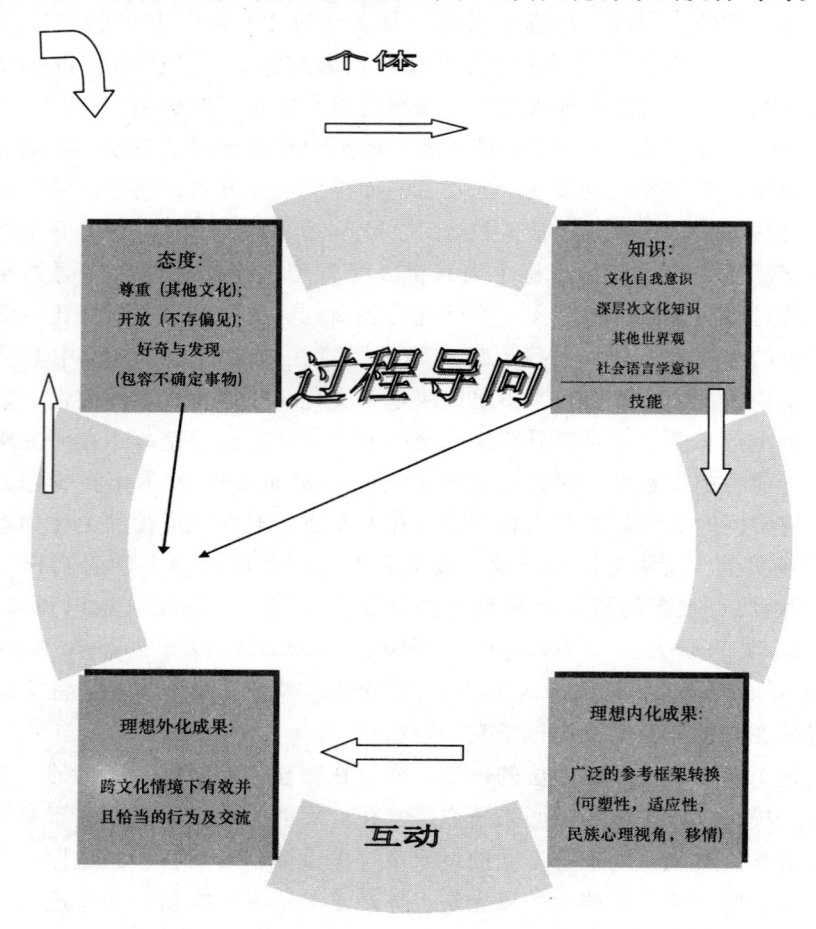

理想内化成果：
广泛的参考框架转换
（可塑性，适应性，民族心理视角，移情）

互动

图1　跨文化交流能力过程模型（Deardorff，2006，2009）[①]

[①] 备注：
·从态度开始：从个体层面（态度）转至互动层面（结果）
·跨文化交流能力的程度取决于对态度、知识/理解和技巧的掌握程度

出自 Dr. Darla K. Deardorff Deardorff in Journal of Studies in International Education, Fall 2006, 10, pp. 241－266 and in The SAGE Handbook of Intercultural Competence, 2009（Thousand Oaks：Sage）。

交际能力？从这些研究中是否可能提炼出足够的共享价值和相通主题，以支撑更具全球适用性的跨文化交际能力的定义与模型？是否现有的定义与模型在描述真实的人际互动方面还流于简单、抽象？不同文化是否在趋向形成同一的全球文化？全球化对文化多元性有什么影响？评价个体、组织和社会层面的跨文化交际能力的最佳方法分别是什么？能否在理解文化间差别的方法上更新、创新？如何使普通民众赞同文化多元、跨文化交际能力和社会融合对人类生存来讲很必要、很重要？如何才能具有适应性？目前这些问题都还没有得到解答，而与此相关的研究确实非常必要，值得关注。

三 结论

只要人类一直生存、共享在这个星球上，探索更好、最好途径的努力就会一直继续下去：包括跨越藩篱，为差异间搭建桥梁并且最终转化差异，建立彼此的相关性，最终在接受差异的基础上达成统一。而这也将成为动力，推动我们去战胜困难、避免分化。最后，跨文化交际能力与人类彼此间的关系息息相关；而我们也将据此来应对当前时代全球人类不得不共同面对的诸多挑战。

参考文献

Adler, N. (2002), *International dimensions of organizational behavior* (4th edition), Cincinnati, OH: South-Western.

Allport, G. *The nature of prejudice*, (1954; 1979), Reading, MA: Addison-Wesley.

Almaney, A. J. &Alwan, A. J. (1982), *Communicating with the Arabs: A handbook for the business executive*, Prospect Heights, IL: Waveland.

Anand, R. &Lahiri, I. (2009), Developing skills for interculturally competence care. In DK Deardorff (Ed.) *The SAGE handbook of intercultural competence*, Thousand Oaks, CA: Sage.

Anderson, P. H., Lawton, L., Rexeisen, R. J., & Hubbard, A. C. (2006), Short-term study abroad and intercultural sensitivity: A pilot study, *International Journal of Intercultural Relations*, 30, pp. 457 – 469.

Ashwill, M. & Duong, T. (2009), Developing globally competent citizens: The contrasting cases of the United States and Vietnam, In DK Deardorff (Ed.) *The SAGE handbook of intercultural competence*, Thousand Oaks, CA: Sage.

Bennett, J. M. (2009), Cultivating intercultural competence: A process perspective, In DK Deardorff (Ed.) *The SAGE handbook of intercultural competence*, Thousand Oaks, CA: Sage.

Bennett, M. J. (1993), Towards ethnorelativism: A developmental model of intercultural sensitivity. In R. M. Paige (Ed.), *Education for the intercultural experience* (2nd ed., pp. 21 – 71). Yarmouth, ME: Intercultural Press.

Bhaskar-Shrinivas, P., Harrison, D. A., Shaffer, M. A., &Luk, D. M. (2005), Input-based and time-based models of international adjustment: Meta-analytic evidence and theoretical extensions. *Academy of Management Journal*, 48, pp. 257 – 281.

Bordas, J. (2007), *Salsa, soul and spirit: Leadership for a multicultural age*. San Francisco: Berrett-Koehler.

Bourhis, R. Y., Moïse, L. C., Perreault, S., &Senécal, S. (1997), Towards an interactive acculturation model: A social psychological approach. *International Journal of Psychology*, 32, pp. 369 – 386.

Brake, T. (2006), Leading global virtual teams. *Industrial and Commercial Training*, 38, 3, pp. 116 – 121.

Byram, M. (1997), *Teaching and assessing intercultural communicative competence*. Clevedon: Multilingual Matters.

Calloway-Thomas, C. (2010), *Empathy in the global world: An intercultural perspective*. Thousand Oaks: Sage.

Chaisrakeo, S., &Speece, M. (2004), Culture, intercultural communication competence and sales negotiation: A qualitative research approach. *Journal of Business & Industrial Marketing*, 19, pp. 267 – 282.

Chen, G. M. &An, R. (2009), A Chinese model of intercultural leadership competence. In DK Deardorff (Ed.) *The SAGE handbook of intercultural competence*, Thousand Oaks, CA: Sage.

Chen, G. M., &Starosta, W. J. (1996), Intercultural communication competence: A synthesis. *Communication Yearbook* 19, pp. 353 – 383.

Collier, M. J. (1989), Cultural and intercultural communication competence: Current approaches and directions for future research. *International Journal of Intercultural Relations*, 13, pp. 287 – 302.

Deardorff, D. K. (2006), The identification and assessment of intercultural competence as a student outcome of internationalization at institutions of higher education in the United States. *Journal of Studies in International Education*, 10 (3), pp. 241 – 266.

Deardorff, D. K. (Ed.). (2009), *The SAGE handbook of intercultural competence*. Thousand Oaks, CA: Sage.

Earley, P. C., &Mosakowski, E. (2000), Creating hybrid team cultures: An empirical test of transnational team functioning. *Academy of Management Journal*, 43, pp. 26 – 49.

Euwema, M. C., & VanEmmerik, I. H. (2007), Intercultural competencies and conglomerated conflict behaviors in intercultural conflicts. *International Journal of Intercultural Relations*, 31, pp. 427 – 441.

Fantini, A. (2009), Assessing intercultural competence: Issues and tools. In DK Deardorff (Ed.) *The SAGE handbook of intercultural competence*, Thousand Oaks, CA: Sage.

Fisher, G. B., &Härtel, C. E. (2003), Cross-cultural effectiveness of Western expatriate-Thai client interactions: Lessons learned for IHRM research and theory. *Cross Cultural Management*, 10 (4), pp. 4 – 28.

Fong, R. (2009), Culturally competent practice in social work. In DK Deardorff (Ed.) *The SAGE handbook of intercultural competence*, Thousand Oaks, CA: Sage.

Gibson, D., &Zhong, M. (2005), Intercultural communication competence in the healthcare context. *International Journal of Intercultural Relations*, 29, pp. 621 – 634.

Gillam, C. & Oppenheim, C. (2006), "Reviewing the impact of virtual teams in the information age", *Journal of Information Science*, Vol. 32 No. 2, pp. 160 – 75.

Grandin, J. M. &Hedderich, N. (2009), Global competence for engineers, In DK Deardorff (Ed.) *The SAGE handbook of intercultural competence*, Thousand Oaks, CA: Sage.

Gudykunst, W. B. (1994), *Bridging differences: Effective intergroup communication* (2nd ed.). London: Sage.

Hammer, M. R., Gudykunst, W. B., & Wiseman, R. L. (1978), Dimensions of intercultural effectiveness: An exploratory study. *International Journal of Intercultural Relations*, 2, pp. 382 – 393.

Hofstede, G. (1997), *Cultures and organizations: Software of the mind*. New York: McGraw-Hill.

Hofstede, G. J. (2009), The moral circle in intercultural competence: Trust across cultures, In DK Deardorff (ed) *The SAGE handbook of intercultural competence*, Thousand Oaks, CA: Sage.

Hopkins, S. A., Hopkins, W. E., & Hoffman, K. D. (2005), Domestic inter-cultural service encounters: An integrated model. *Managing Service Quarterly*, 15, pp. 329 – 343.

Hymes, D. (1972), Models of the interaction of language and social life, In J. Gumperz& D. Hymes (Eds.), *Directions in sociolinguistics: The ethnography of communication* (pp. 35 – 71), New York: Holt, Rhinehart& Winston.

Imahori, T. T. , &Lanigan, M. (1989), Relational model of intercultural communication competence. *International Journal of Intercultural Relations*, 13, pp. 269 – 286.

Juarez, J. A. , Marvel, K. , Brezinski, K. L. , Glazner, C. , Towbin, M. M. , & Lawton, S. (2006) Bridging the gap: A curriculum to teach residents cultural humility. *Family Medicine*, 38, pp. 97 – 102.

Kant, I. (1991), *Political Writings*. Edited by Hans Reiss. Cambridge: Cambridge University Press.

Kayes, D. C. , Kayes, A. B. , & Yamazaki, Y. (2005), Essential competencies for cross-cultural knowledge absorption. *Journal of Managerial Psychology*, 20, pp. 578 – 589.

Kim, M. S. (2002), *Non-Western perspectives on human communication: Implications for theory and practice*. Thousand Oaks, CA: Sage.

Kim, Y. Y. (2009), The identity factor in intercultural competence, In DK Deardorff (Ed.) *The SAGE handbook of intercultural competence*, Thousand Oaks, CA: Sage.

Koester, J. , &Olebe, M. (1989), The behavioral assessment scale for intercultural communication effectives, *International Journal of Intercultural Relations*, 12, pp. 233 – 246.

LeBaron, M. &Pillay, V. (2006), *Conflict across cultures: A unique experience of bridging differences*. Yarmouth, ME: Intercultural Press.

Lee, B. K. , & Chen, L. (2000), Cultural communication competence and psychological adjustment: A study of Chinese immigrant children's cross-cultural adaptation in Canada. *Communication Research*, 27, pp. 764 – 792.

Li, L. C. , Kim, B. S. , O' Brien, K. M. (2007), An analogue study of the effects of Asian cultural values and counselor multicultural competence on counseling process, *Psychotherapy: Theory, Research, Practice, Training*, 44, pp. 90 – 95.

Louw, D. (1999), *Ubuntu*: An African assessment of the religious other, Noesis: Philosophical Research Online.

Lustig, & Koester, J. (1993), *Intercultural competence: Interpersonal communication across cultures*. Harper Collins.

Magala, S. (2005), *Cross-cultural competence*. Routledge.

Manian, R. & Naidu, S. (2009), India: A cross-cultural overview of intercultural competence. In DK Deardorff (Ed.) *The SAGE handbook of intercultural competence*, Thousand Oaks, CA: Sage.

Mato, D. (2009), "Contextos, conceptualizaciones y usos de la idea de interculturalidad", in Aguilar, Miguel et al. : *Pensar lo contemporâneo*, Barcelona-México, Rubi-Anthropos.

Mazrui, A. (1986), *The Africans: A triple heritage* (Documentary), London: British Broadcasting Corporation.

Medina-Lopez-Portillo, A. &Sinnigen, J. (2009), Interculturality versus intercultural competencies in Latin America. In DK Deardorff (Ed.) *The SAGE handbook of intercultural competence*, Thousand Oaks, CA: Sage.

Miike, Y. (2003), Beyond Eurocentrism in the intercultural field: Searching for an Asiacentric paradigm, In W. Starosta& G. -M. Chen (Eds.), *Ferment in the intercultural field: Axiology/value/praxis* (pp. 243 – 276), Thousand Oaks, CA: Sage.

Milhouse, V. H. (1996), Intercultural strategic competence: An effective tool collectivist and individualist students can use to better understand each other. *Journal of Instructional Psychology*, 23, pp. 45 – 54.

Miyahara, A. (1992), Cross-cultural views on interpersonal communication competence: A preliminary study proposal, *Human Communication Studies (Journal of the Communication Association of Japan)* 20, pp. 129 – 143.

Moosmueller, A. &Schoenhuth, M. (2009), Intercultural competence in German discourse. In DK Deardorff (Ed.) *The SAGE handbook of intercultural competence*, Thousand Oaks, CA: Sage.

Mutua-Kombo, E. (2008, May), *Expanding worldviews in US classrooms: Educators' experiences from Rwanda*, Paper presented at the 5th International Conference on Intercultural Communication Competence, Wichita State University, Wichita, KS.

Nwosu, P. (2009), Understanding Africans' conceptualizations of intercultural competence. In DK Deardorff (Ed.) *The SAGE handbook of intercultural competence*, Thousand Oaks, CA: Sage.

Nydell, M. K. (2005), *Understanding Arabs: A guide for Westerners*, Yarmouth, ME: Intercultural Press.

Paige, R. M. (Ed.) (1993), *Education for the intercultural experience*, Yarmouth, ME: Intercultural Press.

Pedersen, P. (1994), *A handbook for developing multicultural awareness* (2nd ed.), Alexandria, VA: American Counseling Association.

Peltzer, K. (1995), *Psychology and health in African cultures*. Frankfurt, Germany: IKO Verlag.

Pettigrew, T. (2000), Systematizing the predictors of prejudice, In D. Sears, J. Sidanius, & L. Bobo (Eds.), *Racialized politics: The debate about racism in America*. Chicago, IL: The University of Chicago Press.

Piaget, J. (1957), Jan Amos Comenius, Prospects, 23 (1 – 2, pp. 173 – 196), Retrieved fromwww. ibe. unesco. org/publications/ThinkersPdf/comeniuse. PDF on March 19, *2010*.

Putnam, R. D. (2000), *Bowling alone: The collapse and revival of American community*. New York: Simon & Schuster.

Rosinski, P. (2003), *Coaching across cultures*, Nicholas Brealey.

Ruben, B. D. (1976), Assessing communication competence for intercultural communication adaptation. *Group and Organization Studies*, 1 (3), pp. 334 – 354.

Ruben, B. D. (1989), Cross-cultural communication competence: Traditions and issues for the future, International Journal of Intercultural Relations, 13 (3).

Sadler, J. E. (1969), *Comenius*, London: Collier-MacMillan.

Santiago-Rivera, A., Arredondo, P., & Gallardo-Cooper, M. (2002), *Counseling Latinos and la familia: A guide for practitioners*, Thousand Oaks, CA: Sage.

Spitzberg, B. H. (1989), Issues in the development of a theory of interpersonal competence in the intercultural context. *International Journal of Intercultural Relations*, 13 (3), pp. 241 – 268.

Spitzberg, B and Changnon, G (2009), Conceptualizing intercultural competence, In DK Deardorff (Ed.) *The SAGE handbook of intercultural competence*, Thousand Oaks, CA: Sage.

Spitzberg, B. H., &Cupach, W. R. (1984), *Interpersonal communication competence*. Beverly Hills, CA: Sage.

Sue, D. W. (2001), Multidimensional facets of cultural competence. *Counseling Psychologist*, 29, pp. 790 – 821.

Taylor, D. &Nwosu, P. (2001), Afrocentric empiricism: A model for communication research in Africa, In V. Milhourse, M. Asante, & P. Nwosu (Eds.), *Transcultural realitites: Interdisciplinary perspectives on cross-cultural relations* (pp. 299 – 311). ThousandOaks, CA: Sage.

Ting-Toomey, S. (1988), Intercultural conflict styles: A face-negotiation theory. In Y. Y. Kim (Ed.), *Theories in intercultural communication* (pp. 213 – 235), Thousand Oaks, CA: Sage.

Ting-Toomey, S. (2007), Researching intercultural conflict competence, *Journal of International Communication*, 13, pp. 7 – 30.

Ting-Toomey, S. (2009), Intercultural conflict competence as a facet of intercultural competence development: Multiple conceptual approaches, In DK Deardorff (Ed.) *The SAGE handbook of intercultural competence*, Thousand Oaks, CA: Sage.

Ting-Toomey, S., & Chung, L. C. (2005), *Understanding intercultural communication*. Los Angeles, CA: Roxbury.

Tervalon, M. & Murray-García, J. (1998), Cultural humility versus cultural competence: a critical distinction in defining physician training outcomes in multicultural education. *Journal of Health Care for the Poor and Underserved.* May 9 (2): pp. 117 – 25.

Torbiörn, I. (1985), The structure of managerial roles in cross-cultural settings. *International Studies of Management and Organization*, 25, pp. 52 – 74.

Torres, L. (in press), Latino definitions of success: A cultural model of intercultural competence. *Hispanic Journal of Behavioral Sciences.*

Van Ek, J. 1986, *Objectives for foreign language learning*, Strasbourg: Council of Europe.

Wheatley, M. (2002), *Turning to each other: Simple conversations to restore hope to the future.* San Francisco: Berrett-Koehler.

Yancey, G. (2009), Neither Jew nor Gentile: Lessons about intercultural competence in religious organizations. In DK Deardorff (Ed.) *The SAGE handbook of intercultural competence*, Thousand Oaks, CA: Sage.

Yankelovich, D. (1999), *The magic of dialogue: Transforming conflict into cooperation.* Simon & Schuster.

Yum, J. O. (1994), The impact of Confucianism on interpersonal relationships and communication patterns in East Asia. In L. A. Samovar & R. E. Porter (Eds.), *Intercultural communication: A reader* (pp. 75 – 86), Belmont, CA: Wadsworth.

Zaharna, R. (2009), An associative approach to intercultural communication competence in the Arab world. In DK Deardorff (Ed.) *The SAGE handbook of intercultural competence*, Thousand Oaks, CA: Sage.

Zhong, M. (1998), Perceived intercultural communication competence in cross-cultural interactions between Chinese and Americans. *Critical Studies*, 12, pp. 161 – 179.

作者简介

达拉·迪尔道夫，博士，美国杜克大学教授，担任国际教育管理者协会主席一职，也是 ICC Global 的创始人，这是一个专门从事跨文化传播能力研究的全球研究网络。她在跨文化和国际教育议题方面发表了大量论文，并定期受邀就这些议题发表演讲和提供咨询意见。代表著作 Sage 出版的《跨文化能力手册》(*The Sage Handbook of Intercultural Competence*)(2009)。她在美国的多所大学、日本明治大学和南非的纳尔逊·曼德拉都市大学任教。

译者简介

黄廓，中国国际广播电台英语中心首席研究员。澳大利亚麦考瑞大学国际传播学博士，英国威斯敏斯特大学传播学硕士。主要研究方向为国际传播、受众研究、跨国媒体研究、新媒体研究。出版英文专著《中国真人秀电视与受众参与研究》（Chinese Boxes: Reality TV and Audience Participation）和《新媒体技术与课堂互动》（Multimedia Techndogy: How It Changes Classroom and Communication）。发表中英文论文近40篇，其中3篇被《新华文摘》要点摘编、2篇被人大复印报刊资料全文转载。主持、参与9项国家与省部级课题，多次在ICA、IAMCR等国际学术会议上发布论文。获得中国外文局对外传播研究奖、中国外文局第四届论文年会优秀论文、澳大利亚麦考瑞大学人文学院高等学位研究奖、黑龙江省文化厅首届艺术科学优秀科研成果一等奖、中国高校社科学报发展论坛论文评比一等奖等。联系方式：misshuangkuo@yahoo.com。

传播个体、跨文化与新媒体：传播能力研究的新动向

——基于对中文核心期刊、CSSCI 索引期刊文章的分析[1]

安　然　魏先鹏

摘　要　本文梳理了我国传播能力研究的理论成果，发现研究成果呈现重视文化差异、重视传播个体、重视新媒体新技术的新动向，但同时存在一定的问题：重媒体、轻个体；重对外、轻对内；重应用、轻理论，基本概念从字典释义理解，研究成果多为经验总结或思维演绎，缺乏科学论证。在未来的研究中，我们认为应当重视基础理论建设与研究方法的运用，努力实现传播能力研究本土化。

关键词　传播能力　传播个体　跨文化　新媒体　本土化

一　引言

随着我国经济的发展和综合国力的提升，软实力建设被提升到国家发展战略的高度。"建设和发展现代传播体系，提高传播能力"是党的十八大的明确要求，也是软实力建设的题中之义。传播能力是传播者以合适或合作的方式有效控制和把握传播环境的能力[2]。如何以合适或合作的方式控制传播环境、实现传播目标成为软实力建设战略中需要解决的问题。社会发展的现实需要成为学界研究成果催生的动力，越来越多的学者将目光

---

[1]　本论文是教育部人文社科项目"孔子学院中方教师的跨文化适应和传播能力研究"（11YJA860001）和国家社科基金项目"孔子学院跨文化传播影响力"（12BXW035）以及广东省国际暨港澳台合作创新平台"公共外交与跨文化传播研究基地"（2014WGJHZ001）的成果。

[2]　此概念来自美国学者 Parks，转引自王怡红《西方"传播能力"研究初探》，《新闻与传播研究》2000 年第 3 期。

投向传播能力研究。本文梳理了发表在中文核心期刊、CSSCI 期刊中关于传播能力研究的论文，力图回答哪些人、哪些机构、哪些年度在从事传播能力研究，关注哪些热点话题，有什么特点，未来的研究应该往何处去等问题。我们将从基础数据、热点话题两个方面分析传播能力研究的现状，以为未来的研究提供借鉴。

二 研究过程

（一）样本选择

通过中国知网数据库（CNKI），我们以"传播能力"为关键词，以1978—2013 年为时间段，精确匹配，搜索中文核心期刊、CSSCI 索引期刊文章。通常将 1978 年作为中国传播学元年[1]，因此本文选取了 1978 年到 2013 年的传播能力研究成果。而核心期刊和 CSSCI 代表了该领域最前沿的研究动态和最高的研究水平，"传播能力"的研究开展时间并不长，研究也并不成熟，核心期刊和 CSSCI 索引中的论文在一定程度上代表了传播能力研究中的最新进展和最重要成果，因此，我们选取了此两类索引的文章。在剔除通信类的文章后，共获得传播能力核心期刊、CSSCI 索引期刊论文 82 篇。

（二）论文选取

我们统计了研究成果的年度分布（图1），1995—2007 年传播能力相关研究论文成果数量较少，每年发表在核心期刊和 CSSCI 期刊的论文不超过 2 篇，自 2008 年开始，相关论文明显增加，2011 年、2013 年均超过 20 篇。2008 年，胡锦涛同志明确提出了加强国际传播能力建设的指示，从 2010 年至 2013 年发表的论文中，涉及国际传播能力的文章有 30 篇，占到这四年中发表的传播能力研究论文总数的一半。

统计发现，这些论文共发表在 29 份不同的核心期刊上，说明一部分核心刊物关注并接受传播能力主题的研究文章。发表相关文章 5 篇以上的杂志有 6 份（图2），其中《电视研究》和《中国电视学刊》发表的相关文章最多，均为 10 篇，各占总数的 12%，两份杂志均为电视研究专业类

---

[1] 廖圣清：《我国 20 年来传播学研究的回顾》，《新闻大学》1998 年第 4 期。

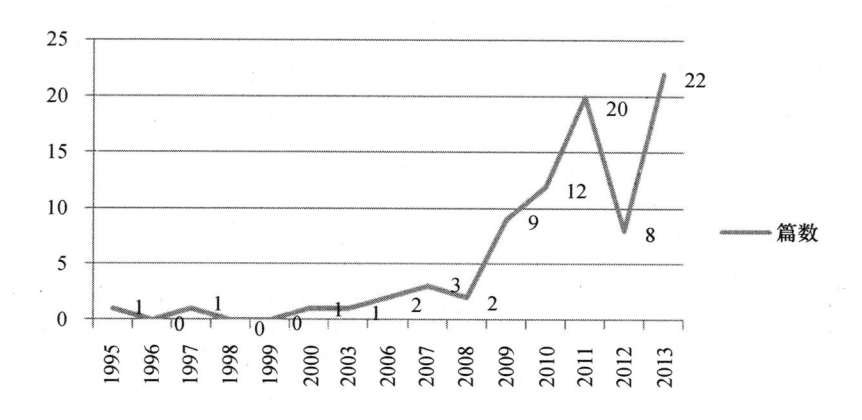

图 1　我国传播能力研究成果年度分布示意图

杂志，一定程度上反映出业界对电视传播能力的关注。

刊名	文献数量
电视研究	10
中国广播电视学刊	10
中国记者	6
传媒	5
现代传播	5
新闻与写作	5

图 2　传播能力研究成果的主要登载刊物

（三）文献影响力统计

被引次数和下载频次是评价一篇文献影响力大小的重要指标。根据中国知网（CNKI）提供的数据，82 篇传播能力研究文献的平均被引次数为 1.975，其中被引用次数≥3 的文章有 19 篇（表 1）。虽然 2009 年后相关论文大量出现，但是被引次数最高的 4 篇文章均发表于 2009 年之前；虽然业界论文多产，但在被引次数超过 5 次的 9 篇论文中，来自学界的文章占到 7 篇。陈国明、李楠、王怡红、韩天高的文章被引次数均超过 10 次，为被引次数最高的四位学者。

表 1　　　　传播能力研究成果影响力较强的 19 篇文章

序号	篇名	所刊刊物	发表年份	作者	作者单位	被引次数	下载频次
1	论全球传播能力模式	浙江社会科学	2006	陈国明	美国罗德艾兰大学传播学系	12	362
2	新闻图片版面价值与报纸视觉传播能力	中国记者	2006	李楠	深圳特区报社	12	451
3	西方"传播能力"研究初探	新闻与传播研究	2000	王怡红	中国社会科学院新闻与传播研究所	12	338
4	试论网络时代职业传播者的新型传播能力及其培养	新闻记者	2003	韩天高	浙江大学新闻与传播学院	11	114
5	新媒体：传播能力与媒介责任的延伸	现代传播（中国传媒大学学报）	2012	俞虹、顾晓燕	北京大学艺术学院	8	1270
6	文明转型下中国国际传播能力建设	中国记者	2010	彭树杰	新华社	8	327
7	中国对外报道观念的变革与建构——基于国际传播能力的考察	山东社会科学	2009	何国平	广东外语外贸大学新闻与传播学院	8	626
8	为加强国际传播能力提供坚实人才支撑	求是	2011	苏志武	中国传媒大学	6	226
9	增强语言传播能力探讨	当代传播	2009	张彤	中国传媒大学外国语学院	5	306
10	如何加强我国媒体国际传播能力建设	传媒	2011	刘芳	《北京理工大学学报》编辑部	4	297
11	国际传媒竞争与中国媒体的选择——央视全球报道网络与国际传播能力建设探讨	电视研究	2011	张欣	中央电视台新闻中心	4	242

续表

序号	篇名	所刊刊物	发表年份	作者	作者单位	被引次数	下载频次
12	节目主持人传播能力概念的提出与思考	现代传播（中国传媒大学学报）	2010	熊征宇	中国传媒大学播音主持艺术学院	4	272
13	论学术编辑的学术传播能力	中国出版	2009	肖建新	安徽师范大学学报编辑部	4	123
14	主持传播能力与人际传播能力辨析	中国广播电视学刊	2011	熊征宇	中国传媒大学播音主持艺术学院	3	249
15	关于中国电视媒体增强国际传播能力的思考	中国广播电视学刊	2011	张恒、孙金岭	中央电视台新闻评论部	3	346
16	健全媒体运行机制 增强舆论传播能力	新闻爱好者	2010	骆正林	南京师范大学新闻与传播学院；复旦大学新闻传播	3	191
17	国际传媒竞争取向与中国的选择——增强国际传播能力与"中国央视网"开播	新闻与写作	2010	陆小华	新华社音视频部	3	128
18	建构传播能力 实现有效沟通——电视综艺节目主持人在人际传播中的角色定位	现代传播（中国传媒大学学报）	2008	董卿、朱冰	中央电视台文艺中心；中国传媒大学传媒发展研究院	3	721
19	亚洲人与西方人跨文化传播能力研究中的哲学问题	新闻与传播研究	1997	宫原哲	日本西南学院	3	281

三 传播能力研究热点分析

我国的传播能力研究可分为理论研究和应用研究。理论研究指的是对传播能力基础概念、模式体系的研究。应用研究建立在基础理论研究之上，即将传播能力的概念和理论体系加以应用的研究，主要分为个体、媒体和国家的传播能力。从研究成果数量看，基础理论研究相对薄弱，研究人员较为关注传播能力的应用研究。

传播能力研究热点分类示意图，如图3所示。

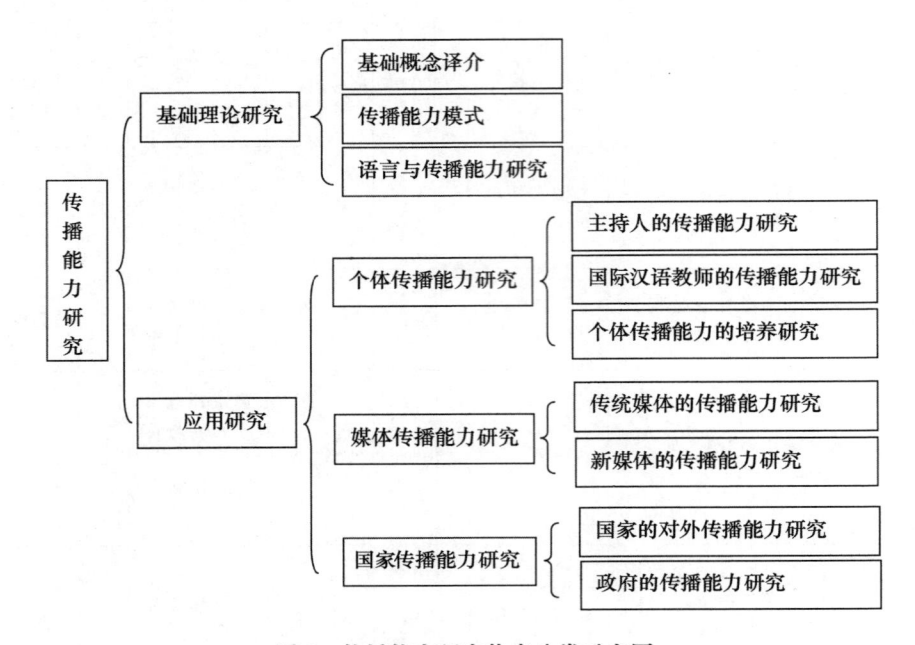

```
                    ┌─ 基础概念译介
         基础理论研究 ┼─ 传播能力模式
        ╱           └─ 语言与传播能力研究
       ╱
       │            ┌─ 主持人的传播能力研究
传播    │  个体传播能力研究 ┼─ 国际汉语教师的传播能力研究
能力   ─┤            └─ 个体传播能力的培养研究
研究    │
       │            ┌─ 传统媒体的传播能力研究
        ╲ 应用研究  媒体传播能力研究
         ╲          └─ 新媒体的传播能力研究
          
                    ┌─ 国家的对外传播能力研究
          国家传播能力研究
                    └─ 政府的传播能力研究
```

图3 传播能力研究热点分类示意图

（一）基础理论研究

基础理论建构是研究深入开展的基础，基础理论研究情况反映着该领域研究的水平。在我国，传播能力研究是一个年轻的研究领域，第一篇核心期刊论文诞生于1995年[①]。搜索1987年以来的文献，传播能力基础理论研究的文章有7篇，占成果总数的8%，主题包括传播能力概念、传播能力模式、语言与传播能力三个方面，其中传播能力概念和模式为西方传播能力理论的译介，共计3篇。

1. 西方"传播能力"基本概念的译介

---

① 董丽波：《试论高校学生信息传播能力的培养》，《图书馆学研究》1995年第3期。

王怡红最早在核心期刊详细介绍了西方传播能力的基本概念①。在梳理了传播能力概念的发展历程后,她指出"策略"、"技巧"、"互动"、"情境"和"关系"等观念形态共同形成了"传播能力"的概念;在总结乔姆斯基(Chomsky)、斯皮伯格(Spitzberg)、米德(Mead)、萨斯(Sass)等人对"传播能力"的定义分析后,她提出了基于不同理解的共同主题:"控制"、"适当"与"合作"。并提出了自己认同的传播能力概念:一个有能力的传播者应该是以"合适的"和"合作的"方式,对传播环境控制和把握,对不同传播情境因素保持敏感,联系、关注他人,保持互动合作。王怡红认为西方传播研究者将"知识"和"行为"研究结合起来,赋予了能力研究以理论与实践相结合的双重活力。之后,于瀛从个体自身传播动机的控制和对交往对象以及传播情境的控制来阐述"控制"主题,从交往目标、面子、人际冲突中的合作来阐释"合作"主题,从关系建立阶段、变化的传播情境、稳定阶段力求变化等方面分析了"适应"主题②。对于西方概念的东方适用性,宫元哲认为盲目地移植会让东方人对自己传播策略进行错误的描述和解释③。

虽然西方的传播能力理论不一定适用于东方,但是其解构现实、建构理论的视角提示了理论本土化的可能路径和方法。中国的理论研究同样应该有坚实的理论基础和严谨的研究方法,只有这样,才能真正发展出有生命力的传播能力本土理论。

2. 传播能力模式研究

传播能力模式研究是基础理论研究的重要组成部分,目前关于传播能力模式的核心期刊论文有两篇,均为西方理论的介绍。

美国跨文化传播学者陈国明定义了全球传播能力概念并提出了全球传播能力模式。他将全球传播能力(global communication competence)划分为四个方面:发展全球思维方式(global mindset),展现自我(unfolding the self),文化描绘(mapping the culture),交际校准(alignine the interaction)。他认为作为一种心理过程,"全球思维方式"帮助人们拓宽视野以避

---

① 王怡红:《西方"传播能力"研究初探》,《新闻与传播研究》2000年第3期。
② 于瀛:《传播能力:控制、合作、适应》,《西南民族大学学报》(人文社科版)2007年第3期。
③ 宫原哲:《亚洲人与西方人跨文化传播能力研究中的哲学问题》,《新闻与传播研究》1997年第3期。

免对不同文化有不正确的思维定式或偏见,"展现自我"要求人们不停地教育、解放和净化自身以培养健全的自我身份,从而同心协力为人类社会创建完整而圆满的未来,"文化描绘"是指获知自身及其他文化的知识和特征,从而对文化间的"异"与"同"达到认知上的理解。最后,"交际校准"要求人们培养跨文化灵敏性,在全球传播环境中举措有效恰当,不违反交际对象的规范和原则,从而建立起一个全球公民社会①,如图4所示。

全球思维方式
- 拓宽视角的要求
- 尊重差异的动机
- 消弭冲突的愿望
- 调节变化的动力

文化描绘
- 对差异的困惑
- 对差异的沮丧
- 认知分析
- 移情融合

全球传播能力

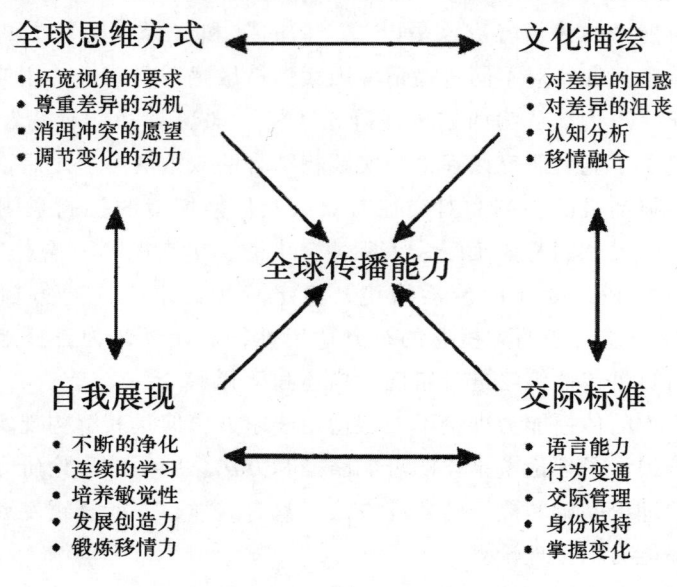

自我展现
- 不断的净化
- 连续的学习
- 培养敏觉性
- 发展创造力
- 锻炼移情力

交际标准
- 语言能力
- 行为变通
- 交际管理
- 身份保持
- 掌握变化

图4 陈国明的全球传播能力模式

此外,王怡红于2000年曾介绍萨拉(Sarah Trenholm)等人的五种传播能力的模式,即一个有传播能力的人应该具备解释的能力、目标的能力、角色的能力、自我的能力和讯息的能力,其中讯息的能力居于首位②。

3. 语言与传播能力

语言,是一定社会内部约定俗成的一套符号系统,它是用一定的声音和文字形式去标记某种事物或思想,从而获得意义③。作为传播过程中意

---

① [美]陈国明:《全球传播能力模式》,赵晶晶译,《浙江社会科学》2006年第4期。
② 王怡红:《西方"传播能力"研究初探》,《新闻与传播研究》2000年第3期。
③ 刘双、于文秀:《跨文化传播》,黑龙江人民出版社2000年版。

义的符号载体，在传播过程中具有重要的基础意义，特别是在跨国传播中，一国语言的通用程度反映着该国的影响力。因此，在我国对外传播能力提升的过程中，有的学者将汉语语言的传播作为提升我国传播能力的突破口。张彤认为强大的国力、合理的语言规划、良好的国内外舆论氛围是保证一种语言成为国际语言的三个必备条件①。目前，孔子学院等汉语推广机构在努力推动汉语的传播，但是语言传播竞争激烈，师资和教材的限制以及汉字自身在语言使用上的巨大差异导致了汉语自身传播能力的降低。鉴于此，何芳（2013）建议从汉语推广和注重对受众的母语传播两个方面加强我国的国际传播能力②。

（二）个体传播能力

个体传播能力是传播能力应用研究的基础。经统计，个体传播能力的相关成果共8篇，占总数的9%，略多于基础理论研究，这也与我国传播学研究中重大众传播、轻人际传播的特点相一致。个人的传播能力研究涉及主持人的传播能力、国际汉语教师的传播能力、学生的传播能力等。其中主持人的传播能力研究成果有4篇。主持人的传播能力与媒体传播紧密相关，这与学界重视媒体研究的传统一致。

1. 主持人传播能力

主持人的传播能力研究涉及基本概念、角色定位、基本内容等。熊征宇认为主持人的传播能力主要是其以节目为依据的掌控传播进程和效果的能力。主持人身处宏观社会背景和微观节目制作场景，周旋于"物理场景"和"信息场景"，面对真实和虚拟双重交流对象的要求，担负着展现媒体的立场、执行团队意识、表达个性特点的任务③。相比于人际传播，主持人的传播语境受到录制现场、媒体平台和受众等语境的制约，要复杂得多。因此，主持人应该以团队和媒体的态度为准绳，以独立的话语体系表达，执行大众媒体的宣传任务④。而董卿、朱冰（2008）则认为主持人

---

① 张彤：《增强语言传播能力》，《当代传播》2009年第6期。
② 何芳：《语言在国际传播能力建设中的作用》，《首都师范大学学报》（社会科学版）2013年第S1期。
③ 熊征宇：《节目主持人传播能力概念的提出与思考》，《现代传播》2010年第9期。
④ 熊征宇：《主持人传播能力与人际传播能力辨析》，《中国广播电视学刊》2011年第1期。

的传播能力体现在关系的维护，用心沟通才能实现电视主持人的有效沟通①。

2. 国际汉语教师传播能力

随着我国汉语推广工作的加快，国际汉语教师的传播能力开始受到关注。范慧琴（2013）在分析了国际汉语教师的教学特点后，认为"传播学及跨文化传播学基础"、"语言及文化国际传播的历史与现状"及"汉语及中国文化传播的模式与策略"是国际汉语教师传播能力构成的三大部分，因此她建议要注重个体的跨文化传播意识培养，全面提高跨文化传播能力，实现传播效果最大化②。

3. 传播能力培养

此外，有的研究人员关注到传播能力的培养。刘冰（2012）在广告学专业学生的传播能力培养中提到从技能知识、文案传播、媒体运营能力方面提升传播能力③。而刘娜（2013）则建议从语言表达能力、倾听、主动性等方面培养新闻学专业学生的人际传播能力④。随着网络环境的兴起，有的研究人员提出网络环境下多媒体传播能力的概念，倡导培养网络环境下具备综合运用多媒体能力的人才⑤。

（三）媒体传播能力

媒体传播能力是我国传播能力研究的重点，研究成果多达 50 篇，占到总数的 60%。从媒体类型区分，可分为传统媒体传播能力研究和新媒体传播能力研究两类。

1. 传统媒体的传播能力研究

传统媒体（如电视、电台等）的传播能力，尤其是对外传播能力在媒体的传播能力研究中广受关注，并且被广泛认为还有很大的提升空间。原因在于目前媒体缺乏全球观念和国际视野，重对外宣传，轻国际传播，媒体间的联合不够，跨文化传播能力欠佳。若想提升，则需要创新传播内

---

① 董卿、朱冰：《建构传播能力，实现有效沟通——电视综艺节目主持人在人际传播中的角色定位》，《现代传播》2008 年第 2 期。
② 范慧琴：《国际汉语教师传播能力的构成及培养》，《现代传播》2013 年第 5 期。
③ 刘冰：《广告学专业学生传播能力的培养》，《新闻知识》2012 年第 1 期。
④ 刘娜：《新闻学专业学生人际传播能力的培养和提升研究》，《新闻知识》2013 年第 8 期。
⑤ 韩天高：《试论网络时代职业传播者的新型传播能力及其培养》，《新闻记者》2003 年第 12 期。

容、更新传播观念、注重商业化运作、创新电视传播体制[1]、注重新媒体平台的运用[2]、突出文化分量、打造品牌栏目、提升覆盖率，注重与海外华文媒体合作[3]、坚持媒体自信[4]等。此外，谢卓华（2011）提出从传播平台、传播团队、传播内容和受众资源四个方面评估大众传播媒介的传播能力，并以此梳理了《广西日报》对接东盟版和对越发行的越南文杂志《荷花》[5]，但该文章主要介绍了《广西日报》对接东盟版及《荷花》杂志在定位、内容、发行等方面的基本情况，对评估的四个维度缺乏论证。

2. 新媒体传播能力研究

随着新媒体技术的发展，新媒体带来的社会变革得到了广泛关注，新媒体传播能力的研究也开始成为学者研究的热点。人本身的理性诉求、对公平正义幸福的追求，使得网络成为当下中国最为开放的公共议事空间。新媒体传播能力的提升没有带来责任履行的反思，谣言现象、群体极化等现象时有发生，这就要求我们健全规制、加强责任教育，实现新媒体带来的传播能力的提升与责任履行的平衡[6]。此外，互联网直接强化了人们的关系，新媒体具有强大的社会动员能力和政治传播能力，社交网络可以通过强大的"弱连接"网络结构"引爆"社会变革，这也再次证明了新媒体大大提升了个体的传播能力[7]。新媒体对国家、媒体传播能力提升的意义重大，章艳认为在新媒体环境中，通过打造国际传媒集团、加强技术创新和应用、做强内容、实施本土化战略、加快国际新媒体人才培养等方案，可以有效提高国际传播能力[8]。

设备、技术、语言、集团规模并非是制约中国媒体国际传播能力的关键因素，寻找适当类型的信息进行传播，从多个层面保障和评估信息品

---

[1] 李其芳、郑丹琪：《跨文化语境下电视国际传播能力的提升路径》，《青年记者》2012年第33期。

[2] 唐世鼎：《国际传播能力建设的发展转型》，《中国广播电视学刊》2013年第10期。

[3] 王广令：《打造海外第一华语电视媒体——中央电视台中文国际频道加强国际传播能力建设的实践与思考》，《电视研究》2013年第7期。

[4] 赵新利：《国际传播能力建设与"媒体自信"》，《青年记者》2013年第19期。

[5] 谢卓华：《广西媒体对东盟的信息传播能力——以〈广西日报〉和〈荷花〉杂志为例》，《新闻爱好者》2011年第12期。

[6] 俞虹、顾晓燕：《新媒体：传播能力与媒介责任的延伸》，《现代传播》2012年第5期。

[7] 李成贤：《"弱连接"发挥"强"作用——从"阿拉伯之春"看新媒体的政治传播能力》，《新闻记者》2013年第3期。

[8] 章艳：《新媒体环境下国际传播能力的提升》，《当代电视》2012年第9期。

质,才是提升中国媒体国际传播能力的关键①。因此,"适当"才是传播能力的核心,也再次证明了基础理论研究的意义。此外,从传统媒体研究到新媒体研究,个体的传播能力逐渐被解放和尊重,个体开始真正作为社会传播活动的主导者或参与者而被重视,而这种尊重或重视恰恰是传播能力研究的起点:传播首先应该是人的传播。

(四)国家传播能力

我们把国家、政府、军队传播能力研究的文章划归为国家传播能力研究类,此类文章共14篇,其中对外传播能力研究文章9篇,占总数的64%,可见国家传播能力中对外传播能力研究所受到的重视程度之高。

1. 国家的对外传播能力

关于国家对外(国际)传播能力,学者主要关注三个问题:体制机制、传播规律和人才机制。体制机制是我国对外传播的整体设计,传播规律为对外传播过程中如何把握传播规律、提升传播效果的问题,而人才机制则涉及对外传播中的人才培养、人力资源整合等问题。对外传播的战略需要使得我国学界关注、评估和反思我国的对外传播模式。有学者认为我国的对外传播应以我国的国力为基础,应有中国立场和全球视野②。但是,我国习惯于官方色彩浓厚、政治说教直白的信息传播,以我为主、以正面为主的报道模式,单向宣传,报道内容比例失衡。所以,我国的对外传播缺乏普遍的国际认同,中国的声音也很少出现在国外主流媒体上。因此,淡化官方色彩、注重报道模式、平衡报道内容、注重文化差异、运用新媒体平台等就成为对外传播能力提升的必由之路③。此外,彭书杰(2010)提到中国需要积极发展全媒体业态,开展海外阵地建设;整合智库媒体资源,协同整体作战④。何明星(2013)还提到文化产业链协调互动的方案⑤。

2. 我国的政府传播能力

随着社会变革的深入,突发事件成为政府社会工作中的常态工作,而

---

① 熊慧:《解析国际传播研究的若干"迷思"——兼议中国媒体国际传播能力的提升机制》,《新闻记者》2013年第9期。
② 易涤非:《增强国际传播能力 实事求是传播中国》,《红旗文稿》2011年第7期。
③ 何国平:《中国对外报道观念的变革与建构——基于国际传播能力的考察》,《山东社会科学》2009年第8期。
④ 彭树杰:《文明转型下中国国际传播能力建设》,《中国记者》2010年第8期。
⑤ 何明星:《构建中国文化对外传播体系增强传播能力》,《中国出版》2013年第5期。

突发事件的处理考验着政府的应对能力,王婷(2011)建议政府在处理突发事件中要把握速度、态度、透明度、可信度和预设度五个原则[①]。此外城市形象也成为地方政府和学界关注的热点,李亚铭、王和彬(2013)在研究西安的城市话语中,提出作为西安城市主体构成者的公务人员、城市媒介、市民都应树立"我们城市"的主人翁心态,提高对语境的把控能力和语篇构建能力等,以此提升西安的话语传播能力[②]。王红兵(2010)则提出建立选题征集、新闻发布、新闻应急和干部培训四大长效机制,以提高政府传播能力[③]。

四 讨论:传播能力研究的特点与展望

(一)我国传播能力研究的现状与特点

1. 传播能力概念多来自字典释义,文章多为经验总结或思维演绎,缺乏科学的研究过程

目前,传播能力研究领域充斥着经验总结和口号宣传式文章,诸如十八大学习体会、某台国际传播能力提升、某政府传播能力建设等。这些文章从总结日常工作和突发感想中得出我国传播能力建设的宏大目标或建设规划,学术价值有限。此外,这些"研究成果"多从字典意义上理解传播能力的基本概念,缺乏科学论证。笔者原本计划通过分析关键词来确定研究热点及其相关关系,但搜索后发现,许多文章没有摘要和关键词。工作总结不是理论,字典释义也不能代替学术概念,如何从实践总结发展到科学研究,是传播能力研究需要思考的问题。

2. 研究成果呈现出"重媒体、轻个体;重对外、轻对内;重应用、轻理论"的特点

在我们搜索到的文献中,媒体传播能力研究文献达到了50篇,占到了研究成果总体的60%。在媒体传播能力研究中,又以电视的传播能力研究居多,发表传播能力研究成果数量最多的两份期刊为《电视研究》

[①] 王婷:《"五个度":提升突发事件中政府对外传播能力的核心》,《深圳大学学报》(人文社会科学版)2011年第1期。
[②] 李亚铭、王和彬:《论西安城市话语传播能力的提升策略》,《新闻知识》2013年第12期。
[③] 王红兵:《长效机制是提高政府传播能力的重要途径——北京市东城区新闻宣传工作探索与实践》,《新闻与写作》2010年第2期。

《中国广播电视学刊》。相比之下，对个体传播能力的研究文章仅8篇，占总数的9%。在个体传播能力研究的9篇文章中，4篇为主持人的传播能力研究，3篇为大众传媒相关专业人才培养问题。所以，即使个体传播能力也偏向于媒体人才研究，体现出"重媒体、轻个体"的特点。在媒体传播能力研究的50篇文章中，对外传播能力文章28篇，占到媒体传播能力研究成果总数的56%，体现出"重对外、轻对内"的特点。在所有的论文中，基础理论文章只有7篇，占总数的8%，其余全部为应用研究。在7篇文章中，尚未发现关于传播能力概念和模式的本土学者的研究文章，基本的理论体系全部为译介国外文献。这反映出该领域研究"重应用、轻理论"的特点。

（二）我国传播能力研究的未来趋势

虽然我国传播能力研究还存在许多问题，但是仍有许多研究成果关注实践前沿，提示着未来研究的方向。

1. 从对外传播到跨文化传播：文化差异受到重视

自2008年传播能力研究兴起以来，国际传播研究成果一直占据着半壁江山。随着研究的深入和细化，国际传播能力研究开始关注人际交流和文化差异，跨文化传播能力受到关注。虽然国际传播能力研究有"重媒体、轻个体"、"重国家、轻文化"的特点，但目前这种情形正在转变，有许多研究已经开始关注汉语推广过程中的跨文化传播问题。我们认为，从宏观研究逐渐走向领域细化、方法严谨的研究是我国传播能力研究未来发展的方向。在大力建设国家软实力的背景下，跨文化传播能力研究将会变得越来越重要。

2. 从媒体灌输到传播互动：传播个体受到关注

我国政府历来重视新闻宣传工作，并赋予媒体以宣传的责任，宣传正面的、积极的内容是媒体的政治任务。随着传播环境的变化，传统的媒体传播方式受到质疑，缺乏沟通和反馈的传播方式正在改变。有的学者提出了遵从客观、准确、真实、平衡报道比例等媒体传播规律的建议，他们倡导从宣传式的传播向互动式传播的转变，倡导尊重个体在信息接受上的规律，倡导从迷信"魔弹论"向应用"有限效果论"转变，传播个体开始得到重视。

3. 从传统媒体到新媒体：新技术、新环境受到重视

随着信息技术的发展，新媒体不断加入到现代传播体系中，发挥优

势，影响传播生态和社会变迁。而传统媒体也恰恰感受到了新媒体在信息时代的传播能力，因此，传统媒体纷纷组建传媒集团，将新媒体纳入到自身传播体系中，以实现传播效果的最大化，如南方报业集团对全媒体传播的尝试，这些新变化为媒体传播能力提出了新课题，这也正是未来传播能力研究应当予以关注的内容。

五 总结

传播能力研究是传播学研究的重要领域，我国的传播能力研究还不成熟，基础理论研究尚未完成，研究方法还需要进一步加强，但经验总结性或缺乏研究过程的文章大量涌现。从传播能力研究的未来发展计，学界应下大力气做好基础理论研究工作，要特别重视研究方法的应用。同时，研究成果中也出现了关注文化差异、个体、新技术的新特点。未来的传播能力研究要立足于理论发展与现实需要，结合研究中的新动向，开展基于坚实理论和严谨过程的系统研究，借鉴西方研究中的普世因素，实现西方理论的理性本土化。

参考文献

中文文献：

廖圣清：《我国20年来传播学研究的回顾》，《新闻大学》1998年第4期。

董丽波：《试论高校学生信息传播能力的培养》，《图书馆学研究》1995年第3期。

王怡红：《西方"传播能力"研究初探》，《新闻与传播研究》2000年第3期。

于瀛：《传播能力：控制、合作、适应》，《西南民族大学学报》（人文社科版）2007年第3期。

宫原哲：《亚洲人与西方人跨文化传播能力研究中的哲学问题》，《新闻与传播研究》1997年第3期。

[美] 陈国明：《全球传播能力模式》，赵晶晶译，《浙江社会科学》2006年第4期。

王怡红：《西方"传播能力"研究初探》，《新闻与传播研究》2000年第3期。

刘双、于文秀：《跨文化传播》，黑龙江人民出版社2000年版。

张彤：《增强语言传播能力》，《当代传播》2009年第6期。

何芳：《语言在国际传播能力建设中的作用》，《首都师范大学学报》（社会科学版）2013 年第 S1 期。

熊征宇：《节目主持人传播能力概念的提出与思考》，《现代传播》2010 年第 9 期。

熊征宇：《主持人传播能力与人际传播能力辨析》，《中国广播电视学刊》2011 年第 1 期。

董卿、朱冰：《建构传播能力，实现有效沟通——电视综艺节目主持人在人际传播中的角色定位》，《现代传播》2008 年第 2 期。

范慧琴：《国际汉语教师传播能力的构成及培养》，《现代传播》2013 年第 5 期。

刘冰：《广告学专业学生传播能力的培养》，《新闻知识》2012 年第 1 期。

刘娜：《新闻学专业学生人际传播能力的培养和提升研究》，《新闻知识》2013 年第 8 期。

韩天高：《试论网络时代职业传播者的新型传播能力及其培养》，《新闻记者》2003 年第 12 期。

李其芳、郑丹琪：《跨文化语境下电视国际传播能力的提升路径》，《青年记者》2012 年第 33 期。

唐世鼎：《国际传播能力建设的发展转型》，《中国广播电视学刊》2013 年第 10 期。

王广令：《打造海外第一华语电视媒体——中央电视台中文国际频道加强国际传播能力建设的实践与思考》，《电视研究》2013 年第 7 期。

赵新利：《国际传播能力建设与"媒体自信"》，《青年记者》2013 年第 19 期。

谢卓华：《广西媒体对东盟的信息传播能力——以〈广西日报〉和〈荷花〉杂志为例》，《新闻爱好者》2011 年第 12 期。

俞虹、顾晓燕：《新媒体：传播能力与媒介责任的延伸》，《现代传播》2012 年第 5 期。

李成贤：《"弱连接"发挥"强"作用——从"阿拉伯之春"看新媒体的政治传播能力》，《新闻记者》2013 年第 3 期。

章艳：《新媒体环境下国际传播能力的提升》，《当代电视》2012 年第 9 期。

熊慧：《解析国际传播研究的若干"迷思"——兼议中国媒体国际传播能力的提升机制》，《新闻记者》2013 年第 9 期。

易涤非：《增强国际传播能力 实事求是传播中国》，《红旗文稿》2011 年第 7 期。

何国平：《中国对外报道观念的变革与建构——基于国际传播能力的考察》，《山东社会科学》2009 年第 8 期。

彭树杰：《文明转型下中国国际传播能力建设》，《中国记者》2010 年第 8 期。

何明星：《构建中国文化对外传播体系增强传播能力》，《中国出版》2013 年第 5 期。

王婷：《"五个度"：提升突发事件中政府对外传播能力的核心》，《深圳大学学报》（人文社会科学版）2011年第1期。

李亚铭、王和彬：《论西安城市话语传播能力的提升策略》，《新闻知识》2013年第12期。

王红兵：《长效机制是提高政府传播能力的重要途径——北京市东城区新闻宣传工作探索与实践》，《新闻与写作》2010年第2期。

何国平：《中国对外报道观念的变革与建构——基于国际传播能力的考察》，《山东社会科学》2009年第8期。

英文文献

Chen, G. M. (2006), A model of global communication competence. *Zhejiang Social Science*, 4, 131 – 139.

Dong, L. B. (1995), A study on cultivation of college student's communication ability. *Research on Library Science*, 3, 68 – 70.

Fang, H. Q. (2013), A study on the composition and development of international Chinese language teachers' communication competence. *Modern Communication (Journal of Communication University of China)*, 5, 146 – 148.

Han, T. G. (2003), The occupation and cultivation of new communication competenceof network communication era. *Journalism Review*, 12, 18 – 20.

He, F. (2013), The role of language in international communication competenceconstruction. *Journal of Capital Normal University (Social Sciences Edition)*, 1, 150 – 154.

He, G. P. (2009), A reformation and construction of the concept of Chinese foreignreports: a study on international communication competence. *Shandong Social Science*, 8, 26 – 30.

He, M. X. (2013), The construction of Chinese culture communication system toimprove Chinese international communication competence. *China Publishing Journal*, 5, 6 – 8.

Li, Q. F. & Zheng, D. Q. (2012), A study on the improvement of TV's internationalcommunication competence in a intercultural context. *Youth Journalist*, 33, 74 – 75.

Li, Y. M. & Wang, H. B. (2013), The improve strategies of communication competence of Xi'an City discourse. *Journalism Review*, 12, 12 – 14.

Liao, S. Q. (1998), A review ofChina's communication study in recent 20 years. *Journalism Bimonthly*, 3, 24 – 30.

Liu, B. (2012), The cultivation of communication competence of the studentsmajoring in advertising. *News Research*, 61, 7 – 69.

Liu, N. (2013), A research on cultivation and promotion of interpersonalcommunication competence of journalism students. *News Research*, 8, 78 – 80.

Liu, S. & Yu, W. X. (2000), *Intercultural communication*, Harbin, China: Heilongjiang People's Press.

Miyahara, A. (1997), Philosophical issues in cross – cultural research in communicationcompetence between Asians and westerners, *Journalism & Communication*, 3, 33 – 40.

Nye, J. S. (2008), Public diplomacy and soft power, *Annals of the American Academy of Political and Social Science*, 616 (March), 94 – 109.

Peng, S. J. (2010), The construction of international communication competence in the background of the transformation of civilization, *Chinese Journalist*, 8, 4 – 8.

Tang, S. D. (2013), The development transformation of international communication ability, *China Radio & TV Academic Journal*, 10, 36 – 38.

Wang, H. B. (2010), The effect of a long – term mechanism to improve the government communication ability: a case study of public relation work of Dongcheng district of Beijing, *News and Writing*, 2, 38 – 41.

Wang, G. L. (2013), Create the first overseas Chinese TV media: the practice and thinking of CCTV's Chinese international channel to improve international communication competence. *TV Research*, 7, 22 – 24.

Wang, T. (2011), Five domains: the core of enhancing the government's power of disseminating to the outside world. *Journal of Shenzhen University (Humanities & Social Sciences)*, 1, 139 – 143.

Wang, Y. H. (2000), Initial study on communicative competence in the west. *Journalism & Communication*, 3, 57 – 66.

Xie, Z. H. (2011), The communication competence of Guangxi media to ASEAN— Taking "Guangxi daily" and "Lotus" magazine for example. *Journalism lover*, 12, 24 – 26.

Xiong, H. (2013), An analysis of international communication studies and themechanism on the improvement of Chinese media's international communication. *Journalism Review*, 9, 51 – 56.

Yi, D. F. (2011), Improve the international communication competence andcommunicate a real China. *Red Flag Manuscript*, 7, 4 – 9.

Yu, Y. (2007), Communication ability: control, cooperation, adaptation, *Journal of Southwest University for Nationalities (Humanities and Social Science)*, 3, 172 – 175.

Zhang, T. (2009), How to improve language communication competence, *Contemporary Communications*, 6, 114 – 116.

Zhao, X. L. (2013), The construction of international communication competence andmedia's confidence. *Youth Journalist*, 19, 86 – 87.

作者简介

安然，华南理工大学国际教育学院院长、教授、博士生导师，1999年获英国雷丁大学多元文化教育博士学位并留校任职，2004年作为"特聘院长"回国。主要研究领域为跨文化传播、多元文化教育、组织传播与管理。安然教授是国际杂志 *Intercultural Communication Studies*、*Language and Education* 编委，在国内外专业学术期刊发表中英文论文60余篇，出版中英文专（编）著（含合著）14部。

魏先鹏，华南理工大学国际教育学院教师，从事跨文化传播研究。

近代新疆汉人主体研究建构[①]
——新疆汉人社会研究之一

周 泓

摘 要 本文针对边政学与边域研究中汉人主体的缺失,据人类学相关理论提出近代新疆地缘性人文格局,群格关系特征,三元极权力格局,诸级层面的主体分化,地缘政治格局和主体资源;论述近代新疆汉人源流和其文化认同,以及汉人主体社会的生成;抽绎此研究的历史与学理意义。

关键词 边政学 边域主体 近代新疆 汉人社会

一 边政学与新疆汉人研究的缺失

吴文藻先生1941年的《边政学发凡》,提出研究边域民族经济、宗教、法律制度及其与政府组织关系的边政学,即相对于地理边疆—政治边疆的文化—历史边疆族体的研究。引发了民国一批学者的中国边疆教育、研究与政治实践,留下中华民国边政研究的著述传统与资料,如台湾大学边政学系、边政研究所,台湾"中央研究院"历史语言研究所的边疆研究。前期的边政研究(抗日战争后中央、西北、云南大学边政学系"边疆建设",中央政治学校附属边疆学校和蒙藏委员会边政史、边疆政治、

---

① 此处"汉人主体"含义:(1)未强调其作为近代新疆唯一或代表性主体,而是与西域诸世居族体平行存在;且自晚近成为西域主体之一,认同当地为家乡而非仅认同内地故乡,即至晚近新疆汉人主体社会生成。(2)观照后殖民后结构人类学族体自身的研究。(3)相对于结构的能动。(4)晚清西域驻军士兵、屯民、官吏与西征军兵主体并非满人而是汉人(包括旗营、旗屯、朝官),且遍布天山南北。(5)研究晚近新疆汉人主要群体——清季赶左湘军西征大营、与官府互为支撑、构成当地居民、改变西域汉人阶层、地缘结构的汉人商帮。

边疆政策诸教程),多从历史学、语言学、政治学、社会学角度研究边政。20世纪80年代初,区域与科际整合的边政研究基于民族学理论:文化相对主义原则①;文化—自然整体说②;文化变迁与涵化论;经济文化类型说;人观理论。基本方法有:文化比较,文化接触论;族际关系与政策(多元主义,一体化整合、融合)研析。从中可以看出,边政学引发的边政研究本身,侧重于边地族体与族际政策,民族学应用研究的决策功能在此得到充厚的切合点。新疆历史上即是多民族、多信仰交汇地域,境内多数民族与相邻国家族体存在种属、语言、信仰上的整体或局部历史关联,具有直接的民族史学边政研究的场域和方法论意义。

然而在历史上汉人在新疆的作用毋庸置疑,汉文化自近代形成与当地维吾尔文化并行的主流文化。学界关于"新疆汉人社会"的研究相对于"新疆民族研究"极其薄弱,迄今尚未形成专门研究领域。相关史志如《西域图志》《新疆图志》《新疆通志》《新疆志稿》均注重地方土著族体层面;民国学者李寰《新疆研究》、曾问吾《中国经营西域史》、洪涤尘《新疆史地大纲》、蒋君章《新疆经营论》、林竞《新疆纪略志》、许崇灏《新疆志略》、张之毅《新疆之经济》、宫碧澄《新疆教育概况》、张大军《新疆风暴七十年》、林恩显《中国边政通论》与《国父民族主义与民国以来的民族政策》,均未将汉人作为主体研究对象;20世纪50年代后大陆民国对新疆的研究,如《新疆简史》《新疆现代政治社会史略》《新疆政府志资料·民国》,"盛世才与新疆"丛书,《新疆地方史》等在构架上属政治史范畴;方英楷《新疆屯垦史》、薛宗正主编《中国新疆古代社会生活史》、余太山《西域通史》《西域文化史》以古代为主;段锟《新疆与内地关系史》、刘志霄《维吾尔族历史》等均对新疆汉人作个面论及。《民国新疆史》及新疆三区革命丛书,未及汉人而遗漏之。文化研究尚未由"他者"转向主体自身观省。国外尤其是欧美、日本,对于新疆民族社会始终颇为关注,但20世纪早期其对新疆的研究,大多是考察记、探险记或文物考古,如斯坦因、伯希和、斯文赫定、大谷光瑞、橘瑞超、勒柯克等的著述;俄、英使者及军官等多为官方性、军事性记要,如奥登堡等"俄国突厥斯坦考察报告";德国、土耳其、日本学者主要对突厥语碑

---

① 郑金德:《人类学理论发展史》,台湾商务印书馆1980年版,第85页。
② Malinowski Bronislaw, 1944: A Scientific Theory of Culture and other Essays, pp. 91 – 131.

文的发现与刊布。对于民国时期新疆的研究偏重政治民族史，如滨田正美关于民族主义的研究、A. D. W. 福布斯《1919—1949 民国新疆政治史》、欧文·拉铁摩尔《中国的亚洲边疆》、佐口透《新疆民族史研究》、瓦里汉诺夫《六域或喀什噶尔记述》，以及贡纳尔·雅林《重返喀什噶尔》，均未研析汉人及其执政者与近代新疆的关系，仅于英国喀什噶尔领事夫人戴安娜·西普顿《一个外交官夫人的回忆》略见对杨增新的评价。托马斯·霍普《新疆的民族》，阿·佛卡纳瓦洛夫《南阿勒泰的哈萨克》基本为当地民族志。

自从有丝绸之路，就有内地汉人到西域经商；然而直至近代，应该说这一商路往来的西域人至内地多于汉人至西域；清朝统一西域后，大批汉人始进驻西域。新疆建省后及民国时期，当地政权（省政府与杨增新、金树仁、盛世才及国民政府）一直由汉人执政。由于新疆历史上的封闭隔离性，民国时期新疆与中央政府属于半割据关系，新疆执政者具有半独立性。尤其是民国前期（杨增新、金树仁政府），清末新疆都统、巡抚在各层面有影响力，新疆执政者须依靠其实力治理上下，行政内外。如末代新疆都统、巡抚与民国时期新疆政府（与杨增新、金树仁、盛世才及国民政府）的关系，与民国时期新疆社会的连结（与当地穆斯林及蒙族牧民、与汉帮、与回队、与同僚），与新疆邻国的联系（与俄中亚领事馆、与留学生、与俄侨和华侨、与边贸），与内地的关联（与民国政府、与前清同僚、与同乡亲戚）。故民国时期新疆执政者与前朝臣僚吏员，相对于中央内地有自身地位的特性。这些均应是边政学研究的内容。

通常，朝、野关系如同权、势关系，前者制约后者，而其前提是二者力量隶属、均衡或合一；然则政治人类学的分析，则使边缘作用于中央，即同一族体、同一政治阶级内，存在地域性反作用，其发生作用的渠径方式、表现形式，均应是边政学研究的内容。前清遗臣、吏员、耆老在民国时期新疆，尤其是末代都统、巡抚对于民初及前期新疆政权，存在影响各层面执政的实力优势。而在后期政权势力合一时，前朝力量的地位则式微。然而，这一力量作用的内涵与外延何如？"权"本为衡量、平衡之意，"权力"初为平衡力量之义，然在官本位下偏正于掌握、控制力量。而势影响权的渠道和形式为何，亦是政治人类学研究的重要论题，当为边缘与中心理论的补充扩展。亦即，民族学边政研究不应限于族体，而应考量地域主体的变化。

同时，晚近新疆汉人的社会群体结构，也突破了两汉隋唐元明以来应募屯戍的农乡经营者身份之格局，而进驻城镇成为商营市民主体。历史上由内地迁至西域（新疆）充军屯戍、随军经商、避荒的汉族兵士和农民，大多由王朝与当地政府安置在东疆和北疆屯田。清末以随左湘军塞防西征主力和军械转运之军营后勤——"赶大营"汉帮（晋、秦、陇、津、鄂、豫、川、湘等帮）入疆为主导转折，使得援军大营客自身和所到营地的汉人，均实现了由失地破产的农人至经营市民或商绅之身份转换，形成当地汉人商帮，成为其社会经营主体与地方政府，尤其是财政军费的依靠对象。汉帮，尤其是津帮商号之家族字号，遍布南北疆城镇（仅周氏同盛和商号即有连庄分号二十余家）[①]，形成汉城、汉人街。其时，边域组织出现各汉帮自组织、汉帮间组织、与当地族群组织、与当地政府联合组织、对外边贸组织、与内地联结组织，汉人社会及其文化纳入并成为新疆主体与主流文化，正从其始。因而，边政学应该包含边地汉族的历史、社会、文化研究。拙著《民国新疆社会研究》曾梳理新疆汉人源流，尤其是民国时期新疆汉帮脉络、形成主体的成因、与内地汉族的联结和差别，对新疆社会和内地产生的结构性影响，予其应有的地位，以历史人类学、社会史补充正史。

在此，以市镇及其社群元素作为近代主体标志，是与社会史对此研究相一致的。城镇不仅是地方政权中心，而且是村野与上层、大小文化传统的纽带，是政策执行的缓冲和铺垫层，政治、军事、经济力量合一。弗里德曼调查新加坡"华人社区"、提出"汉人类学"时认为，村庄无以说明中国社会的整体性，不能以村庄模式理解中国[②]；施坚雅亦认为，中国社会的"网结"不在村庄，而在镇市及其内间交换关系[③]。

此外，新疆汉人成为新疆主体民族之一，相对于内地汉族形成了自身群体和地域的特点。这种地位和特点基于赶大营进疆的汉帮既持续着与家乡的深切联系，更适应、包纳、融入当地族体。因为成为一地方主体，它一定是融于了当地的，从而使该社会发生社群结构变化。其津晋诸帮之商

[①] 周泓：《民国新疆社会研究》，新疆大学出版社 2005 年版，第 441、442 页。

[②] Maurice Freedman, *Lineage Organization in Southeastern China*, London: The Athlone Press 1958. p. 9, pp. 156 – 159.

[③] ［美］施坚雅：《中国农村的市场与社会结构》，史建云、徐秀丽译，中国社会科学出版社 1998 年版，第 9 页。

贸、垦殖，与当地族商协作，融入当地族民社会，成为"老新疆人"，伊犁被喻为"小天津"，迪化被称为"小杨柳青"，实质亦是汉人商帮为当地城镇与经济所接纳，进而对新疆社会结构产生历史性影响，改变了新疆社群地缘构成、族群分布、城乡产业等社会格局，引发新疆社群与社会结构变化和汉人及其迁出地主体结构变化，这是边域研究和评价的重要内容。

如果说新疆在历史上是多元文明存在地域，那么应该研究西域佛教、摩尼教、火祆教、萨满教；如果说汉人也是新疆世居族体，那么应该予以论证。笔者曾考证两汉、魏晋十六国、隋唐时期中原王朝的西域治辖，其经营方式主要为屯垦戍边，即移民屯田兵士和其家眷，分属于西域校尉和西域戊己校尉，于是有了兵屯与民屯（系现在兵团的前身），但未构成改变当地社会结构之主体。

二　近代新疆主体研究理论思考[①]

（一）新疆地缘地域人文格局

新疆为欧亚陆路捷径和腹地，历史上是北亚游牧民族与中原、南方农业社会竞争之地。其间，与中原内地平行的塔里木盆地多干旱、沙漠，沃洲农业零星孤立，形成诸多小城邦国，在隶属于中原王朝时，与中原汉式大农业仍有距离，多保持自身特点。而北疆平坦的草原诸游牧部落间较易联系而形成游牧联盟；且北亚游牧地带与新疆同属内陆干旱环境，地势向西北倾斜、河流西向，门户向西北敞开，与蒙古草原连为一体，或处于同一统辖之下，如历史上匈奴、鲜卑、柔然、突厥、回纥、契丹和蒙古汗国。在草原民族居优势的年代，其武力往往能覆盖天山南部诸国。因此汉族中原力量自东向西，不如游牧民族自北向南便捷。中原统治力量多以怀柔羁縻，而较少有经济、文化、地域的支撑。汉、唐、元、清诸朝的西域经营均为例证。因之新疆的地略与人文演变即：1. 北疆为游牧民族，南疆生活方式稍近于内地农业民族。2. 南疆在地略人文上分为连接内地的东南疆和接壤中亚的西南疆。近代英、俄倚西疆南、北对峙，因而新疆内

[①] 参见周泓《民国新疆社会研究》，新疆大学出版社 2001 年版，第四章；新疆人民出版社 2005 年版，第一章。

部形成东部（东南疆、东北疆）与西南疆、西北疆三大势力鼎立的地缘人文政治格局，俄苏和英印殖民文化在西北疆、西南疆深厚。这一区域内部的文化分异，即"文化内部的分歧状态"，往往引发同一文化模式内的分区域问题。①

（二）动态结构主义与晚近新疆群格关系特征

1. 结构—功能中的社会主体

拉·布朗功能结构理论认为，社会结构是一个动态的社会现象，只是其形式相对稳定。其社会人类学提出社会关系结构的差异和通则二元理论，认为寻找社会生活的结构特点，首先要寻找各种社会群体及其内部结构，发现群体社会阶层和类别的配置。埃文思·普里查德承继功能结构方法，指出思想体系与社会活动、主体生活、社会结构发生关系；格拉克曼继而提出，社会如何通过各种文化对立因素达到结构制衡。威廉·劳埃德·沃纳的结构功能理论指出，某一特定社会配置关系受到触动，就会影响其他部分，再影响社会自身。列维·斯特劳斯结构主义的最显著点是对总体的强调。认为社会—文化、人类行为的根源是隐藏于行为背后的意识形态内涵冲突而并存的基本对立性关系——深层文化结构。上述群体与社会、主体与社会、思想与社会、部分与整体、表层与深层的结构分析，有益于近代新疆社会主体研究。

2. 利奇、道格拉斯的社会动态结构

利奇认为所有社会在任何时期都只是维持一种动荡的平衡，社会是处于一种不断变迁和可能改变的状态中，个人的行为对经济利益和政治兴趣的反应是动态的。他指出功能主义和结构—功能主义把社会的规范、平衡、结构理想化，而在现实中规则（rules）仅仅是人对社会状况作出反应的表象，实际上许多互动的社区，在现实中处在许多社会原则的矛盾中；在社会文化变迁中个别政治人物的作用可能导致变迁的方向，致使社会规则被忽略。研究者应回到历史的现实中认识相对的平衡。利奇指出，如果在二元之间没有一个非A非B的媒介，二元之间的关系便无法形成，因此考察思维的深层结构必须有二元之间的处于媒介地位的第三元。斯特劳斯注重把社群之间的交流视为关系和界限；利奇则更倾向于把它看成具

---

① 费孝通：《中国文化内部变异的研究举例》，《社会问题》1933年第9期。

有社会学和经验意义的要素。即列维主要承袭布朗结构—功能的二元划分即思维的普适结构，而利奇则更多地承袭布朗社会人类学的经验主义成分，又加入"第三元"，更适于人类社会研究（诚然利奇的第三元也批判吸收列维的结构三角逻辑）。这一观点尤适于半殖民地半宗法社会研究，对于晚近新疆社会势力分析有直接意义。例如：在清廷或国民政府和地方政府间存在外邻势力；地方政府和基层民众之间存在贵族权势。

道格拉斯与利奇一样，认为结构人类学方法能够运用于社会—文化分析，且注重观念形态的研究。只是对于道格拉斯来说，社会结构和文化形式之间还存在伦理道德规范及其背后隐藏的权力。他将社会结构从群、格维度分为四类（群指有明显界限的社会群体，格指社会中个人交往的规则）。第一类即强群强格社会，群体与外部世界的界限明确，集体的集合性强大，确认集体意识的仪式颇多，个人角色的规范严格，道德规范系统而全面。人与神的关系同样是仪式主义的社会，仪式是社会规范的强化剂，不仅是一种意义模式，也是一种社会互动形式（如南疆伊斯兰社会）。第二类即强群弱格社会，群体界限明显，但社会内部较松散，个人角色规范不严谨，非常注重社会群体内外的区别，内部的不和谐与困境都被视为外敌所致，是内外分明的社会，宇宙观为以灵术为主导的善、恶二元论信仰体系（如北疆游牧社会）。第三类即弱群强格社会，社会约束力不明显，个人的实力越强、背景越多，其影响力也越大，他人也可凭能力、资源取而代之。社会常常是不稳定的，人观基本上是世俗的和实用的（如杨增新、盛世才时期的军阀社会）。第四类即弱群弱格社会，群体无严格约束力，个人不受群体规范的束缚，是个人主义突出或极松散的社会（如金树仁和国民政府时期的新疆）。据此，晚近新疆社会可分为不同群格关系。

（三）政治经济学派、"文化动态论"与晚近新疆权力格局

民族学和人类学研究的社会不是独立于外部世界的，而是受到外来因素如国家和资本制度的渗透。政治经济学派强调社会、文化受外来因素影响，并为了适应而产生变化，认为不同文化同步或交叉地对社群构成多向度影响，尤其边缘地方传统与新的民族及域外文化整合形成新的多元文化格局。因此，非西方社会的研究，不再局限于传统文化模式的探讨，而是扩大到这些模式被冲击、改造乃至消失的过程。这一学派侧重经济、阶级或阶层、文化再生等交糅过程与作用，力图在广阔的区域、民族和国际政治经济场域探讨文化的分衍。该学派指出，地方文化分立（cultural difference）忽视了非西方社会的文化变迁；现代特性与本土意识"二元互补"论，造成东方社会徘徊式发展模式与文化的"人格分裂"，西方东方学的文化霸权在此找到极大的空间。实际上，文化霸权向来不是被动地被接受，而是在"被动者"接受"主动者"之后才能够实现。马林诺斯基的《文化动态论》亦为验证。20世纪30年代马林诺斯基论述其接触的西欧非洲殖民地土著"实质上正受着多种文化的支配"，[①] 变动中的非洲文化不是一个完整一体的对象，而"存在着三个……不同的区域：占优势的欧洲人地区，真正的非洲人地区，和正在变动的地区"。[②] 他指出应着重注意西方文化的冲击和当地文化对这种冲击的反应，即冲撞着的变动中的殖民地文化；[③] 认为互动的结果取决于相互态度和关系是合作或抵触，取向的关键在于彼此利益有无一致的基础。虽然"保护主义不可避免"，但当地人生存的利益决定了文化接触中其与西方殖民者的协作关系。[④] 于是马林诺斯基于1938年在其文化动态分析三项中增加了"对土著人文化的重构"和"土著自发的整合与反应的新力量"两项变量，把土著人的因素从纯粹的被动地位提升到相对主动地位。这也是文化互动的产物。殖民地社会文化基本是"一个较高级文化对一个较简单而处于被动地位文化的主动冲击的结果"，这是文化互动的产物。民国时期新疆自杨氏至盛氏与苏联的协定都是这种互动的适应。笔者根据以往对新疆研究中的政治一维性和近代新疆中央—边地二元性的局限，认为晚清民国不可忽视殖民强邻的影响，故其政治文化格局应解释为三元三极权力结构。

（四）层级分析：晚近新疆诸级层面的主体分化

文化存在体系内次文化差异。中国文化作为一个整体，其体系内次文化间的相互依赖与冲突始终表现在次级结构和群体中。同时，制度本身是一个象征体系，须以行为产生其社会功能。制度的功能在于实践的程度，

[①] Malinowski, Coral Gardens and their Magic Kegan Paul〔M〕, 1935, 后记。

[②] Malinowski, The Dynamics of Culture Change: An Inquiry into Race Relations in Africa〔M〕, Yale University Press, 1945, pp. 9 – 11.

[③] Ibid., p. 17.

[④] Ibid., pp. 9 – 11.

没有实施或执行，制度与组织也就失去意义。

1. 省政府与国家关系层面。半封建社会权力配置很少是原则性的，当政者中只有小部分直接由中央政府获得职位。权力、特权大多从其政治系统的作用中产生，在当政者是军人的地方，权力尤其特权化，民国时期新疆即是如此。且因货币经济较弱，统治者往往依靠封臣建立军队，这种军队不易控制，尤其当军兵本身起来反抗时，封臣往往维护其同伙而非当政者的利益（如民初杨增新政权军队哗变）。所以，随着贸易关系的发展，当政者遂募兵、借兵、雇军，包括外国雇佣军与军火，以解救迫急（如金树仁、盛世才和三区政府所采行权策）。由之，新疆省政府与中央政府为半独立关系。

2. 地方政府与基层力量关系层面。半封建、军阀社会贯穿着上层执政者和基层政治势力之间的权力斗争。执政者要使基层政治势力的权力和特权依赖于为政府的服务，而基层政治势力则围绕其主要经济来源（土地与官职）与官府展开争夺（如政教兼一的地方大家族）。地方政府在同组织起来的基层势力斗争时，会转而依靠当地王府和民众，其往往通过王府来对抗地方贵族，而农民内部的贫富差别则便于统治者分化；且农业社会统治者权力的集中并非有损于百姓利益，它可抑制地方权贵的剥削压制。伊斯兰学者认为："一百年的专制也比一天的无政府状态好。"[①] 同时，宗教几乎都为农业社会的权力阶层所关注。执政者或利用基层社会的宗教信仰，或努力以此为依据行事，都力图使宗教力量为维持地方秩序服务。这种努力通常得到具有政治热情的宗教领袖的回应或反利用，以使其利益得到政府的保护。此外，商人阶层同政府保持一种市场关系，而非权力关系（虽然部分商人获得了政治权力）。商人穿越国境，处于政权控制之外，其独立身份与职业的流动性及交通因素使之不便控制，而其不对政治领域构成较多威胁，其行为或利于边疆政府的经济、军事来源，则使政府不去限制商人的较多自由。因而民国时期新疆无约和违约贸易持续不断。

3. 基层政治力量关系层面。任何削弱政府秩序的力量（贵族阶层）都倾向于反对官僚政治而赞成封建因素，因为官僚任期有限。因此，基层

---

① [美] 格尔哈斯伦斯基：《权力与特权：社会分层的理论》，浙江人民出版社1988年版，第310页。

当政者常常会发展官僚政治。官僚政治和贵族政治的比重无疑影响社会生活的许多方面（如东疆郡王依靠省府抵制贵族力量）。中世纪欧洲的地方封建势力占优势为常例：国家是一个松散疆域的联合，王室的封地常变为实质上的主权区和贵族世袭领地，国家主要行使军事职责和税收权力。近代西域至民国时期新疆与此相类似。下层乡绅（千、百户长）虽不及上层绅士（伯克、乡约）的权力和特权大，但其人数比例大，所管治的社区及人数众多，且不少小社区没有伯克。上层伯克、乡约来自下层，获得下层乡约地位是跨越平民阶层分界线的决定一步。因此，不能把民国时期新疆社会的阶层状况视作一层高于一层的金字塔阶级系列，每个阶层和其他阶层都有一定的叠合。

4. 民间与外邻关系层面。由于地域和民族的接近，新疆，尤其是新疆西部，自古代至近代，其居民同边境外中亚、西亚及南亚西北部的往来、迁移频繁而深入，俄国与新疆草场划界前后，均有越界游牧者。其间有强制性的，也有自发的，使其成为晚近域外经济、文化在新疆的历史人文基础。

社会政治因素。据新疆建设计划大纲草案，外人居留新疆者，北路有天主教士、德籍传教士、英籍传教士、白俄及苏俄逃民；南路有瑞典教士、阿富汗人、英籍印度人、英属坎巨提人，均可在当地置产娶妻。传教士居留受条约保护，可以开医院、学校。1912年因沙俄征兵，3000余户俄籍哈萨克牧民避至新疆伊犁；1916年境外哈萨克、柯尔克孜、回、维吾尔等族约30万人逃入南北疆各地；1918年遣送时，近半留居新疆。1913年俄国借策勒廓尔事件向阿勒泰强行移民300余户；1920年因苏联红军的进攻，白俄卫军杜托夫、阿连阔夫、巴奇赤等部军兵及难民2万多人逃入北疆伊、塔、阿等地，留居数千。[①] 20世纪30年代初，因苏联的国有化政策，俄境哈萨克牧民3万余人避往伊、塔、阿一带。[②] 同时，新疆不少维吾尔等族民众外迁中亚、西亚、南亚。19世纪前期中亚浩罕国七和卓入境时，携喀什噶尔、英吉沙居民3700人至浩罕，1857年倭里汗入侵又劫15000人；左宗棠收复新疆，俄国退出伊犁时，3万～5万当地

---

① 《新疆政府志资料丛书·民国时期》，新疆人民出版社1994年版，第86—93页。
② 盛世才：《新疆建设计划大纲草案》，新疆省政府资料"政治·居留"，第2页；自张大军《新疆风暴七十年》，台湾兰溪出版社1980年版。

居民变为俄籍；19世纪末20世纪初，新疆不少居民迁至俄属中亚作劳工；20世纪上期，额尔齐斯河通航，沿岸流域不少新疆居民前往俄国定居，也有大批塔塔尔、乌孜别克、俄罗斯人迁入新疆；20世纪40年代初，苏联撤出阿山矿区时，携3万民工入苏，1943年撤离头屯河机场时带走3000工人。① 盛世才几次大清洗时期，喀什地区几乎每个村庄都有几户迁居国外，一些维吾尔族宗教上层人士离开新疆。

经商因素。喀喇汗王朝把中亚和塔里木盆地西南部囊括于其政权下，并铸造大量金属货币，自天山南北、伊朗高原、伏尔加河流域、里海沿岸乃至尼罗河畔，都有喀喇汗朝商队的足迹。维吾尔语有关商人的专有名词如"Yaymjqi"（摊贩）、"Elip-satar"（小商贩）、"Qukanqi"（坐商）、"Karwanqi"（长途贩运商），"Sodiger"则是商人的通称。② 叶尔羌汗国时，天山南部与外界的贸易由官方垄断，规模也越加庞大，"商贩领袖为王所任命，纳金若干，便得职"。③ 阿古柏时期新疆与印度的商务贸易发达，1866年专设帕拉普尔市场。民国时期"维吾尔商人领照出国经商亦较频繁"。1919年外交公署文载：自1919年1月至6月末，经本署陆续发给华侨出国执照一万十五张。④ 1947年5月17日喀什行政长阿布都克日木呈文张治中：疏附、阿图什县脚民60人揽运印商货物赴印度列城；和田行政长郝登榜呈文：墨玉、洛甫等县阿吉、商人、雇工及脚夫53人前往列城、克什米、开拉其、班白等处经商。⑤ 张大军《新疆风暴七十年》载，据外交部调查印度克什米尔新民不下四五百人，孟买、新德里等地新民数百人。⑥

宗教朝觐因素。伊斯兰教徒把朝觐视为最神圣和最荣耀之事。每个穆斯林尽可能一生至少去麦加朝觐一次。凡朝觐者享"阿吉"荣誉称号。早期朝觐活动仅限于上层穆斯林，后来扩及宗教职业者和一般信徒。19世纪末和20世纪前期，新疆至麦加朝觐者"岁不下数万人"。第一次世

---

① 《新疆政府志资料丛书·民国时期》，新疆人民出版社1994年版，第310页。
② 刘志霄：《维吾尔族历史》，中国社会科学出版社1996年版，第400页。
③ 冯家昇等编：《维吾尔族史料简编》，民族出版社1981年版，第261页。
④ 《新疆维吾尔自治区档案馆档案》，外1-2-648，第36页。
⑤ 《新疆维吾尔自治区档案馆档案》，外1-1-271。
⑥ 张大军：《新疆风暴七十年》，新疆地方志总编室印，民国三十二年调查，第6444页。

界大战期间新疆穆斯林留居麦加者"百余人"。① 哈密自1900年至1949年维吾尔族阿訇、毛拉和教记120人达麦加、苏丹、埃及、东非、中非、西非等地。② 20世纪前期喀什市郊六、七两区农民、脚夫、小商贩等朝觐者136人。据新疆外交公署民国七年九月三十日文，每年领照人民全疆不下二三万人，其中贸易朝圣居半数以上，历年领照出国人民以喀什为最多。③ 维吾尔人在麦加和沿途设立接待同乡朝觐者的机构"茹帕提"（RUPAT，阿拉伯语，意为枕头，转意为休息的场所），大都由早年定居国外的维吾尔族华侨捐资兴建，主要供新疆朝觐者下榻，大多分布在沙特阿拉伯和巴基斯坦，一般冠以修建者家乡的名称，如喀什茹帕提，阿图什茹帕提，和田茹帕提，库车、莎雅茹帕提等。居住茹帕提只付水费，不交房租，此制度至今仍沿袭，极大地方便了经济不富裕的教民。此外，孟买、卡拉奇、沙特阿拉伯等地"维吾尔族同乡会"等组织协助朝觐者办理通行等诸种手续。由于交通、路费、施舍和生计原因，众多维吾尔朝觐者留居西亚经商、生活或转而定居土耳其、德国、约旦、科威特、英国、法国、瑞士、巴基斯坦等国。这一超国度的宗教朝觐使维吾尔族华侨，乃至几乎所有维吾尔华民具有突出的宗教特征。一种宗教信仰模式与其社会形态直接关联。④ 个人生活史的主轴是对社会遗留的传统模式和准则的顺应，每个人身临的风俗塑造着其经验和行为。⑤

据斯图尔德"社会文化整合水平"（Levels of Sociocutural Integration）理论，家庭、社区、国家是社会整合水平的区别类型，从国家到较稳定的地区性群体再到家庭，政府的控制力渐弱，即政府制度在整合水平较高的国家级制度上产生剧烈震荡，而整合水平较低的群族与家庭所受到的影响却小得多，甚至国家作用退减到民俗社会的整合水平。个人与国家的关系受到所在地区群体或阶级的亚文化的限制和影响。

---

① 陈慧生：《杨增新和新疆伊斯兰教》，载《伊斯兰教在中国》，宁夏人民出版社1995年版，第364页。
② 《新疆宗教研究资料选集》第2辑，第21页。
③ 《新疆维吾尔自治区档案馆档案》，外1-2-648，第17页。
④ 李亦园：《社会变迁与宗教皈依》，《中央研究院民族学研究所集刊》总第56期，第1页。
⑤ [美]露丝·本尼迪克特：《文化模式》，生活·读书·新知三联书店1992年版，第221页。

（五）民国时期新疆地缘政治格局

在半殖民地、半宗法社会，国家政权与地方政府，地方政府与人民间的辖属关系，分别受到殖民势力和基层权贵的冲隔。这在民国时期的新疆尤为明显。民国时期新疆地缘政治中族际关系和政治格局一般为：东疆（哈密、鄯善、吐鲁番）与内地联系频密；南疆、西南疆的中亚文化深入并受英印思想影响；北疆（伊犁、塔城、阿勒泰）与俄（苏）毗邻。因而哈密穆斯林暴动目标是要求该地穆斯林的利益和加尼牙孜终与省政府达成妥协；南疆穆斯林运动建立独立的突厥民族与伊斯兰教合一政权；北疆民族运动往往受俄苏政治干预。因此20世纪二三十年代英、德、土耳其支持的伊斯兰突厥运动主要在南疆，20世纪初和40年代受俄国中亚与苏联影响的突厥民族主义则主要在西北疆。亦即20世纪上半叶新疆民族主义运动，联结着英、俄、德、土等国家以地缘政治理论为依托的殖民政策，是民族主义在近代新疆半殖民地社会的结果。

（六）记忆与记录叠合：民国时期新疆研究主体资源

历史人类学强调文化解释、多元象征和活体记忆对于史学的重要性，以补充主流史学。其基本属性有：1. "多声道"特征，关注不同群体的不同声音。所有的社会和人群都有同样重要的历史，不同文化就有不同的历史性和表述、建构历史的模式。[①] 即时间被不同的人以不同形貌再现、构制及概念化。[②] 历史人类学注意不同群体解释过去的视角和方式，注重多种线路的历史，"突出主流史学略而不著者"，[③] 主张研究主流话语与权力中心外或边缘的"其他声音"（弱势的，地方的，底层的等）。2. 观照主体意义的历史，即历史的主观构制。历史不是外在于主观之外的"客观"存在，人是历史的主体。历史的记述、制作部分地取决于当地对于过往人事的看法；人不单是社会实践者，而且自身也在看历史，这种自我观照对于历史进程有重要影响，它以文化积累的经验为依据，影响事件的过程和方向。即历史人类学考虑研究对象心中的环境、感受及思路，在外

[①] Sahlins, Marshall D, Island of History [M], Chicago: University of chicago press, 1985.
[②] 蓝达居：《历史人类学简论》，《广西民族学院学报》2001年第1期。
[③] [英] 迈克尔·罗伯茨：《历史》，《国际社会科学杂志》中文版，第15卷，1998（3）。

人眼中和内心不经意、不在意、淡漠或忘却的事情，对于当地、当事人可能是特殊的事件，成为其"有意义"的历史的部分。3. 肯定记忆及其选择并与记载互动，以认知历史及其现实线索。记忆与历史互为补充和促动，对于重构过去是与记录同样有效的资料。在文字缺失或印刷品处于权力中心的社会，口传是其记忆延伸、延续的主要形式，积累着与书面文化相同或不可比的价值。"口述史"的建立即对民众记忆的有效承认。口述史与文献对话并陈，重视相同或不同认识及认知模式产生的社会分析。文字主要是上层或官方的记述，而口传则更多来于民众。二者可互补偏颇和遗疏。一些特定事件不仅蕴含于史官的记录中，更"淹没在群体的记忆里"。[①] 记忆的构成是主体对于具意义的过程和结果的选择性印记。个人记忆的长久基于人事对个体人生的触动和影响，集体记忆的持久则据当事人依事件对自身、当地及社会结果的感受和认知。因而历史不是被动地追述过往。4. 调动积淀的象征和资源。历史事实往往为现实存在的依据，持久性是现时合法性的原由，往昔的符号可视作现在的象征，使记忆与精神、心理、利益需要一同激活，成为可再生和调遣的资源。民国时期是与现代社会最接近和直接相关的中国历史时代，有存活老人这一研究对象主体资源，成为珍贵的被研究者与研究者条件。

三　民国新疆汉人社会的生成

（一）晚近迁移新疆的汉人

两汉、魏晋、隋唐、元清诸朝均在新疆实行各类屯田，其中，军屯、犯屯、民屯（别于回屯、旗屯），主要是招募陕甘汉民，[②] 形成汉人在新疆的先民。清乾隆年平定准噶尔及大小和卓之乱后，在甘肃等西北诸省招募农民至新疆垦殖固边，时应招者约20多万人。[③] 这些移民以同乡为标准形成一个个聚落（其中穿插一些被发配出塞屯垦的遣户），多以原籍地名称呼新居地，官府照此注册，如凉州（今甘肃武威）户、敦煌户、镇番（今甘肃民勤）户、山丹户、高台户、肃州（今酒泉）户、安西户、

---

① Spradley James P: The Ethnographic Interview, Holt Rinehart and Winston, Inc. 1979.
② 周泓:《汉唐两朝对古代新疆的管辖与经营》,《新疆师范大学学报》2001年第4期；周泓:《魏晋十六国时期中原王朝对西域的经营》,《新疆师范大学学报》2003年第2期。
③ 《清代在新疆的屯田·史学论丛》,云南人民出版社1986年版。

兰州湾、西宁大庄子、撒拉村、陕西工等。清统辖新疆后,集体迁移不少内地农民并安置于迪化城郊耕种,仍按原籍居住并命名地名,形成居民点或自然村,如湖南村、河南村、广东村、天津帮、宁夏湾等。这些国有性质的耕屯,在特定历史地理条件下成为边地不可或缺的经济成分。同时,清廷积极恢复商贸,倡导物资流通。1755年3月乾隆颁令:新疆贸易自应疏通,进疆官兵顺路转运,减少运费。新疆与内地的贸易遂恢复。《平定准噶尔方略》载:内地商人经驿站或地方村落交易,彼此相安、无阻滞。1778年《西域闻见录》记迪化"字号店铺,鳞次栉比"。《新疆省志·哈密志》载哈密"新旧二城之间有镇番、得胜……人口稠密,占哈密总人口一半。商人多集于此,市面繁华"。《新疆图志》记:"西域番汉杂处,联系胭合,多藉商力。"

  近百年最先来新疆经营的是山西商人"晋帮"。他们从归化(呼和浩特)经蒙古草地驼运杂货到古城(奇台)。时茶叶官营,山西商人向归化同知缴款领票,携茶叶随杂货入新,行销蒙古、哈萨克所需的川字和米心等茶,时称晋茶、米心、红茶。古城为全省货物集散地,山西巨商大都聚此发迹。左宗棠倡议在疆湖南茶商办官茶号,于南北路销售茯茶(即"附茶",随官货捎附)。但蒙、哈族不喜饮茯茶,茯茶在北路销量不大,晋商仍运晋茶入疆。迪化晋帮永盛生、大顺裕、同兴公、双盛泉、天元成铺号均以茶叶经营为主。新疆设省后,巡抚刘锦棠允官茶(南茶)和晋茶并销,甘肃总督并以新疆是南商的引地,不允晋茶行销;随即伊犁将军、塔城参赞、巡抚潘效苏均奏明清廷,以蒙、哈不饮官茶,请准晋茶行销北路;继而帝俄商人借机在汉口制办晋茶,由西伯利亚铁路运入新疆,时称"华茶倒灌"。伊犁将军马亮(字铭山),为挽回权利,拟官办晋茶;南商知不能强使蒙、哈购用茯茶,亦制运晋茶。南商的晋茶上市,垄断了天山南北的茶市场。然晋商诸种砖茶仍为数颇巨,年销万箱(每箱32块,每块5公斤)。民国九年运入迪化的砖茶132万斤。天元成在古城、承化(阿山)、焉耆均设庄。民国八年,古城的天元成、大顺裕、义成祥、义顺和等月营业额20万两,且多酒坊、酱园、药房、皮店、货栈、饭馆兼营。民国二十四年至三十六年,古城商会17任会长中,晋帮出任10届,委员中晋商占39.5%。[①] 在迪化,太谷晋商大多经营银钱业,如

[①] 《新疆通志·商业志》,新疆人民出版社1998年版,第79页。

蔚丰厚、天成享和协同庆票庄，专营汇总和存放款业务（与钱庄性质相同），并在内地诸省有连号。此外，迪化晋帮尚有日星功、三成园等较大的商号。晋帮经商稳健守成，殷实持久。

19世纪后期东欧、中亚民族解放运动和陕甘回民暴动波及西疆，阿古柏入军南疆及迪化，俄国借机占据伊犁，左宗棠受命钦差大臣督办新疆军务以收复新疆。其以湘军为基础筹兵（皖军、淮军、豫军、湘军、蜀军）、筹械转运（京—蒙—湘—陇—新）、筹粮转运（秦、陇）与筹饷（屯田辟饷），所筹汉地兵士、民工遂入新。时内地政局动荡，咸丰年间太平天国北伐，同治年间捻军北上，光绪年间义和团起义，八国联军入侵，促动陕、甘、宁、绥农民随官兵西进谋生。又西征士兵粮饷优厚，每名士兵每月纹银4两2钱，每天供食1市斤16两（合今1斤10两），[①] 有余款购置日需品；而西域遥阔，军需及生活品供应困难，因此陕甘，以及天津杨柳青因天灾失地的农民和因河运阻滞失业的船工二三百人，自愿应召随军西征。他们自置日用品和丸散膏丹等常备中成药，步行随军或驻军营供销，称为"赶大营"。

清军收复伊犁后，这些行商定居于伊犁、塔城、古城、焉耆、阿克苏、库车、喀什、莎车、和阗等地设店。新疆建省后"边境安谧……，关内汉、回携眷来新就食、承垦、佣工、经商者络绎不绝，土地开辟，户口日繁"[②]。"大营客"同乡每年千人移民新疆，首府迪化成为汉商中心。汉帮座商以官军营生起家，以支军有功，得到官方的关照。清末迪化津帮形成"老八大家"，资本雄厚"分支遍南北疆"，且资助地方维持政局，"官中协饷不继，犹时资以注"。[③] 津帮商人抵制外国"洋行"垄断，得到地方当局的支持。1901年经省当局批准发行商号"本票"，代替货币流通。随之晋、陕、陇、湘、鄂等诸帮商店接踵，形成津、燕、晋、鄂、湘、川、秦、陇"八帮商户"。燕商以京广百货、绸缎呢绒为宗，在迪化有德兴和商号、德生堂国药号；晋商集义生酱园享名；湘帮以乾益升茶号、升恒茂茶庄、协胜泰杂货和杏林春药店为著；秦商在迪化以凝德堂和元泰堂国药店为最；鄂商手工业、缝纫、制衣、成衣享誉；川商鸿升园和

---

① 《左文襄公全集·书牍》，卷13—17；《左文襄公全集·奏稿》，卷43—47，岳麓书社1989—1996年版。

② 袁大化、王树楠纂：《新疆图志》"奏议志"，民国新疆官书局铅印本。

③ 《新疆图志》"奏议志"，民国新疆官书局铅印本。

鸿春园闻名。20世纪20—30年代金树仁执政新疆时期，大批甘肃难民至东疆垦种谋生，部分招入迪化为兵，后屯戍于安宁渠。抗日战争时，大批内地百姓移居新疆。盛世才执新时期，接受苏联遣返华侨汉民2万余人，定居于塔城、伊犁、迪化；东北抗日联军由苏联经新疆回国，大部分留居迪化。20世纪40年代三区革命时期，伊犁、塔城、阿山等地汉民诸多迁居迪化，或迁移甘陕等地又迁返迪化。

（二）政军中心之经营[①]

1. **驻兵要镇：古城子货物集散转运中心**。古城（今奇台）是元代北庭督护府所在，是新疆历史上最重要的陆路码头和交通枢纽之一，是清军事要地和驼队运输线进疆的终点，大量朝兵驻屯。从内地抵古城后道路分出三条：北路通伊犁，中路通迪化，南路通阿克苏、喀什等城。它是左宗棠收复新疆最重要的后勤基地，也是天津商帮进疆的第一大站。清光绪二年（1876）六月至九月，进击阿古柏的清军在孚远、阜康、古牧地、迪化间开五百里战线，随军"大营客"多由哈密进抵古城接济前线军营。因交通便利，新疆收复后越来越多的汉帮在古城行商，每天都有骆驼队往来运输，内地货物由此运往南疆、北疆各地。作为全疆最重要的货物集散、批发中心，每年成千上万驮货物在古城子装卸，驼队规模由数百峰至数千峰。养驼大户雇用镖师，代客商押运现银和贵重物品。同时新疆的各类土特产品也通过古城大量运销内地。津帮巨富文丰泰与同盛和等"八大家"都在古城设货栈，城西大街可考字号有20多家。德泰成两大货栈北栈几乎全是津商，如裕泰昌、义昌玉、信泰厚、文义厚、德源厚、德恒泰、义善长、振丰恒、同盛和祥记，大多做批发和收购散黄金。德泰成北栈负责人张润生、乔如山亦是征收货物进疆税的稽征员。南栈有瑞生祥、瑞兴公、天源成、祥泰和等。民国初南栈每户每年约收购黄金千两[②]。

2. **将军府地：惠远"小天津"和宁远"汉人街"**。乾隆二十年（1755）清廷平定准噶尔叛乱，二十七年（1762）设伊犁将军，次年建惠

[①] 资料由笔者据《西青文史》第九辑"天津商帮赶大营"（天津西青区政协文史资料研究委员会，2004）梳理。

[②] 据同盛和祥记王子周、王新舫回忆。

远城作为伊犁将军驻地。继而清政府在伊犁河谷建塔勒奇、绥定、惠宁、宁远、广仁、熙春、瞻德、拱宸等城，合称"伊犁九城"，曾驻32位伊犁将军，是时新疆政治、军事中心。光绪七年（1881）签订《伊犁条约》后，中国收回被帝俄占据11年的伊犁。光绪九年（1883）俄最后一批军队撤出，伊犁将军接收伊犁，在惠远旧城西北新建惠远城，修将军府，派八旗兵五千人分驻伊犁各地。迪化汉帮随即入绥定、惠远、宁远、霍城等占地经商，钟鼓楼、拱门、十字街市肆繁荣。时惠远居民80%是杨柳青人，街市店铺三四百家，九成以上由津人开设，且有许多杨柳青人摊点，称为"小天津"。

光绪八年（1882）宁远（今伊宁）回归后，清政府在此设同知；光绪十四年（1888）宁远设界，辖今察布查尔锡伯族自治县、尼勒克县、巩留县、新源县、特克斯县、昭苏县等以及惠宁、熙春两城。光绪二十二年（1896）又为伊塔道台驻地。宁远属边贸区，商品流通量大，津帮商号公兴和等接踵而至，数年间成为继迪化后津商最集中的城市，汉人3000人左右，95%以上是"赶大营"的津青人，店铺达四百余家。形成津帮商铺及三民学校、三民影院等集中的"汉人街"。很多商号在惠远、霍城、绥定等地设分店，且修路、办学。

伊犁历年屯垦粮食自给有余，清政府每年且令各省拨给新疆协饷230万两，满汉官兵有条件获得且需要内地各类用品，由东北迁来的锡伯族人和达斡尔族人（时称索伦），享有八旗禄米供应，向好京货。文丰泰京货店每年数千驮货运伊犁，扩至额敏、塔城、阿山等地，成为北疆首批大商户。巨兰斋、福泉厚、庆生和、兴泰和、复兴德、大兴泰、天兴泰等京货店，德心堂、泰和堂、德泰义、玉泰厚、复庆和、同志堂药店，使新疆短缺的纱布、针织、五金、衣帽、茶糖、海货、蔬菜良种和中药等数百种货物运销新疆，打破了俄英商品在此的垄断。

3. **省城迪化"小杨柳青"**。清光绪十年设迪化为新疆省会，随之谋职、升迁、调派，冠盖往来，什官行台者络绎不绝。清军入迪化后，"大营客"商贩随即入城。军方专门划出街道，使之与兵丁集中交易，谓之"买卖街"。城厢各族百姓亦在此售卖土产。迪化是南北疆交通要道，时城内经战乱地多无主，入城者可任意建房，结束了"赶大营"住官店的历史。商主仿照内地铺面，取字号、刻匾额，成为"座商"。津籍坐商多采购京沪百货和洋广杂货。南疆各城汉商多就地收购英、俄商人洋货与川、湘等地商人货物。喀什噶尔、阿克苏等地出现京货，主要从迪化或古城子直接批发。具有货源地利等优势的津商，逐渐与当地族商一同成为新疆商业的主体，以及新疆近代商业的奠基者和主干。据宣统三年（1911）迪化总商会统计，时迪化城内商户千余家，杨柳青人为主体的津号占90%以上，成为津帮商户最集中的城市，货物批发量占全部进疆货物的2/3。附近杨柳青人聚居区形成汉城的八条街巷。"十字街"成为迪化的象征，坐落着同盛和、复泉涌、德恒泰、升聚永、聚兴永、公聚成、忠立祥等津帮老八大家，其与民国"津帮新八大家"为津商代表。

4. 军政重心：喀什噶尔之"汉城"。自玉石之路、丝绸之路、香料之路始，汉朝设西域校尉、戊己校尉治辖、通商疏勒后，内地汉人即至疏勒贸易、屯戍；唐朝疏勒都督府和元朝西域南疆屯军大多为汉人。清朝统一南疆后，于疏勒建徕宁城和恢武城，继而屯垦实边与通商者大都亦是汉人。光绪三年（1877）十一月清军攻克阿古柏政权所据的喀什噶尔、和阗，收复南疆八城。许多士兵年老体弱，不愿再回故土，于是刘锦棠将疏勒县大批良田分其垦殖，编为"八屯"。跟随清军的"大营客"商贩亦至南疆，部分留居诸城。疏勒县城聚居大批汉人，被称为"汉城"。喀什津帮店铺近百家，经营照相、拔牙、当铺、杂货等。1933年前后，喀什的汉人多数到疏勒汉城避乱。时汉城北街集中约二十家杨柳青人店铺，如复昌隆、德兴和等。

（三）迪化及南北疆汉、满、回连城

清乾隆三十二年（1767）筑成迪化城，地方官府和从事商业、手工业的汉民移居城内，故迪化城也称"汉城"。新疆建省改定迪化为首府，扩城开市，迪化城区遂包括城内、城关区和城关周缘。汉城区居中，东、西城区、城关分别为满城和老满城，北关是回民区之一，南关及皇城是维吾尔、回族聚居区，南关与皇城边缘为洋行贸易圈。

乾隆三十七年（1772），迪化城西北八里处筑城，乾隆亲自命名"巩宁"城，都统及其满营官兵与兵眷入居，称为"满城"。乾隆四十年（1775）改抚民同知为迪化直隶州，知州即驻于此。祁韵士《万里行程记》载"满、汉二城，隔河相对，东为汉城，提督驻之，西为满城，都统及道州各员驻之"。巩宁城是时乌鲁木齐地区军政中枢，城门四道，东

门名"承曦",西门名"宜穑",南门名"轨同",北门名"枢正"。军署官衙华表石狮,庙宇祠堂如万寿宫、关帝庙、城隍庙、文昌宫、文庙、先农坛、社稷坛、龙王庙、八蜡庙、昭忠祠、赤帝宫、天星庙、菩萨庙、娘娘庙。道光四年(1824),乌鲁木齐都统英惠于迪化城东筑"满营土城",移满营官兵驻居。同治三年(1864)陕甘回民起义,新疆穆斯林维吾尔、回等族响应,巩宁城被毁。遂于满营土城重建满城,光绪六年(1880)完竣,满营官兵眷属由城西移驻城东。城内建钟鼓楼,庙宇祠堂有万寿宫、关帝庙、城隍庙、文昌宫等。光绪十二年(1886)满汉合城,中街东西各8条东西向小巷,南大街东西24条东西向街巷和24院宅落,官邸、公馆、民居皆"四合院"。

1862年陕西阿訇妥明王反清,联合迪化回民首领建立回教政权,称"清真王",于迪化二道桥东建王宫,称为"皇城"。阿古柏占据迪化和清军进驻时,回民相继聚居于此,形成迪化回民聚居区,东侧即宁夏湾。汉城迪化南门至二道桥形成南关民族贸易街,店主、经纪人几乎都是维吾尔族及少数回族,经营土特产、苏联产品及牲畜交易。1881年中俄签订《伊犁条约》,辟迪化、古城、哈密、吐鲁番为俄商贸易区,俄商纷至伊犁、塔城、喀什、迪化开设道胜银行,办理对北京、天津、上海、汉口等地汇总业务。1884年迪化成为省会,外商洋行竞相兴起。俄政府以"保护俄商权益"为由于1895年强使省府在迪化南关外划定"贸易圈",享以俄商租界特权。① 俄商大多是俄属塔塔尔人和中亚乌兹别克人,或由新疆维吾尔、乌兹别克、塔塔尔族商代理。较大的俄商洋行吉祥涌、天兴行、德盛行、德和行、吉利行、仁中信行、芝盛行、茂盛行均在斜米和塔城设有总店,在吐鲁番、古城等地设有分行。德和洋行和茂盛洋行不仅涉及商品交易,还在塔城、迪化等地圈占草场。迪化"洋行街"大都是俄籍人商行。德籍和美籍商人在迪化开设安利、顺发、璧利、华美等洋行,转销其国内产品。

迪化汉城区。乾隆朝建迪化城,即以汉民居住营生。湘军击逐阿古柏达迪化后,"赶大营"的汉帮行商随之入城。军方划出专门街道,使商人与兵丁交易,谓之"买卖街"。新疆收复后,随军汉商遂定点经营,销售

---

① [俄]鲍戈雅夫连斯基:《长城以外的中国西部地区》,商务印书馆1980年版,第195、200—201页。

对象由军队转向民众。政府把"十字路"扩为"十字街","买卖街"转化为门市。商主仿照内地,选建铺面和吉祥名称立商号,刻制店牌匾额。商号240余家,津商字号占60%。1884年迪化津商杨柳青人已达500户,① 商号遍及城区四大街。"老八大家"是改营座商最早的津号,实力最强,官方委以代办协饷和迪化总商会会长。主要借由津京设庄采购货源,批零兼营,并将新疆的土特产运销关内或由天津出口,或至塔城、中亚阿拉木图、塔什干等地换货。民国初迪化津帮又形成新的八大家,承继老八大家传统,经营津京沪广百货和洋货(绸缎布匹、织品食品、百货乐器、五金文具、钟表眼镜、苏联服装、食品制品等)。据宣统三年(1911)迪化总商会统计,时迪化城内有商户1134家,而津商达90%,形成其聚居的八条巷道、藩台巷、三角地、北梁、小西门等汉城的主要街区。商民的店宅习俗保持了家乡的传统。郊区的河北、河南等籍菜农,从家乡引种多种蔬菜。

汉、满、回连城,在时新疆城镇中逾居半数。如伊宁回城、汉城(称"КИТАЙ 巴扎",即汉市);塔城回城;喀什回城(疏附)、汉城(疏勒);于阗回城(1031家)、汉城(348家);温宿回城(回民120余家,英商10余家)、汉城(40余家);库尔勒回城(300余家)、汉城(汉民10余家,甘肃回族130余家,守备军兵);莎车回城(3300户)、汉城;哈密回城(回民400余户)、汉城(汉人500~600家,余为回民);阿克苏满城、汉城;绥定汉城、满城;奇台(古城)汉城、满城(一万一千余家);巴里坤(镇西)汉城、满城。② 汉城城内具衙署祠庙与商民。

(四)政治重心与经济中心的汉文化认同

迪化因为新疆首府而由省府政治中枢成为经济中心,民国后汉城区则更为省内汉帮的社会文化重心。③

---

① 《新疆通志·商业志》,新疆人民出版社1998年版,第77页。
② 谢彬:《新疆游记》,中华书局1936年版,"1916年新疆城市统计表"。
③ 本题资料来自周泓于2001—2007年在天津西青区、杨柳青镇,新疆乌鲁木齐、伊犁、奇台、喀什等地调研,且据《天津通志·商业志》《天津文史资料选辑》《西青文史》《杨柳青镇志》《杨柳青小志》《新疆图志》《新疆通志·商业志》《新疆文史资料选辑》《新编新疆文史资料选辑》《新疆地方志》《奇台文史》梳理补充。

1. 移植内地经营方式：店铺、自组织与家族字号。首先建立货栈、钱业、药业、百货、租赁、食品、手工业、副食、餐饮等囊略生计的店铺。其次成立公益组织救火水会、信誉借贷自助会、经营水磨渠等，形成互助网络。其间家族字号如津帮老八大家同盛和、复泉涌、永裕德、德恒泰、公聚成、升聚永、聚兴永、忠利祥，新八大家永盛西、裕昌厚、福泰成、德兴和、德聚和、同泰兴、宝聚丰、庆春和，以及广兴和、德聚公、文义厚、怡和永、广聚和等百家。老八大家以族兴业，店堂人员除非亲故，不轻用外籍。例如：同盛和京货店由周乾义创办，历届经理有周恒德、周恒正、周玉丰、周耀亭与同乡；周乾义胞弟周乾哲、周乾玉、周乾凤及其直系族人为分庄或他庄经理。复泉涌酱园由杨润棠创办，其弟杨春华协办，糕点师周乾吉；1910年兑与周恒仁，1924—1930年周恒泉经营，1930—1936年周宝福经营，1936—1956年周宝鼎经营。永裕德京货店由郑子澄、杨绍洲创办，历任经理为郑永乾、郑联藻、杨绍洲、杨宪臣，津庄经理杨少臣。德恒泰绸缎庄由李汉臣创办，表弟王德云襄助，后期经理王铸卿；聚兴永京货店，肖连弟创办，后继肖春芳，内弟为总理。新八大家以业立族，裕昌厚商号由刘永裕创办，其侄刘云卿、其子刘筱昆继营；同泰兴商号由韩绍棠、韩宗耀合股；福泰成商号资东李华甫与女婿石寅甫经营。泰昌金店，1920年前后由于岐山、于仲麟开办。杏林春药店，1921年由龚世初创办，其夫人沈氏、子龚沛生与妻子经营，孙辈承祖业，是迪化四世同堂的中医世家。宝顺成商号，20世纪30年代由安万铨、安万清兄弟开办，其子辈安永昌、安永贵继营。

2. 联结内地商号。汉人商帮多于归化城建天义客货栈，天津设立天义运输栈。公聚成、忠利祥、聚兴永、升聚永、德聚公、同义昌商号皆由京沪广购货；德生堂、德聚堂药店由京津购进中草药、成药。返销内地的回货主要为药材、鸦片、黄金、羊肠衣、羊毛、棉花、兽皮及其他土产。设分号连庄。津帮设立分庄的商户20多家，以天津最集中，其次为归化、北京、上海等地。其津庄都有房产和仓库，经营人称"驻长庄"，主要联系津地商号与企业经理、推销员、经纪人。联系行业商号如棉布业的敦庄隆、元隆、华竹、天祥，海货业的隆昌、源丰永、复丰成、义成裕，鞋帽业的广聚和、同升新、同升和、长兴、泉记、金九霞、盛锡福，染料业的长圣裕、玉兴泰、万义、万聚恒，药材业的隆顺榕、义和祥、惠通祥、忠义成、同兴公、达仁堂，茶业的正兴德、元兴、公裕、元泰，金店业的义勇、正阳、三阳、天兴德、鸿祥,钱业的天端、裕源、中裕、中兴、和生等。① 迪化的同盛和和伊犁的文丰泰京货店设庄最多。同盛和在民国时于武汉、广州、香港等地设常庄,连同天津、北京、归化、古城、伊犁、塔城、阿克苏、喀什噶尔、莎车、和田、吐鲁番等地的分庄近20处,业员200多名。永裕德在天津设有"永昌厚货庄"。复泉涌在天津设长庄至20世纪50年代中期。凝德堂中药总店设于张掖,高台、酒泉等地设6个分店;元泰堂总店在张掖,分店设于酒泉。升恒茂茶庄总店在湖南宁乡县,分店设于兰州。1930年,"新绥汽车运输公司"专门购置苏联载重汽车10多辆承运商品,于绥远、兰州等地设分支机构,在天津设分公司。

3. 地缘、业缘组织:会馆与商会。新疆会馆多属同乡会,以资安置、救济同乡。同乡会馆如两湖会馆、晋陕会馆、甘肃会馆、中州会馆、川云贵会馆、江浙会馆、直隶(河北)公所、山东公所等。各大会馆建筑如同庙宇,各会馆大殿都供奉各自的先祖神位,如两湖会馆供奉夏禹王,甘肃会馆供奉伏羲太昊、陕西会馆供奉文王、周公,山西会馆供奉武圣关羽,川云贵会馆供奉文昌帝君。有些会馆的门款或大殿即以所供奉的神位题名,如山西会馆亦称关帝庙,川云贵会馆亦称文昌宫,两湖会馆的大殿称禹王宫,甘肃会馆的大殿称太昊殿。各会馆祭祀表演自己的社火,如古城两湖会馆的龙灯、中州会馆的狮子、甘肃会馆的旱船、山西会馆的汾阳花鼓、直隶公所的中幡、高跷、空竹,陕西会馆的高抬,迪化总商会的秧歌等。各会馆都有自己的会产,主要来源一是房、地产出租,二是同乡人的捐献,三是同乡中死后无人继承的财产;另是商业收入,即同乡人愿从商者从会馆"领东",或与会馆合资,个人与会馆立字约,部分盈余由会馆提收。各会馆有专门埋葬同乡死者的义园。会馆大多有扶助和资助同乡的慈善救济和学校。1935年7月盛世才成立汉族文化促进会替代了会馆。同时业缘社团商会西植。迪化总商会于1911年4月成立,第一任会长是津商"八大家"永裕德号经理杨绍洲。时迪化有工商户1134家(商店764家,手工业作坊370家),总商会联合各有关团体抵制洋货、组织赈济。民国时期迪化、古城、伊宁、塔城、额敏诸地商会会长,几乎全部是杨柳青人。可谓津青商会的移植。

4. 兴办民族工商业。新疆的棉花、羊肠早年多由俄、英商行以低价

---

① 《津西文史资料选编》(三),天津西郊区政协文史资料委员会,1989。

收购，津商在迪化、阿克苏等城自建数十家棉花加工点，联合抽资经营肠衣加工厂，将棉花、羊肠作为回货运销津沪或出口，使在疆俄英洋商相与争购，打破洋行垄断局面。津帮利用杨柳青的御河水加工造纸，改变新疆"洋纸"垄断市场和民用纸紧缺的历史。清末创办的迪化石油公司受到"洋油"抑制，1915年津帮"八大家"永裕德号经理从天津聘来炼油技师，使油厂维持十年。1923年迪化总商会集资开办皮革厂，培训一批手工制革技工。同年商会会长杨绍洲等纳谏杨增新从天津购来蒸汽纺织机，设立阜民纺织公司，迪化响起机器纺织第一声。1940年工商会以3.5万元新疆币从苏联购进全套锯木机，在迪化开设新疆第一个机械锯木厂。同时，维吾尔族商人亦将部分羊毛运往天津，或派人驻津沪购运，扩大了新疆同内地的商业贸易。

5. **与洋行内贸、与外商贸易**。一战和十月革命期间俄商停止进出口贸易，各种土产品失去销路。汉商购运狐皮、雪貂、狼皮、獭皮、猞猁皮、羊肠等到天津转售予各洋行。直新公司是迪化最早的土产商行之一，20世纪初由杨柳青人安辅臣、赵润田合办，专加工棉花、皮毛、肠衣等运往天津等地出口；或从伊犁、塔城出口，与苏联诸加盟共和国商户交易，换取布匹、石油、汽车零件、钢丝床、火炉、铁锅、农具等，20世纪30年代初购置苏联汽车数辆。迪化老八大家的同盛和、复泉涌、公聚成和聚兴永商号与新八大家均经营俄英洋货。津商由天津运来欧美、日本商品纸烟、火柴、颜料、西药等，占据了前俄货市场。天津各外商派代理人至新疆收购羊肠、羊毛和各种皮张。如天津美商璧利洋行（代理人是白俄格米里肯）、古宝财洋行，德商顺发洋行代理人在迪化收购土产和推销国外商品。志光西医诊所的药物都从苏联进口或从上海选购。民生药房的西药则由上海中西、中法、华美大药房购进。

6. **引入现代新质元素**。1925年前后，津商由天津购至迪化一批批商用及官用汽车和英国自行车，杨柳青人戴连鹏私营汽车行居首。河北人高洪雨由苏联归国创办了迪化建新铸造厂，使用电动机、鼓风机、小型车床等，铸造水泵、阀门、水暖器材、手摇压面机、生铁炉、水井盖、铁管及各种机械配件，使迪化铸冶业由风箱土炉手工生产转为半机械化生产。山东人汽车机电修理行，缝纫机专修店，自行车、留声机、汽灯维修铺，培训出大批技工。1945年上海师傅在迪化开设了氧焊铺，将氧焊技术传到边城，培养一批出色的技工。1932年杨柳青人杨员富创办迪化私营"德元电业公司",给迪化各商号安装了电灯及路灯。1933年公司通过"苏新贸易公司"由苏购来直流发电机,为政府机关单位装置了电灯。1927年杨柳青人刘云卿于大十字创办迪化第一家西药店"民生药房",配制调剂药散剂、水剂、膏剂、酊剂二百余种,兼营中成药;1946年增添西医门诊业务,聘请留苏医生张嘉斌等坐堂,每日接待患者百余人,并出诊上门治疗。其子刘竹溪兄弟三人继承经营,1950年自上海购置高倍显微镜、离心机、血球计等仪器及重要试剂,增设常规和细菌检验。杨柳青人王金尊夫妇在迪化西大桥开办"志光西医诊所",设小儿科、内科和外科,药物自苏联或从上海各大药房购获。1941年杨柳青人刘起孝、刘起义兄弟于迪化创办云光相馆,王大生创办银都相馆。1945年宁波人许振民在迪化开设第一家"正记"亨得利钟表店。

7. **信仰、工艺、戏剧西移**。镇西汉城汉人庙宇即50多座。迪化民间信仰与道释儒并举,大小庙宇约30座:全真观、三官庙、仙姑庙、药王庙、罗祖庙、老君庙、八仙庙、玉皇阁、三皇庙、老红庙、老文庙、文庙、武庙关岳庙、大佛寺、地藏寺、北斗宫、八蜡庙、积骨寺、火神庙、马王庙、龙王庙、关帝庙、老爷庙、城隍庙、观音阁娘娘庙、财神庙、王爷庙等。各庙会同时有"社火"亦称花会。民国时期迪化民间社火十余道会,由各会馆组织,于街头张贴布告,公开筹集经费。过会或庙会时,各会馆分自表演社火,春节和各大节日各会馆在城内各街头一同演出,正月初一到十六连演半个月,有天津同乡会与直隶公所的龙灯、高跷、耍中幡和少林会,两湖会馆的龙灯,山西会馆的汾阳花鼓,陕西会馆的高抬,甘肃会馆的旱船,四川会馆和中州会馆的狮子,总商会的秧歌等。内地理教及其理教公所移植新疆,伊犁的绥定、博乐、惠远,阿克苏的温宿、焉耆、吐鲁番、古城等地均有津人理教公所。在民国时期新疆,津青商帮无同乡(天津或直隶)会馆之处,理教公所实际代替着同乡会馆的功能,是联结津青与其西帮的重要文化基核。迪化汉官大吏任期与年节都至文庙、武庙祭拜孔子与萧曹。内地民间信仰如祭鬼神与叫魂,仙姑庙拴娃娃,财神楼偷银借宝,备老衣、老房,冬至吃"猫耳朵","陪房奶奶",丧仪道场,吃双圆,腊祭与守岁,年夜饭,端午祭,清明祭,中元祭,中秋祭等成为边域汉民间习俗。杨柳青年画及其适应伊斯兰教的非人物洋林(自然、景物)年画,剪纸、吊钱、盒子花灯、书法牌匾、刺绣花样、风筝、洋片等成为新疆汉民俗的内容。花鼓戏"清华班"、秦腔("桄桄子戏")"新盛班"、河北梆子"吉利班"、京戏"天利班"、说书场成为边域汉帮的精神赏味。

(五) 商域与权势

1. **商帮与官**。晚清新疆殷实商魁可捐官或五品以下功牌，遂结纳长吏。并因其代办省城外在任官员向省库解交或领取公款及免息存放私款，因而其商务得地方官员特别照顾。且津帮因"老八大家"随征支军之功，新八大家及津帮商号均得省府眷顾。同时新疆设省前，汉帮商人售货对象主要是满人和汉人，满汉族中主要顾客是官兵。津商大都自津京运来官场所需公文、纸张、笔墨、朝服靴鞋与各种海味。1896 年杨柳青人杜彤奉调甘肃、新疆提学使，随即由新疆巡抚饶应琪推荐为省布政使，主管全省财政与人事官员升迁任免。此为天津同乡继湘军与建省后的新支撑。津帮大小商号遍布新疆，各县各城商会会长几乎全为津商担任，省派各县公事多邀其参加。迪化同盛和资东出入杜公馆，杜的私囊由商号汇家乡。继之津人王树楠为新疆布政使。清朝四品官同盛和经理柳士清自由进出巡抚衙门。1901 年地方当局批准同盛和、永裕德发行商号印行的"本票"，以兑换官方铸造的"红钱"硬币，且可流通市面，若购买该店货物还可享受八折优待。该票以油布印成，每票兑换红钱四百文，流通迅广。商号借此扩大营业，如存一百两现钱即可发行一千或二千两布票，等于资本增加十或二十倍。[①] 其他津商遂效发本号布票。津帮业务突显于晋陕等商帮。1908 年布政使王树楠整顿官钱局，各府、州、厅、县设分局，办理贷款和汇总业务。津帮公聚成经理王锦堂和永裕德经理杨绍洲被派主持迪化官钱局。津帮商号资金周转愈得优顾。1911 年迪化总商会成立时，津帮永裕德商号资东任第一届会长；20 世纪 30—40 年代同盛和经理接连继任迪化总商会会长。省教育厅长刘文龙接收迪化璧利洋行全部设备、房产，经营羔皮、鹿茸、羚羊角、枸杞、贝母等中药材运至归绥转售天津外商，其天津办事处、肃州、兰州分处均由津人负责。津帮大商户都在沿途设站承接湘鄂川、京津等地商品，沿途还有许多商贩和服务业。中路较大字号春茂和，结交前甘肃省长潘龄皋经营京货兼营鸦片。津帮德恒泰、广兴和、振丰恒、义善长、福泰成等诸多商号都由其购鸦片为回货运销绥远、

---

① 据潘祖焕先生遗稿。

京津。

　　2. **津帮代征协饷**。代办"协饷"是"津帮八大家"兴起的重要原因。左宗棠西征，调动兵勇夫役十五万人，前防后路及沿线所需甚巨，度陇后前线饷匮，户部无力拨发，西征军每年所需军饷四千多万两全部依靠各省协饷支应。① 协饷初期各省、关先解银，户部再转"西征粮台"分拨各大军帐，既不能及时分拨且增耗费，后改为各省、关直解，户部只备饷解手续。西征前后数十年间，因抵太平天国、捻军、回民起义、中法战争、中日战争，各省财力近枯竭，至征伐阿古柏，积欠协饷已巨。兵勇月饷、购军粮、枪炮弹药、军装、皮衣、铜帽、驼马、车辆、草料、帐篷，支付服役、工匠、脚力、修补工事、赈抚优恤及战区官吏薪奉、杂支等，统待协饷出。迫于解运迟缓，遂向私商、缙绅筹借以解燃眉之急。协饷主要用以军事，新疆建省之际，清政府每年补助库银48万两作为省、道、府、州、县行政经费，筑城修堡、开街兴市、赈助屯种、资迁兵弁、安迁流民等则仰赖协饷。初由省府库员进京领款，全部镖箱装银重四万斤。领取一次需镖车四十辆，马八十匹；帐篷、行李、粮秣大车二十辆，马四十匹，尚需护送马步军卒五百人及押运官，往返一年，全部护送需银万两。②

　　迪化津帮商户与军政要员多有过从，遂拟以财力声望代省府进京领饷。津商代表郑子澄、杨绍洲告知布政使魏光焘（后为巡抚）津帮特有之地缘便利可使事半功倍。魏知津帮实力为陕、甘、晋、湘、鄂、川等诸商帮莫及，遂奏报朝廷请准户部，将协饷改由天津商帮殷实者至户部国库代为领取，限期归交省库。户部且允代办商户就地以饷款购物运疆再转为协饷。然代办协饷前，要求代办并使用协饷的商户须交省库保证金，由诸殷实商户"托保"，省部验证后拨发饷银。遂定1888年即到京津采货的津帮商号同盛和、复泉涌、永裕德、德恒泰、公聚成、忠利祥、升聚永、聚兴永八家先行联保，后由商总具保（1896年后分户单领）；同时省库派一员随京监督领款和办货返疆，限期一个月结算归库。如有欠额，由省官钱局垫交，但收取商户滞交期间的利息。1892年联保的津帮商主携同进

---

　　① 谢玉明等：《西青文史》第九辑，第53、54页，天津西青区政协文史资料研究委员会，1999。

　　② 同上。

京代办协饷,由京城领取库银。此八大商号即新疆"津帮八大家"。因同盛和将自存黄金数百两带付办货,回疆后率先归还库银,由此获官府信任,凡后饷银同盛和可优先使用,遂财力迅增,为八大家之首。在伊犁杨柳青人安文忠任总办官钞和候选知府,以财力殷实得长庚将军接见,委以伊犁银钱局名义总办,到各省催办协饷,采回湖南、湖北茶叶,四川、浙江丝绸等。1901年鉴于安氏办协饷得力,正式委以实任官钱局"伊犁银钱局总办"兼办官茶局税事。时伊犁市面制钱短缺,安文忠派员在天津大量兑收铜元运回新疆,缓和银铜比价,使各商号陆续收回钱贴。1905年长庚复为伊犁将军,保荐安文忠为花翎甘肃同知、假选知府。安文忠成为津帮在政界代表。

3. 津商承办进疆货税。民国后期杨增新经常召请津帮巨商周恒正、杨绍洲等到省衙,得知天津商帮每年进疆货物万驮以上,进货总成本五百万至六百万元,其他各省籍商帮进疆货物总值约七百万元,即津帮商品几乎占新疆一半。仅此一项应收税款30万元,而民国三年各省商帮进疆货税245672元,年实收税款仅20万元。① 且京货利率较高,津帮每年实际利润总值应该高于其他商帮总和。为此,杨增新改革征税法,招集商会提出由商家承包货税议案,指定津帮大商户承包进疆货税征收,确定每年承包税额为30万元,预先缴库。商议由同盛和、复泉涌、广兴和、德聚公、振丰恒、义善长、中和成、聚兴德、明德号、利顺成、文丰泰11家联合组成进疆货税稽征所,分别在南路喀什、和田,北路塔城、霍城及哈密、迪化等城设处代办。

4. 官款援救扶持。新疆直隶(河北及天津)籍居民多自营生计,以"八大家"为代表的津商每遇地方政府协饷不济,往往大批资金援助;而陕甘帮中"哥老会"成员集中,其性情骁悍,成为政府征招兵丁和分化哥老会的对象。同时省府布政使王树楠、提学使杜彤都是津人,军界官员中直隶人不少;津帮且允以发行商号本票。这些不平衡引发陕甘帮和津直帮间的紧张。1910年农历三月迪化萧曹庙会,津帮商人与陕甘帮商人产生冲突,骑兵营提调津人田熙年率兵将陕甘人逐出庙会。因陕甘帮民大批被征入伍,与军营中哥老会人联系并有武器。农历四月初八庙会,两帮发生械斗。继之哥老会人纵火津帮,"被害者达四五百家,尤以津商为最"。

---

① 《新编新疆文史资料》(二),政协新疆文史资料委员会编,2005,第263页。

火案次日，迪化军民恐商号倒闭，数千人持钱帖纷纷兑银，途为之塞，津商八大家门前尤甚，引发金融抢兑。商民也惶恐不安，各大商号尤其津帮商户，准备变卖产业离新。巡抚联魁责成布政使王树楠善后。王树楠认为津帮商贾随左宗棠"赶大营"，数十年经营而执商界牛耳，大批抽资东归必将引起商界连锁反应，引起省府经济乃至政局动荡，外患必趁机而至；同时内地协饷不及时汇至，省府常向津商借支应急，故商民不保则建设中断，地方难以维系。"迪化之精华殆尽……联帅疏通津商，赔偿损失十四万两。"[①] 故公示：所有商票概由藩库兑还。对受损各大小商店一律登记造册上报，包括房屋、柜面、货物、现金等，由官方拨款救援。召各商各铺，开明出票若干，损失若干，由藩库领取现银，连环保给；令其速修筑房舍，由藩库补助，限期归还。王树楠随即支出省库纹银 13 余万两，直接赈救款银 2 万两。[②] 津商重建店面或改楼堂，复泉涌建七间店堂和八楼八底车间，永裕德建两层楼大四合院。"津帮八大家"同建省而兴，与官府互为支撑，津商作为商界代表得到政府扶持。

  5. **商势与权力**。商是一种"势"，它可依官权而兴存，也可使官权凭基或依托自己，可以与官势分庭分离。社群在迁移立足时期多依靠家族和地缘力量，而兴业扩展则借助于官僚政治保护。入新津帮凭借前朝军政之抚信、京户地缘之利与商业实力而形成一种势，与新省前清民初政府相辅相成。正是与政府关连而分佐亲疏，使得汉帮之间关系分疏。津帮商号与杨增新政府牵系深厚，陕甘帮为金树仁政府僚属，而均不得盛世才政府信重，甚而同宗同乡亲缘因之分化，津帮同盛和、复泉涌、庆记号如是。商势所以能够与官权一时分礼，基于其积淀的实力之独自份额与意义实体。商会作为单独的范畴，因其自身利益宗旨，在新疆附着于津帮实力主体，津帮寓于商会，成为较独立的社团。然而在人类社会尚不能脱离政权统治的历史里程，政权拥有法的效力。因而"势"大都隶属、围绕或最终框附、判决于权力。

  6. **政治之于经济**。盛世才于抗战时期建立新疆民众反帝联合会，按行业设立五个分会，工商界 300 多人加入反帝会，迪化总商会改为迪化工

---

  ① 见周轩《温世霖与〈昆仑旅行日记〉》，中国人民大学报刊复印资料《中国近代史》1999 年第 7 期。
  ② 《西青文史》第九辑，天津市西青区政协文史委，1999。

商会，开办工商夜校，成立业余话剧队、京剧队和秧歌队，演出《台儿庄》《太行英雄》《劳军》等剧目。工商会动员工商业主踊跃认捐，有的商号义卖捐献。1937 年 9 月至 1940 年 5 月，迪化工商会献金款值银币 72 万多元。津帮新老八大家大都为抗日援前赞助者。直隶人沙家烧坊因捐募突出，为《新疆日报》刊载。① 不论津青因濒临京城门户或绅性传统，都赋予津帮商人敏锐的政治情愫，从随官军、宿官营、做军兵生意到与官府系结，互为支撑或分庭抗礼而终以大局为重，都映示着津青自漕盐官运形成的商作为官、民代言的绅性文化人观基色。

（六）移民主体社会生成

津帮代办"协饷"，承办进疆货税，资助省府财政，做商总商绅商官，得官府扶持，同省府相辅相成，成为经济政治撑要。② 同时移民纳入当地社群。时汉帮不少人通晓维语、俄语、哈语、蒙语几种语言，德聚公、德聚和商号要求全体店员掌握维语和俄语。春发祥、元兴号的经理通晓诸种语言，店员都会讲维语。银都照相馆经理维吾尔语很流利。杨柳青人蔡德春通维吾尔、哈萨克、俄罗斯诸族语言，在当地族民中颇有信誉。百货业汉商与当地各族商交往和协作颇繁。族商运销天津的货款直接在津帮置货商号汇收。南疆货物往往由津帮货栈代销。津帮货栈亦请当地族商帮助经营，20 世纪 40 年代津商孙绍页、张建元与维吾尔商人阿德尔合股创办迪化天山货栈。阿不列孜阿吉相继与汉商林忠孝、张兰元合作经营土特产近百种，联结南北疆十多家维吾尔、哈萨克等土特产商，从上海、北京、天津、广东、四川、东北进百货、五金、纺织品和各种机器零件，1948 年与其往来的大商号达五六百家。维吾尔族出现汉、回小曲子戏专业演员和经典的"维汉合璧"秦腔。清末南疆婚礼出现维汉合璧（上半句维语、下半句汉语表达一个意思）的唱词：依昔克塔卡也道门关上（依昔克，门；塔卡也道，关上），契拉克央尕尔道灯点上（契拉克，灯；央尕尔道，点上），克克斯色都尔道毡铺上（克克斯，毡；色都尔道，铺上），约提尕也尔道被子盖上（约提尕，被子；也尔道，盖上）。民国时

---

① 《迪化总商会的成立与活动》，载《乌鲁木齐文史资料》，政协乌鲁木齐文史资料委员会编印，1987。

② 周泓：《群团与圈层：杨柳青绅商与绅神的社会》，上海人民出版社 2008 年版，第 370—380 页。

迪化也有类似唱词，几乎无人不晓。如维吾尔族秦腔和曲子戏演员卡帕尔所编汉维合璧唱词，上半句为汉语，下半句为维语："头戴缨盔托玛克（托玛克是帽子），身穿战袍阔乃克（阔乃克是内衣，恰袢是外衣，为了谐音不用恰袢而用阔乃克），足蹬朝靴约提克（约提克是靴子），手提大刀皮恰克（皮恰克是小刀，为了谐音，以小刀代大刀），要问来者何人？蒙古大将勒马克。"每年肉孜节、古尔邦节、春节期间，迪化都有压走马表演，维吾尔、塔塔尔、回、汉等族的驯马者都牵各自驯服的走马前来竞演。每年农历四月初八的红山庙会，民间各族都举行"赛走马"项目。红山庙会的民间口传是移民社会文化主体的写照："庙会过了十来天，大人娃娃挤成山。西安人敲梆子唱乱弹，天津人又敲又唱拉洋片。河南人耍猴卖药围圈圈，拳把式耍的刀枪矛子三节鞭。吹唢呐鼓敲得欢，喀什噶尔的踩弯绳太惊险。……看了桄桄子看梆子，又看京戏唱曲子。小四儿唱的盘肠战，张胡子唱的走雪山。兰州红、王小旦，二人唱的是小姑贤。……回族人手端洋盘子卖凉面，维吾尔卖的是烤肉烤包子油抓饭。忠义馆、三成园，……清蒸鸭子带海鲜。"

四　历史与学理意义

晚近汉人商帮绝大多数留疆定居，除了其对边地、内域和俄、英印、中亚之商贸眼光与置有的资产外，其成功步入当地主体还有如下原因。1. 无族性歧视，入乡随俗，平等、包容、礼仪当地。2. 无行业和阶层歧视，小本经营自金银至草料。3. 重视业缘，业界诚信，和气生财，薄利多销。4. 承延文化资本：（1）以族缘、乡缘立足；（2）移植家乡经营方式内容；（3）自组织传统，地缘会馆和业缘商会；（4）与内地商号联结；（5）外商贸易或代理；（6）注重公益水局、水磨、河渠；（7）携入现代工商因素，承办汽车局、电业局等；（8）携带工艺和信仰文化。

新疆立省，大批汉民尤其是商帮定居新省，改变了新疆族群、城乡、产业等社会格局，亦表明一种政治制度的结构性功能。汉人商帮在新疆经营家族商号数百家，是一种控产机构的族缘延伸；建立会馆、水局、商会、救济会等组织，与当地族商协作合作，与边域洋行进行商贸，构成业缘衍植；西移戏剧、工艺及津门理教等文化信仰，形成乡缘移植。理教公所成为连结津青与其西帮的重要文化基核。津帮商人代征新疆协饷，承征进疆货税，省府扶持救援，作商官、官商与政府撑腰，显示了商势与权力的交叠和政治的经济功能，实践了绅性的西延。

中国民族史传统上是国家正统史学的内容和依据，而近代新疆主体研究更符合社会史或非主流的历史人类学。即小历史与地方族群可以改变大历史——"赶大营"改变杨柳青历史，"大营客"改变新疆历史，质疑中国区域史之分割。此为历史人类学的文化与主体影响过程与结构的极佳案例。社会进化论学派认为，社会经济形态必然更替而不可并立，然而社会经济类型或形态对于一个族体不能并存吗？近代内地汉帮移入新疆的主体，由农人行商转化为市民座商，与家乡社群发生身份的变化，是同一主体结构与社会形态的分衍。在此，商与农并未分离和对立。汉人传统上被认为是农耕民族，然而汉人社会没有商或商不存在于汉人社会吗？在史学、人类学、经济学界，农、商多分立而论，或分属于不同的历史过程。吉登斯、科大卫、肖凤霞区域过程研究，未研及一地域不同社群形态。实际上，商亦是汉人社会内容，汉人古代的商王朝出自商部落，它早于起自农业部族的周王朝。即商与农是可以同行并兴的。

华琛（James Watson）、华德英（Barbara Ward）、丁荷生（Kenneth Dean）研究乡村以国家正祀神明或里甲制而结构化的过程。[①] 笔者基于迪化研究认为，城镇结构化的主干渠径即实业实体与实力组织和官商互动。施坚雅认为中国的经济实体是由标准集市（一般由6个村庄组成的基本共同体）联结的宏观经济区域，而迪化城并非如此。同时迪化和南北疆汉满回蒙俄连城，可以作为施坚雅中国城镇划分类型缺失的补充。James Watson将地方宗教习俗演变与国家建构地方社会的过程相结合。然而在一地为正祀的神祇，在另外地方或为杂祀。迪化市民的信仰未与国家建构相合，亦佛亦道或"非佛非道"。镇民庙祭不同于乡村祭祀或宗族祭奠的是，它不止祭拜一个村神或祖灵，亦非只奉祭一个职业神，而是依时季分祭诸神如财神、火神、药王、龙王、文昌君、土地神等。商民的神灵祭拜甚或比农民更加为重。景军讨论农人社会记忆重构路径为民间传说、乡村（土地）运动、政治运动。[②] 笔者基于迪化的"城镇社会记忆重构"路径

[①] 丁荷生：《道教和华南民间宗教：历史和复兴》，美国斯坦福大学亚洲语文系博士论文，1988年；《神明的正统性与地方性——关于珠江三角洲地区北帝崇拜的一个解释》，《中山大学史学集刊》第2辑，广东人民出版社1994年版。

[②] 景军：《社会记忆理论与中国问题研究》，《中国社会学》第一辑，清华大学2003年。

为城镇之实力阶层、宗姓商号、交通与寺庙。李亦园以文化与社会经济结构的移植考察移民市镇①，然其忽略经济文化主体携带的政治元素对市镇的重塑，汉帮尤其津商绅性与商会的西延完成了这一塑造。

社会结构、组织在时空序列中是相对的、阶段性的，而社群与理念持久于结构。弗瑞德里克·巴泽（Freddrik Barth）认为，社会不仅是由规则和规范组成，规则、规范、制度只是采取行动的框架，不能决定行动。社会结构并非人们极力维系的东西，人们可以通过行动生成、维持和改变制度。②布尔迪厄《实践理论纲要》概括了戈夫曼关于个人策略的观点，调和行动者主体和支配其能动的结构。奥特纳（Sherry Ortner）则揭示出制度化中个人实践的差异。③内地农人船民随西征军行商入新疆，对其文化和自身产生了深远影响。汉地的业缘、族缘、乡缘与兼重官民、城乡之绅性文化，寓于商业、宗族、乡族与信仰组织而西植；实现了农民、船工向商人、市民的转化，亦促使新疆历史上汉人主体由屯垦农户向城镇居民的近代结构转变。这是群体的再造，即无生存凭借的人群以自己的毅力战胜阶级命运而获得新的阶层属性和地位。Влодимир плопп 的传说形态学《Морфология о Разказе》，以文本的地域变化解说主体形态结构变异④，但未及同一主体跨时空的象征连结。笔者在此补充，予以观照人类学研究由"他者"转向自身的范式。

传统上，人们认为历史是被记载的，然而历史的相当部分不仅由文字记载，而且由活着的人们的记忆构成，且这是人类学所考察的历史的重要组成部分。历史人类学在后殖民人类学中兴起，它与社会史共同关注非正史。政治人类学以国家—社会、中心—边缘、分界——体、精英—大众、正统—反正统、正史—非正史建构研究。弗里德曼认为，华南社会力量强，国家力量弱；杜赞奇、秦晖呼应这一观点，并认为华北和中原国家力量强，社会力量统一于国家力量。笔者研究西域与新疆社会则注意到北方

---

① 李亦园：《一个移植的市镇：马来亚华人市镇生活调查研究》，台湾"中央研究院"民族研究所《民族学刊》1970年。

② Layton, Robert: An Introduction to Theory in Anthropology. Cambridge UniversityPress, 1997, p. 118.

③ Knauft, Bruce: Genealogies for the Present in Cultural Anthropology, Routledge, New York, 1996.

④ ［俄］ВладимирЯковлевич Пропп, Моряология волшебной сказки：Москва，Лабиринт，2003.

国家力量弱、社会力量强的西部边域。中心常被认为是固定的，然新疆军政中心引导经济文化中心转移表明，中心往往经由政治构建和重构，中心与次中心可以转换（如伊宁与迪化），中心可以是并立或分立的（如满城、回城、汉城），中心可以移动或变动，可以分解和解构（如惠远至迪化）。权与势是多元的，可相互转换、替代。王铭铭区分神异的、文化的和体制的权威，认为民间与官方权威对立。笔者依据对晚近新疆汉人社会的分析认为，其忽略了三种权威间的关联和功能（资源）转化，忽视了实业权威与上述权威间的功能关联与转化；同一地域诸界权威之间有势力涨落之更替，如实业的和宗教的权威孰于何时为主导力量；同一领域权威之间有当地和外来及不同族体权威高下之较量；民间权威"势"与权力有分离也有重叠，且有角色转换（如商会会长）；国家整合力强、社会力量弱时，势统合、同一于权；反之，权隶属、融合于势。当前朝为现政所代替，前者则变为社会力量。政府往往利用前朝的影响组织民众，以赢得"势"的支持。势与权得以密切地关联和转换。新疆汉人社会是文化的生成而非单纯的移植，笔者基于乔姆斯基生成语言学的文化转换生成说，认为任何文化迁入另一生境，必采借当地的生存方式。晚近新疆汉帮吸纳当地文化，与当地族民融洽协作，认同当地文化，被称为"老新疆汉人"（有别于现代认同家乡的新疆移民），从而构成当地社会之主体。

参考文献

郑金德：《人类学理论发展史》，台湾商务印书馆1980年版，第85页。

Malinowski Bronislaw, 1944: A Scientific Theory of Culture and other Essays, pp. 91 – 131.

周泓：《民国新疆社会研究》，新疆大学出版社2005年版，第441、442页。

Maurice Freedman, Lineage Organization in Southeastern China, London: The Athlone Press 1958. p. 9, pp. 156 – 159.

［美］施坚雅：《中国农村的市场与社会结构》，史建云、徐秀丽译，中国社会科学出版社1998年版，第9页。

周泓：《民国新疆社会研究》，新疆大学出版社2001年版第四章；新疆人民出版社2005年版，第一章。

费孝通：《中国文化内部变异的研究举例》，《社会问题》1933年第9期。

Malinowski, Coral Gardens and their Magic Kegan Paul〔M〕, 1935, 后记。

Malinowski, The Dynamics of Culture Change: An Inquiry into Race Relations in Africa

[M], Yale University Press, 1945, pp. 9 - 11.

Malinowski, The Dynamics of Culture Change: An Inquiry into Race Relations in Africa [M], Yale University Press, 1945, p. 17.

Malinowski, The Dynamics of Culture Change: An Inquiry into Race Relations in Africa [M], Yale University Press, 1945, pp. 9 - 11.

[美] 格尔哈斯伦斯基：《权力与特权：社会分层的理论》，浙江人民出版社1988年版，第310页。

《新疆政府志资料丛书·民国时期》，新疆人民出版社1994年版，第86—93页。

《新疆建设计划大纲草案》，政治，居留，第2页。

《新疆政府志资料丛书·民国时期》，新疆人民出版社1994年版，第310页。

新疆维吾尔自治区档案馆档案〔Z〕，外1-2-648：36。

新疆维吾尔自治区档案馆档案〔Z〕，外1-1-271。

张大军：《新疆风暴七十年》，新疆地方志总编室印，民国三十二年调查，第6444页。

陈慧生：《杨增新和新疆伊斯兰教》，载《伊斯兰教在中国》，宁夏人民出版社1995年版，第364页。

《新疆宗教研究资料选集》，第2辑，第21页。

新疆维吾尔自治区档案馆档案〔Z〕，外1-2-648，第17页。

李亦园：《社会变迁与宗教皈依》，中研院民族学研究所集刊总56期，第1页。

[美] 露丝·本尼迪克特：《文化模式》，生活·读书·新知三联书店1992年版，第221页。

Sahlins, Marshall D, Island of History [M], Chicago: University of chicago press, 1985.

蓝达居：《历史人类学简论》，《广西民族学院学报》2001年第1期。

[英] 迈克尔·罗伯茨：《历史》，《国际社会科学杂志》中文版，第15卷，1998年第3期。

王铭铭：《历史人类学》，《中国人类学会通讯》1998年第1期。

Spradley James P, The Ethnographic Interview (《民族志访谈》), Holt Rinehart and Winston, Inc. 1979.

周泓：《汉唐两朝对古代新疆的管辖与经营》，《新疆师范大学学报》2001年第4期。

周泓：《魏晋十六国时期中原王朝对西域的经营》，《新疆师范大学学报》2003年第2期。

《清代在新疆的屯田》，《史学论丛》，云南人民出版社1986年版。

据《大清法规大全·实业部》，直隶《实业杂志》，《工商史料》，《天津通志·商业志》。

《新疆通志·商业志》，新疆人民出版社 1998 年版，第 79 页。

李鸿章等《钦定大清会典事例》，光绪二十五年大字石印本；《清德宗实录》卷 16，中华书局 1986 年影印；中国第一历史档案馆，3 全宗 122 目录 6057 卷第 138 号。

《左文襄公全集·书牍》，卷 13—17；《左文襄公全集·奏稿》，卷 43—47. 岳麓书社 1989—1996 年版。

袁大化、王树楠纂《新疆图志》，卷 106，"奏议志十六"，民国新疆官书局铅印本。

《新疆图志》，奏议志，民国新疆官书局铅印本。

资料由笔者据《西青文史》第九集"天津商帮赶大营"，天津西青区政协文史资料研究委员会，2004 年。

［俄］鲍戈雅夫连斯基：《长城以外的中国西部地区》，商务印书馆 1980 年版。

《新疆通志·商业志》，新疆人民出版社 1998 年版，第 77 页。

谢彬：《新疆游记》，中华书局 1936 年版。

《津西文史资料选编》（三），天津西郊区政协文史资料委员会，1989 年。

周泓：《群团与圈层：杨柳青绅商与绅神的社会》，上海人民出版社 2008 年版，第 370—380 页。

丁荷生：《道教和华南民间宗教：历史和复兴》，美国斯坦福大学亚洲语文系博士论文，1988 年；《神明的正统性与地方性——关于珠江三角洲地区北帝崇拜的一个解释》，《中山大学史学集刊》第 2 辑，广东人民出版社 1994 年版。

景军：《社会记忆理论与中国问题研究》，《中国社会学》第 1 辑，清华大学，2003 年。

李亦园《一个移植的市镇：马来亚华人市镇生活调查研究》，台湾中研院民族研究所《民族学刊》1970 年。

Layton, Robert: *An Introduction to Theory in Anthropology*, Cambridge University Press, 1997, p. 118.

Knauft, Bruce: *Genealogies for the Present in Cultural Anthropology*, New York, Routledge, 1996.

［俄］Владимир Яковлевич Пропп: *Моряология волшебной сказки*, Москва, Лабиринт, 2003.

作者简介

周泓，史学学士，民族学人类学硕士、博士，人类学博士后；中国社会科学院民族学与人类学所研究员。2005—2007 年白俄罗斯国立大学历史系与白俄罗斯科学院人类学研究所访问学者；2014年波士顿大学人类学系访问学者；2015年俄罗斯科学院圣彼得堡民族志与人类学研究所访问学者。主要领域：民族学人类学（本体理论、汉人社会、历史人类学、宗教人类学），斯拉夫及美国历史社会研究。主要建树：人类学商域市镇宗族，绅商－商绅宗族模式；非汉阈（中国非汉族域和国外）家族宗族研究；回族内陆族源考；都城边缘中心建构；圈层格局；地缘生成文化圈；历史文本到意义主体；宗教认知引导国家认知；黑格尔史观考；社会形态并行观；西域－新疆汉人研究，近代新疆四元极格局，民国新疆群格关系。主要成果：独著三部《群团与圈层：杨柳青绅商与绅神的社会》《魏公村研究》《民国新疆社会研究》；合著十二部。独立完成课题十余项；合作完成课题八项。发表专业论文百余篇，其中60余篇载于核心期刊，20余篇转载于学术刊物；提交国际研讨会论文十余篇。译文八篇。

通过经由介导的社会互动走向自我心理功能：维果斯基文化发展理论之于旅华美国人文化适应的应用研究

刘 杨

摘 要 本研究受维果斯基文化历史心理学理论的启发，认为在一个全新文化中旅居的人们与维果斯基所观察的儿童相似，都必须通过他们与外在全新社会文化大环境的互动，来开启他们的认知发展过程。同时这些人的文化适应也是他们将新文化内化至原有认知模式的过程。着眼于在中国旅居的美国人，本文通过采访的方式收集数据，并依据维果斯基所提出的重要概念，比如内化、人际间心理功能、自我心理功能以及近侧发展区，对这些旅居者在华的文化适应开展了研究。研究发现：（1）这些旅居者需要将新文化内化至他们原有的认知系统中，并增强他们在新文化环境中解决问题的能力；（2）他们内化的不仅仅是诸如第二语言这类介导行为，同时还包括社会行为、文化观念以及风俗习惯；（3）内化的程度建立在新近获得问题解决能力知识与其原有认知模式之间契合度的基础上。

关键词 维果斯基 文化适应 介导的社会互动

一 引言

随着全球化的迅速发展，文化适应（acculturation）已经赢得了越来越多的关注。这个概念最早由 Redfield、Linton 和 Herskovits 在其著作中被定义为"当来自不同文化的个体发生持续的、直接接触的时候所引起双方或其中一方原有文化模式的改变"。学界对文化适应的研究主要着眼于完成文化适应所需的策略，而这种策略大致可以分为两类：一类是调整

(adjustment)，另一类是适应性改变（adaptation）。不同于调整和适应性改变这两个切入点，本文从维果斯基的文化发展理论出发，探究个体在一个全新文化中所开展的经由介导的社会互动（mediated social interaction），分析个体如何将他们在新文化环境中学到的内容内化并最终实现自我认知体系的一部分。

二 文献综述

（一）认知发展理论

维果斯基（1978）认为影响个体认知发展的因素分为两类。一类是生物因素（biological factors），这些因素与个体发育相关，并在个体发育早期占据主导地位。维果斯基（1978）将听命于生物因素的基础心理功能界定为自然或原始发展（primitive development）。他认为这个层面上的发展与生命体承袭的基因息息相关，而且见诸人类和动物。环境给予的刺激以及生命体给予的反应在基础心理功能中彼此直接联系，密不可分。另一类是社会历史因素（sociohistorical factors）。维果斯基（1978）认为社会历史因素与更高级别的心理功能密切相关。个体社会历史层面的发展始于他们在原始阶段对工具和符号的发明和使用，而这些发明和使用在维果斯基看来，是一种对个体的社会行为起调节作用的意指作用（signification）（Lindblom & Ziemke, 2003）。不同于基础层面的心理功能，高级别的心理功能仅为人类所有。人们在社会交往中依赖经由介导的举动（mediated acts），在环境刺激和有机体反应之间建立起一座桥梁。简而言之，个体经由介导的举动组织自己的行为。维果斯基认为，在众多可以介导思维、情绪和行为的心理工具中，语言和其他的符号系统发挥着极为重要的作用。维果斯基探究语言和其他符号体系如何成为人类活动的一部分以及如何介导人类活动；在探究过程中他着重强调的是不同形式的讲话（speaking）如何形成不同形式的思维方式（Wertsch, 1991）。

（二）内化：从人际间心理功能到自我心理功能的飞跃

维果斯基强调"更高级别的心理功能首先出现于人际间心理功能这个层面（即社交层面），稍后出现于自我心理功能这个层面（即个体层面）"（Wertsch, 2008, p. 67）。基于对儿童认知发展的研究，维果斯基提出这样一个观点:"孩子的每一个认知功能都会出现两次,分别处于不同级别:第一次出现在社交层面,第二次出现在个体层面;即第一次出现在与人交往过程中,归属于人际间心理功能层面;第二次出现在这个孩子个体内部,归属于自我心理功能层面。"(Vygotsky, 1978, p. 57)

认知功能从人际间心理功能层面到自我心理功能层面的飞跃被维果斯基(1978)称之为朝向更高级别心理进程前进的内化(internalization)。在这个内化过程中,儿童通过与更具见识的其他人(比如父母和老师)的交往,学到解决问题的技能并将之吸纳到自己的认知体系中去。内化过程中的两点值得注意:1. 内化并非简单的转移或复制。解决问题的技能的内化与这个过程发生时所处的文化和社会语境密切相关。因此个体缘起于内化过程的心理功能,可以反映出这个个体所处的文化(Rogoff & Wertsch, 1984)。2. 符号手段(semiotic means)对社会交往起着介导作用(mediation),而"人际间心理活动和自我心理活动就是在社会交往这个点上相遇"(Frawley, 1997, p. 520)。儿童在与成年人交往的过程中,内化的是符号手段所承载的文化知识,而这些文化知识是他们所处的社会最为看重推崇的。

(三) 近侧发展区

"近侧发展区"是维果斯基理论中的另外一个重要概念。Wertsch(1991)指出"维果斯基关于个人更高级别心理功能的社会起源的整体描述,在与近侧发展区有关的联系中阐释得最为清楚"(p. 28)。维果斯基将近侧发展区定义为"一个儿童面对独立解决问题时,所体现出来的两个不同等级的发展水平之间的距离:一个级别是这个儿童需要在更具见识的其他人指导下解决问题,另外一个级别是这个儿童可以独立解决问题。"(1978, p. 86)根据维果斯基的理论,近侧发展区所涵盖的区域始于儿童在成年人或经验丰富的同伴指导或协助下完成任务这个节点,终于儿童独立完成任务这个节点。

Wertsch(2008)指出内化就是儿童从他人调节(other-regulation)到自我调节(self-regulation)的转变。这个过程可以划分为四个层级,其中前三个层级都落入近侧发展区的范畴:"第一层,面对成年人针对任务处境(task situation)给出的指令,儿童或许无法理解;第二层,这个儿童可以对成年人给出具体问题和指令做出回应,但由于不能完全领会任务的含义,这个儿童的理解可能比较有限;第三层,儿童可以遵循并不清楚的指令,而且这种遵循体现为他(她)在语言游戏中所采用的一种复杂方式;第四层,在这一层,儿童已经完全具备了独立解决问题的能力。至此,从人际间心理功能层面向自我心理功能层面、从他者调节到自我调节的转变宣告完成。"(p.77)

(四)维果斯基理论在跨文化适应中的适用

Sam 和 Berry(2010)将文化适应界定为:遭遇不同文化的时候个体在文化和心理层面发生变化的过程。当个体刚刚置身于全新文化的时候,他们面对全新环境给予的刺激不知道如何给出恰当的回应。这种情况出现的原因在于个体在原生文化中形成的认知模式(cognitive patterns)不能帮助他们在一个全新文化和社会语境中开展社会交往。此时这些个体就如同身处近侧发展区最低层的儿童一样,无法理解来自于新环境中的人们所给出的话语,因而无法与他们进行有效的沟通。

如果身处全新文化环境的个体具备强烈的意愿去调适自己,那么他们需要将在新环境中所需的解决问题的能力整合进自己原有的文化模式中。这样他们可以在他们的言语和别人给出的行为之间建立一致性(coherence)。与维果斯基所观察到的儿童的认知发展相类似,个体原有认知模式所遇到的改变也可以划分为人际间心理和自我心理两个层面。在人际间心理层面,个体学习第二语言并在其他更熟悉新环境的人们的指导下学习不同的符号手段。

在一开始,个体通过与周围人开展经由介导的社会交往,只能掌握简单直接的解决任务的技能。当他们具备了技能,他们就能针对新文化所提出的具体要求给出具体的回应。然而,由于语言能力以及对新文化的理解有限,个体无法彻底理解全新文化和社会语境对他们提出的要求。此时的个体类似于处于近侧发展区第二层级的儿童。即便这些"儿童"可以回应具体的问题或需求,但是他们无法完全领会这些问题或要求的潜藏含义,因为他们解读新文化的能力比较有限(Wertsch,2008)。

随着个体第二语言能力和对新文化理解的不断提升,他们在新环境中解决问题的技能被推至一个更高的级别。他们可以解读全新环境所给出的更为复杂的要求,并以更为复杂的方式给予回应。个体所取得的这些进步可以归属于近侧发展区的第三层级。Wertsch(2008)指出,儿童可以遵循含混不清的指令,并以一种复杂的方式驾驭语言。维果斯基(1978)进一步指出,近侧发展区所涵盖的区域起源于儿童在成年人或经验丰富的同伴指导或协助下完成任务这个节点,终止于儿童独立完成任务这个节点。因此,我们可以认为当儿童可以以一种复杂方式驾驭语言遵循指令的时候,他们已经站在了近侧发展区的终点。

如果个体已经迈出了近侧发展区,并依然持续提高其解决问题的技能、增强其对新文化的理解,他们就像处在内化最终阶段的儿童一样,可以完全独立自主地解决他们在新文化中遇到的问题。通过与更具知识的其他人开展经由介导的社会交往,个体实现了对第二语言、价值观念、社会习俗的内化,最终达到了一个阶段,即身处全新文化环境中在其言语和行为之间建立起一致性。这个时候他们可以准确地理解全新环境中的文化和社会语境对他们所提出的各种要求。

当个体已经完全独立于其他人的指导而在新环境中开展社会交往的时候,他们已经实现了自我调节,即他们自己可以自行选择面对周围人发起的话语,如何给出回应或进行诠释。这个时候,个体已经从人际间心理功能迈向了自我心理功能这个认知发展阶段。在内化过程中,个体所内化的不仅仅是诸如第二语言和其他符号手段这样的经由介导的行为,同时他们还将新环境中的社会习俗、文化价值和观念内化整合进他们原有的认知模式中。因此,从某种程度上来讲,这种内化会引起个体在文化和心理层面的变化,而这些变化恰恰可以作为衡量个体文化适应的指数。

三 研究方法

(一) 数据收集

用于本篇研究的数据来源于笔者的硕士论文。共有13位在中国居住或工作满两年的美国人自愿参加本次研究。截止到数据收集时候为止,他们在中国驻留的时间最短两年,最长二十八年。其中4位女性,9位男性。这些研究参与者的招募是以滚雪球的方式完成。其中6位研究参与者之前就与作者相识,经由他们又招募到其余7位研究参与者。

数据收集借助深度访谈的方法。每一个采访的时长从一个小时到一个半小时不等,具体时间根据研究参与者的个人意愿而定。如果第一次见面不能完成所有采访,接下来的补充采访就另行安排。在征得研究参与者同意的前提下，所有采访的音频都被记录下来。进行采访的地点安排在研究参与者办公室或他们办公室附近的咖啡厅里。其中 12 位研究参与者在数据收集的时候居住在上海或南京，对他们的深度访谈是面对面开展。另外一位研究参与者罗伯特在数据收集的时候不在中国，征得他的同意后，对他的采访通过网络电话进行。

为了确保采访的质量和信度，在研究开始之前笔者进行了两次预采访。两位在中国生活已经三年的美国人自愿参与了预采访。通过对这两个预采访进行编码和数据分析，笔者对正式采访中需要涉及的问题进行了调整和补充，并提升了提问和引领交谈进行下去所需的能力。

（二）数据分析

笔者将所有音频记录的采访一字一句地转录在 WORD 文档中。所有转录出来的采访内容，均在第一时间交还至研究参与者手中以确保内容的准确性。其中 12 位研究参与者肯定了转录内容的准确性，而且没有对转录内容进行任何修改。剩下一位研究参与者比尔，在其妻子的协助下，对采访内容进行了些许修改。他解释说所做修改都是为了确保他用中文进行表述时候的准确性。

所有采访转录内容在仔细读过之后被录入 Nvivo 软件。Nvivo 是 QSR International 公司设计的一款用于进行定性数据分析的电脑软件。定性研究者可以使用这个软件处理文本及/或多媒体信息。通过使用 Nvivo 创建节点（node），即数据分析中所称的编码（code），定性研究者将非数值或没有结构的数据在这个软件中进行组织并进行分析。根据本研究的目的，节点被划分为五个类别：1. 文化差异，即研究参与者在中国所经历的令他们觉得不舒服、困惑、难过或新鲜的经历。2. 内化，即研究参与者增加对中国了解，并将这种了解用于独立解决交流所遇到问题的过程。3. 人际间心理功能，即研究参与者需要在周围人帮助下理解周遭环境的心理状态。4. 自我间心理功能，即研究参与者独立处理自己与周遭环境关系的心理状态。5. 经由介导的社会交往，即研究参与者与中国文化和社会语境的接触交往。每一份采访转录资料都按照上述节点进行编码。在同一节点下频繁出现的、来自不同研究参与者的描述被标注出来，用于进一步分析。

四 研究结果

（一）近侧发展区的最低层级

除了一位研究参与者，其会 12 位研究参与者在第一次到中国之前就已经开始了中文学习。他们学习中文的原因主要有三种：1. 对学习外语有兴趣；2. 与中国相关的课程的硬性要求；3. 工作需要。在来到中国之前，这些研究参与者所参加的系统中文培训项目以不同的教学风格、不同的强度在不同地方开展。但是这些培训项目所处的大环境都是美国的高校，而且教学侧重点在记忆、书写和发音这些方面。相比其他研究参与者，艾莉森所参加的中文培训是强度最大的。在第一次到台湾之前，艾莉森已经花了三个学期认真学习中文。

> 那个项目强度非常大。我们每个礼拜要参加五次培训。除了这些课程，我们还要去机房听中文录音带或每周看两次中文电影。每一个环节基本在半小时到一个小时之间。所以我每天都要写和中文有关的作业。从第二个学期开始，我们要在原有功课量的基础上增加一个课外活动。在我们校园里有一个咖啡厅。说不同语言的人会坐在不同桌子旁。你必须用那个桌子所要求的外语和周围的人进行交流。我们每周去那里吃一次午饭，被强迫着讲中文。从我第二个学年开始，我每周两次要去那里吃饭。那种语言咖啡厅营造出来的环境是一种相对自然的交流环境，不同于课堂上那种。

在整个采访中，艾莉森数次提及在课堂上和在日常生活中学习中文的不同。她用中文将语言咖啡厅所营造出来的交流环境描述为"正常"。艾莉森认为置身于这样一个交流环境中，她可以调动自己在中文课程上学到的知识，并实际运用到和中国人或其他讲中文的人的交流中。这种在自然交流环境中开展的交往，是自发产生的，不需要从刻板的培训计划上寻找参考。如果她遇到不知道如何处理的问题或处境，她就可以利用之前自己所学寻找出解决方案。在艾莉森看来，课堂上的语言学习时间受限于时间和空间，不能预测她未来可能遇到的所有情况，更不能提前教会她如何处理这些情况。因此对艾莉森这样的学生来说，课堂上的中文学习其实就是把他们与讲中文的真实文化和社会语境隔离开来,使得他们难以进一步提高自己的语言水平。艾莉森知道如何朗读并书写汉字,但是不知道在不同中文语境中如何恰当地讲话。在第二语言习得的过程中,人们必须发展形成自己的理解、积攒自己的词汇。但这两方面的成功依然无法保障人们可以用第二语言开展完美的交流。面对第二语言,人们必须建立的是这样一种能力,即掌握不同语言类型,从而使自己自如应对各种不同的状况(Morson & Emerson, 1990)。仅仅只是在课堂上学习外语,对于艾莉森这样的学生而言,远远不能达到上述的这种能力。

和艾莉森的经历相似,大部分研究参与者在他们开始学习中文之后,选择赴中国增加阅历。无论他们在中文学习课堂上的成绩如何,他们都面临相似的问题:在中文的真实语境中如何与别人交流?与其他的研究参与者不同的是,肯特已经掌握了精湛的中文技巧。据肯特讲,他第一次到中国之前,已经花了三个学年在美国的一所大学里认真学习中文,而那所大学正是以中国研究和中文培训闻名全美。在大学学习的时候,肯特只能用中文进行简单的交流。比如,他可以在餐馆里用中文点餐。但是当他第一次到中国的时候,他却根本不知道如何与周围的中国人沟通交流。

> 那时是在北京机场,我在排队等过关。突然我觉得有人在拽我的背包,我回头一看是一个中国海关工作人员,他站在那里面带微笑。他指着我背包上写有我名字的卡片,念了一句"学"。那是我第一次与土生土长的中国人交流。虽然我的中文老师也是中国人,但是在大学营造出来的那种环境还是带有明显的人工痕迹。我记得我就站在那里,完全不知道如何回应那个中国海关工作人员。

Wertsch(2008)认为,处于近侧发展区最低层级的儿童,由于处于内化过程的起点,或许不能领会成年人所说的含义。研究参与者在第一次到中国的时候,状况与这些儿童类似,也处在近侧发展区的最低层。尽管他们学习了如何说中文、写中文和读中文,但是他们面对周围本土中国人给出的不同的话语类型,依然缺乏领会对方说话含义的能力。这种在中国本土解决问题的能力需要他们通过在与周围中国人开展的经由介导的活动中慢慢提升。

（二）借助经由介导的社会交往提升解决问题的技能

Wertsch（2008）指出，话语和行动之间的一致性在儿童与成年人的互动中扮演着重要角色："当一个成年人指挥另一个成年人做出一个动作的时候，这种一致性对于指令接受者而言就已经存在了。他/她完全可以理解被要求做出的究竟是哪个动作，因为他/她的这种理解是当时那种语境的先决条件。对身处近侧发展区的孩童而言，这种话语和行为之间的一致性需要被创造而非业已存在。"（p.78）Wertsch（2008）的这些描述也可以用来解释所有研究参与者初到中国时的遭遇。在这些研究参与者第一次到达中国的时候，面对周围中国人发起的交流深感困惑，手足无措甚至觉得并不舒服。文化和社会语境的改变让这些研究参与者无法在周围中国人给出的话语和自己的行动之间建立起一致性。他们之前所具备的一致性成型于美国文化和社会中。但随着语境的改变，这些研究参与者之前建立的一致性无法转移到新的语境中继续使用。

话语和行动之间的一致性是在经由介导的社会交往中逐步建立起来的。根据维果斯基的观察，儿童按照成年人给出的描述做出一些举动，这个互动过程建立了话语和行动之间的一致性，继而儿童对于话语、环境和某一动作之间的关系就形成了自己的认知理解（Wertsch, 2008）。儿童与成年人的这种交往就称之为经由介导的社会交往。通过这种社会交往，儿童逐渐掌握了在实际环境中解决问题的能力。这个过程也适用于生活在新文化中的个体。所有研究参与者表示，他们初到中国的时候，所交往的朋友中有一些比他们更加了解中国的社会和文化。通过与这些朋友的交往，他们提高了自己的中文水平，同时也增长了在中国这个语境中处理实际问题的能力，逐渐知道了如何用中文做出恰当的回应。

朱莉第一次到中国旅行是1997年，她借住在一对美国夫妻位于兰州的家里。当时的兰州，人们很少会见到来自西方国家的游客。在采访中，朱莉提到，当时周围的兰州本地人总是盯着她看，甚至有人会靠近她，然后对她说"hello, hello"。这种在美国文化中被视为粗鲁的举动让朱莉觉得非常震惊，同时也觉得沮丧，因为她不知道如何用中文表达自己的感受。换言之，当地人举动和朱莉反应之间缺乏的是一致性，这种一致性的缺乏让朱莉觉得非常不舒服。当时的朱莉完全不知道如何应对这种情况。更重要的是，语言上的障碍使她更加举步维艰。维果斯基认为，语言是影响人们认知的最为重要的符号手段。然而朱莉当时不会讲中文,因而使她无法与周围中国人进行交流。在这种情况下,朱莉借住的那家美国夫妇承担起照顾朱莉的任务。这对美国夫妇从1992年起就住在中国,他们可以讲流利的中文,而且非常了解中国文化。这个美国家庭的女主人对朱莉解释说,那些人并非存心要伤害她。另外,她建议朱莉下次遇到这种情况,直接采取忽视的态度就可以。除了这种盯着看以外,还有一些其他的问题令当时身处兰州的朱莉困扰不已。例如,如何在中国过马路,如何到中国家庭中做客。朱莉回忆说那对美国夫妇,尤其是妻子,在那段时间帮了她很多。她认为,通过和那对美国夫妇的交往,她在短暂的旅行中学到了很多与中国人相处的知识。

吉尔第一次到中国的时候,中文水平比朱莉好很多。但是她依然不能领会周围中国人说话的含义。

> 我初次到中国的时候,也遇到了交流上的问题。我曾经问我当时的一个好朋友,一个中国男生,问他是否有时间跟我一起吃晚饭。他当时说"随便"。在英文里,随便对应的是 whatever 这个单词,但是在那种情况下如果对方说 whatever,那就是说他并不想跟我一起吃晚饭。我当时把"随便"在大脑中翻译成 whatever,然后就觉得很受伤,因为我觉得那个男生不想成为我的好朋友。所以我很直接地问他,他到底想不想跟我出去吃饭。我还说,我不能理解他所谓的随便是什么意思。我当时特别不理解,为什么不能直接告诉我,去还是不去。后来我很多其他中国朋友告诉我说,你必须去猜对方究竟想说什么。我觉得非常困惑。为什么我要浪费时间去猜测别人的想法?这种直接表达和间接表达让我那个时候很不舒服。

在中西方文化中,表达方式存在很大的差异。霍尔(1977)曾定义了两种不同类型的文化。一种是低语境文化(low-context culture),这种文化侧重用有声语言开展传播,并强调表达方式的直接清晰,比如西方文化就归属低语境文化的范畴。另外一种文化叫高语境文化(high-context culture),这种文化看重的是间接的、带有暗示性的表达,比如中国文化。吉尔来到中国,其实就是从美国那种低语境文化进入了中国这种高语境文化。她之前在美国所形成的处理问题的能力不能直接转移到中国这种语境中使用。虽然吉尔可以讲中文，也可以看懂中文内容，但是她当时依旧不能领会别人中文表达背后深藏的含义。吉尔提到的那个朋友所给出的间接表达实际上给出了一种符号手段。在其他中国朋友的帮助下，吉尔逐渐理解了问题出在哪里，并下决心更深层次地学习中国文化。就这样，吉尔在自己的行动和他人的话语之间建立起了一致性。

Wertsch（2008）指出"儿童在自己的行为与成年人的话语之间建立一致性的努力，极大推动了他们从近侧发展区的一个层级向更高层级的迈进"（p. 77 - 78）。这段表述为朱莉和吉尔各自解决问题能力的提高提供了注解。当他们自身行为和周围中国人给出的言语之间的一致性受到阻碍的时候，这些身处中国的美国人就必须想出办法重建这种一致性。在这种情况下，他们各自对上述这些问题更为熟悉的朋友可以为他们提供指导，就像成年人为儿童提供指导一样。对朱莉和吉尔而言，她们无法对周围人给出的话语做出诠释。她们不得不依赖自己周围更熟悉那种情况的朋友，将他们视为介质（mediator），从而更好地与周围人沟通交流。在增加对相似处境的理解的基础上，他们想出了解决办法，即通过这种经由介导的社会交往，他们提升了自己解决问题的能力，朝着近侧发展区的更高级别迈出了步伐。

（三）朝向自我心理功能的内化

根据 Vygotsky（1978）的论述，生命体的认知功能可以分为基础层级和更高层级。其中基础认知功能与有机体的生物因素息息相关，在人类和动物身上均可见到。更高级别的认知功能仅为人类所独有，它的标志就是社会历史因素。这种更高级别的认知功能又被 Vygotsky（1978）细分为两个层面，即先出现的人际间心理层面和后出现的自我心理层面。从人际间心理层面到自我心理层面的认知功能转变过程被称之为内化（Wertsch，2008）。在内化过程中，儿童通过与诸如家长和老师这些知识更完备的人们交往，逐渐积累起解决问题的技能。整个内化过程被分为四个层级（Wertsch，2008）。当儿童完成前三个层级之后，他们就会朝向第四层级继续前进，在第四层级中"儿童已经可以独立完成任务，无须来自成年人的任何策略性辅助"（Wertsch，2008，p. 77）。

根据采访内容，研究发现所有研究参与者在不同程度上都已经将中文、中国的文化观念和社会风俗内化至他们原有的认知模式中。随着他们解决问题技能的提高,这些研究参与者们已经可以在中国这个新语境下独立地对周围环境做出恰当的回应。更重要的是,把另外一种文化内化进入自己人际间心理功能的做法,会在某种程度上引起研究参与者心理层面的变化,然后这些心理变化会引起研究参与者行为上的变化。

正如前文所提到的,面对中国人间接的表达方式,吉尔倍感受挫。因此,她决心深入地学习中国文化。

> 当我到哈尔滨的时候,我请一位中国老师教我中国文化。例如,如何到一个中国家庭做客。如果人家招待我饮料或水果,我第一次一定要说:"不,谢谢。"这种反应会被认为是谦逊。

吉尔把这种谦虚的行为内化到了自己的行为中。她提到当她拜访中国家庭的时候,她就入乡随俗,在人家招待她饮食的时候,第一次都会拒绝。吉尔不仅仅表现得像一个谦虚的客人,在她回美国之后,她会用同样的方式招待她在美国认识的中国朋友。

> 现在当我对待我的中国朋友的时候,我会不停地问他们是否想再吃一些,即便他们回答的是"不,谢谢"。有一次我一个在美国出生长大的中国朋友来找我。我们一起吃饭的时候,我总是不停地问,让他多吃一些,还给他夹菜。我父母觉得我的举动很费解。他们说既然人家已经不想吃了,就不要总这样打扰人家。我跟他们解释说,这跟中国文化有关。如果我不再请他多吃一些,他就不会再吃了,但他肯定没吃饱。我有一次就这个问题跟我这个朋友确认,他说,我的做法和解释都是正确的。

大卫也完成了自己对中国文化的内化。截至 2008 年为止,大卫已经在中国生活了五年。在接受采访的时候大卫提到,他刚刚和一位上海姑娘订婚了。他还说,自己通过与周围中国人的接触以及对他们的观察,学会了如何维护对方的面子。

> 我学会了如何礼貌待人。我必须维护他们的面子。我和我父母的关系很好。我很独立。以前当我父母离开我的住所回家的时候,我什

么都不做。但是现在我通常会陪他们走到车那里，在他们离开之后自己再回去。如果我们现在在一起吃饭，我会时刻注意他们的酒杯。我会确定那里时时都有酒。如果酒杯空了，我马上会再倒进去一些酒。这就是一种礼貌。我比较担心他们因为觉得不好意思而不主动开口要酒。我一般倒得比较多，这样可以维护他们的面子。天冷的时候我经常给我未婚妻打电话，看看她衣服穿得是否够暖和。我的成长背景和原生文化其实让我觉得这样对待别人并不舒服。但我在中国必须去学如何做，把这种做法吸收进来，因为我觉得这种做法是正面的积极的。

在所有研究参与者中，肯特给人的印象最为深刻，他可以讲非常流利的中文和上海话。在肯特到中国大陆之前，他已经从大学本科开始系统地学习了好几年的中文。初到中国的时候，肯特与周围人沟通的时候还是存在问题。但这种情况在他结交了很多中国朋友之后开始改变。当大陆的学习项目结束的时候，肯特已经可以顺利地与周围中国人展开交流，中文水平也在班上名列前茅。后来肯特申请到了一笔赴台湾继续深造中文的奖学金。在台湾学习的那一年把肯特的中文能力推到了一个更高的水平。

当时肯特在台湾主攻文言文。作为一种历史久远的书面中文，文言文是在古汉语的语法和词汇基础上发展而来。

在台湾一年的学习，极大提高了我的中文水平。我学文言文。因为有奖学金，所以钱对我而言不是问题。我当时尽可能多修课。当时我的一个教授1947年毕业于北京大学，专业是中国文学和语言，非常棒。满腹经纶，和我推心置腹。我当时几乎把所有时间花在了阅读上。

肯特对文言文的高强度学习极大影响了他的话语风格。在采访过程中，肯特不断引用成语。在13位研究参与者中，肯特是唯一一位时不时就引用不同成语的人。中国成语起源于文言文，大部分成语由四个字组成。成语的使用要求对中国文化和中国哲学有准确的理解，肯特在采访中对成语的使用都非常恰当。

除了引用成语，肯特在回答问题时频繁讲到"蛮"这个词。副词"蛮"是中国南方方言，尤其是上海话所频繁使用的一个词汇。作为长江三角洲吴语的最具影响力的一支方言，上海话可以追溯到明朝。相比普通话，上海话历史更为悠久，而且二者在词汇、语法和发音上极为不同。对于上海人而言，讲上海话是一种表达他们独特文化身份的一种方式。因此，他们彼此之间更倾向于用上海话交谈，即便当时还有不懂上海话的其他人在场。肯特在上海开办公司，他的很多客户以及员工都是上海人。为了更好地融入上海的文化和社会环境，肯特在他妻子的帮助下努力学习上海话。在长达67分钟的采访中，肯特说了11次"蛮"。其中有些时候，他还会不自觉地用上海方言对某些表达进行描述。很明显，肯特已经把上海话内化到了自己的日常表达方式中。

语言除了用于交流沟通，同时也承载着一定文化价值和社会习俗。通过学习使用中文，所有研究参与者把中文所承载的文化价值和社会习俗内化到自己原有的认知模式中去。这引起了个体心理层面的改变，这种心理变化又引起了他们行为上的变化。"维果斯基总结道，自我中心语言（egocentric speech）的发展，以及非文字记忆（verbal memory）和内在话语（inner speech）的发展意味着自我传播的出现（self communication）。这种自我传播无法与其他人共享，它作为计算调节装置内置于人们的头脑当中。自我中心语言以及内在语言的使用标志着语言被用作调解知识的获取，学习者通过使用自我中心语言和内在语言，把对外部环境的概念化内化至自己原有的认知体系中。"（Khatib, 2011, p. 48）。由于内在话语是通过学习中文形成的，因此肯特发现自己身上已经有了些许变化：

当我前年回美国念MBA课程的时候，突然我发现自己生活在一群美国人中间是一件很奇怪的事情。我根本不认识他们，他们为什么要跟我说话？这是一种美国的社交现象。当你走进一部电梯，美国人彼此之间虽然不认识，但也会相互讲话。中国人就不会这样。我上MBA的时候有几个中国同学，我经常跟他们一起出去玩。可能在中国待了太长时间，我已经开始和周围那些美国人疏远了。然后我就开始调整自己。除了那几个中国同学，我又开始和不同的美国同学一起出去了。

五 总结和讨论

在本研究中所有研究参与者的文化适应过程，即是他们把中文、中国文化价值和社会习俗内化至自己原有认知模式中的内化过程。这些研究参与者们所参加的中文培训课程，无论强度和系统性如何，都不能涵盖实际生活中的所有话语类型。他们虽然可以读中文、写中文和讲中文，但是他们并不知道如何在不同的语境中使用不同的话语类型。这些个体从一种文化进入另外一种文化的时候，面临的就是他们之前生活经验和全新文化社会语境对他们提出的需求之间的不一致。当文化差异出现的时候，他们不知道如何以恰当的方式应对。在这个阶段，这些美国人就如同身处近侧发展区最低层级的儿童一样，不能理解周围人给出的话语，更不能做出恰当的回应。

本研究中的所有研究参与者都抱有强烈的愿望，希望自己在中国开展自己的工作和生活。当上述文化差异出现的时候，一些研究参与者认为这些差异很有意思，一些则说他们要调整自己适应环境。就整体而言，这些研究参与者努力增加自己在中国这个语境中解决问题技能的前提在于，他们都想在这个国家开始自己的工作和生活。比尔曾经提到，当年和他一起来中国的还有四个美国学生。但是四年之后，他是唯一一个选择继续留在中国的。其他四人总是抱怨中国的食物、水质、空气质量、交通拥挤。所以当他们的学习项目一结束，那四个学生选择了即刻回美国。但比尔选择留下，因为他发现在中国生活很有意思。他很少抱怨，因为他觉得抱怨并不能解决问题。肯特对此也持相似的观点，他认为应该入乡随俗。肯特开玩笑地说："如果你不喜欢中国，你可以走。有很多航班等在那里。"

基于这种强烈的愿望，本研究的所有参与者都选择了努力提高中文水平，并调整自己的行为举止以便更好地适应中国社会。他们从最开始的近侧发展区最低层级开始，借助与其他更了解中国的人的交往，开始了自己的内化过程。就这样，他们在全新环境中逐渐找到了自己的定位。那些在内化过程中极大帮助过他们的人们就如同维果斯基理论中描述的照顾儿童的成年人一样。这些更了解中国的人为研究参与者解释令他们感到不舒服原因或困惑的文化差异，这种行为就是维果斯基理论中提及的经由介导的社会交往。通过这种社会交往，在更懂得中国文化的人们的指导下，所有研究参与者逐渐丰富了他们关于中国价值观和社会习俗的了解，提高了自己的中文水平，并提升了自己未来在中国这个语境下解决问题的技能。随着语言能力的提高，以及对中国文化价值以及社会习俗的内化，这些研究参与者逐渐发展出独立解决问题的技能。他们学会了如何回应别人不礼貌的直视，理解了中国人常用的间接的表达方式，知道了如何维护别人的面子。当他们已经展示出这些解决问题的技能的时候，他们的内化过程已经从人际间心理发展到了自我间心理层面。随着内化过程的完成，心理变化的特点就会通过行为变化体现出来。例如，肯特在返回美国之后觉得和其他美国人疏远了。大卫在用餐的时候会特别照顾他的父母。

虽然内化过程完成，所有研究参与者可以自如地在中国独立开展交流沟通。但有两个问题值得注意，这两个问题也会给以后的相似研究带来启发。

第一，无论这些研究参与者对中国文化的内化进行得多么流畅，他们始终因为自己的外表而在中国被视为局外人。但这种情况在美国并不多见。为什么这些中文流畅的美国人会被视为非正常？这种认知背后的意识形态是什么？这些现象值得深究。

第二，并非中国文化价值和社会习俗的每一个方面都可以被这些研究参与者内化至自己原有的认知模式中。解决问题能力的提高会在内化过程中引起原有认知模式结构和功能上的改变，从而形成一个意识内在层面（an internal plane of consciousness）。个体在内化过程起点上的心理功能反映了他们原生文化的特质（Rogoff &Wertsch, 1984）。一些研究参与者对"关系"这个在中国社会极为重要的概念显示出了负面情绪。当他们在中国开展工作的时候，他们发现规则和体系都不如关系来得重要。建立关系有时就意味着忽视规则。这一点与研究参与者原有的认知体系是相矛盾的，在他们的原生文化中，公平竞争更受推崇。他们提到有些人刻意接近他们是为了拉关系，这一点让他们觉得厌烦。因此他们发自内心不愿意做这种事情。另外，对面子的过度保护也是另外一个他们不能内化的问题。吉尔谈到她非常不能理解为什么有的人宁可损伤自己的身体也要维护别人的面子。她的一个朋友在商务宴请的时候总是喝很多，他说这样是给对方面子。吉尔特别不能认可这种做法，她说："那样做会伤害他的健康。为什么为了让别人舒服，就自己喝那么多？我不会那样做的。"当有人试图劝吉尔多喝一点的时候，吉尔总是很礼貌地拒绝。

身处文化适应过程中的个体不同于维果斯基所观察的那些儿童。这些个体早在进入另外一个文化体系之前，在原有文化中就已经形成了自己的认知模式。参与本次研究的参与者第一次到中国的时候都是十几岁的年纪。虽然他们把中文、中国价值观念和社会习俗内化到自己的认知体系中，但同时他们必须要查看这些被内化的内容和他们原有认知模式之间的兼容性（compatibility）。如果二者存在矛盾冲突，比如上述提及的有争议的两个问题，那么新进的这些内容就无法被内化至他们原有的认知体系中。

参考文献

Chen, P. (1999), *Modern Chinese: History and Sociolinguistics*. Cambridge: Cambridge University Press.

Debra Reece & Philip Palmgreen (2000), Coming to American: Need for Acculturation and Media Use Motives among Indian Sojourners in the US. *International Journal of Intercultural Relations*, 2000: 24.

Gary SaulMorson & Caryl Emerson (1990), *Mikhail Bhakhtin: Creationg of a Prosaics*. Stanford: Stanford UP.

Hall, E. T. (1977), *Beyond Culture*, Garden City, NY: Anchor Press.

Jessica Lindblom & Tom Ziemke (2003), Social Situatedness: Vygotsky and Beyond *Adaptive Behavior*, 11 (2), 79 - 96.

Mohammad Khatib (2011), Contributions of Vygotsky's Theory to Second Language Acquisition. *European Journal of Scientific Research*, 58 (1), 44 - 55.

Redfield, R., Linton, R., & Herskovits, M. J. (1936), Memorandum for the Study of Acculturation, *American Anthropologist*, 38, 149 - 152.

Rogoff, Barbara&James V. Wertsch (1984), *Children's Learning in the Zone of Proximal Development*. Jossey-Bass, San Francisco.

Sam, D. L. & Berry, J. W. (2010), Acculturation: When Individuals and Groups of Different Cultural Backgrounds Meet, *Perspectives on Psychological Science*, 5 (4), 472.

Vygotsky, L. S. (1978), *Mind in society: The development of higher psychological processes*. Cambridge, MA: Harvard University Press, (Original work published in 1934).

Wertsch, J. V. (2008), From Social Interaction to Higher Psychological Processes: A Clarification and Application of Vygotsky's Theory. *Human Development*, 51, 66 - 79.

Wertsch, J. V. (2007), Mediation. In H. Daniels, M. Cole, & J. V. Wertsch (Eds.), *The Cambridge guide to Vygotsky* (pp. 178 - 192). Cambridge: CUP.

Wertsch, J. V. (1991), *Voices of the Mind: A Sociocultural Approach to Mediated Action*. Cambridge, MA: Harvard University Press.

William Frawley. (1997), Vygotsky and Cognitive Science: Language and the Unification of the Social and Computational Mind. *Computational Linguistics*, 24 (3), 520 - 524.

作者简介

刘杨，美国俄克拉荷马大学跨文化传播及国际传播专业博士候选人，目前担任俄克拉荷马大学教学助教，负责跨文化传播、传播学理论等课程的教学辅导和作为讲师讲授传播学原理课程。

符号的活用：美国总统奥巴马印度尼西亚大学演讲的修辞策略分析

吴 玫　朱文博

摘　要　国家领导人的海外演讲是国际舆论竞争中的一个重要形式。本文以美国奥巴马总统2010年的印度尼西亚大学演说为案例，依据符号聚合理论及幻想主题分析法剖析该演说的符号系统与修辞策略。研究发现，奥演说是一个正义型、传教式、植入法的国际公众演讲。它通过一系列修辞策略——符号借用、符号嫁接、符号模块、符号交织等，巧妙地将美国形象和"普世价值"交织到印尼的意识图景之中，是一个"寓教化于无形"的说服演讲。本文旨在为中国对外传播提供有操作性的借鉴案例。

关键词　奥巴马　印度尼西亚演说　幻想主题分析　符号融合理论　对外传播

　　国家领导人的海外演讲是国际舆论竞争中的一个重要形式，也是直接面对国外听众宣传本国政治理念、国家利益、文明价值以及世界前途的宝贵且稀少的机会，因此这种演说中的修辞功力在很大程度上展示了该国对外传播的水平，是一种"修辞攻心术"的最高提炼。

　　古人云："知己知彼，百战不殆；不知彼而知己，一胜一负；不知彼不知己，每战必败。"[①] 这一原则同样适用于对外传播的"修辞攻心战"。把握自己的话语符号是"知己"，洞悉对方的意识图景是"知彼"，加以"修辞战术"的精心设计与运用，从而实现"修辞攻心战"打动对方、弘扬自己的说服效果。本文聚焦2010年11月10日美国总统奥巴马在印度尼西亚大学发表的演说（以下简称奥演说），运用符号融合理论及其幻想

---

① 孙子：《谋攻篇》。

主题分析法，解剖奥演说中的符号系统与修辞策略。

奥演说有深刻的战略意义。作为世界上穆斯林信徒最多的国家和最大的东盟国家，印尼在美国的新战略中有特殊的重要性。奥演说是奥巴马继开罗大学演讲后，又一次直接面对穆斯林世界的大学生，修补与伊斯兰世界的关系。同时又要宣示美国重返亚洲的意图，与印尼建立更加紧密的伙伴关系。这是一个运用符号修辞术，向拥有不同宗教、国家、民族与文化背景的受众宣讲自身国家利益与价值观的经典案例。

本文的研究问题是：（1）奥演说构建的语意图景[①]是什么？（2）这种语意图景是通过什么样的修辞策略来实现的？

一　符号聚合理论与意识图景

美国传播学家欧内斯特·鲍曼（Ernest Bormann）提出符号聚合理论，把构成人类思维交流与传播的总和，包括语言、文字、图像、取向、视野、世界观、意识形态等非物质与非社会关系的部分都归于"符号现实（Symbolic Reality）"（Bormann，1972）。在人类的思维意识中，"符号现实"是我们的意义系统，是通过文字、词汇、图像这些语言和符号元素组成的结构化的"意识图景（Landscape of Subjectivity）"。意识图景是分层式结构，最浅层的是无数文字、词汇、图像等基本元素，然后由这些元素聚合成观点、意识、世界观、价值取向等，再深一层又聚合成某种意识形态、话语体系；最后聚合成最核心的文明价值。每个文化或文明，都有自己独特的意识图景，以及深藏在图景之中的核心价值体系。

人是天生的"幻想者"，会在头脑中已经扎根的意识图景中寻求对新事物的"合理化解释"，这种具有想象性的解释一旦在群体中实现"复颂"达成共享，就形成了"幻想主题（Fantasy Theme）"（Bormann，1980）。幻想主题在传播中进一步聚合成"一种更严谨的结构，一个复合的戏剧，一个更复杂的幻想现象"（吴玫，2011），成为一种对外在世界

[①] "语意图景"是我们在鲍曼的"符号现实"、"语意视野"（国内也翻译为"修辞幻象"）等概念基础上创造出来的一个新概念，意为一种迎合听众的"符号现实"和"语意视野"，通过符号运作和修辞策略人为制造出的符号与语意的"幻象"。最典型的"语意图景"形式是广告。当"语意图景"被听众接受内化以后，就形成了符号现实。

的感知模式，也就构成了"语义视野（Rhetorical Vision）"。共享的语义视野是群体共同认可的符号现实。

鲍曼的理论和概念是从真实的群组交流中总结出来的修辞现象和规律（Bormann et al., 2001）。基于这一理论，本文假设，国家领导人的海外演讲是一个向海外听众展示的新的"语义图景"，是一个建立在透彻了解传播者和传播对象两个意识图景（符号幻想主题及语义视野）的基础上的精致设计的文本。它运用修辞策略与技巧来建构既能打动听众又能宣示自己利益的符号幻想主题、语义视野及符号现实。

二　语意图景与幻想主题

奥巴马演说[①]所建构的语义视野有三个互为依存部分：描绘美好印尼形象；展示美国与印尼融洽关系愿景；塑造美国正面形象。每一部分都充分利用美国和印尼意识图景中的核心符号与主要故事情节，诉诸受众心理共鸣，期冀取得说服效果。

（一）印尼形象的语意图景

奥演说对印尼形象的符号及语意建构从印尼的国家形象、人民形象和历史形象展开：

1. 印尼国家形象

奥演说对印尼国家形象的建构由三个部分组成：奥巴马心目中的印尼、印尼的国际形象和印尼的国家特征。奥巴马首先用自己的童年经历，把自己建构成"印尼人"，印尼是他的"故乡"；又通过"二十国集团"、"新兴经济体"等符号把印尼美誉到世界领导的高度；并以印尼国家格言赞美印尼，如表1所示。[②]

---

① 奥演说总计约3900字，其中使用印尼字54次，获听众掌声31次，笑声4次。英文全文及中文翻译下载于美国政府白宫网站，http://www.whitehouse.gov/the-press-office/2010/11/10/remarks-president-university-indonesia-jakarta-indonesia。文中引用的中文翻译基于白宫的中文翻译稿。

② 本文各表中幻想主题和关键词汇均为奥演说中的直接引语。因字数所限，相关句子略去。

表1　　　　　　　　"印尼国家形象"幻想主题分析表

幻想对象	幻想主题		关键符号
奥巴马心中的印尼	这个国家对我来说如此重要（A country that's meant so much to me）		重返故乡（Pulang kampung nih）
			印度尼西亚是我生命的一部分（Indonesia bagian dari didi saya）
国际形象	地区与世界舞台上的崛起力量（Rising power in the world and regional stage）		新兴经济体，二十国集团，商业和文化中心，领导
国家特征	殊途同归①（Bhinneka Tunggal Ika）	多元国家（Country of diversity）	五项建国原则②（Pancasila），宽容精神（Spirit of tolerance）
		生机勃勃的公民社会（Vibrant civil society）	公民社会，民主

2. 印尼人民形象

奥演说从文化习俗、宗教信仰到政治理想三个角度塑造印尼人民形象。先以个人经历建构印尼人"欢迎"的好客形象；再针对印尼人信仰宗教的特质，把印尼人描绘成虔诚的信徒，还有意强调印尼人的"宗教宽容精神"；最后把"拥抱民主"植入到印尼历史符号"独立（Istiqlal）"之中，如表2所示。

---

① Bhinneka Tunggal Ika 是印尼的国家格言，印尼古爪哇语，中国官方译为"殊途同归（Unity in diversity）"，美国国务部国际信息局（IIP）将其译为"异中求同"，本文采用第一种翻译。意为包容共存。

② 五项建国原则（Pancasila），为印尼建国领袖及首任总统苏加诺于1945年6月所提出，具体内容包括：1）信仰最高真主（Ketuhanan yang Maha Esa）；2）正义和文明的人道主义（Kemanusiaan yang Adil dan Beradab）；3）印度尼西亚的团结统一（Persatuan Indonesia）；4）在代议制和协商的明智思想指导下的民主（Kerakyatan yang Dipimpin oleh Hikmat Kebijaksanaan dalam Permusyawaratan/Perwakilan）；5）为全体印度尼西亚人民实现社会正义（Keadilan Sosial bagi Seluruh Rakyat Indonesia）。见 http://zh.wikipedia.org/wiki/%E5%BB%BA%E5%9B%BD%E4%BA%94%E9%A1%B9%E5%8E%9F%E5%88%99。

表 2　　　　　　"印尼人民形象"幻想主题分析表

幻想对象	幻想主题		关键符号
文化形象	欢迎（Welcoming）		欢迎光临（Selamat Datang）
宗教形象	渗透着精神信仰（Steeped in spirituality）		信仰神明，宗教礼拜，神的子民（God's followers）
	宗教宽容精神（Spirit of religious tolerance）		宽容精神（Spirit of tolerance），欢迎光临
政治形象	独立（Istiqlal）	为国牺牲（Sacrificed for the nation）	国家英雄纪念日（Heroes Day），独立（Istiqlal）
		拥抱民主（Embrace democracy）	泗水战役（Battle of Surabaya），民主价值观

3. 印尼历史形象

奥演说将印尼几百年的历史植入到一个流行的西方看第三世界国家的模式中，一个从独立战争到铁腕独裁再到民主转型的典型的第三世界国家的历史。印尼350年的殖民历史悄然逝去，美国与独裁政权几十年的伙伴关系杳无声息。印尼的历史沿袭在"人类进步史（History of human progress）"这个大符号幻想之中，如表3所示。

表 3　　　　　　"印尼历史形象"幻想主题分析表

幻想对象	幻想主题	关键符号
民族独立战争时期	为独立而战（Fight for independence）	殖民统治，独立（Istiqlal），英雄纪念日（Hero's Day）
独裁统治时期	政治动乱（Political upheaval）	暴力，屠杀，冲突，强人，铁腕统治
民主化时期	民主转型（Democratic transformation）	权力移交，民主，直接选举，人民当家作主
	为自由而战（Fight for freedom）	泗水战役（Battle of Surabaya），争取自由的斗争，游行

（二）美国与印尼关系的语意图景

奥演说从感情、利益、地理、道义四个视角建构两国关系的语意世界。演说最先建构了伙伴似的感情关系；然后借"彼此的成功对双方利益攸关"的修辞幻想传达"美国在印尼有利益"，以及美国支持印尼的实质；又巧妙地把美国描绘成印尼的"邻居"，美国得以"挤入"亚洲甚至东南亚；最后把印尼纳入"普世价值"阵营，如表4所示。

表4　　　　　"美国与印尼关系"幻想主题分析表

幻想对象	幻想主题	关键符号
感情关系	相互尊敬的平等伙伴（Equal partners with mutual respect）	站在一起，伙伴关系，友谊
地理关系	太平洋隔海相望的邻居（Neighbors on either side of the Pacific）	邻居，邻国，隔海相望，互相帮助
利益关系	我们彼此的成功对双方利益攸关（We have a stake in each other's success）	金融危机，共同利益，市场，息息相关，责任，领导
	美国支持印度尼西亚（US supports Indonesia）	支持，赞赏印尼有力领导
道义关系	共享价值与人性（Shared values and humanity）	民主，共同价值，共同人性

（三）美国形象的语意图景

奥演说为向印尼推广美国的民主与"普世价值"，建构出一个立体、完整、丰富又层次鲜明的语意图景——"美国站在历史正确的一边（US is on the right side of history）"。这个宏大的语意图景的核心成分是"人类进步"："历史站在人类进步的一边"，"美国始终致力于人类进步"。"人类进步"的主要使命包括："神的子民（God's followers）"、"更完美的联邦（More perfect union）"①、"与全人类合力弘扬共同人性（Build shared humanity with all mankind）"、"合众为一（E pluribus unum — out of many,

---

① 这是1787年美国宪法序言中的一句名言，奥巴马在2008年争取民主党总统候选人提名时曾用此句作为他的一次演讲题目。

one)"①，如表 5 所示。

表 5 "美国形象"幻想主题分析表

语意图景	核心幻想类型	幻想主题	关键符号
美国站在历史正确的一边（US is on the right side of history）	人类进步： 1）历史站在人类进步的一边； 2）美国始终致力于人类进步	神的子民（God's followers）	神的子民，信仰神明
		更完美的联邦（More perfect union）	更完美的联邦，自由社会，公正
		与全人类合力弘扬共同人性（Build shared humanity with all mankind）	真理，普世皆准，自由，民主，人权
		合众为一（E pluribus unum — out of many, one）	殊途同归，同一面旗帜，自由，团结

三 奥巴马演说的修辞策略

奥演说中所构建的语意图景是通过灵活运用一系列符号修辞策略来实现的。这种修辞策略将自己的意识图景与对方的意识图景巧妙地交织在一起，营造出"你中有我，我中有你"的语意氛围，从而达到"寓教化于无形"的说服效果。

修辞策略一：符号借用

符号借用的要义是使用对方意识图景中有生命力、感染力、有目共睹、耳熟能详的超级符号②作为幻想建构的基础。奥演说中使用了若干印尼政治、文化和宗教上的超级符号，而且直接用印尼语表达，唤起了印尼听众的强烈共鸣。其中包括：政治符号"殊途同归（Bhinneka Tunggal Ika）"（既是印尼名言，同时也是印尼国徽上的座右铭）、"独立（Istiqlal）"（印尼国家独立清真寺的名称）；文化符号"重返故乡（Pulang ka-

---

① 印在美国国徽上的国家格言。意义见后文解释。
② 超级符号根据华杉和华楠的定义是人们记得、熟悉、喜欢的符号，是蕴藏在人类文化里的"原力"，是隐藏在人类大脑深处的集体记忆。见华杉、华楠《超级符号就是超级创意》，天津人民出版社 2014 年版，第 1 页。

mpung nih)"、"欢迎光临（Selamat Datang）"、"印度尼西亚是我生命的一部分（Indonesia bagian dari didi saya）"；宗教符号"神（God）①"、"五项建国原则（Pancasila）"；等等。有些超级符号如"殊途同归"、"独立"、"神"被重复引用，这些符号的使用，可以激发听众的文化认同和集体潜意识，拉近与他们的距离，撬开他们对异族异教异文化演讲者的心灵接纳之窗。

修辞策略二：符号嫁接

符号嫁接的核心，是发掘并充分应用自己符号系统与对方符号系统之间的关联性，把演讲者的符号嫁接在听众的符号上，从而将演讲者的意识图景移接在听众意识图景上，实施捆绑式宣传策略。这种"关联性"既可以是符号意义的雷同或类似，也可以是符号情节或场景的雷同或相似，目的在于唤起同一幻想情景。奥演说中多次将美国的超级价值符号嫁接在印尼的超级符号之上，例如：将"合众为一"嫁接在"殊途同归"之上②；将"为自由而战（Fight for freedom）"嫁接在"独立（Istiqlal）"之上；将"一个旗帜下的合众自由（United in freedom under one flag）"嫁接在印尼的"五项建国原则（Pancasila）"上；等等。这种嫁接利用符号之间意义的相似性，将自己的符号嵌入到对方的符号系统中，赋予自己的符号指涉对方符号世界的能力。

修辞策略三：符号模块

如果说符号嫁接是在自己的符号系统与对方的符号系统之间架了一把梯子，那么符号模块就是一组组相关符号群，演说者可顺着嫁接的梯子，投放一组组符号群，将对方引入设计的符号现实之中。奥演说中使用了一系列通用的符号模块群。如在"民主"这个大符号下，相关次级符号包括"制衡权力"、"开放市场"、"自由媒体"、"独立司法"、"公民社会"、"尊重人权"、"直接选举"、"机会平等"等，在每个次级符号下又有一系列小符号群。如在"制衡权力"这个符号下，又有"透明"、"问责"、

---

① 印尼是世界上穆斯林信徒最多的国家，在2.38亿人口中有88%信奉伊斯兰教。奥演说中多次复诵英文"God"这个词，来迎合听众中的宗教激情。在基督教的语境中，"God"是指上帝，而在穆斯林社会，他们一般使用"Allah（真主）"，但这个词是神圣的，他们反对异教徒使用，如马来西亚政府最近就颁布法规禁止非穆斯林使用"Allah"一词。

② 合众为一：美国的国家格言，被印在国徽上，意味不同的人民、种族、宗教和祖先可以凝聚成统一的人民和国家，强调基于自由的统一国家意识；"殊途同归"本意是宗教之间的包容共存。

"反腐败"、"根除滥用职权"等。在符号群的铺垫之后，就可以将印尼引入进来："你们的民主是以民选的总统和立法机构为象征，你们的民主也是以制衡得到维持和巩固：一个充满活力的公民社会；多个政党和工会；一个生气勃勃的媒体和积极参与的公民，他们将保证印尼的民主不会倒退。"此外，符号模块的堆砌也渗透在每一个细小的角落，"权利"、"机会"、"人权"这些小模块时时套用于各个细节。这种符号模块群组的套用与堆砌在建构符号幻想中起到重要作用。

修辞策略四：符号交织

大量的符号堆砌是与细节上的操作相配合的。在语意图景中将"你"、"我"交织、时空交织、意图交织是奥演说中符号交织三大特色，目的就是把自己的符号嵌入对方的意识图景，通过模糊"你"与"我"，混和"这里"与"那里"、"现在"与"将来"，交错"我的意图"与"你的意图"等修辞技法，把对方引入设计好的符号现实中来。

"你"与"我"交织在奥演说中。奥演说中很少直接提"美国"怎样，多数是用"我们（we）"来指美国，如"我们的（Our）宪法就提到要努力缔造一个'更完美的联邦'，而这就是我们（we）自那时以来的历程"，"我们（We）经历了内战，也为让我国（we）所有公民享有平等权利而进行了斗争"等。但他同时又用"我们"来指美国与印尼两方。这种修辞技法的核心是把"我"的符号、"我"的故事包装成"我们"的符号、"我们"的故事，那也就自然成了"你"的符号、"你"的故事。例如，奥巴马说"我们彼此的成功对双方利益攸关"，但实际是"美国在印度尼西亚有利益（America has a stake in Indonesia）"；他说"我们正在合力弘扬共同的人性（We are now building on that shared humanity）"，实际是意指美国的政治理想；"那就是为什么我们谴责缅甸近期不自由不公平的选举"，其实是美国的政治态度。与此同时，又用把"我"的符号包装在"你"的故事里，如用"你们的民主"、"你们充满活力的公民社会"等来把美国的民主价值观包装成印尼的符号幻想。这种幻想主体的模糊与混织易于使听众产生认同的感觉。

时空上的交织将当下事实与历史故事、未来想象混合在一起，不同时空的符号情景互相印证。例如，奥巴马在建构"民主转型（Democratic transformation）"这一幻想时，场景时空交错：从过去印尼的"铁腕统治"到近几年"世界以希望和敬佩之情"目睹"和平转移和领导人的直接选举"，再到对未来印尼社会的描述"充满活力的公民社会；多个政党和工会；一个生气勃勃的媒体和积极参与的公民"。在建构"更完美的联邦"这个美国幻想时，奥巴马用"更强大"、"更繁荣"、"更公正"、"更自由"的未来符号图景来形容美国历史上内战的成果。在时空的交错中，现实中真实的情景被想象符号美化了，取得了"视而不见"的效果。

意图交织是符号幻想修辞策略中最不容易察觉的价值替换，目的是在对方认可的场景和情节中替换原有的合理性机制和动机，完成自己的价值植入的目的。"自由"是奥演说中重点推荐给印尼的价值动机："自由"被植入历史动因，"你们最终还决定，自由不能意味着用本国的强人取代殖民者的铁腕"，"国家争取自由的斗争"；"自由"被植入宗教宽容精神，"千千万万拥有不同信仰的人们可以在同一面旗帜下团结在自由之中"；自由被植入政治理念，"有自由了解你们的领导人是否对你们负责"，"自由——是将这个伟大国家团结在一起的力量"。奥演说将印尼众多历史、政治和宗教情景的合理化机制与价值基础以"普世价值"体系中的"自由"来替换，与印尼原有价值与意图混合交织，旨在影响和撬动对方意识图谱的核心价值观。

四 结论与讨论

本文发现，奥演说是一个正义型、传教式、植入法的国际公众演讲。它巧妙地将自己的符号话语系统嫁接在听众的意识图景之上，意在打动印尼青年精英，"悄无声息"地向印度尼西亚、穆斯林世界乃至全世界进行"普世价值"的宣传。

首先，它以正义型[①]语意视野为主导，重点是宣扬和推介自己的价值观和历史观。以"历史在我"的使命感来宣扬民主和"普世价值"观，然而在美丽言辞和动人故事下面，基本是"虚"的符号堆砌，并没有提供切实可行、可供参考的美国成功经验。虽然奥巴马说发展、民主和宗教是人类基本价值，但他并没有重点讲发展，既没有特别赞誉印尼在经济发

---

① 符号融合理论认为世上林林总总的语意视野其价值核心不外乎三大类型：正义型（righteous）、实用型（practical）和社会型（social）。以道义为基础的语意视野为正义型，强调利益的为实用型，以社会关系为标准的是社会型。

展方面的成就,也没有提及美国在经济发展上的成绩和贡献,特别是在美国形象的语意图景中,甚至都没有美国经济实力超强、科学技术领先这类的实用形象的符号主题。可见在美国政府对印尼的外宣中,经济发展这种实用型语意视野不在推介范围。他们更侧重的是高举"人类进步"的道义大旗,用虚幻的正义型语意图景把印尼卷入"民主阵营",成为"民主典范"。

其次是传教式,其特征是针对听众进行信仰与价值观的渗透,以皈依为最终目标。要想教化异族异教的人群,就必须对其主观意识图景、符号体系、价值机制有透彻的了解,并在此基础上通过一系列符号修辞策略来向对方施以"修辞攻心术",从而达到"寓教化于无形"的说服效果。奥演说中有一个优美漂亮的段落,是典型的传教文式:"这片群岛包含造物主(God)手下最美丽的一批杰作,在这个以和平命名的大洋中这些岛屿巍然挺立,在这里人们可以按照自己的意愿进行宗教礼拜。伊斯兰教兴旺发达,但其他信仰也是生机勃勃。新兴的民主制度加强了经济发展。古老的传统在延续,同时,一个蒸蒸日上的大国在崛起。"在这里,"神"与子民,过去、现在与未来交织在一起,印尼表面上是被赞美,其实它的核心宗教观、价值观已被侵袭。

最后是植入法。奥演说中使用的一系列修辞策略——符号借用、符号嫁接、符号模块、符号交织等,其核心都是通过精致的设计与灵活的运作,将"我"的符号植入"你"的意识图景中,将自己的意识图景与对方的意识图景巧妙地交织在一起,营造出"你中有我,我中有你"的语意氛围,使得对方在传者美妙动人的故事中渐渐进入传者的符号幻象。

由此可见,这种演说模式与中国对外演讲模式大相径庭。中国的外宣总是以"实用型"、"社会型"为基础,讲合作共赢、互惠互利等实在的"现实"东西。通常在对受众对象意识图景符号体系缺乏深刻了解的情况下着意宣传自己的政治话语,其方式也较为粗糙,忽视对符号的灵活设计与运用。本文意在为中国外宣提供一个可为借鉴的样本。

参考文献

华杉、华楠:《超级符号就是超级创意》,天津人民出版社2014年版,第1页。

吴玫:《符号的现实:符号融合理论对中国对外传播的借鉴作用》,《全国第二届对外传播理论研讨会论文集(下册)》,外文出版社2012年版,第356—364页。

肖林佳、吴玫：《中国在东南亚的形象：新加坡及东南亚网络论坛关于北京奥运会的幻想主题研究》，《第十三届中华经济协作系统国际研讨会论文集》，香港浸会大学。

Bormann, E. G. (1972), Fantasy and rhetorical vision: the rhetorical criticism of social reality, *Quarterly Journal Of Speech*, 58 (4), 396.

Bormann, E. G. (1980), *Communication Theory*, New York: Holt, Rinehart & Winston.

Bormann, E. G., Cragen, J. F., & Shields, D. C. (2001), Three decades of developing, grounding, and using symbolic convergence theory. *Communication Yearbook*, 25, pp. 271 – 313.

作者简介

吴玫，澳门大学传播系副教授，系副主任，博士生导师。加拿大康柯狄亚大学传播学硕士，博士，美国夏威夷大学新闻学毕业。主要研究领域：媒介技术、传播与社会变迁；国际资讯流动传播。研究项目包括全球中文论坛研究、中国电话和手机研究、新媒体全球化下的国际资讯流动、东南亚华文媒体人口述史项目等。荣获2011中国网络传播学会年度学术大奖，第三届澳门人文社会科学研究优异论文奖等。参与多项澳门政府咨询项目及国家社会科学基金重大项目。英国牛津大学互联网研究所访问学者，新加坡国立大学东亚研究所客座研究员。

朱文博，澳门大学传播与新媒体专业硕士研究生，研究助理。在澳门大学吴玫教授指导下从事国际传播研究，专注于新闻分析与网络舆情分析。参与多项澳门大学研究项目，包括：媒介呈现与受众认知研究、新媒体与政府治理研究和报纸版面监测研究。荣获中国网络传播学会2013年中国新媒体传播学年会"最佳学生论文奖"。在《中国网络传播研究》《对外传播》《公共外交季刊》等学术刊物发表论文多篇，在国际媒体与传播研究学会（IAMCR）2013年年会发表论文1篇。

影视剧翻译中的文化问题

麻争旗　刘晓宇

摘　要　在中外影视剧的交流中，翻译起着桥梁和管道的作用。由于影视作品不仅包含审美信息（戏剧性），而且还包含着丰富的文化信息（异域性），所以，如何通过艺术的语言还原作品的艺术性，同时通过适当的手段（语境转换）传递作品的文化内涵，对译者来说无疑是双重挑战。比如，美国的影视剧往往取材于美国的社会生活，故事里的人物话语扎根于美国的文化语境，把这样的话语移植到汉语语境里，有时是可以被理解的，有时则出现水土不服的情况。笔者认为，增强文化意识和文化敏感，并使之转化为跨文化思维，有助于译者在翻译的过程中及时捕捉并有效地传递文化信息。由于文化的概念是宽泛的，本文采取跨文化语境的观点，从文化语境适应、文化心理关照和文化主题重构三个视角出发，通过案例分析，探讨文化因素对翻译的影响问题。

关键词　影视剧翻译　文化语境　文化心理　文化主题

一　文化语境适应

广义的语境概念，是指语言环境或言语环境[①]。按照语境适应论的观点，在运用语言的过程中，人们会不自觉地受到语境的制约，或者说人们会不自觉地适应着语境。语境适应既包括宏观的要素，又有微观的成分。从宏观上讲，语言或言语必须适应社会政治制度、经济生活方

[①]　语境是语用学中一个最重要的概念。"语境"这一术语最早由人类学家 Malinowski 于 1923 年提出，他把语境分为"情境语境"和"文化语境"，前者指言语发生时的具体情境，后者指说话人生活于其中的社会文化背景。冉永平、张新红：《语用学纵横》，高等教育出版社 2007 年版，第 35 页。

式、时代背景、地域环境、人文地理环境、民族文化心理、不同的思维方式以及宗教信仰等因素;从微观上讲,语言还必须适应语音语境、词汇语境、语义语境及语法语境等因素。"文化语境是言语互动、言语行为、话语理解或解释所参照的文化信息的总和。"[①]文化语境指的是语篇所涉及的文化社会背景。原语篇是在原社会、文化的背景下产生并传播的,它有其自己的历史、风俗习惯、社会规约、思维方式、道德观念、价值取向等,而译文则是在译语的社会、文化背景下传播的。这就需要译者起到跨越两种文化的桥梁作用,在充分理解原语篇文化语境的基础上,从译语的文化语境着眼,将原语篇信息重新表述为译文读者所能接受和可以理解的连贯语篇。[②]

按照翻译语境论的观点,制约影视剧翻译的各种条件就是翻译所要适应的各种语境因素,影视剧翻译的特征就是适应语境的具体表现。其中既有涉及社会大背景的宏观要素,又有涉及文化观念的中观要素,但最终还是要具体到语音、词汇、语义、语法等话语的表达方式上,这就是话语情景的微观要素。具体来说,就是每个对话场景、每个情景片段中的每一句话该怎么翻译。

什么人在什么时候该说什么、该怎么说,必须贴切合理。这涉及社会观念的问题。影视剧翻译本身属于跨语言、跨文化交流。交流中的基本矛盾就是语言差异、文化差异与认知环境差异。一段英语对白在英语社会是合适的,而在汉语里却不一定合适,这就要考虑文化语境的转换问题。有一种观点认为,翻译英语电影就应该"原汁原味",原话怎么说,翻译就应该怎么说,这样观众可以了解"真正的"英美文化。这种说法有一定的道理,因为引进就是为了学习。然而,艺术品不等于宣传品。翻译的任务不是介绍美国文化,而是首先让观众理解作品。所以,进行适当变通是必要的,也是切实可行的,其目的不在宣扬"差异",而在保证"认同"。总之,语境转换是解决文化差异的基本手段,所谓"归化与异化"的问题其实就是语境问题。

案例分析:《绝望的主妇》翻译中的文化问题

美剧《绝望的主妇》里的对白大多属于家长里短,但是恰恰正是这

[①] 何刚:《文化语境与行为》,《外语学刊》2003年第1期。
[②] 余高峰:《语境因素对翻译的影响》,《上海翻译》2011年第2期。

些琐碎的日常话语却很容易被翻译成"非常态"的说法。我们可以用"语场"的贴切性原则来分析以下对白的译文。

①"调情"

表1

| I can't believe you went over there. Hey, I saw you both flirting at the wake. You're obviously into each other. | 真不敢相信你跑去那里了。嗨，那天我看见你们在互相调情。你们互相吸引。 |

分析：这段对话的译文听起来不舒服，因为有两处不妥："调情"属于用词不妥，"吸引"则属于表达不到位。西方讲平等，不讲长幼，儿子喊老子可以直呼其名，女儿可以说母亲跟别人调情，甚至可以问母亲多长时间没有跟男人做爱等。但是，汉语里这样说则属于违背伦常。"吸引"表示各自的特性，比如"异性相吸"，而"into"的意思是已经有感觉了。这两个问题出在语场不贴切。

②"勃起的阳具"

表2

| —It's like my grandmother always said—an erect penis doesn't have a conscience.
—Even the limp ones aren't that ethical. | ——就像我祖母说的——男人勃起的时候毫无道德可言。
——就算没勃起的时候也是没什么道德的。 |

分析：这里的问题跟上例一样，涉及社会伦理的差异性。美国人比较开放，什么话都可以讲，学生可以问总统穿什么牌子的内裤，这就是他们的社会语场，而中国人说话比较含蓄，特别是在公共场合，一般不会说得太直白、太露骨，那样会让大家都尴尬。影视作品是为观众塑造公共领域的大众媒介，这就要注意话语开放的"度"，显然，照搬美式的说法是不可取的。上面的译文比原文（比如直译成"勃起的××"）含蓄得多，当然还可以找到更委婉的说法，比如"男人上床，什么理都不讲"、"男人管不住下半身"，或者干脆说"男人没一个好东西"。

③"袜子"

表 3

L: Stop it! B: But, Mom! L: You are going to behave today. I am not going to be humiliated in front of the entire neighborhood. And just so you know how serious I am... B: What's that? L: Santa's cell phone number. B: How'd you get that? L: I know someone who knows someone who knows an elf, and if any of you acts up, so help me, I will call Santa, and I will tell him you want socks for Christmas. You willing to risk that? Okay. Let's get this over with.	L：住手！ B：但是，妈妈！ L：你们今天乖一点。我不想在大家面前丢脸，我是认真的…… B：这是什么？ L：Santa 的电话号码。 B：你怎么知道的？ L：我认识个朋友，她的朋友里有人认识一个小恶魔，所以，今天如果你们谁捣蛋，我马上打电话给 Santa，我会告诉他，你们圣诞节只要短袜就可以了。想试试么？好，那么我们把这个收起来。

分析：这段译文的质量很差。首先是有两处明显的错误，一是把"elf"译成"恶魔"是错误的，应该是"天神"之类的；把"get over"译成"收起来"不对，应该是"说好了"、"一言为定"的意思。其次，原话里"I know someone who knows someone who knows an elf"连用定语从句，表示关系复杂，这是文字游戏，相当于汉语说"一个朋友的朋友的朋友"，可惜译文没有反映出这个亮点。

最重要的是，原文里出现的"Santa"，译文照搬，这是不应该的，其主要问题就是没有照顾到接受语境。虽然，网络翻译要求时效性，为了抢时间有时候直接输入英文的人名省事，这可以理解，但是，"Santa"不是一般的人名，而是"圣诞老人"，在汉语的语境里，"圣诞老人"属于可以理解的概念，而直接说英文"Santa"恐怕没多少人知道（从全国范围看），有的人即使在阅读时认识这个词，但是，把它夹在汉语字幕中，未必能一下子反应过来。这样，作为上句的"圣诞老人"的信息基本上丢失了，普通观众更不可能马上领悟下句说的"短袜"的含义，除非对圣诞节的习俗非常熟悉，但这不是基本的社会现实。"袜子"是圣诞老人装礼物的工具，而本身不是礼物。西方的孩子明白，过圣诞节只要袜子，那就等于不要礼物，但在中国，能一下子明白这层意思的人很少。

综合以上分析，影视剧翻译的基本问题归根结底是语言的转换问题，而且最终要落实到如何进行翻译的问题上，也就是说影视剧翻译要解决的基本矛盾就是，如何把在一种语境中的意义（原作品中每句话的意思），转换成在另一种语境中可以被解读的意义表达方式（翻译的语言）。在这个过程中，获取原话的意义必须联系原话的社会语境，这是一次语境互动；如何让翻译的语言在新的社会语境里被接受，这又是一次语境互动。翻译的过程不仅要涉及原作的情景语境，而且要考虑到译作的接受语境，译者的工作是二度编码，其思维受两种语境的制约。这就是说，影视剧翻译的语境是一种跨语言、跨文化语境①。

二 文化心理关照

一般认为，影视剧翻译的对象是语言，所以，分析译文应当从语言学的方法入手（比如文体学②）。这种观点是正确的，因为，文体特征是显性的，是人们首先可以感觉到的。比如说，影视剧里的语言从整体上看属于口语体③。口语体有三个基本特征：一是不规范性。跟书面语相比，口语的语句松散、句子省略不全、词语多重复、多用填充词语。二是语境性。同样的一句话，在不同的地方，讲法不同，言语的正式程度也不同。如一位大学教授就同一话题在不同的地方，比如在校长办公室、与同事聊天、在课堂上、在家里等，讲法就不一样。三是得体原则。这是口语交际最重要的原则，即"在恰当的地方用恰当的方式对合适的人讲恰当的话"④。按照这种思想，评价对白译文的质量首先可以从考察基本语体特征入手，而且，这样的分析也是必要的、有效的，这从以下的分析便可得到验证。

---

① 国内翻译界有不少关于"翻译语境"的论述，也有专门的界说，比如，把"翻译语境"定义为"翻译过程中聚合起来的文化互动的总和"，也就是原文本所有语境因素与译者解读原文本时由原文本的语码和语境激活的相关译语语境因素的总和，是两种语言和文化对比融合的结果。参见彭利元《语境与翻译关系新探》，载于《株洲工学院学报》2002年第1期。本章的跨语言语境与此基本同义，因而不再加以界定。有关"翻译语境"的进一步讨论可另见李运兴《论翻译语境》，载于《中国翻译》2007年第2期；另见彭利元《再论翻译语境》，载于《中国翻译》2008年第1期。

② 所谓文体，就是"把恰当的词用在恰当的地方。"这是斯威夫特（Jonathan Swift）给文体下的定义。转引自王佐良、丁往道主编《英语文体学引论》，外语教学与研究出版社1987年版，第55页。

③ 文体学（Stylistics）讨论的中心问题就是语言对场合的适合性（appropriateness）。参见王佐良、丁往道主编《英语文体学引论》，外语教学与研究出版社1987年版，第101页。

④ 参见吴显友《试论普通文体学的理论框架及其应用研究》，《外语教学》2003年第24卷第5期，第8页。

然而，这些特征终归都属于语言的结构范畴，并不涉及深层的文化心理。对于包含文化信息的话语而言，恐怕还需要调用文化心理的关照。

案例分析：电影《百万宝贝》①字幕翻译中的文化心理问题

"三位一体"与"几个上帝"（05：37.70）②

表4

Father, that was a great sermon. Made me weep.	神父，布道很精彩，让我流泪。
What's confusing you this week?	你这周又有什么疑惑？
Oh, it's the same old one-God-three-God thing.	噢，就是那个老掉牙的三位一体的问题。
Frankie, most people figure out by kindergarten it's about faith.	弗兰基，大多数人幼儿园的时候就知道，一切都是信心的问题。
Is it sort of like Snap, Crackle and Pop all rolled up in one big box?	是不是有点像三种不一样的萨其马，都装在一个大盒子里？
You're standing outside my church comparing God to Rice Krispies?	你站在我的教堂外面，把上帝比作点心？
The only reason you come to Mass is to wind me up. It won't happen this morning.	你来做弥撒的唯一原因就是要骚扰我。不过今天不会了。
I'm confused.	我有点迷惑。
-No, you aren't. - Yes, I am.	——不，你没有。——不，我有。
Then here's your answer: There's one God.	那好，我给你的答案是：只有一位上帝。
Anything else? Because I'm busy.	还有事吗？我很忙。
—— What about the Holy Ghost? —— He's an expression of God's love.	—— 那么圣灵呢？ —— 他是上帝的爱的一种表现形式。
—— And Jesus? —— Son of God. Don't play stupid.	—— 耶稣呢？ —— 上帝之子，别在这儿装傻了。

---

① 《百万宝贝》相关信息：剧情：拳击教练与女拳手；叙事明线：拳击，暗线：亲情；看点1：拳击之道，看点2：人物命运；作品主题思想：人生思考；语言：日常口语，职业性。故事梗概：女主角乡下姑娘玛吉在洛杉矶一家饭店当女招待。她聪颖倔强，梦想成为拳击冠军。教练弗兰基身怀绝技，培养出许多拳击高手，可惜家庭不幸使他内心孤独。玛吉从小在一个破碎家庭里长大，缺少父爱。师徒渐渐克服了以往的创痛，又在彼此的身上找到了失去的家庭归属。身心"痊愈"后，玛吉终于赢得了冠军，同时也走完了蝴蝶般短暂而壮丽的一生。

② 本文案例片段选自《百万宝贝》DVD（中英双字 1024x576 高清版_ toMP4）。下载地址：［百万宝贝］. Million. Dollar. Baby. 2004. BDRip. X264 – TLF. chseng（http：//www. simplecd. org/id/306210）。括弧中"05：37.70"为对白时码，以下凡引此案例片段略注。

表 5

What is he then? Does that make him a demigod?	那么他是什么呢？上帝的儿子意味着半神半人？
There are no demigods, you fucking pagan!	没有半神半人，操他妈的异教徒！
— Did you write your daughter? — Absolutely.	—— 给你女儿写信了么？ —— 当然。
Now you're lying to a priest.	你这是对一个神父撒谎。
You know what? Take a day off, don't come to Mass tomorrow.	跟你说吧，休息一天，明天别来了。

文体学分析：这段对白发生在教堂门口，弗兰基（Frankie）跟神父探讨宗教问题。由于不是正式场合，加之二人彼此很熟悉，所以谈话属于日常口语。字幕版的翻译除了把"faith"（"信仰"）译成"信心"属误译外，基本忠实、通顺。但是，从文体上讲，则有几个地方并不恰当。

其一，"布道很精彩，让我流泪"感觉像诗句（正式、书面），不像老朋友之间的夸奖，显得很"虚"。如果改成"布道讲得真好，我都哭了"则更自然、真实。其二，"就是那个老掉牙的三位一体的问题"句子累赘，不如用分句说。原话"one-God-three-God"非常口语化，译成"三位一体"则非常"书面化"、"学术化"；还有，把"old"说成"老掉牙"，语气不对。其实这句话很简单，比如改成"老问题，到底有几个上帝"显得自然、真实，而且明了。其三，"大多数人幼儿园的时候就知道，一切都是信心的问题"句子冗长，不符合日常谈话简洁的特征，此句如果改成"连幼儿园的娃娃都知道，这是信仰（问题）"，则既可以点明主题，又可以使前后贯通、流畅。其四，"他是上帝的爱的一种表现形式"与"那么他是什么呢？上帝的儿子意味着半神半人？"两句冗长啰唆，不如原话精练，还有"操他妈"似乎在汉语里听起来也很不舒服。总之，采取文体学的策略显然有助于改善译文的质量。然而，这样分析并未超出语言的层面。

如果再深入一步，按照文化语境的观点，这段对话由于涉及宗教信仰以及做人要诚实的价值取向，所以具有文化言语行为（verbal cultural act）

的特征①。当然，从叙事的角度讲，这段话语的主题并不在信仰和道德问题上，而是通过弗兰基"不正常"的言语行为来突出其心理的纠结。故事里的上一个镜头是弗兰基在房间祈祷上帝保佑妻子和女儿，观众也能猜得出来，他是带着"妻离子散"的痛苦来找神父的麻烦（就是找茬，其实是发泄），所以，对于神父的"文化审查"（说他对神不恭）乃至"道德指控"（说他撒谎），他的表情一直是平静的、淡然的，既不忏悔也不反驳，好像无所谓的样子，因为这时他不像神父那样具有强烈的文化意识。然而，神父毕竟是神父，虽然他知道弗兰基诘难他的动机可能是由于心烦而非本意，但是在教堂当着神父的面说上帝的坏话，那是绝对难以容忍的，所以，在经过提示（这是信仰问题）、警告（这里是教堂）失败后，最终不得不判他"极刑"（说他是异教徒）。这里富有戏剧性的是（这正是影片的精妙之处），神父可能由于年轻气盛，没有控制好自己的情绪，在指责弗兰基的同时说了粗话（而且是脏话），这让他觉得十分尴尬。为了给自己找回面子，神父终于找了个并不充分的理由说弗兰基撒谎，而且是对神父撒谎。在美国，诚实是具有突出地位的道德品质，撒谎被视为原罪，而对神父撒谎更是难以容忍的（相当于汉语里的"罪加一等"）。正是因为弗兰基犯下如此"罪行"，所以神父最后一句话，字面上好像是让他休息一天，明天不用来做弥撒了，其含意实际上是一种惩罚（神父不让教徒来教堂，那等于教师不让学生来课堂）。

美国是一个典型的基督教大国，基督教的教义和信条可以说是家喻户晓，因此，对于美国的观众来说，上面的对话就像是身边发生的事，理解其意义及戏剧性那也是自然而然的事。但是，把这段话直接移植到汉语里，情况就大不一样，因为中国观众缺乏那样的文化心理。首先，在中国，基督教文化远不如佛教和道教那样普及，译者应考虑这种语境差异，比如，"你站在我的教堂外面，把上帝比作点心"这句译文语气不够，如果译成"这儿可是教堂（或者"这是教堂圣地"），你竟敢说上帝是爆米花"，这样听起来有点接近"佛家净土，岂能胡言乱语"的说法，观众会更好理解一点。下一句"没有半神半人，操他妈的异教徒"听上去很愤怒（有粗口），但句式却很"虚弱"（"没有半神半人"），如果译成"你胡说八道，该死的

---

① 何刚：《论言语文化行为》，《修辞学习》2007年第6期。

异教徒",则语气更强烈,更接近"亵渎神灵"的指向。

其次,关于诚信的价值观,在中国似乎也不如在美国那样占据突出的地位。诚然,中国的传统文化也讲"信"(仁义礼智信),我们姑且不论"信"在"五常"中是否占据突出的地位(至少是"不容紊"),在当今社会里,由于历史的变迁,加上市场观念的影响,"信"在时下的大众话语里,其地位不是被强化,而是被淡化,我们讲得多的是"和谐社会"而不是"诚信社会"。这样看来,神父指责弗兰基"你这是对一个神父撒谎"也显得不痛不痒,如果译成"你竟然还对神父撒谎",则更能点出问题的严重性(撒谎已经是原罪,对神父撒谎那是罪加一等)。同样,下一句"跟你说吧,休息一天,明天别来了"听起来不像是惩罚,更像是关心(像一般的工作关系),如果译成"明天你别来教堂做弥撒了",这样更接近让他在家"闭门思过"的意思。

总结以上分析可见,对于影视剧翻译来说,文体学的意识有助于译者寻找恰当译法,使译文听起来更顺畅、更舒服,而文化意识则有助于译者捕捉话语里的文化信息,并通过适当的翻译策略,使译文更好地再现原话语里的文化用意[①]。

三 文化主题重构

上述文化语境适应以及文化心理关照主要针对"单个"(独立)的话语(一段对白)。笔者所见,由于影视剧的语言文本具有片段性,所以,片段译文有可能只忠实于"片段"的表面意思,却在基调上偏离了整个作品主线,这种情况就叫"跑题"[②]。要克服这种倾向,译者应把整个作品视为一个"大文本",把握其基调(功能),并把具体片段("子文

---

① 当说话者意识到文化语境的存在,并激活其关联的设定时,他要说出的话一定包含着一种基于情景需要而又高于该需要的"文化用意":我为什么要说这句话?我说这话要达到什么样的文化目的?我为什么让对方做这事?我让他做这事会导致怎样的文化解释?对文化行为而言,话语背后的"文化用意"是理解的核心信息。何刚:《论言语文化行为》,《修辞学习》2007年第6期。

② 由于影视作品的意义不完全靠人物话语来表达,而是动作、情景、文本等多个要素的复合体,所以,从语言文本的角度看,就是片段性、非连续性,或者叫不完整性,如果从语境理论的视角,也可称为语境制约性。有关这方面的讨论,可参阅笔者专论《影视译制语境论》,载于《外国语言文化研究》(第一辑),主编舒笑梅,中国传媒大学出版社2010年版。

本")的基调与作品基调统一起来。所谓功能对等不只是体现在某个词语、某个句子上，而且还要体现在一个片段，乃至整个作品上。

理解这一点，还可采取语篇的概念。语篇在语言学中是一个意义单位，可以是口头的或书面的、散文或诗歌、对话或独白①。按照这个思想，我们既可以把一部影视剧（一个意义单位）视为一个语篇，也可以把剧中具有独立意义的片段视为一个语篇，这样，一部作品就是由多个具有独立意义的"小语篇"组成的"大语篇"（跟上文的"大文本"概念意义相同）。那么，语篇的意义由何而生？

语篇意义产生于语篇关系。如果把与语篇解读相关的各种关系定义为连贯，那么，语篇意义就产生于连贯这个多重关系网络②。由于英汉表达习惯的差异（包括衔接手段），翻译的过程就是重构语篇关系，或者说重构连贯（包括衔接）。这里的连贯，对于某个"小语篇"（子文本）来说，可能体现为某种具体的衔接手段，而对于"大语篇"（大文本）来说则可能表现为一种主题（思想）的贯通，而且这个主题往往表现为一种文化主题（如政治文化、商业文化、体育文化等），本文里所举案例《百万宝贝》的主题就是美国的拳击文化③。

案例分析：《百万宝贝》片段："论拳击"

① "有关尊严"（0：02：52.63）

表6

| Boxing is about respect. Getting it for yourself and taking it away from the other guy. | 拳击是有关尊严。赢得你自己的，同时剥夺对手的。 |

---

① ［英］M. A. K. Halliday, Ruqaiya Hasan：《英语的衔接》，张德禄、王珏纯、韩玉萍等译，外语教学与研究出版社2007年版，第1—24页。

② 王东风：《连贯与翻译》，上海外语教育出版社2009年版，第26—28页。

③ 拳击电影是与拳击运动有关的、反映社会生活的故事片，其故事情节、人物命运往往与拳击事业或拳击竞赛表演活动紧密联系，蕴含较多紧张、精彩的拳击竞赛场面。拳击作为一种竞技体育运动，追求的是人类身体的绝对价值，它在冲击身体极限的过程中，表现了指向人心灵维度的情感、人性和精神。拳击电影则将这种情感、人性和精神进行全景展现。美国的拳击电影，可以从身体、情感、人性、精神等多个方面表现美国的体育文化。俞丰穗：《美国奥斯卡获奖拳击电影的文化内涵》，《电影评介》2013年第13期。

影视剧翻译中的文化问题　　　　　　　　　　　　341

②"莫过于热情"（0：06：44.10）

表7

Some people would say the most important thing a fighter can have is heart.	有些人会说，对于一个拳手来说，最重要的莫过于热情。
Frankie would say, "Show me a fighter who's nothing but heart and I'll show you a man waiting for a beating." Think I only ever met one fighter who was all heart.	弗兰基则会说，"给我一个只有热情的拳手，我会告诉他什么叫鼻青脸肿"。我想我只见过一个全心投入的拳手。

③"别人无法了解"（0：17：14.36）

表8

| If there's magic in boxing, it's the magic of fighting battles beyond endurance beyond cracked ribs, ruptured kidneys and detached retinas. It's the magic of risking everything for a dream that nobody sees but you. | 如果拳击运动中有诀窍的话，那么，这种诀窍就是不停战斗，超越耐力的极限，超越折断的肋骨、破裂的肾脏和脱落的视网膜。
　　这种诀窍是：为了别人无法了解的梦想而赌上一切。 |

　　分析：以上旁白分别出现在不同的时段，似乎是相对独立的文本，但其实它们的功能是相同的：直接论说拳击的理念，因而完全可以视为一个文本功能类型——对拳击文化的阐释。

　　老拳手深谙拳击之道，寥寥数语揭示了拳击思想的精髓，语言准确、精练，体现专业的权威性。字幕版的翻译基本准确，也比较通顺。如果从精练、权威性的高度看，则可发现上述几段译文都不过关。

　　在①中，第一句里"有关"是书面语，显得学术气，不够生动；接着"赢得"与"剥夺"的对比之间用"同时"显得多余，整个句子缺少拳击的气势。其实，中文里可以用"打"字来增强动作性，以体现拳击的"力度"，比如译为：

打拳击，打的就是尊严：打掉对手的（尊严），赢得自己的（尊严）。

在②中，第一句里的"莫过于"是书面语，没有活力。第二句弗兰基的话译得过于工整、冗长，"语不惊人"，不像教练。按照常理，老拳手之所以引弗兰基的话，想必是认为他说得更精辟。原话"who's nothing but heart"的语义比"只有热情"更有深意。还有，下一句是过渡句（下面出现的人物丹吉尔正是这样的典型），本来应该继续用"热情"来衔接，结果改用"全心投入"，完全跑题了，从语义上讲，也失去了"过渡"、"衔接"的功能。

其实，这段话的主旨是阐述拳击的品格，要体现这个功能，把"heart"译成"热情"不如译成"激情"更有力，因为没有激情很难打出气派。再进一步讲，"激情"只是给外行的印象，在内行看来，还有比激情更重要的东西。总之，为了更明确地表达以上几层意思，翻译这段话可以采取力求"精辟"的策略，比如译为：

有人说，打拳击靠的是激情。
弗兰基说，"激情管个屁用。光有激情，照样被打蒙"。
这样的拳手，我只见过一个。①

在③中，把"magic"译成"诀窍"不够有力，感觉像某种工艺的方法（窍门），不如"魅力"更有力度、更有高度。从语气上讲，原话很深沉、很豪迈，是老拳手发自内心的感慨，表现出对拳击精神的信念。字幕翻译的意思表达得很好，句式虽工整但却无力："不停战斗"，"为了别人无法了解的梦想"，听起来像流行歌，没有气派。为了加强语气，中文里可以采取对仗、排比等修辞手段，比如译为：

拳击有什么魅力？拳击的魅力，就是超越耐力、挑战极限，不怕肋骨被打断、内脏被打破、眼睛被打瞎。拳击的魅力，就是为了心中的梦想，不惜赌上身家性命。

---

① 如果想表达幽默，翻译此句可稍作变通：要说激情，丹吉尔那算是第一个。

案例分析:《百万宝贝》片段:
④ "冲突"(0:26:57.27)

表9

What was I supposed to do, just put him in over his head? Not protect him?	我应该怎么办?让他去参加赢不了的比赛?不保护他?
Oh, you were protecting him from the championship.	哦,你是在保护他不让他拿冠军?
— Yeah. — Well, now it makes sense.	—— 对。 —— 唔,现在听起来合情合理了。
Well, what about you, Scrap? What did your manager do? You were a hell of a fighter, better than Willie. He get you a title fight, or did he just bust you out, banging your head against other people's fists until you lost your eye?	那你又怎么样呢,斯科雷普?你的经理当时做了什么?你曾经是多么优秀的拳手,比威利要棒。他给了你一场冠军赛,还是把你扔在那里,让对手用拳头不停打你的头,直到把眼睛打没了?
I had my shot.	至少我有个机会。
I went out swinging, and no man can say I didn't.	我去挥舞过我的拳头。没有人能说我没努力过。

分析:这段话是弗兰基与老拳手之间的争执。一对患难之交,一个开拳馆,一个当"管家",相依为命。但是,两人对拳击的认识却各执一端。他们培养了八年的拳手威利,很有夺冠的希望,却在准备出征夺冠之际背信弃义,投靠了别的经纪人,这对于一直惨淡经营的拳击馆来说无疑是一个沉重的打击。老哥俩痛定思痛,都在深刻反思。这表面上的争执其实反映的是内心世界的冲突。① 那么,冲突的焦点是什么?双方的观念是什么?字幕版的翻译是否抓住了这个核心?答案并不令人满意。

---

① 这个冲突正是整个作品的一条主线:拳击是一项暴力性的运动,一方的胜出是以另一方的伤残甚至死亡为代价的。拳击的意义到底是什么?人们应该采取什么样的态度?拳击手的命运给人们带来怎样的人生思考?

从单句来看，译文做到了忠实、通顺。但从整体上看，冲突的焦点却没有表达清楚，两个人的观点都没有说透，话语主题是模糊的，读起来体会不出"戏剧性"的味道。问题出在哪里？问题出在选词、关联、衔接以及这些要素背后的逻辑（即思想、灵魂）上。具体来说，把弗兰基的态度译成"保护"（原文"protect"的确有这个意思）就比较含糊，因为"保护"的意义很宽泛。在弗兰基话语里，"赢不了"、"保护"、"不让去拿"，这些意义单位之间的关系并不清晰。弗兰基被逼得承认"为了保护不让去比"（等于承认自己是个大傻瓜），老拳手对此的反应是"makes sense"，意义是"原来真是这样"（真是大傻瓜），而译文却是"合情合理"，不知所云。由此看出，译者停留在文字层面，并没有到达意义的深层。

接下来提到老拳手的经纪人，弗兰基说他"把你扔在那里，让对手不停地打你的头"，言外之意就是"真不是个东西，竟然见死不救"，这显然属于道德评价了。对于这件事，老拳手的态度是"有个机会"、"挥过拳"、"努力过"，语气上轻描淡写，好像无所谓。

如果把此段对白的主题与作品的主题联系起来，如果把弗兰基此时的心情跟他一贯的态度联系起来，如果把老拳手此时的态度跟他骨子里的精神追求联系起来，同时，再结合上文里的思想（把这几个"子文本"视为一个"大文本"），那么，二人的分歧就是显而易见的：弗兰基的"保护"并非强者对弱者的保护，而是对拳手、对人、对生命的保护，正所谓人性主义、仁爱之心。反映在话语里，完全可以表现为"担忧"、"害怕"，完全可以说出"万一"、"输了"、"失手"，而不是"赢不了"。在他看来，拳击固然可以赢得金钱和荣誉，但是拳击本身也是危险的、残酷的，因为拳击是拿生命做赌注。与此相对，老拳手的理念却比较简单：打拳击打的就是尊严，挑战耐力、挑战极限才是最高境界，为了梦想，不惜生命，这在上文的旁白里说得很清楚。反映在话语里，完全可以是"出拳"、"拼过"，而不是"努力"、"有机会"。[1]

---

[1] 这正是作品宣扬的文化主题——美国的体育精神，或者更具体一点，美国的拳击精神（"拳击的魅力"——打拳击，打的就是尊严！）。这个主题的核心反映的就是美国的奋斗精神、个人英雄主义精神。正是因为心中固守着这份尊严，老拳手的眼睛被打瞎又何足惜——无怨无悔地在弗兰基惨淡经营的拳馆里当"管家"；也正是这份尊严，让玛吉的生命闪耀着夺目的光辉——像蝴蝶般短暂而壮丽！

根据上述分析，翻译这段对白可以在关键词、连贯性、语气方面适当变通，以突出主题，比如译为：

弗兰基：你说我能怎么办？没有把握也让他去比？万一输了呢？
老拳手：因为怕输，干脆放弃？
弗兰基：是的。
老拳手：噢，我终于明白了。
弗兰基：你明白什么了？想想你的经纪人。你当年的拳头，比威利的硬多了。你的经纪人，他是让你去夺冠，还是逼你跟强手打，结果被打瞎了一只眼。
老拳手：我拼了。我打了。谁都知道我拼过了。

从以上分析可见，对于影视剧翻译来说，把握话语的主题是至关重要的。只有抓住主题，并找到合适的表达手段，才能让观众心领神会。然而，由于英汉语言结构的差异性以及文化语境的差异性，理解主题不是一件容易的事。笔者在教学中发现，学生的普遍反映是，在很多情况下，每一句话都懂，而整段话的意思却不懂；而另一种反映也很普遍，那就是每句话都懂，整体上也懂，就是找不到合适的说法来翻译，怎么说也说不出原来那个意思。可见，关于话语主题的研究，不仅是一个理论问题，也是一个很现实的教学问题。

四 结束语

以上的分析研究使我们对影视剧翻译中的文化语境适应、文化心理关照和文化主题重构这三个问题有了初步的理解。中西文化的差异性在影视剧翻译中是不可回避的现实问题。在任何影视剧翻译作品中都不可能出现绝对且唯一的翻译方式，语境间的转换为不同文化背景下的观众理解和欣赏影视剧奠定了基础，有利于观众在不同的文化语境下了解他国的社会文化风貌。观众观影的心理诉求也是制约译者与其精神交流的现实障碍之一，如果能够考虑到观众的文化心理活动特点，则有利于激发观众对影视剧翻译产品的消费热情。同时，影视剧翻译作为跨文化传播的桥梁，除了做好语境之间的转换工作之外，在翻译的过程中也应对不同文化之间的重构问题有所考虑，恰当地表现影视剧中的主题才能让观众心领神会，从而更好地传递不同的文化信息。

参考文献

冉永平、张新红：《语用学纵横》，高等教育出版社 2007 年版。

王佐良、丁往道主编：《英语文体学引论》，外语教学与研究出版社 1987 年版。

［英］ M. A. K. Halliday、［英］ Ruqaiya Hasan：《英语的衔接》，张德禄、王珏纯、韩玉萍、柴秀娟译，外语教学与研究出版社 2007 年版。

王东风：《连贯与翻译》，上海外语教育出版社 2009 年版。

Halliday, M. A. K. and Hasan, R. (1976) Cohesion in English, London: Longman.

Nida, Eugene A., and Charles R. Taber. (1969). The Theory and Practice of Translation, with Special Reference to Bible Translating, Leiden: Brill.

Swift Jonathan, Letter to a Young Clergyman, January 9, 1720.

Venuti, Lawrence (1995), The Translator's Invisibility: A History of Translation, New York & London: Routledge.

作者简介

麻争旗，1960 年生，中国传媒大学外语学院教授，博士生导师。1988 年获北京外国语大学英语学士学位，1992 年获北京广播学院国际新闻硕士学位，2007 年获中国传媒大学传播学博士学位。曾为中央电视台"正大剧场"、"国际影院"等栏目翻译电影、电视剧 50 多部，电视连续剧、系列片六百余集。其中《失踪之谜》《居里夫人》获全国优秀译制片"飞天奖"，并受到李岚清同志的高度称赞。1997 年被评为北京市高等学校优秀青年骨干教师。主讲课程《影视剧翻译》（本科）、Translation Studies（硕士）等。在《现代传播》《中国翻译》等期刊发表学术论文 40 多篇。曾获广电总局优秀论文奖、全国传播学论坛优秀论文奖、全国影视学会优秀论文奖。出版学术专著《影视译制概论》《当代中国译制》《译学与跨文化传播》等，专业教材《英语影视剧汉译教程》。译著《媒介事件》《文化模式与传播方式》《跨越文化障碍》《做新闻》《媒介与主权》等。

刘晓宇，系中国传媒大学传播研究院 2012 级硕士研究生。

文化语境与媒介话语的意义生成及传播

张 力

摘 要 在媒介话语跨文化传播过程中，意义的呈现与解读依赖于文化语境，文化语境对于意义的生成与实现起着重要作用。不同的历史文化传统造就了中西文化语境的差异性以及不同的意义交往习惯，从文化语境与意义生成的关系去探讨跨文化传播，可以更深入地理解媒介话语跨文化传播中的文化差异问题，也有助于我们提高媒介话语跨文化传播的运用水平，更好地进行媒介话语跨文化传播的实践。

关键词 媒介话语 文化语境 意义

根据香农关于信息理论的观点，人们获取的信息越多，人们对事物认识的不确定性就会越少，从对事物认知的不确定状态逐渐变为较为确定的状态，也就是人们对事物处于了解与知晓的状态。就媒介话语传播而言，人们通过它获取越来越多的信息，但是人们对于事物认知与理解的不确定性并未减少，反而在媒介话语的不断流动中，增加了更多的不确定性与偏向性。媒介话语传播的内容已经不仅仅是香农所提出的"信息"，更值得重视的是其传播的"意义"。在媒介话语跨文化传播过程中，意义的呈现与解读依赖于文化语境，这个问题在媒介话语的跨文化传播中非常突出，文化语境对于意义生成与实现的重要作用得到广泛的承认。意义不是在被语言和符号表征后便固定下来，它仍会随着语境、用法和历史情境的变迁而有所变化。从哲学的角度来看，"意义"是对事物的阐释与理解，"意义"在被主体接受后可以内化为观念体系，从而对主体的认知理解行为与社会生活实践产生支配与引导作用，最终反作用于现实世界。因此，对跨文化语境下意义的生成与传播进行审视与考察便显得尤为必要。

一 文化语境决定认知框架

简单来说，文化语境就是语言使用的文化环境。话语和语言环境密切相关，语言环境对于理解语言来说不可缺少。对语境的研究主要包括了三个层面：语篇上下文的语境、客观世界的场面情景语境和文化背景语境。这三个层面的语境共同形成了人对事物理解过程中的抽象化的认知语境。在交流中，语境包含两个方面：语言的和非语言的，也可以把语境看成是自然语言在表达时所依赖的语言知识及非语言知识的总和。语境因素是交流得以进行的重要因素。特别是文化语境在媒介话语的跨文化传播中有很重要的作用。文化语境主要指言说者所处的社会文化背景。人类生活在文化环境中，各个方面受文化的影响，并随其变化而变化，文化决定了人们表达方式、思维方式、行为方式以及存在的方式等。我国语言学家胡壮麟指出，文化语境就是语言运用的实际社会文化背景，一方面包括文化习俗，即一个民族世世代代沿袭而成的生活模式和言行心理上的集体习惯；另一方面是社会规范，即一个社会对其语言交际运用的规定和规范。由此可见，一个社会的语言系统及运用深刻地决定于文化语境的作用。文化语境以深刻而微妙的方式影响着人们的表述行为，并反映在媒介话语的跨文化传播中。

在跨文化传播过程中，"讯息系统的普遍特征是：意义（期待接受者所做之事）由以下要素构成：交流、背景、接受者按预定程序作出的反应，以及情景"[①]。接受者实际感知的信息，在很大程度上取决于传播语境的性质。"生物体感知到的信息受四种因素的影响：地位、活动、背景（setting）和经验。但是对人而言，必须加上另一个关键的要素：文化。"[②]文化语境赋予媒介话语以意义，或者说决定了媒介话语意义的建构方式。沃尔夫在研究跨文化传播中语言与事件的关系时得出结论：每一种文化都以自己独特的方式将语言和现实情况联系起来，而这种独特的联系方式是了解文化差异的一个主要渠道。"所谓有无意义必然受文化限制，

[①] ［美］爱德华·霍尔：《超越文化》，何道宽译，北京大学出版社2010年版，第90页。
[②] 同上。

且倚重评估意义时所用的语境。"①

虽然媒介话语是语言,但是媒介话语不是简单的对象化的、物化的语言,"而是有着时间向度的、在传播对话中的语言。它包括话语的生产过程、解释过程以及语言使用的情景,意义与传播共生、共存,并随语境表现为多样性"②。学者姜飞认为:"文化是有系数的,而传播则有语境。"③ 他分析认为,当不同文化接触时,形式可以表现为人、器物或者行为等不同的载体,而这些载体的一些具体特性特征(比如人的教育、年龄、职业、社会角色等)作为文化的系数往往发挥着决定性的作用,因此,文化事实上没有一种恒定的一般意义上的概念,更多的是表现在某个时点上因为某个系数因素起到决定性作用而表征出来的特征,而这种特征之所以能够被表征出来,是因为有一个文化传播的语境在起作用。拥有相似的文化语境时,媒介话语传播往往可以通过不言而喻的方式实现,而拥有不同的文化语境时,媒介话语传播需要进行明确详尽的表达,而且这种表达也会因为表达方式上的一个意想不到的点使得整个传播的方向发生改变,甚至背离初衷。因此,语境对意义的最终实现起到重要作用。

一定的文化语境会形成一套相对固定的认知框架。菲尔莫尔(Fillmore)将框架理论应用于语义学的研究,他认为,认知框架可以对事物进行定性区别,或者说,框架具有为标记空间与无标记空间设定边界的符号功能,相当于一个符号场,其包含的内容可以是一个具体的对象也可以是一个过程,是用比较抽象的语言符号来表征一个具体的事物或事件,并为其赋予意义。对意义的正确理解则取决于对这个符号场的合理解释。他在著作《框架语义学》中做了系统阐述,认为框架是"一种认知结构方式",是"与某些经常重复发生的情景相关的知识和观念",是"对某个物体或事件的成见或刻板印象(stereotype)",是"纯语言知识和概念知识之间的一个接触面(interface)"。④ 这种认知框架决定了:其一,使用语言符号表述相同的情景,因为认知视角的不同,语言表达也不会相同;

---

① [美]爱德华·霍尔:《超越文化》,何道宽译,北京大学出版社 2010 年版,第 189 页。
② 胡春阳:《话语分析:传播研究的新路径》,上海人民出版社 2007 年版,第 32 页。
③ 姜飞:《试析跨文化传播中的几个基本问题——兼与童兵先生商榷》,《新闻大学》2006 年第 1 期,第 17—27 页。
④ Fillmore, "Frame Semantics." In *Linguistics in the Morning Calm*, ed. The Linguistic Society of Korea (Seoul: Hanshin Publishing Co, 1982). 转引自朱永生《框架理论对语境动态研究的启示》,《外语与外语教学》2005 年第 2 期,第 1—4 页。

其二，一定的认知框架具有相对稳定的基本角色，比如，"教育框架"的基本角色就是"教师、学生、知识"等；其三，形成框架关系网络的角色之间联系紧密，其中一个角色被提起，其他角色及整个认知框架就被激活，也正是因为这样的关联，我们才得以理解语言符号所表达的意义。在媒介话语的跨文化传播实践中，我们要注意到，由于社会文化语境的不同，会形成不同的认知结构方式，这反映在语言符号表征具体事物或者事件时，其所牵涉的语义框架联想也会因之不同，因此在媒介话语面向跨文化传播的生产时要避免由此而产生的表达错位。

具体来说，不同的国家、不同的民族有不同的自然人文环境与历史文化传统，其认知与思维方式等方面也存在差异，从而形成各自特定的框架。从这个特定框架中产生出来的话语意义也是特定的，从而社会文化差异表现为框架之间的差异，话语语言学家就此提出的社会文化框架观，认为[1]：其一，对知识的表征不仅有一定的构型，而且更重要的是还有采集、组织知识内容，以及怎样使用知识的方法，也就是说知识的表征过程具有程序性、定义性和描述性，并且这些特征因为产生于特定的社会文化背景而又都具有特定的社会文化规定性。其二，知识可以分为社会知识和个人知识。社会知识是指社会上所有成员或者大部分成员所共有的知识，具有一定的规约性，而个人知识是个人通过自身获得的、与具体个人相关的知识，具有特殊性。个人知识与社会知识有重叠的部分，但是不完全一样。在共有社会知识的前提下，不同的个体对相同的文化行为会产生相同的理解和反应，可以对意义内涵进行预期和推理。比如，亲吻拥抱在西方文化中是表示礼貌和友好的举动，形成一种特定的文化框架的意义，在西方人社会心理中成为一种共有知识，而不会有其他理解，对于东方人而言，则不然。个人知识与共有知识的差异则会使得人们面对相同的感知时产生不同的心理状态，从而出现推理错误或者预期中断，这就是社会文化框架在跨文化传播过程中凸显的认知差异。其三，在社会知识的基础上产生的框架，必然与其文化语境紧密相关。由于文化背景、生活经验相异，对一个词义的内涵的界定和理解会有不同，通过它所激活的意义认知框架也存在差异甚至完全相反。比如见到"早餐"一词，中国人联想到的

---

[1] T. A. Van Dijk, *Macrostructure*: *An Interdisciplinary Study of Global Structures in Discourse*, *Interaction*, *and Cognition* (New Jersey: Lawrence Erlbaum Associates Publishers, 1980), pp. 232 – 234.

"早餐"框架是豆浆、油条、稀饭、包子等,而西方人联想到的却是牛奶、麦片、面包、烤薄饼。另外一个典型的例子,"龙"是中国的象征,对中国人来讲,"龙"这个词激活的文化框架含有"勇敢、兴旺、神圣"等正面积极的含义,而在西方文化中激活的框架却是"邪恶、凶猛、危险"等与中国文化框架相反的意涵。

媒介话语的传者与受传者都是文化中人,因为身处不同的文化语境,在媒介话语的认知框架释义中产生误解与分歧也是难免的。鉴于此,媒介传播者在制码时,需要了解对方的文化语境,预判对方的认知框架,避免或者减少受众的解码偏差,更为准确地传播媒介话语的内容与意义。笔者认为,文化语境作为人类认知、理解的普遍基础,会因时因地而变化,认知框架也会随之获得新的意义阐释,它是跨文化传播交流的双方知识背景、文化传统和话语表征等的交融结果。每一种文化自其存在之日起,就其自身的生命发展来看一直在经历着成长、变化,媒介话语的跨文化传播和交流更是一种促进其变化、发展的活力源泉。从文化语境与框架认知的关系去探讨媒介话语跨文化传播的意义生成,使我们能更深入地理解媒介话语跨文化传播中的文化差异问题,也有助于我们提高媒介话语跨文化传播的运用水平,更好地进行媒介话语跨文化传播的实践。

二 中西文化语境差异性比较

中西方文化语境在媒介话语意义的构建上表现出文化的特性与差异性。爱德华·霍尔认为:"文化的功能之一,是在人与外部世界之间提供一个选择性很强的屏障。在许多不同的形态中,文化选定我们要注意什么,要忽略什么。这种筛选功能给世界提供了结构,保护着神经系统,使之免于'信息超载(Information overload)'。"[①] 在任何情景之中的交流,要达成互相理解,重要的一点是:对话双方的熟悉程度要足以使彼此知道,对方考虑到的和未考虑到的是什么。对于相互理解而言,在复杂程度低、变化慢的情境下不难做到,因为大多数的交往者彼此都熟悉,拥有相似的文化背景。但是,在当今这个变化快、复杂程度高的现实世界,媒介话语的表述若不结合对语境的考量,只是通过高度技术化的操作,而不考

---

① [美]爱德华·霍尔:《超越文化》,何道宽译,北京大学出版社2010年版,第77页。

虑文化语境因素的编码,其传播效果往往会不尽如人意。鉴于中西方在一定程度上存在因为语境因素阻碍了彼此之间的理解和认同这一现实问题,笔者在这里就中西方在媒介话语的传播中所面对的语境与意义问题,作一个集中探讨。

对于文化而言,语言是承载与表现它的最主要方式,然而这里存在一个悖论,就是语言往往无法真正地承担起这个重任,这是由于语言自身的局限性所决定的。语言具有很强的线性特征,它是其自身演化的产物,具有较强的人为痕迹,虽然语言是人们文化交流的媒介,但是人们在使用语言时,也同时受到语言的种种限制。语言做不到将思想和意义从一个大脑一成不变地迁移至另一个大脑,它是组织信息、释放思想的系统。很多事物作为初始形式的素材,常常进入人们的大脑,却不能被明确地表述出来。人们试图用各种各样的方法将这些素材释放出来,但是完全不变地植入进他人的头脑中是不可能的,或者说只有人的亲身经验才能达到那样的效果。"我们的思维方式十分武断,它使我们审视观念,而不是事件——这是非常严重的缺陷。而且,线性思维会妨碍相互理解,把人的注意力不必要地转向无关的方面。……一个人谈论一个层次的事件时,并不意味着,他没有考虑不同层次的其他许多事件。这仅仅是因为,他只能在一个既定时刻谈论某一事物的一个方面(这一事实正好说明了语言的线性特征)。"[①]打个比方说,50年代美国曾花费百万开发其他语言的"翻译机",虽然由这个机器翻译出来的译文,词语和语法都正确,但是语义却被扭曲,问题并不是出在语言符号代码上,而是缺乏了上下文的语境,导致意义不能被这些语言代码正确地表达出来,这是因为语言的线性生产减弱了语境,即强调了一些内容却牺牲了其他一些内容,最终影响意义的理解。

中西方文化语境差异明显,其各自的表意系统也遵循各自的文化体系、传承各自的文化传统。两种文化借助媒介话语进行意义交流与沟通时,因为彼此文化特质的不可通约性,传播效果常会有不尽如人意的时候。这就需要我们深入探讨,在这种现实情况下,如何克服语境的限制,适应对方的接受习惯。

美国文化人类学家爱德华·霍尔将文化语境分为高语境(High Context,HC)和低语境(Low Context,LC)。"高语境互动的特色是,预制

---

① [美]爱德华·霍尔:《超越文化》,何道宽译,北京大学出版社2010年版,第81页。

程序的信息贮存在接受者身上和背景之中；此时传达的讯息（message）中只包含着极少的信息（information）。低语境互动则与之相反：大多数的信息必须包含在传达的讯息之中，以弥补语境（内在语境和外在语境）中缺失的信息。"①按照爱德华·霍尔的进一步解释，"所谓高语境交流或高语境讯息指的是：大多数信息或存于物质环境中，或内化在人的身上；需要经过编码的、显性的、传输出来的信息却非常之少。低语境交流正与之相反，就是说，大量信息编入了显性代码之中"②。在高语境中，人与人之间的传播交流顺畅而且节省精力，往往凭直觉就可以了解到对方的意图，对话用简洁的语句就能彼此会意，也就是霍尔所说的在高语境中信息的传输有一套预定程序，包括价值观、背景、仪式、约定俗成的规范，等等，交流双方一般不直接说明自己的意思，而是借助这些非语言信息来表达。意义在语言之外还被编排在对话双方共喻的语境中，如果不知道所用的语言的语境，就很难理解它的准确意思，意义中仅有一小部分是通过显在的语言传递。在低语境中情况恰好相反，人与人之间如果要实现有效传播，就要尽可能地将自己的意思详尽地表达清楚，每个细节和含义都必须以编码信息的形式表达清楚，也就是说，尽可能地将意义与信息用显在的语言表达出来，补足因为语境不同可能丢失的部分，低语境的交流是直接的、外显的交流，它依靠逻辑、推理、思维和语言表达，而对语境的依赖性相对较弱。此外，"高语境交流常常被用作艺术形式。这种交流是统一和内聚的力量，寿命长，变化慢。低语境交流不具备统一的力量，但可以轻易和迅速地加以改变。"③

就媒介话语跨文化传播而言，意义交流与语境有着极为密切的关系，可以说，中西方之间的媒介传播问题在一定程度上是高语境文化与低语境文化之间的相互理解问题，语境的作用存在于媒介话语意义的建构当中。在每一个文化内部，交流以自我文化语境为主，对异质文化语境缺乏敏感度，因此在理解异质文化的话语意义时，仍然会存在自身文化语境解读的惯性。高语境文化通常被低语境文化区的人认为是低效交流，因为高语境的交流方式是含蓄和委婉的。这其实是文化差异造成的误解。事实上，高

---

① ［美］爱德华·霍尔：《超越文化》，何道宽译，北京大学出版社2010年版，第90页。
② 同上书，第82页。
③ 同上书，第90页。

语境与低语境都有交流传播低效和高效的时候，重要的是将需要交流的信息放在相应的具体语境中去解读，才能解读出它的真正意义。

古德肯斯特在爱德华·霍尔理论研究的基础上，按照从"高语境"到"低语境"的顺序将若干国家按顺序排列如下[①]：中国、日本、阿拉伯、希腊、西班牙、意大利、英国、法国、美国等。从这个排列可以看出，中国属于高语境国家，而英美等西方国家则属于低语境国家。高语境国家的文化特点是内隐、含蓄，使用较多的非言语暗码，反应不外露，人际关系紧密稳固，高承诺，时间观念灵活等。低语境国家的文化特点是外显、直白，使用较多的言语明码，反应外露，人际关系脆弱短暂，低承诺，时间观念强等。高语境文化与低语境文化拥有几乎相反的特征，因此彼此之间的交流必须要结合其所处的语境才能够顺利进行。

在高语境文化与低语境文化交流中，信息显码与意义的对应关系不相同，因此在实际的媒介话语交流中，就容易产生语用失误，导致无效传播或者交流失败。对于低语境文化区的人来说，要理解高语境下媒介话语的意义，就要结合话语发生当时所处的语境来理解意义，只从语言显码中获取意义往往是不够的，要在整个高语境系统中去解读；而低语境文化中的媒介话语，语言的字面意义通常就是最大化的含义。作为高语境文化区的传播者，在向低语境文化区进行媒介话语传播的时候，需要考虑到低语境文化区的这一特点，要注意体察低语境受传者理解层次上的现实需求，从话语的表述方式和呈现手段上都力图符合低语境受传者的认知和理解习惯，尽可能全面和确切地传达意义，有意识地消除可能的交流障碍，减少被误读和被误解情况的发生，从而达到更好的传播效果。

笔者认为，在当下媒介全球化的背景下，高语境文化与低语境文化之间的差异也具有相对性，不能极端地去看待一个文化模式。事实上，各种文化在媒介话语的传播交流中，互相影响，互相转化，高语境文化与低语境文化逐渐不同程度地融汇于对方文化中，而不是简单地呈现对立态势。我们应该清楚一个基本事实，那就是人们通过媒介话语意义的不断碰撞与交流来体会和理解他者文化，进而反观和更好地认知自我文化。

---

① 唐德根：《跨文化交际学》，中南工业大学出版社2000年版，第181页。

三 中西文化语境下的意义交往习惯

在媒介话语跨文化传播中，传者与受传者在意义解释过程中所承担的责任也因为文化语境不同而有异。用海因兹、卡普兰等的观点来解释就是，从语言文化的接受习惯上可分为"作者责任型"和"读者责任型"两种，这个区分根据在语言写作与接受的过程中作者与读者在意义的理解上各自负有的责任多少以及写作者对自己与读者共有知识背景的估计。[①]

按照他们的观点，中国等东方国家属于"读者责任型"，美国等西方国家属于"作者责任型"。从汉语文化的传统来看，对汉语语言文化的理解在很大程度上依赖于读者的知识储备和理解能力，汉语的语言表述讲究言未尽而意无穷的审美传统。写作者通常不会在文章思想意义方面做很详尽的解释，需要读者调动自己相应的素养和知识储备加以理解与解读，这是与西方英语语言文化完全相反的情况，西方英语语言文化中写作者在使读者理解文章内容的思想意义方面需要承担主要责任。我们可以看到，从文章伊始，英语的写作者是首先说明论点，将表述对象当作一个可认知的独立的个体，这体现了西方文化对实体世界的认知细致明晰的写实倾向，继而在文章阐述中尽可能使用足够的词汇和准确的关联词，使得整个文章形成一个严谨的、能够带领读者进入写作者思路的有机整体，最后再次强调文章观点。也就是说，写作者倾向把一切想要表达的东西用语言明晰地表述出来，读者从而可以很容易地理解其思想和意义。而汉语的写作者则是倾向于主体为中心，对认知对象是散点游目式的写意观照，思维跳跃，篇章的联系在于意象间感悟式的内在逻辑，给予读者很大的解读空间。

结合媒介话语传播的现实来看，汉语的这种"读者责任型"的语言文化传统会对"自我文化"与"他者文化"的话语交流造成一定的障碍。文化作为一种社会历史实践和深层结构，是一个整体的系统，由各个相互关联的部分构成，而且处于一定的语境下，所以置身此文化语境之外的人对该文化语境下的话语表述是难以准确理解的。"一种特定的文化不能单纯地从内容和构造成分去了解。我们必须要了解：整个系统是如何组织

[①] J. Hinds, "Reader Versus Writer Responsibility: A New Typology." in Writing Across Languages, eds. U. Connor and R. B. Kaplan (Reading, MA: Addison-Wesley, 1987), pp. 141 – 52.

的，主要的子系统和动力如何发挥作用，各子系统和动力是如何相互联系的。这使我们处在非同寻常的境地；换言之，只从内部或外部来描写文化，不同时参照这两个方面，那是不可能充分描写清楚的。"[1]由此可见，作为媒介话语的传播者要了解到彼此文化构造的特质，在媒介话语生产环节，清楚自身作为话语生产者意图达到意义的有效实现所应该担当的"作者责任"，避免在传播过程中出现意义流失与意义误读。

了解了如上所述的中西方文化的语境特征，在媒介话语跨文化传播中，要有意识让思维模式不要完全受制于自我文化，尝试以受传者容易接受的方式去表达自己的观点，以便异质文化语境下的人们更容易理解与接受。此外，我国的对外媒介话语传播应有意识地由生产"读者责任型"媒介话语向生产"作者责任型"媒介话语转变，以谋求媒介话语传播的国际化，达成自身意义的有效传播，并实现与世界对话交流的愿望。

四 结语

在媒介全球化的今天，媒介话语是文化传播的载体，文化与媒介话语具有意义互动关系，文化的存在依赖于语言，我们可以通过语言去表达和创造文化，用语言制造我们的文化存在。因此探讨媒介话语的传播活动不能脱离其背后的文化背景与文化体系，在媒介话语的跨文化传播中，意义的理解与沟通绕不开文化语境这个具体情境。在现实中，媒介话语的表述不可能做到绝对客观、公正，原因就是传播者在理解他者文化时，总会拘囿于自身的理解，运用自身的文化视角去认知对方和表述对方，作为带有先见的语言本身其表述方式天生具有倾向性，而媒介话语在专业主义的操作流程中，更加凸显其偏向性诠释的特征，媒介话语成为一种语境依赖程度很高的话语形式。在当下全球化传媒时代，媒介话语对人类认知环境有着重大影响，特别是在跨文化传播的语境下，媒介话语的传播是文化之间文明之间的交往过程，其意义的相遇与碰撞，是彼此从试图理解到实现理解的过程，媒介话语的意义传播介入现实的程度超出人们可以直接感知的范围和程度，媒介话语通过对世界方方面面的阐释赋予事物以意义，引导人们如何认知、如何理解世界的诸种关系，并以这种方式影响与参与社会

---

[1] [美]爱德华·霍尔：《超越文化》，何道宽译，北京大学出版社2010年版，第196页。

现实与世界秩序的构建。因此，我们需要强调跨文化语境下的媒介话语传播过程意义生成的语境性与历史性，在了解文化语境与意义生成及传播的关系的基础上，成功地实现跨文化传播。

参考文献

［美］爱德华·霍尔：《超越文化》，何道宽译，北京大学出版社 2010 年版。

唐德根：《跨文化交际学》，中南工业大学出版社 2000 年版。

T. A. Van Dijk, *Macrostructure: An Interdiscip linary Study of Global Structures in Discourse, Interaction, and Cognition* (New Jersey: Lawrence Erlbaum Associates Publishers, 1980).

作者简介

张力，北京市社会科学院外国问题研究所研究人员，中国人民大学博士、中国传媒大学博士后、美国密苏里大学访问学者。主要从事媒介研究、跨文化传播研究等。著有个人学术专著：《跨文化传播与媒介话语意义生产》，在学术核心期刊发表论文十多篇。

旅游与跨文化传播新探

马诗远　程　华

摘　要　旅游①研究早就该摘掉"无学"的帽子，跳出旅游产业的狭窄视域，秉承旅游人类学、旅游社会学、旅游文化学、传播学和跨文化传播研究的学术积淀，凭借国际旅游业和中国旅游业大发展的难得的契机，在中国跨文化传播研究三十多年的历程中登堂入室，开辟具有旅游特质的一席之地。另外，以传播学为母学科的旅游传播研究抑或旅游跨文化传播研究②早就应该作为重要的学术领地，为解决提升国民生活质量、中国国家形象传播、中国文化国际传播、社会和谐、文化安全以及中国旅游业的健康发展等一系列重大现实问题贡献自己的眼光和见解；早就应该充分挖掘旅游作为"普世聚会和对话的工具"的内涵和潜力，把旅游传播变成减少或消除不同种族和文化之间的偏见和隔阂，实现社会的融合、促进人民之间的理解、和平和友爱的彩虹桥。这正是旅游在个体和社会层面所负载的价值，③也恰恰体现了跨文化传播的宗旨。

关键词　旅游　旅游传播　旅游跨文化传播

---

① 旅游的概念涉及两种基本的研究范畴：一是把旅游作为人的社会活动、人的生活方式加以考察，以往多为人类学、社会学、心理学、历史学和文化学等学科所采纳；二是将旅游视为一种产业、一种商业性的经营活动加以关注，为经济学、统计学和管理机构等所采纳。作为传播学或者跨文化传播的研究，本文采用的是第一种视角。

② 关于"旅游传播"的概念，作者已于《国际旅游传播中的国家形象研究》一书中有较为详细而系统的阐释，而且整本书谈的就是国家形象在国际旅游语境中的跨文化传播问题，在此不赘言。此文就作者关于旅游跨文化传播的思考作提要式的概括，以便于读者参考，同时呼吁跨文化传播研究者、传播学学者们对旅游传播的关注。

③ ［美］罗贝尔·朗卡尔：《旅游和旅行社会学》，陈立春译，商务印书馆1996年版，第45—55页。

一 旅游：跨文化传播的渊薮

翻开世界和中国旅游史，有两点会凸显在跨文化传播研究者的视野里。其一，旅游[①]作为一种社会文化活动，几乎和人类文明史一样悠久并色彩斑斓。无论是西方古典时期的航海旅游、学者的求知之旅、传教旅游，中世纪的世俗旅游，文艺复兴和大航海时期的旅游，殖民时期的旅游，以及工业文明中的文化旅游、探险旅游，现代的大众旅游，还是中国古代的帝王巡游、宦游、玄游、仙游、释游、壮游、科学考察旅游，近代的官费游学，现代的欧美游学潮，当代的出境休闲旅游、商务旅游、留学热，等等，旅游为跨文化传播提供了无与伦比的丰富语境。其二，旅游与传播相始终。旅游即传播。旅游传播的本质属性就是跨文化性。旅游从来就是人类历史中一种极为典型、在特殊时空中浓缩的跨文化传播活动。更确切地说，旅游是跨文化传播的渊薮。"旅游为跨文化传播和不同社会群体的潜在的混合，提供了尤为集中、有着特殊意义的时机和场合。"[②] 旅游者的脚步所表现的文化穿越，是他们背负着自己的历史与文化，去穿越他种文化屏障的复杂的体验过程。旅游不仅是放松身心、向山水求知问学、明性见理的人内传播，其形式还涉及人际传播、组织传播、国际传播的方方面面，并随着传媒技术的发展对接于大众媒介和新媒体。旅游不仅融通了人与人、人与自然的交流，催生了璀璨的旅游文化，还使得西学东渐、东学远播，勾勒了不同民族、国家之间官方传播与民间传播多层次多主题的跨文化传播图景。

放眼现实世界，旅游已经是全世界人民的日常生活的常态。根据世界旅游组织发布的数据，2013年在全球经济不景气的情况下，全球出国旅游人数创纪录地达到近11亿人次，[③] 2013年中国国内旅游人数达32.62亿人次，出境旅游人数超过9800万人次，出境游人数和旅游消费均位居

---

① 旅游指的是作为旅游者的人的活动，而不是指旅游业的商业活动。它是非定居者出于消遣、休闲或补偿性目的，前往异地的旅行和停留，所追求的是不同于其生活环境的经历和体验。参见［法］罗贝尔·朗卡尔《旅游和旅行社会学》，陈立春译，商务印书馆1996年版，第61页。

② Gavin Jack and Alison Phipps, (2005), Tourism and Intercultural Exchange, p. 6.

③ 参见中国商务部公告：http：//www.mofcom.gov.cn/article/i/jyjl/k/201401/20140100470020.shtml。

全球第一。据国家旅游局预测,未来五年,中国出境游人数将超过5亿[1]。而且游客的社会身份纷繁复杂,从背包客、海外劳工、学者、宗教人士、商务精英到各国首脑,不一而足。毫不夸张地说,旅游是人类历史上空前的盛会。"旅游为跨文化传播和不同社会群体的潜在的混合,提供了尤为集中、有着特殊意义的时机和场合。"[2]如此庞大的人群的流动,如此大规模的跨文化传播活动,已经影响到文中提及的小到百姓生活细节、大到国家战略的重大问题。无论是作为跨文化传播的场域还是作为跨文化传播活动本体,旅游的发展已经到了传播学和跨文化传播研究者无法视而不见的程度。[3]

二 旅游跨文化传播研究:筚路蓝缕

科学意义上的旅游跨文化传播研究,应该是基于三大交叉性学科[4]之上的交叉性、综合性的学术研究,需要很多学科背景的支撑,而不是"旅游+传播"或者"旅游+跨文化比较"的简单拼凑。世界旅游组织早在2004年1月召开的第一次世界性的旅游传播(Tourcom)会议上就提出了"旅游皆传播(TOURISM IS ALL ABOUT COMMUNICATION)"的口号,[5]但管理组织的正名和呼吁并没有很快使旅游传播研究、旅游跨文化传播研究成为即时的知识生产体系。这或许是因为:一方面,传播学扎根本土的岁月太短,本学科的根本问题还没来得及理透彻,又适逢中国大众传媒和新媒体极速发展、社会转型期提出太多的国家层面的传播战略问题让主流传

---

[1] 参见中国国家旅游局公报: http: //www. cnta. gov. cn/html/2014 - 9/2014 - 9 - 24 - %7B@hur%7D - 47 - 90095. html; http: //travel. ce. cn/gdtj/201410/15/t20141015_ 1993095. shtml。

[2] Gavin Jack and Alison Phipps, (2005). Tourism and Intercultural Exchange, p. 6.

[3] 详见马诗远《国际旅游传播中的国家形象研究》,光明日报出版社2010年版,第2—4页。

[4] 把旅游作为一种跨文化、跨地域的社会活动来研究,至少需要旅游相关学科、传播学和跨文化传播这三块基石。其中旅游相关学科包括旅游学、旅游文化学、旅游人类学、旅游经济学等。如果视野不够开阔,囿于旅游产业运作(而不是将旅游产业置于更广阔的社会传播的大背景中),旅游跨文化传播研究就会变成旅游营销式的旅游传播、旅游的跨文化比较,而不能深刻把握其中错综复杂的关系以及它所带来的深刻社会变革。

[5] Observations On International tourism Communications, First World Conference On Tourism Communications, Madrid, Spain, January 2004. 由于媒体对非典疫情发生地的报道使得旅游业受到重创,世界旅游组织(WTO)及时召开了这次会议,指出旅游传播在未来旅游业发展中的重要作用,并提出了在全球推出"高效旅游传播"计划。至此,"旅游传播"在WTO这一最高管理组织中得以正名。

播学者应接不暇，对于旅游传播的跨学科的系统嫁接，犹未提上日程；[①]另一方面，中国的旅游学方面的研究基本以产业研究为主导，还未来得及组建一支具有传播学学术背景或者能够吸纳足够的传播学营养的研究队伍。而起源于外语教学的、近年来方兴于传播学领域的中国跨文化传播研究，因自身初级阶段的理论体系建构等重要问题尚未解决，[②] 对旅游的关注度低，[③] 也就在情理之中了。总之，旅游跨文化传播研究，目前在中国依然是前路漫漫。

旅游跨文化传播研究的根本立足点是传播。这包括三层基本内涵：运用跨文化传播的理论视角或者研究方法对旅游活动或现象、旅游文化及其影响、旅游方式、旅游文本、旅游媒介（包括大众媒介和新媒体）的传播行为、旅游制度体系等进行考察；从传播学的视角，对于旅游语境中的跨文化传播问题进行考察；基于旅游学的跨文化传播研究。

但就其学术渊源来看，其他非传播学学科对于旅游跨文化传播活动跨学科、非专题性研究在20世纪成果则很丰硕。在国外，最有原创性和影响力的成果大多包裹在西方的旅游学、旅游社会学和旅游人类学等相关学科里。从能收集到的资料看，其中旅游学中旅游目的地形象传播的研究已成体系，它对深入了解旅游语境中的跨文化传播的具体载体和符号系统有很好的参考价值。提供最广阔视野的当属旅游社会学和旅游人类学，两者分别以法国著名学者罗贝尔·朗卡尔的《旅游和旅行社会学》和瓦伦·史密斯的《东道主和客人：旅游人类学》[④] 为代表。前者提供的是望远镜，使我们了解旅游关乎人生命本体的丰富而深刻的内涵以及关于旅游主体的行为及旅游发展对社会的影响的普遍原则。后者提供的是显微镜，使我们在微观层面看到"主客关系"和"旅游在社会中的文化影响以及发生机制"。这些成果高屋建瓴，使得多角度审视旅游跨文化传播活动成为

---

① 刘阳：《我国本土化跨文化传播研究现状分析——以2000—2009年部分CSSCI新闻传播类学术刊物为例》，《西南民族大学学报》（人文社会科学版）2010年第7期，第33页。
② 详见姜飞《中国跨文化传播研究三十年探讨（1978—2008）》，《新闻与传播研究》2008年第15卷第5期，第18—19页。
③ 参见王悠《中国跨文化传播研究的发展历史和现状》，华中师范大学，硕士学位论文，2007年。
④ 这本书的姊妹篇《主客关系新探：21世纪旅游传播问题》，打开了旅游传播中有关媒体问题的新视野。

可能。①在国内,这方面的成果主要见于地理学、旅游学和旅游文化学。受产业发展的驱动,地理学和旅游学的热点主要是围绕旅游目的地形象的设计和行销、旅游产品的市场营销问题。旅游文化学主要指向旅游的文化影响。

在跨文化传播研究领域,"跨文化传播之父"霍尔在其力作《超越文化》(Beyond Culture)里对旅游传播给予了高度关注。他认为最常用来表达文化的语言难履其职,语言不能"将思想或意义从一个大脑转移到另一个大脑",而恰恰是"经历,特别是海外经历能为我们做到"。②为了进一步解释"海外经历"的重要作用,他详尽描述并分析了他在日本旅馆的经历以及同一旅游团的美国人在日本旅行中的体验。③可以说,这种服务于实践的学术传统,在源头上就为旅游跨文化传播作为跨文化传播研究的重要组成部分立了言。

从专题性研究来看,国内近几年对于旅游传播、旅游跨文化传播议题的研究旨趣整体不断升温(两者在很多文章中通用,虽表述不同,但表达的几乎是同一内涵)。旅游传播研究出现了两部专著。CNKI数据库相关的研究成果中,以旅游传播为主题的有346篇(1988—2014),以旅游跨文化传播为主题的有1379篇(1986—2014),其中包括硕士论文。

纵览这些成果,虽属开创阶段,但确实有喜人之处。其一,开始确立旅游传播(20世纪80年代称为旅游宣传)的学术概念,并对其内涵、属性与特质、研究对象与内容进行了探究。其二,呈现了以"人媒介"④、以旅游文化和以旅游产业为核心的三种不同的研究路径。其三,提出了建立旅游传播学的畅想,并有了第一本现代旅游传播学著作。其四,研究选题多姿多色。⑤

---

① 对于旅游传播的研究脉络,在拙著中已有论及,在此不赘述。请参阅马诗远《国际旅游传播中的国家形象研究》,光明日报出版社2010年版,第10—12页。
② Hall, Edward T. (1976), Beyond culture. ANCHOR PRESS, p. 57.
③ Hall, Edward T. (1976), Beyond culture. ANCHOR PRESS, pp. 57 – 69.
④ 我在拙著中提出了"人媒介"的概念,意即以"人"为中心的考察旅游传播的路径。期望求教于方家。
⑤ 涉及的议题包括区域形象与品牌设计开发、旅游市场营销、旅游传播媒介与技术(广告、报纸、旅游杂志、旅游文学、旅游卫视、艾滋病、体育、音乐、宗教、网络新媒体、博客、微博等)、旅游文本的翻译、文化旅游(少数民族文化、红色旅游、民俗文化、宗教文话等)、旅游外交、旅游者媒介接触习惯、旅游传播效果,等等。

与此同时，拓荒之作的特征也很明显，主要表现在以下几个方面。

1. **模糊的本土问题意识**。姜飞在谈及中国跨文化研究的问题时指出："也从问题出发，但这样的问题或者过于宏大，或者是别人的问题，或者是过时的问题，或者是超前的问题。"① 这也正切中了旅游跨文化传播研究的病脉——小文章，大议题，无问题。将议题全面开花说了一遍，像敲遍树皮最终没有叼出一只"真正的虫子"的啄木鸟。具体是什么问题，研究者可能自己都是雾里看花。不同于文学比较，旅游的实践性很强，而且环环相扣，不到具体的旅游活动一线，不深入到旅游者、旅游业中去做实地调查，研究者没有体验问题产生的具体语境，怎么可能将问题置入语境？只靠文献和开会，很难发现属于自己本土的真问题。

2. **研究视角**。如前所述，中国目前的旅游跨文化传播呈现了三种不同的研究取向，但以旅游产业为核心占了绝大部分，这一点从上面提及的研究议题的选择上可以看出。关于旅游的核心是经济还是文化这一问题，现在旅游学界还在争论。既然很少有人否认旅游活动的主体是"人"，旅游传播的内容是"文化"，那么，"人"和"文化传播"这对如影随形的双螺旋的互动，应该是旅游跨文化传播研究考量的重心。但事实上这两者要么缺位，要么泛泛而过。研究视角的重要性可以通过一个简单的例子来说明。作为研究者，如果我们不能站得高远，我们的视角就很可能迎合了利润至上的行业利益，把旅游、文化剪裁成旅游业和"文化碎片"，把旅游者当成"背着相机的傻瓜"（而不是"寻找意义与人性的游客"），② 并以能献策且规划出变态畸形的旅游业而沾沾自喜。中国的宗教旅游文化的过度商业化几乎在每个佛教文化地区点都昭然若揭。过度商业化的旅游文化传播把旅游者作为活的摇钱树，把旅游文化变成纯粹的"文化资本"，伤害的不仅仅是旅游者作为人的尊严和旅游体验，不仅仅是地区的旅游形象和旅游业的长远发展，也不仅仅是一个民族的宗教信仰，更是社会的道德底线。旅游文化往往是一个国家和地区最具有活力和代表性的文化，它的过度商业化，化神奇为庸俗，腐蚀的是文化的内核、文化的凝聚力和文

---

① 姜飞：《中国跨文化传播研究三十年探讨（1978—2008）》，《新闻与传播研究》2008年第15卷第5期，第18页。

② 关于旅游者作为"寻找意义与人性"、"长着第三只眼的精心的游客"与作为"背着相机的傻瓜"相对，参阅马诗远《国际旅游传播中的国家形象研究》，光明日报出版社2010年版，第112页。

化认同感。我们不禁要问，这些商业连环套的背后，仅仅是产业的潜规则而没有学术界的出谋划策吗？如果答案是否定的，那么研究旅游跨文化传播的学者的眼睛又在关注什么？旅游跨文化传播研究视角的社会价值，不仅仅在于促进产业的健康发展，还在于以人为本，重视人的尊严，提升人的旅游美感、愉悦感，并以良性的信息循环促进社会良知和文化认同的再生产。

3. 理论素养。我们已有的研究成果中对别人的理论介绍过多、对旅游文化白描式的呈现遮蔽了理论上的真知灼见。前面提到过旅游跨文化传播需要丰富的学养。目前有学者已经关注到旅游传播或者旅游跨文化传播的营养不良的表现。"很多研究成果仅停留在旅游＋传播或者旅游＋新闻的层面"，无法使旅游传播研究深入下去并解决旅游传播实践中的问题。[①] 研究者无法把握旅游传播自身的规律与特质，关键的问题之一是缺乏上文提及的三方面的基本理论素养。旅游跨文化传播研究，必须把根在母学科传播学中深深地扎下去，掌握跨文化的方法论体系并对旅游文化，特别是中国的传统文化有较为厚实的知识积累和亲身体验，这三方面缺一不可。道理很简单，如果连其中之一都不懂，怎奢谈"跨"的研究。但仅就旅游文化的知识储备来说，谈何容易。我自从师于潜心研究中国旅游文化几十载的吕龙根教授以来，才逐渐领悟到中国旅游文化的博大精深，时时惶恐于自身知识、见闻阅历的单薄浅陋。[②]

说到理论素养，不得不提到有些学者关于旅游传播学作为学科的"畅想"。我以为目前关于旅游传播（包括旅游跨文化传播）的研究还是初步、零散和浅显的拓荒阶段，既没有形成体系，也没有达到把握旅游学科独特性的深度，更没有形成学术上训练有素的科研队伍，甚至连基本概念的建立都处于商榷之中。为此，断言旅游传播"学"应运而生还为时过早。旅游行业的日新月异和母学科传播学欣欣向荣的发展态势，为旅游传播研究带来了难得的机遇，短期内也能够催生学者关于旅游传播学的专著和文章，却不能速成一门学科。旅游传播学是否一定要按照传播学的五个W模式来书写才具有"正宗"传播意味？旅游跨文化传播研究的理论

[①] 韩露：《刍议旅游传播学研究的发展进程》，《旅游学研究》2010年第5辑，第17页。

[②] 吕龙根教授系北京第二外国语学院西班牙语系教授，中国著名的旅游文化专家，被业内人士称之为"中国旅游文化活的百科全书"。他为学之道是不仅博览群书，而且要亲身游历考察，足迹遍布中国大江南北的旅游文化胜地，海外旅行更是中外比较，细致入微。

建树是否一定得靠先借鉴别人的理论来观照本土的现实来完成？与其冒着水土不服、脱离外国语境断章取义硬搬的危险，与其裁剪现实来成全外来理论的阐释力，倒不如老老实实地参照从源于实践、服务实践的美国经验："美国的跨文化传播研究走过了一条从本土意识出发，从微观问题入手，逐渐提出中观的理论分析领域的分析框架，逐渐朝向某种宏观理论阐释体系建构的路子。"① 或许，就在我们走出象牙塔忘记理论、俯下身去认真钻研本土点点滴滴的问题的时候，货真价实的本土理论就会从深邃的洞见中浮现出来。

三 从"旅游"特色到现实关切：当下旅游跨文化传播的几个重要议题

旅游跨文化传播研究所能承担的研究使命在很大程度上是基于旅游传播自身的属性的，而旅游传播的属性是由旅游者和旅游活动的特质来规定的。②

与大众传播不同，旅游传播的"旅游"色彩与味道以旅游活动的两个基本特征——暂时和异地为基础。"旅游传播不像大众传播那样围绕信息的生产与接受这个中心、沿着传—受的线性结构展开。旅游传播以旅游活动为中心，更多地表现为一种非线性结构。"③ 在这个非线性的传播结构中，旅游者是"多面人"（既是传播者、受众、媒介，又是传播内容和传播效果的体现），旅游者的"多面孔"随着地理空间和时间的转换，可以像川剧里的"变脸"那样变化，也可以集多面于一身。在这个结构中，地理空间以旅游者为媒介被置换社会空间，地域性差异被置换成文化差异；旅游的暂时性导致的"浅尝辄止的解读"，意义就是这样在特殊的时空中、在不同的"文化图谱"里、在旅游传播呈现的多种传播界面中生成。行者的脚步不停息，符号在传播中流淌，意义被解读、被误读、被共享、被认同、被重构或者被摈弃。

---

① 姜飞：《中国跨文化传播研究三十年探讨（1978—2008）》，《新闻与传播研究》2008年第15卷第5期，第18页。
② 关于旅游传播基本属性的探讨，见于拙著《国际旅游传播中的国家形象研究》第21页的概括以及散落于各章的具体分析。在此不展开论述。
③ 马诗远：《国际旅游传播中的国家形象研究》，光明日报出版社2010年版，第21页。

旅游传播是"亲历",意味旅游者绕过大众媒介构筑的"媒介图景",直面鲜活的信息本体,是认识他人、他乡、他国和异文化"本真性"的手段,并可以对其他媒介传播的效果进行增强或消解,因为它直接接触可以直达人们的内心深处。这正是前面提及的霍尔所说的海外经历可以"把思想种植在他人的心里"的原因。

旅游传播是大规模的民间传播,大批的中国旅游者走出去,在数量上超过了成群结队走进来的外国人,这可以说是后殖民时代在大众传播西强我弱的情形下最大规模的传播逆流。更值得研究的是,那些走进来的外国人亲眼看过中国之后,很多返乡后遂加入这种逆流之中。正如出身于BBC 的英国威斯敏斯特大学的 Hugo de Burgh 教授所说,越了解中国,对中国的偏见越少,越有可能喜欢中国。旅游传播在很大程度上是不可控的传播,是双刃剑,尤其是对国家形象传播而言。

基于这样的理解,旅游跨文化传播涉及当前的重要议题可以包括个人层面、民族和国家层面:

1. 与陌生人交流:跳出自己的皮囊,穿越文化的屏障,实现旅游带来的愉悦与眼界,认识自我需通过他人,提升生命的品质。

2. 旅游传播与中国文化对外传播:暗礁重重,时机多多。

3. 旅游传播对中国文化对内传播的影响:形成或颠覆文化认同、文化凝聚力,影响社会文化潜流中的文化安全(隐形、温和不易被觉察但影响力非同凡响。比如上述旅游文化的商业化问题)。

4. 旅游业的区域形象、国家形象传播问题。

四 结语

"传播是文化的核心,它实际上也是整个人类生活的核心。"[①] 但当开始从旅游传播的视角尝试把握这个核心的时候,就会明白:占领一块学术领地容易,最终以学术价值立在那里是多么不容易,因为深刻把握其内里本质的科学规律需要很多学科甚至几代人不懈的努力。

[①] 美国人类学家爱德华·霍尔语。转引自史安斌《从"陌生人"到"世界公民"》,《对外大传播》2006 年第 11 期。

参考文献

韩露：《刍议旅游传播学研究的发展进程》，《旅游学研究》2010年第5辑。

贺晖、熊健：《现代旅游传播学》，湖南科学技术出版社2008年版。

姜飞：《中国跨文化传播研究三十年探讨（1978—2008）》，《新闻与传播研究》，第15卷第5期，第18—19页。

刘阳：《我国本土化跨文化传播研究现状分析——以2000—2009年部分CSSCI新闻传播类学术刊物为例》，《西南民族大学学报》（人文社会科学版）2010年第7期，第33页。

马诗远：《国际旅游传播中的国家形象研究》，光明日报出版社2010年版，第2—4页。

史安斌：《〈从"陌生人"到"世界公民"〉：跨文化传播的演进和前景》，《对外大传播》2006年第11期。

王淑良、张天来：《中国旅游史》（近现代部分），旅游教育出版社1999年版。

王淑良：《中国旅游史》（古代部分），旅游教育出版社1999年版。

王悠：《中国跨文化传播研究的发展历史和现状》，硕士学位论文，华中师范大学，2007年。

王永忠：《西方旅游史》，东南大学出版社2004年版。

［法］罗贝尔·朗卡尔：《旅游和旅行社会学》，陈立春译，商务印书馆1996年版，第45—55页。

Jack, C., Phipps, A. (2005) *Tourism and Intercultural Exchange*. Clevedon: Channel View Publications.

Hall, Edward T. (1976), *Beyond Culture*. ANCHOR PRESS.

作者简介

马诗远，博士，副教授，现任教于北京第二外国语学院，主要研究领域为旅游传播、跨文化传播，曾出版专著《国际旅游传播中的国家形象研究》。

程华，广州航海学院讲师。